Kohlhammer

Die Herausgeberinnen

Dr. Sarah Gentrup hat Erziehungswissenschaften studiert und ist seit 2012 als wissenschaftliche Mitarbeiterin an der Humboldt-Universität zu Berlin in Kooperation mit dem Institut zur Qualitätsentwicklung im Bildungswesen (IQB) tätig. In ihrer Forschung befasst sie sich mit der Entstehung von Bildungsdisparitäten. Hierbei untersucht sie schwerpunktmäßig den Beitrag von Erwartungen und Einschätzungen von Lehrkräften sowie der Lehrkraft-Kind-Interaktion.

Dr. Sofie Henschel ist seit 2017 stellvertretende wissenschaftliche Leiterin des Instituts zur Qualitätsentwicklung im Bildungswesen (IQB) an der Humboldt-Universität zu Berlin. Neben der Weiterentwicklung der Vergleichsarbeiten (VERA) umfassen ihre Forschungsschwerpunkte die Entwicklung, Implementation und Evaluation von Sprach- und Lesefördermaßnahmen sowie Determinanten und Effekte lehr- und lernbegleitender Emotionen.

Kristin Schotte ist wissenschaftliche Mitarbeiterin an der Humboldt-Universität zu Berlin in Kooperation mit dem Institut zur Qualitätsentwicklung im Bildungswesen (IQB). In ihrer Forschung beschäftigt sie sich schwerpunktmäßig mit der psychosozialen Entwicklung und dem Bildungserfolg von Kindern und Jugendlichen aus zugewanderten Familien.

Dr. Luna Beck, MBA, ist Stabsstelle Organisationsentwicklung in der Stiftung »Haus der kleinen Forscher«. Von 2013 bis 2019 war sie als wissenschaftliche Beraterin an der Humboldt-Universität zu Berlin im Rahmen der Bund-Länder-Initiative »Bildung durch Sprache und Schrift« tätig.

Prof. Dr. Petra Stanat ist seit 2010 Direktorin des Instituts zur Qualitätsentwicklung im Bildungswesen (IQB) an der Humboldt-Universität zu Berlin. Sie hat an der Freien Universität Berlin Psychologie studiert, an der University of Massachusetts at Amherst, USA promoviert und sich an der Freien Universität Berlin in Erziehungswissenschaft habilitiert. In ihrer Forschung beschäftigt sich Petra Stanat mit Fragen der Bildungsqualität und der Bildungssituation von Heranwachsenden aus zugewanderten Familien.

Sarah Gentrup, Sofie Henschel,
Kristin Schotte, Luna Beck,
Petra Stanat (Hrsg.)

Sprach- und Schriftsprachförderung wirksam gestalten: Evaluation umgesetzter Konzepte

Verlag W. Kohlhammer

1. Auflage 2021

Alle Rechte vorbehalten
© W. Kohlhammer GmbH, Stuttgart
Gesamtherstellung: W. Kohlhammer GmbH, Stuttgart

Print:
ISBN 978-3-17-037519-2

E-Book-Formate:
pdf: ISBN 978-3-17-037520-8
epub: ISBN 978-3-17-037521-5
mobi: ISBN 978-3-17-037522-2

In Erinnerung an unseren geschätzten Kollegen
Prof. Dr. Bernt Ahrenholz

Inhalt

Teil II: Gezielte sprachliche Bildung in der Schule

Kapitel 9:
Das EVA-Sek-Projekt. Untersuchungen zu sprachlichem und fachlichem
Lernen in Vorbereitungsklassen für neu zugewanderte Kinder und
Bernt Ahrenholz

Teil III: Diagnostik und Förderung der Lesefähigkeit sowie
Vermittlung von Lesestrategien

Kapitel 10:
Evaluation von Konzepten und Maßnahmen der fachübergreifenden
Leseförderung im Primarbereich – Zentrale Ergebnisse aus dem Projekt
Annika Ohle-Peters, Jennifer Igler, Theresa Schlitter, Franziska Schwabe,
Annika Teerling, Olaf Köller & Nele McElvany

Kapitel 11:
Leseförderung im Schul- und Unterrichtsalltag implementieren – Erste
Anke Schmitz, Nina Zeuch, Fabiana Karstens, Sarah-Ines Meudt, Jörg Jost &
Elmar Souvignier

Kapitel 1:
Evaluation im Bund-Länder-Programm »Bildung durch Sprache und Schrift«

Sarah Gentrup, Sofie Henschel & Petra Stanat

Einleitung

Gute alltags- und bildungssprachliche Fähigkeiten sind nicht nur wesentlich für den fachlichen Kompetenzerwerb (z. B. Chudaske, 2012; Paetsch, Felbrich & Stanat, 2015), sondern bilden auch eine zentrale Voraussetzung für gesellschaftliche Teilhabe (z. B. Autorengruppe Bildungsberichterstattung, 2016; Hasselhorn & Sallat, 2014). Großangelegte Studien zeigen jedoch, dass ein bedeutsamer Anteil von Kindern und Jugendlichen in Deutschland nicht über ausreichende sprachliche Kompetenzen verfügt, die für erfolgreiches Lernen erforderlich sind. Im Alter von drei bis fünf Jahren hat bislang etwa jedes fünfte Kind einen Sprachförderbedarf, wobei der Anteil bei Kindern aus Familien, in denen die Eltern ein niedrigeres Bildungsniveau aufweisen oder in denen häufiger eine andere Sprache als Deutsch gesprochen wird, fast doppelt so hoch ist (Arbeitsgruppe Bildungsberichterstattung, 2016). Ebenso verfehlt im Lesen ein Achtel der Viertklässlerinnen und Viertklässler den Mindeststandard der Kultusministerkonferenz (Stanat, Schipolowski, Rjosk, Weirich & Haag, 2017) und mehr als ein Fünftel der Fünfzehnjährigen (Weis et al., 2019) erreicht in PISA nicht die Kompetenzstufe II. Diese Schülerinnen und Schüler dürften unzureichend darauf vorbereitet sein, lesebezogene Anforderungen im Alltag erfolgreich zu bewältigen.

Die Bedeutung guter sprachlicher und schriftsprachlicher Fähigkeiten für den Kompetenzerwerb und die gesellschaftliche Teilhabe sowie der weiterhin zu hohe Anteil von Kindern und Jugendlichen, die in diesen Bereichen Schwierigkeiten haben, veranlassten Bund und Länder seit Beginn der 2000er Jahre dazu, vielfältige Maßnahmen zur Verbesserung von Sprachbildung, Sprach- und Leseförderung anzustoßen. Dies ist zunächst eine positive Entwicklung, die darauf abzielte, die Sprachförderkompetenzen der Fach- und Lehrkräfte weiterzuentwickeln und letztlich die sprachlichen und schriftsprachlichen Fähigkeiten der Kinder und Jugendlichen zu verbessern. Inwieweit die Maßnahmen in der Praxis umgesetzt und ihre Ziele erreicht werden konnten, war aber weitgehend ungeklärt. Aus diesem Grund initiierten das Bundesministerium für Bildung und Forschung (BMBF), das Bundesministerium für Familie, Senioren, Frauen und Jugend (BMFSFJ), die Kultusministerkonferenz (KMK) und die Jugend- und Familienministerkonferenz der Länder (JFMK) im Jahr 2013 das Programm »Bildung durch Sprache und Schrift« (BiSS). Das Programm zielte darauf ab, vielfältige Ansätze zur Verbesserung der Sprachbildung, Sprach- und Leseförderung in Deutschland weiterzuentwickeln und deren Qualität und Wirksamkeit zu überprüfen. Dabei war es Bund und Ländern wichtig, diejenigen Ansätze in den Blick zu nehmen, die in den Bildungseinrichtungen bereits umgesetzt und oft auch dort entwickelt worden sind. Es sollte also weniger eine Top-down-Strategie verfolgt werden, bei der von der Wissenschaft entwickelte Maßnahmen durch die Praxis nach relativ präzisen Vorgaben umgesetzt werden sollen, um ihre Wirksamkeit möglichst genau überprüfen zu können. Stattdessen sollte eher eine Bottom-up-Strategie angewendet werden, bei der bestehende Praxisansätze von der Wissenschaft aufgegriffen, auf wissenschaftlichen Erkenntnissen basierend beurteilt und gemeinsam mit den Praktikerinnen und Praktikern weiterentwickelt werden. Aufgrund der Vielfalt an Maßnahmen, die von Bund und Ländern bereits angestoßen worden waren, war das Anliegen, bestehende Ansätze zu fokussieren, um Hinweise auf ihre Wirksamkeit zu erlangen, nachvollziehbar. Für die Planung und Durchführung aussagekräftiger Evaluationen war dieses Vorgehen jedoch mit einer Reihe von Herausforderungen verbunden.

Im Folgenden soll zunächst das Evaluationskonzept des BiSS-Programms vorgestellt werden. Hierbei werden einerseits die Rahmenbedingungen und Anforderungen zusammengefasst, denen die Evaluationen in BiSS gerecht werden sollten. Andererseits wird ihre konkrete Ausgestaltung beschrieben. Einen Schwerpunkt der Evaluationen im BiSS-Programm bildeten externe Evaluationsprojekte, die im Fokus des vorliegenden fünften Bands der Publikationsreihe »Bildung durch Sprache und Schrift«[1] stehen. Die strukturellen Ausgangslagen dieser Vorhaben und ihre thematischen Schwerpunktsetzungen sollen daher genauer dargestellt werden. Anschließend werden Herausforderungen reflektiert, die sich in der konkreten Arbeit der Projekte ergaben. Das Kapitel schließt mit einer Gesamtreflexion der Erfahrungen und Erkenntnisse aus der Arbeit der externen Evaluationsprojekte und einem Ausblick, was bei zukünftigen Vorhaben der Evaluations- und Implementationsforschung berücksichtigt werden sollte.

1 Evaluationskonzept des BiSS-Programms

Die Evaluationsstrategie von BiSS basierte auf einem Evaluationskonzept (Henschel, Stanat, Becker-Mrotzek, Hasselhorn & Roth, 2014), das (a) die politischen Erwartungen von Bund und Ländern, (b) die spezifischen Rahmenbedingungen und Ausgangslagen in den an BiSS beteiligten Verbünden und (c) die wissenschaftlichen Anforderungen an Evaluationsprojekte berücksichtigte. Diese drei Bereiche lassen sich wie folgt beschreiben:

(a) *Politische Erwartungen und übergeordnete Zielsetzungen.* Die Grundlage für die Ausgestaltung des BiSS-Programms und die Entwicklung des Evaluationskonzepts

---

1 Das dieser Publikation zugrundeliegende Vorhaben wurde mit Mitteln des Bundesministeriums für Bildung und Forschung unter den Förderkennzeichen 01JI1301A, 01JI1301B und 01JI1301C gefördert. Die Verantwortung für den Inhalt dieser Veröffentlichung liegt bei den Autorinnen.

bildete die BiSS-Expertise. Sie basiert auf einem Eckpunktepapier, das die übergeordneten Zielvorstellungen der Steuerungsgruppe von Bund und Ländern zur »Feststellung der Leistungsfähigkeit des deutschen Bildungswesens im internationalen Vergleich« an die BiSS-Initiative zusammenfasst. In der Expertise heißt es: »Das Trägerkonsortium [identifiziert] Ansätze und Konzepte mit besonderem Entwicklungspotenzial für Umsetzungsempfehlungen in die Fläche und schlägt [...] die Ausschreibung quasi-experimenteller formativer oder auch summativer Evaluationsstudien vor, die dem Interesse der Länder nach Auskunft zur Wirksamkeit ihrer Maßnahmen und Programme gerecht werden« (Schneider et al., 2012, S. 161). Damit verbunden war die Annahme, dass die Mehrzahl der in den Ländern umgesetzten Maßnahmen zum Programmstart von BiSS bereits gut beschrieben vorlagen, systematisch umgesetzt wurden und ihre Wirksamkeit zumindest aufgrund alltagspraktischer Erfahrungen nahelag oder sogar bereits empirisch bestätigt worden war (Steuerungsgruppe »Feststellung der Leistungsfähigkeit des Bildungswesens im internationalen Vergleich«, 2012). Die Ergebnisse der Evaluation sollten durch die Berücksichtigung möglichst vieler Verbünde und Bildungseinrichtungen aus unterschiedlichen Ländern zudem eine möglichst hohe Reichweite erzielen.

(b) *Rahmenbedingungen und Ausgangslagen in den Verbünden.* Am BiSS-Programm nahmen etwa 100 Verbünde aus allen Ländern teil, die jeweils ein gemeinsames Konzept der Sprachbildung, Sprach- oder Leseförderung umsetzten und weiterentwickelten. Jeder Verbund bestand dabei aus drei bis zehn Kindertageseinrichtungen (Kitas) bzw. Schulen, deren gemeinsame Aktivitäten von einer Verbundkoordinatorin bzw. einem Verbundkoordinator koordiniert wurden. Jedes Konzept der Sprachbildung, Sprach- und Leseförderung ließ sich inhaltlich mindestens einem von insgesamt 15 BiSS-Modulen zuordnen (z. B. Modul E1: Gezielte alltagsintegrierte Sprachbildung in der Kita; Modul P1: Gezielte sprachliche Bildung in alltäglichen und fachlichen Kontexten; Schneider et al., 2012). Die Art und Weise, mit der eine konkrete Fördermaßnahme (z. B. zum dialogischen Lesen) ausgestaltet wurde, variierte in der Regel jedoch zwischen den Verbünden eines Moduls, etwa aufgrund lokaler Rahmenbedingungen oder individueller Voraussetzungen und Bedürfnisse der Beteiligten. Die meisten Verbünde hatten sich zu Beginn des BiSS-Programms neu konstituiert, sodass zunächst Arbeitsstrukturen aufgebaut und Konzepte ausgearbeitet bzw. adaptiert und weiterentwickelt werden mussten. Wenige BiSS-Verbünde waren aus einer bereits längeren Zusammenarbeit zwischen den Einrichtungen hervorgegangen.

(c) *Wissenschaftliche Anforderungen an Evaluationsprojekte.* Leitend für die Durchführung der Evaluation im BiSS-Programm sollten die Standards der Deutschen Gesellschaft für Evaluation sein (DeGEval, 2002). Evaluiert wurden Konzepte der Sprachbildung, Sprach- und Leseförderung. Bei den Konzepten sollte es sich um aufeinander abgestimmte Maßnahmen zur Professionalisierung, Diagnostik und Förderung handeln, von denen begründet angenommen werden konnte, dass sich mit ihnen bestimmte Ziele erreichen lassen (z. B. Steigerung der Leseflüssigkeit mit Lesetandems).

Bereits bei der Erstellung des Evaluationskonzepts wurde deutlich, dass die unter (a) formulierte Annahme, wonach in den meisten Verbünden gut beschriebene Konzepte vorlagen und diese bereits systematisch umgesetzt wurden, für die Mehrzahl der Verbünde nicht oder nur sehr eingeschränkt zutraf und die politischen Erwartungen an den Entwicklungsstand der Konzepte möglicherweise zu hoch waren (Henschel et al., 2014). So befand sich im Schulbereich ein Großteil der Konzepte (71.23 %) noch in der Phase der Neu- oder Weiterentwicklung – Verbünde in dieser Phase hatten ihre Arbeit also erst kürzlich aufgenommen oder arbeiteten noch an einer gemeinsamen Vorgehensweise zur Umsetzung des Konzepts. In nur knapp einem Drittel der Schulverbünde (28.77 %) lag das Konzept weitgehend ausgearbeitet vor und war bereits systematisch erprobt worden. Im Elementarbereich waren die Konzepte tendenziell etwas weiter entwickelt als im Schulbereich, aber auch hier arbeitete ein bedeutsamer Anteil der Verbünde (37.93 %) noch an der Neu- oder Weiterentwicklung.

Insgesamt war die Arbeit in einem Großteil der Verbünde also noch nicht weit genug fortgeschritten, um eine externe Evaluation (formativer oder summativer Art) sinnvoll durchführen zu können. Um den Unterschieden im Entwicklungsstand gerecht zu werden und alle Verbünde in ihrer Arbeit zu unterstützen, sah das Evaluationskonzept des BiSS-Programms (Henschel et al., 2014) zwei Säulen vor: (1) eine Workshopreihe zum Thema Selbstevaluation (»Qualitätsmonitoring«) und (2) externe Evaluationen von bereits weiter entwickelten Konzepten durch wissenschaftliche Teams, die in zwei Runden stattfinden sollten. Die Workshopreihe »Qualitätsmonitoring« setzte sich aus fünf zweitägigen Veranstaltungen zusammen. Diese befassten sich mit den einzelnen Schritten einer Selbstevaluation und zielten darauf ab, die Praktikerinnen und Praktiker in die Lage zu versetzen, die Qualität ihrer eigenen Arbeit zu überprüfen und weiterzuentwickeln. Mit diesem Angebot war auch das Ziel verbunden, Verbünde mit weniger weit entwickelten Konzepten so zu unterstützen, dass sie in der zweiten Runde in der Lage sein könnten, ebenfalls an einer externen Evaluation teilzunehmen. Die zweite Säule bildeten die externen Evaluationsprojekte, in die Verbünde mit weiter entwickelten Konzepten einbezogen wurden. Um diese Projekte geht es im vorliegenden fünften Band der Publikationsreihe »Bildung durch Sprache und Schrift«.

2 Strukturelle Ausgangslage der externen Evaluationsprojekte

In zwei Runden wurden im Rahmen des BiSS-Programms für insgesamt zehn externe Evaluationsprojekte gemeinsam vom BMFSFJ und BMBF Förderbekanntmachungen veröffentlicht (BMFSFJ & BMBF, 2014, 2015), die sich jeweils auf bestimmte Bildungsetappen und inhaltliche Schwerpunkte bezogen (z. B. im Elementarbereich Modul E1: Gezielte alltagsintegrierte Sprachbildung in der Kita). Die Projektlaufzeit betrug in der Regel drei Jahre. Wissenschaftliche Institute konnten sich alleine oder in Kooperation mit weiteren Forschungseinrichtungen auf die Förderbekanntmachungen bewerben. Die erste Bekanntmachung, in deren Anschluss drei Projekte ab Januar 2015 gefördert wurden, zielte primär auf die formative, also prozessbegleitende Evaluation von Vorhaben und sollte insbesondere der Verbesserung der Konzept- und Umsetzungsqualität dienen. Auf diese Weise konnten auch Verbünde in die Evaluation einbezogen werden, deren Konzepte zunächst erprobt und in der Evaluation weiter optimiert werden sollten. Nach der zweiten Bekanntmachung wurden ab Januar 2016 sieben weitere Projekte gefördert, die stärker darauf abzielten, neben formativen Aspekten auch die Wirksamkeit der Maßnahmen in den Blick zu nehmen, also auch summative Evaluationsziele zu verfolgen. Durch dieses zweistufige Vorgehen war es möglich, insgesamt etwa die Hälfte aller an BiSS teilnehmenden Verbünde in externe Evaluationsprojekte einzubeziehen.

Die Zusammenstellung der Verbünde, die in die einzelnen Projekte einbezogen werden sollten, wurde auf Basis der Verbundanträge und inhaltlicher Schwerpunktsetzungen vom BiSS-Trägerkonsortium vorgeschlagen, wobei aufgrund des länderübergreifenden Charakters des BiSS-Programms an jedem Projekt mindestens drei Verbünde aus unterschiedlichen Ländern beteiligt sein sollten. Die Auswahl und Gruppierung der Verbünde erfolgte anhand ihrer übergeordneten Ziele (z. B. Modul E1: Gezielte alltagsintegrierte Sprachbildung in der Kita) sowie des Entwicklungsstands ihrer Arbeit. Alle Verbünde eines Evaluationsprojekts verfolgten das gleiche übergeordnete Ziel und setzten teilweise die gleichen Maßnahmen um (z. B. Leseförderung mit Lesetandems), wobei sich die konkrete Ausgestaltung aufgrund lokaler Bedingungen unterscheiden konnte (z. B. wie lange oder wie häufig eine Maßnahme umgesetzt wurde). Die Verbünde waren also nur bedingt – und zwar primär bezogen auf ihre Zielsetzung – vergleichbar. Zum Zeitpunkt der Förderbekanntmachung erhielten die Wissenschaftlerinnen und Wissenschaftler allgemeine Informationen über die Größe, räumliche Lage sowie über die eingesetzten Konzepte der Verbünde, die im jeweiligen Projekt evaluiert werden sollten, und erstellten auf dieser Grundlage ein Evaluationskonzept, einschließlich Zeit-, Arbeits- und Finanzplanung.

Jedem Projekt waren mindestens drei und maximal sieben Verbünde zugeordnet, die länderübergreifend ein gemeinsames Ziel der Sprachbildung, Sprach- und Leseförderung verfolgten. In den meisten Projekten verteilten sich die Verbünde dabei auf drei Bundesländer (sechs Projekte). In anderen Projekten stammte jedoch jeder Verbund aus einem anderen Bundesland, sodass die evaluierten Einrichtungen über das gesamte Bundesgebiet verteilt waren (für eine grafische Darstellung siehe Henschel, Gentrup, Beck & Stanat, 2018, S. 5). Durchschnittlich arbeiteten die Evaluationsprojekte mit 31 Einrichtungen und knapp 100 Fach- und Lehrkräften zusammen, die das Vorhaben mit etwa 750 Kindern bzw. Jugendlichen durchführten. Bei der Zusammenarbeit zwischen den Wissenschaftlerinnen und Wissenschaftlern aus den Evaluationsteams und den Fach- und Lehrkräften in den Verbünden hatten die Verbund- und Landeskoordinatorinnen und -koordinatoren eine wichtige kommunikative Funktion, wenn es darum ging, die Ziele, Vorgehensweisen und Interessen der jeweils anderen Gruppe transparent zu machen und zu erläutern. Angesichts der unterschiedlichen Perspektiven dieser Akteurinnen und Akteure, die in den Projekten zusammenkamen, war dies für das Gelingen der Vorhaben von zentraler Bedeutung.

3 Thematische Schwerpunkte der zehn externen Evaluationsprojekte

Die Evaluationsprojekte deckten die drei Bildungsetappen Elementarbereich, Primarstufe und Sekundarstufe I ab. Vier der zehn Projekte waren dabei dem Elementarbereich zugeordnet, jeweils drei Projekte arbeiteten mit Einrichtungen der Primar- bzw. Sekundarstufe zusammen. Die inhaltlichen Ausrichtungen der Projekte wurden durch die Ziele der beteiligten Verbünde bestimmt, die sich den BiSS-Modulen (Schneider et al., 2012) innerhalb von drei übergeordneten Themenschwerpunkten zuordnen lassen (▸ Abb. 1.1; vgl. Henschel, Gentrup & Stanat, 2018). Die Schwerpunkte beziehen sich auf (1) alltagsintegrierte sprachliche Bildung im Elementarbereich, (2) gezielte sprachliche Bildung in der Schule und (3) Diagnostik und Förderung der Lesefähigkeit sowie Vermittlung von Lesestrategien. Im Folgenden werden die drei Themenschwerpunkte und die jeweils zugehörigen Projekte beschrieben.

3.1 Themenschwerpunkt 1: Alltagsintegrierte sprachliche Bildung im Elementarbereich

Im Kindergartenalltag sollen pädagogische Fachkräfte in möglichst vielen alltäglichen Situationen, wie beispielsweise beim Essen, Spielen oder Bilderbuchbetrachten, vielfältige Lerngelegenheiten schaffen, um die sprachliche Entwicklung der Kinder zu fördern. Dies stellt sehr hohe Anforderungen an die pädagogischen Fachkräfte, u. a. weil die Kinder individuell unterschiedlich weit in ihrer sprachlichen Entwicklung vorangeschritten sind und deshalb unterschiedliche Förderbedürfnisse haben. Bislang war weitgehend unklar, inwieweit unterschiedliche Professionalisierungsmaßnahmen, an denen die pädagogischen Fachkräfte teilnehmen, bzw. Fördermethoden, die sie im Alltag umsetzen, praktikabel und wirksam sind und ob alle Kinder gleichermaßen davon profitieren. Vier der zehn BiSS-Evaluationsprojekte (*BiSS-E2*, *BiSS-E1*, *allE*, *SPRÜNGE*) widmeten sich diesem Themenschwerpunkt und gingen der Frage nach, inwieweit und unter welchen Bedingungen es gelingt, die vielfältigen Lerngelegenheiten, die sich im Kitaalltag ergeben, systematisch zur sprachlichen Bildung der Kinder zu nutzen.

Die Projekte *BiSS-E2* und *BiSS-E1* (▸ Kap. 2, ▸ Kap. 3) legten dabei ihren Schwerpunkt auf die Qualität der sprachlichen Anregung in der Interaktion zwischen pädagogischen Fachkräften und Kindern und untersuchten Bedingungsfaktoren, die zu einer hohen Interaktionsqualität beitragen. Im Projekt *allE* (▸ Kap. 4) wurde der Frage nachgegangen, inwieweit zwei unterschiedliche Professionalisierungsansätze dazu geeignet sind, das förderdiagnostische Wissen und das Sprachförderhandeln pädagogischer Fachkräfte weiterzuentwickeln. Das vierte Evaluationsprojekt dieses Schwerpunkts, das Projekt *SPRÜNGE* (▸ Kap. 5), befasste sich mit dem Übergang vom Elementar- in den Primarbereich. Untersucht wurde, wie sich die sprachlichen Kompetenzen der Kinder und die Sprachförderkompetenzen der Fach- und Lehrkräfte während ihrer Teilnahme am BiSS-Programm entwickelten. Außerdem wurde der Frage nachgegangen, wie die beiden Berufsgruppen sprachliche Bildung am Übergang vom Elementar- in den Primarbereich gestalten.

Gezielte sprachliche Bildung in der Schule

Modul P1: Gezielte sprachliche Bildung in alltäglichen und fachlichen Kontexten

Modul S4: Sprachliche Bildung in fachlichen Kontexten

Modul SE: Sprachliche Förderung von Seiteneinsteigern

Alltagsintegrierte sprachliche Bildung im Elementarbereich

Modul E1: Gezielte alltagsintegrierte Sprachbildung

Modul E2: Unterstützung der Sprachentwicklung von Kindern unter 3 Jahren

Modul E6: Übergang vom Elementar- zum Primarbereich

Diagnostik und Förderung der Lesefähigkeit sowie Vermittlung von Lesestrategien

Modul P3: Diagnose und Förderung der Leseflüssigkeit und ihrer Voraussetzungen

Modul P4: Diagnose und Förderung des Leseverständnisses

Modul S2: Lese- und Schreibstrategien im Verbund vermitteln

Abb. 1.1: Zuordnung der in den Evaluationsprojekten bearbeiteten BiSS-Module zu den drei übergeordneten Themenschwerpunkten (vgl. Henschel, Gentrup & Stanat, 2018, S. 7).

3.2 Themenschwerpunkt 2: Gezielte sprachliche Bildung in der Schule

Während im Elementarbereich wesentliche Grundlagen sprachlicher Bildung gelegt werden, geht es im Schulkontext darum, diese gerade auch in fachlichen Kontexten weiterzuentwickeln. Dazu sollen Lehrkräfte in die Lage versetzt werden, ihren Unterricht nicht nur fachlich anspruchsvoll, sondern auch sprachsensibel und sprachförderlich zu gestalten. Diese Forderung ist mittlerweile in fast allen Rahmenlehrplänen der Länder verankert. Gleichzeitig fehlen aber auch im Schulkontext nach wie vor sowohl gut beschriebene und evaluierte Förderansätze als auch geeignete

Fördermaterialien. Vier weitere BiSS-Evaluationsprojekte widmeten sich deshalb gezielt verschiedenen Fragestellungen, die sich auf die Weiterentwicklung und Wirksamkeit von Ansätzen sprachlicher Bildung in fachlichen Kontexten im Primarbereich (*Eva-Prim, BiSS-EOS*) und in der Sekundarstufe I (*EvaFa, EVA-Sek*) beziehen.

Im Projekt *Eva-Prim* (► Kap. 6) wurde untersucht, inwieweit das Sprachförderwissen und -handeln von Lehrkräften in der Grundschule mit der Entwicklung sprachlicher und mathematischer Kompetenzen ihrer Schülerinnen und Schüler zusammenhängt. Das Projekt *BiSS-EOS* (► Kap. 7) befasste sich mit der Frage, wie bildungssprachliche Kompetenzen in der Grundschule erfolgreich festgestellt und gefördert werden können. Dabei wurde unter anderem das in der Praxis weit verbreitete Diagnoseverfahren »Profilanalyse nach Grießhaber« (Grießhaber, 2013) eingehend untersucht und für eine unterrichtsnahe und zuverlässige Anwendung weiterentwickelt. In der Sekundarstufe I begleitete das Projekt *EvaFa* (► Kap. 8) Sprachförderprozesse im Fach Mathematik. Ziel war unter anderem herauszufinden, wie die Lehrkräfte die in den Verbünden entwickelten Sprachfördermaterialien im Fachunterricht einsetzen und welche Bedingungen sie dabei als unterstützend und welche sie als eher hinderlich erleben. Einen anderen Fokus hatte das Projekt *EVA-Sek* (► Kap. 9), das sich mit der Beschulung neu zugewanderter Schülerinnen und Schüler in der Sekundarstufe I befasste. Es wurde untersucht, wie sprachliches und fachliches Lernen im Unterricht der Vorbereitungsklassen miteinander verknüpft wird und welche Herausforderungen dabei auftreten.

3.3 Themenschwerpunkt 3: Diagnostik und Förderung der Lesefähigkeit sowie Vermittlung von Lesestrategien

Der dritte Themenschwerpunkt bezieht sich auf die Evaluation von Maßnahmen zur Diagnostik und Förderung von Lesefähigkeit sowie zur Vermittlung von Lesestrategien. Zu Beginn der Primarstufe zielen diese Maßnahmen vor allem auf die Förderung basaler Lesefertigkeiten, wie etwa der Leseflüssigkeit und Lesegenauigkeit, ab. Die Maßnahmen im fortgeschrittenen Grundschulalter und in der Sekundarstufe I knüpfen daran an und fokussieren die Verbesserung des Leseverständnisses, beispielsweise durch die Vermittlung kognitiver und meta-kognitiver Lesestrategien. Jeweils ein Evaluationsprojekt im Primarbereich (*BiSS-EvalLesen*) und in der Sekundarstufe I (*EILe*) befasste sich mit diesem Themenschwerpunkt.

Im Projekt *BiSS-EvalLesen* (► Kap. 10) stand die Diagnose und Förderung der Leseflüssigkeit und des Leseverständnisses in der Grundschule im Zentrum. Untersucht wurde unter anderem, welche Rahmenbedingungen Lehrkräfte dabei unterstützen, sich mit den Instrumenten zur Diagnose und Förderung auseinanderzusetzen und sie letztlich in ihre Unterrichtspraxis zu integrieren. Ebenfalls untersucht wurde die Wirksamkeit der Maßnahmen für die lesebezogene Entwicklung der Lernenden. Das Projekt *EILe* (► Kap. 11) nahm die Förderung selbstregulierten Lesens in der Sekundarstufe I in den Blick und untersuchte, inwieweit die Lesekompetenzen von Heranwachsenden durch die Unterstützung der Nutzung kognitiver und meta-kognitiver Lesestrategien im Schulalltag gefördert werden.

4 Besondere Herausforderungen für die Arbeit der Projekte und Konsequenzen für die Reichweite und Belastbarkeit der Ergebnisse

Aufgrund der spezifischen Bedingungen, unter denen die Evaluationsprojekte im Rahmen von BiSS geplant werden mussten, ergaben sich für die Projektteams einige strukturelle, konzeptionelle und methodische Herausforderungen bei der Durchführung der Vorhaben, die sich von klassischen Forschungsprojekten unterscheiden. So konnten einige Rahmenbedingungen der Projektdurchführung (z. B. Rekrutierung der Stichprobe, Entwicklung und Ablauf der Intervention) nicht vorab von den wissenschaftlichen Projektteams geplant bzw. mit den Verbünden abgestimmt werden, da diese in der Regel feststanden und die Durchführung der Maßnahmen in den Verbünden bereits erfolgte. Gleichzeitig waren den Wissenschaftlerinnen und Wissenschaftlern die Details zur Arbeit in den Verbünden zum Zeitpunkt der Antragstellung nicht bekannt. Entsprechend mussten die Evaluationsteams ihr Evaluationsdesign sowie teilweise auch Fragestellungen und Methoden der Datenerhebung und -auswertung im Verlauf des Projekts auf die teils sehr unterschiedlichen und sich verändernden Bedingungen in den beteiligten Verbünden bzw. in einzelnen Einrichtungen abstimmen. So lagen beispielsweise im Vorfeld der Antragstellung nur allgemeine Informationen über die strukturellen Bedingungen und Vorgehensweisen in den Verbünden vor. Diese veränderten sich bis zum Projektstart oder auch während der Projektlaufzeit mitunter, sodass das Evaluationsdesign teilweise mehrfach angepasst werden musste. Aufgrund der maximal dreijährigen Projektlaufzeiten führte dies wiederum dazu, dass einzelne Fragestellungen nicht wie geplant untersucht werden konnten. Als besondere Herausforderung erwies sich in vielen Projekten zudem die ausgeprägte Fluktuation von Fach- und Lehrkräften bzw. von gesamten Einrichtungen, was teilweise einen hohen Datenausfall zwischen den Messzeitpunkten zur Folge hatte. Dadurch wird sowohl die Belastbarkeit und Aussagekraft der Ergebnisse als auch deren Nutzung für eine kontinuierliche Weiterentwicklung der umgesetzten Maßnahmen im Rahmen formativer Evaluationsprozesse eingeschränkt.

Eine weitere Herausforderung ergab sich aus der konzeptionellen Anlage der Evaluationsprojekte, die eine besondere Form der Zusammenarbeit von Praxis und Wissenschaft vorsah. Um mit der Evaluation dem Standard der Nützlichkeit (DeGEval, 2002, 2016) gerecht zu werden, also den tatsächlichen Informationsbedürfnissen der Beteiligten zu entsprechen, sollten sich diese zunächst über die Ziele der Evaluation verständigen. Häufig wurde zu Beginn der Projektarbeit jedoch deutlich, dass die Evaluationskonzepte, die die Wissenschaftlerinnen und Wissenschaftler basierend auf eingeschränkten Informationen im Rahmen der Projektbeantragung entwickelt hatten, nicht immer mit den Interessen der Praktikerinnen und Praktiker übereinstimmten. Über einen intensiven Austausch mit den Praktikerinnen und Praktikern konnte in vielen Fällen Transparenz zum geplanten Vorgehen geschaffen, ein Kompromiss gefunden und sich auf gemeinsame Ziele verständigt werden. In diesem Prozess war die Funktion der Verbundkoordinatorinnen und -koordinatoren, zwischen Praxis und Wissenschaft zu vermitteln, von zentraler Bedeutung. Nicht immer konnte den Beteiligten jedoch der Nutzen der Evaluation im Projektverlauf verdeutlicht werden, was die Zusammenarbeit teilweise erschwerte.

Insbesondere bei den formativen, prozessbegleitenden Evaluationen erwiesen sich die dreijährigen Projektlaufzeiten als deutlich zu kurz. Da im Rahmen des BiSS-Programms primär Maßnahmen evaluiert wurden, die aus der Praxis heraus (Bottom-up) entstanden waren, erforderten die formativen Prozessevaluationen, bei denen es um die gemeinsame Weiterentwicklung der Maßnahmen ging, einen intensiven, kooperativen und gleichberechtigten Austausch über die Ziele der Evaluation, ein gemeinsames Arbeitsprogramm und gemeinsame Begrifflichkeiten sowie eine klare Rollenklärung. Ein solcher Prozess braucht Zeit, wofür eine dreijährige Projektlaufzeit kaum ausreichte. Insbesondere in den vergleichsweise umfangreichen Projekten mit vielen Verbünden und Einrichtungen, die über mehrere Länder verteilt waren, konnten die Abstimmungen mit der Praxis zumeist nicht in ausreichendem Umfang erfolgen.

Ergebnisse, die die Wirksamkeit der Maßnahmen betreffen, sind zudem dadurch eingeschränkt, dass die teils unterschiedlichen Bedingungen zwischen Verbünden sowie die häufig sehr kleinen Stichproben kaum verallgemeinernde Schlussfolgerungen zulassen. Die Erkenntnisse bleiben daher oft auf die spezifischen regionalen Rahmenbedingungen der untersuchten Verbünde begrenzt. Zudem konnte häufig keine Kontrollgruppe einbezogen werden, wodurch sich in vielen Fällen nicht ausschließen lässt, dass etwaige Fördereffekte natürliche Entwicklungen abbilden, die auch ohne die besondere Förderung aufgetreten wären, oder dass sie auf andere Einflussfaktoren zurückzuführen sind. Einschränkungen in der Aussagekraft der Ergebnisse ergeben sich überdies daraus, dass der Zeitpunkt der Evaluation nicht auf Fortbildungs- oder Förderzyklen abgestimmt werden konnte, d. h. teilweise setzte die Evaluation zu einem Zeitpunkt ein, zu dem die Professionalisierung von Fach- und Lehrkräften bereits begonnen hatte, sodass die Ausgangsbedingungen vor der Maßnahme nicht mehr erfasst werden konnten. Gleiches gilt für Follow-up-Erhebungen, die in fast keinem Evaluationsprojekt realisiert werden konnten, für Aussagen über eine längerfristige bzw. nachhaltige Wirksamkeit aber wesentlich sind.

5   Reflexion und Ausblick

Aufgrund der Herausforderungen, mit denen die externen Evaluationsprojekte bei ihrer Durchführung umgehen mussten, sind ihre Ergebnisse nur in begrenztem

Umfang belastbar und verallgemeinerbar. Dennoch haben alle Projekte wichtige Hinweise zur Frage liefern können, wie Sprachbildung, Sprach- und Leseförderung unter vielfältigen Bedingungen in der Praxis gelingen können. Im November 2018 haben die Projekte bereits im »Projektatlas Evaluation: Erste Ergebnisse aus den BiSS-Evaluationsprojekten« (Henschel, Gentrup, Beck et al., 2018) einen Einblick in die Vorhaben und erste Zwischenergebnisse gegeben. Ziel des vorliegenden fünften Bands der Publikationsreihe »Bildung durch Sprache und Schrift« ist es, hieran anzuknüpfen und zentrale Ergebnisse der Evaluationsprojekte zusammenzutragen sowie deren wissenschaftliche und praktische Bedeutsamkeit zu diskutieren. Dazu stellt jedes der zehn externen Evaluationsprojekte ausgewählte Ergebnisse in einem Kapitel vor. Gegliedert werden die Beiträge anhand der drei übergeordneten Themenschwerpunkte (vgl. Abschnitt 3).

Über alle Evaluationsprojekte hinweg zeigen systematische Befragungen der Verbund- und Landeskoordinatorinnen und -koordinatoren, Schulleitungen, Fach- und Lehrkräfte, dass das BiSS-Programm wichtige Prozesse in der Auseinandersetzung mit Sprachbildung, Sprach- und Leseförderung angestoßen hat. Hierzu gehören unter anderem Prozesse des Reflektierens darüber, was gute Sprachbildung, Sprach- und Leseförderung unter unterschiedlichen Bedingungen ausmacht und wie dies in der alltäglichen Arbeit erfolgreich umgesetzt werden kann. Prozesse der Vernetzung und Kommunikation spielen dabei eine wichtige Rolle. Diese reichen von kollegialem Austausch innerhalb von Einrichtungen über den Zusammenschluss mehrerer Einrichtungen zu Verbünden bis hin zu länder- und bildungsetappenübergreifenden Netzwerken. Damit hat BiSS eine wichtige länderübergreifende Grundlage für systematische Sprachbildung, Sprach- und Leseförderung geschaffen. Wie sehr auch die Praktikerinnen und Praktiker diese durch BiSS initiierten Entwicklungen begrüßen, wurde ebenfalls in vielen Interviews der Evaluationsprojekte deutlich. Eine regelmäßige Kommunikation und Kooperation im Kollegium, im Verbund und im BiSS-Netzwerk wurde von den teilnehmenden Fach- und Lehrkräften wiederholt als hilfreich und unterstützend bei der Auseinandersetzung mit neu- oder weiterentwickelten Konzepten genannt. Gleichzeitig weisen die Ergebnisse der Evaluationsprojekte aber auch darauf hin, dass die gemeinsame Arbeit an einem Konzept der Sprachbildung, Sprach- und Leseförderung nur gelingen kann, wenn zeitliche Ressourcen für den gemeinsamen Austausch zur Verfügung stehen, eine längerfristige Planung und Umsetzung der Maßnahmen möglich ist und das jeweilige Konzept (z. B. curricular) innerhalb der Einrichtung verbindlich verankert und von allen Kolleginnen und Kollegen mitgetragen wird.

Durch die Evaluationen in BiSS wurde zudem deutlich, wie vielfältig die umgesetzten Konzepte und Maßnahmen sowohl in ihrer Gestaltung als auch in ihrem Entwicklungsstand waren und sind. Bereits zu Beginn des BiSS-Programms zeigte sich, dass die Erwartungen an den Entwicklungsstand der in den Verbünden eingesetzten Konzepte möglicherweise zu hoch waren (Henschel et al., 2014) und anstelle einer summativen Überprüfung der Wirksamkeit vor allem formativ ausgerichtete Evaluationsformen in der Praxis benötigt wurden, die auf eine Weiterentwicklung der Maßnahmen abzielen. Daher sah das Evaluationskonzept eine Kombination aus formativ ausgerichteten Evaluations- und Entwicklungsaspekten und summativen Evaluationszielen vor. Die Ergebnisse der durchgeführten Evaluationsprojekte bestätigen, dass diese Kombination sinnvoll war.

Dem formativen Ansatz entsprechend bestand ein zentrales Ergebnis der Evaluationsprojekte darin, die vielfältigen Ausgangslagen und unterschiedlichen Konzepte zu beschreiben und Erkenntnisse darüber zu liefern, wie gut diese in den Verbünden umgesetzt werden, an welchen Stellen aber auch nach wie vor Weiterentwicklungsbedarfe bestehen und wie diese zukünftig bearbeitet werden können. Die Wissenschaftlerinnen und Wissenschaftler haben gemeinsam mit den Verbünden zahlreiche Anstrengungen unternommen, die eingesetzten Konzepte und Maßnahmen formativ weiterzuentwickeln. Dadurch wurden wichtige Prozesse der Optimierung und Qualitätsentwicklung auf den Weg gebracht, die zukünftig systematisch weitergeführt werden sollten.

Eine verlässliche Überprüfung der Wirksamkeit der Maßnahmen steht jedoch in vielen Fällen weiterhin aus. Die Evaluationsprojekte in BiSS konnten bislang nur sehr vereinzelt Wirksamkeitsanalysen durchführen, deren Ergebnisse aufgrund der oben beschriebenen Rahmenbedingungen oft nur eingeschränkt belastbar und generalisierbar sind. In vielen Projekten deuten die Ergebnisse vor allem darauf hin, dass die Fach- und Lehrkräfte von den Fortbildungen in ihrem sprachförderbezogenen Wissen und Handeln profitiert haben. Zugewinne in den (schrift-)sprachlichen Fähigkeiten der Kinder und Jugendlichen ließen sich über diesen relativ kurzen Evaluationszeitraum und anhand der eingesetzten Testverfahren bislang aber kaum nachweisen. Dies kann neben den zuvor genannten forschungsmethodischen bzw. forschungspraktischen Einschränkungen (z. B. Heterogenität der Konzepte, Stichprobenausfälle) auch damit zusammenhängen, dass die Interventionszeiträume zu kurz waren, um sich nachhaltig im pädagogischen Handeln der Fach- und Lehrkräfte und infolgedessen in den Kompetenzen der Lernenden niederzuschlagen. Hier besteht weiterer Forschungsbedarf. Insbesondere bei der Entscheidung für einen flächendeckenden Einsatz einer Maßnahme sollte ihre Implementation über einen längeren Zeitraum wissenschaftlich begleitet und auch ihre Wirksamkeit längerfristig untersucht werden.

Die Herausforderungen in der Projektdurchführung bei BiSS verdeutlichen zudem, dass in zukünftigen Untersuchungen sowohl die Gestaltung der durchgeführten Maßnahmen als auch die Anlage der wissenschaftlichen Begleitungen optimiert werden sollten. Hierbei dürfte eine stärkere Fokussierung auf Konzepte zielführend sein, die bereits vollständig – vorzugsweise von der Wissenschaft in Abstimmung mit der Praxis – ausgearbeitet vorliegen, damit insbesondere die nachhaltige bzw. längerfristige Wirksamkeit eingesetzter Maßnahmen differenzierter untersucht werden kann (z. B. inwieweit Maßnahmen kompensatorisch wirken und welche Nebeneffekte ggf. auftreten). In diesem Zusammenhang wäre es auch sinnvoll, nicht nur die prinzipielle Wirksamkeit einer Maßnahme zu belegen, sondern ihren wirksamen Kern zu identifizieren, der bei einer Adaption auf spezifische lokale Bedingungen unbedingt erhalten bleiben muss. Auf diese Weise lassen sich Aussagen darüber treffen, wie Sprachbildung, Sprach- und Leseförderung unter vielfältigen lokalen Bedingungen gelingen kann. Dieser Prozess müsste in einer engen Verzahnung zwischen Wissenschaft und Praxis stattfinden und längerfristig angelegt sein. Praxisbegleitende Fortbildungen, Netzwerke und Kommunikationsstrukturen sind dabei ebenso wichtig wie ausreichend Zeit, sich mit der Gestaltung und Umsetzung sprachlicher Bildung und Förderung professionell zu befassen. Für solche weiteren Schritte in Richtung systematischer Sprachbildung, Sprach- und Leseförderung hat das BiSS-Programm wichtige Prozesse angestoßen und durch die länderübergreifende Vernetzung wertvolle Strukturen geschaffen, die zukünftig weiter genutzt und weiterentwickelt werden sollten.

Literatur

Autorengruppe Bildungsberichterstattung (2016). *Bildung in Deutschland 2016. Ein indikatorengestützter Bericht mit einer Analyse zu Bildung und Migration.* Bielefeld: Bertelsmann Verlag. Verfügbar unter: https://www.bildungsbericht.de/de/bildungsberichte-seit-2006/bildungs bericht-2016/pdf-bildungsbericht-2016/bildungsbericht-2016 [17.09.2019].

Bundesministerium für Familie, Senioren, Frauen und Jugend & Bundesministerium für Bildung und Forschung (2014). *Bekanntmachung des Bundesministeriums für Familie, Senioren, Frauen und Jugend sowie des Bundesministeriums für Bildung und Forschung von Richtlinien zur Förderung von Vorhaben zur Evaluation von Konzepten und Maßnahmen der Sprachförderung, Sprachdiagnostik und Leseförderung im Rahmen der Bund-Länder-Initiative »Bildung durch Sprache und Schrift (BiSS)«.* Verfügbar unter: https://www.bmbf.de/foerderungen/bekannt machung.php?B=943 [10.05.2019].

Bundesministerium für Familie, Senioren, Frauen und Jugend & Bundesministerium für Bildung und Forschung (2015). *Bekanntmachung des Bundesministeriums für Familie, Senioren, Frauen und Jugend und des Bundesministeriums für Bildung und Forschung von Richtlinien zur Förderung von Vorhaben zur Evaluation von Konzepten und Maßnahmen der Sprachförderung, Sprachdiagnostik und Leseförderung – Evaluationsvorhaben der zweiten Runde – im Rahmen der Bund-Länder-Initiative »Bildung durch Sprache und Schrift (BiSS)«.* Verfügbar unter: https:// www.bmbf.de/foerderungen/bekanntmachung.php?B=1003 [10.05.2019].

Chudaske, J. (2012). *Sprache, Migration und schulfachliche Leistung. Einfluss sprachlicher Kompetenz auf Lese-, Rechtschreib- und Mathematikleistungen.* Wiesbaden: VS Verlag für Sozialwissenschaften.

DeGEval – Deutsche Gesellschaft für Evaluation e. V. (2002). *Standards für Evaluation.* Köln: Geschäftsstelle DeGEval.

DeGEval – Deutsche Gesellschaft für Evaluation e. V. (2016). *Standards für Evaluation.* Köln: Geschäftsstelle DeGEval.

Grießhaber, W. (2013). *Die Profilanalyse für Deutsch als Diagnoseinstrument zur Sprachförderung.* Verfügbar unter: https://www.uni-due.de/imperia/md/content/prodaz/griesshaber_profil analyse_deutsch.pdf [16.09.2019].

Hasselhorn, M. & Sallat, S. (2014). Sprachförderung zur Prävention von Bildungsmisserfolg. In S. Sallat, M. Spreer & C. W. Glück (Hrsg.), *Sprache professionell fördern* (S. 28–39). Idstein: Schulz-Kirchner Verlag.

Henschel, S., Gentrup, S., Beck, L. & Stanat, P. (Hrsg.). (2018). *Projektatlas Evaluation: Erste Ergebnisse aus den BiSS-Evaluationsprojekten.* Berlin: BiSS-Trägerkonsortium. Verfügbar unter: https://biss-sprachbildung.de/pdf/biss-website-projektatlas-evaluation.pdf [16.09.2019].

Henschel, S., Gentrup, S. & Stanat, P. (2018). Evaluation im BiSS-Programm: Anlage und Zielsetzungen der zehn Evaluationsprojekte. In S. Henschel, S. Gentrup, L. Beck & P. Stanat (Hrsg.), *Projektatlas Evaluation: Erste Ergebnisse aus den BiSS-Evaluationsprojekten* (S. 4–8). Berlin: BiSS-Trägerkonsortium.

Henschel, S., Stanat, P., Becker-Mrotzek, M., Hasselhorn, M. & Roth, H.-J. (2014). *Evaluationskonzept der Bund-Länder-Initiative »Bildung durch Sprache und Schrift«.* Verfügbar unter: https://biss-sprachbildung.de/pdf/Evaluationskonzept-BiSS.pdf [16.09.2019].

Paetsch, J., Felbrich, A. & Stanat, P. (2015). Der Zusammenhang von sprachlichen und mathematischen Kompetenzen bei Kindern mit Deutsch als Zweitsprache. *Zeitschrift für Pädagogische Psychologie, 29*(1), 19–29.

Schneider, W., Baumert, J., Becker-Mrotzek, M., Hasselhorn, M., Kammermeyer, G., Rauschenbach, T., Roßbach, H.-G., Roth, H.-J., Rothweiler, M. & Stanat, P. (2012). *Expertise »Bildung durch Sprache und Schrift (BiSS)«: Bund-Länder-Initiative zur Sprachförderung, Sprachdiagnostik und Leseförderung.* Verfügbar unter: https://www.biss-sprachbildung.de/pdf/biss-website-biss-expertise.pdf [16.09.2019].

Stanat, P., Schipolowski, S., Rjosk, C., Weirich, S. & Haag, N. (Hrsg.). (2017). *IQB-Bildungstrend 2016. Kompetenzen in den Fächern Deutsch und Mathematik am Ende der 4. Jahrgangsstufe im zweiten Ländervergleich.* Münster: Waxmann. Verfügbar unter: http://www.iqb.hu-berlin.de/bt/BT2016/Bericht [16.09.2019].

Steuerungsgruppe »Feststellung der Leistungsfähigkeit des Bildungswesens im internationalen Vergleich« (2012). *Programmskizze »Bildung durch Sprache und Schrift«.* Verfügbar unter: http://www.kmk.org/fileadmin/veroeffentlichungen_beschluesse/2012/2012_10_18-Initiative_Sprachfoerderung_Programmskizze.pdf [16.09.2019].

Weis, M., Doroganova, A., Hahnel, C., Becker-Mrotzek, M., Lindauer, T., Artelt, C. & Reiss, K. (2019). Lesekompetenz in PISA 2018 – Ergebnisse in einer digitalen Welt. In K. Reiss, M. Weis, E. Klieme & O. Köller (Hrsg.), *PISA 2018. Grundbildung im internationalen Vergleich* (S. 47–80). Münster: Waxmann.

Teil I: Alltagsintegrierte sprachliche Bildung im Elementarbereich

Der erste Teil dieses Bands widmet sich der sprachlichen Bildung im Elementarbereich. In Kindertageseinrichtungen ergeben sich im Alltag zahlreiche Situationen, in denen pädagogische Fachkräfte Kinder in ihrer sprachlichen Entwicklung unterstützen können und sollen. Sich beim Essen zu unterhalten oder sich gemeinsam ein Bilderbuch anzusehen und darüber auszutauschen, sind nur einige Beispiele für wiederkehrende Situationen, in denen Fachkräfte sprachlich anregende Lerngelegenheiten schaffen können. Die vier nachfolgenden Kapitel gehen daher der Frage nach, wie Fachkräfte mit Kindern pädagogisch interagieren und unter welchen Bedingungen sie alltagsintegrierte sprachliche Bildung in Kindertageseinrichtungen umsetzen.

In Kapitel 2 untersuchen Egert, Quehenberger, Dederer und Wirts (*BiSS-E2*) die Qualität pädagogischer Interaktionen mit Kindern unter drei Jahren. Ziel des Beitrags ist es zu beschreiben, wie gut Fachkräfte die Kinder in ihrer emotionalen und sprachlichen Entwicklung unterstützen. Der Beitrag geht außerdem der Frage nach, welche Bedingungen es begünstigen können, dass qualitativ hochwertige pädagogische Interaktionen im Kitaalltag vorkommen.

Daran anschließend beschäftigen sich Wirts, Fischer und Cordes (*BiSS-E1*) in Kapitel 3 mit alltagsintegrierter sprachlicher Bildung bei Drei- bis Sechsjährigen. In ihrem Beitrag analysieren sie, wie häufig Fachkräfte Beobachtungen als Instrument zur Entwicklungsdiagnostik nutzen. Die Autorinnen untersuchen außerdem, wie gut es Fachkräften gelingt, individuell passende pädagogische Maßnahmen zu planen, mit denen ein Kind in seiner sprachlichen Entwicklung unterstützt werden kann.

Wie Weiterqualifikationen im Rahmen von BiSS mit Sprachförderkompetenzen der Fachkräfte und der sprachlichen Entwicklung der Kinder zusammenhängen, wird in den Kapiteln 4 und 5 untersucht. Mackowiak, Beckerle, Koch, von Dapper-Saalfels, Löffler, Heil und Pauer (*allE*) gehen in Kapitel 4 der Frage nach, wie sich das förderdiagnostische Wissen und Sprachförderhandeln der Fachkräfte verändert, je nachdem, an welcher von zwei Weiterqualifizierungen sie teilnehmen. Ferner analysiert der Beitrag, wie sich Drei- bis Sechsjährige in Abhängigkeit von der Teilnahme ihrer pädagogischen Fachkräfte an den Weiterqualifizierungen sprachlich entwickeln.

In Kapitel 5 beschäftigen sich Erdogan, Betz, Kämpfe, Kucharz, Mehlem und Rezagholinia (*SPRÜNGE*) mit der Sprachbildung am Übergang vom Elementar- in den Primarbereich. Sie untersuchen, wie sich die Sprachförderkompetenz von Fach- und Lehrkräften im Rahmen ihrer Teilnahme an BiSS verändert und wie sich die Kinder beim Übergang vom Elementar- in den Primarbereich sprachlich entwickeln. Der Beitrag stellt außerdem dar, wie Fach- und Lehrkräfte die sprachliche Bildung über die Bildungsetappen hinweg gestalten.

Kapitel 2:
Alltagsintegrierte emotional-verhaltensbezogene und sprachlich-kognitive Unterstützung für Kinder unter drei Jahren in Kindertageseinrichtungen und ihre Bedingungsfaktoren: Das Evaluationsprojekt BiSS-E2

Franziska Egert[1], Julia Quehenberger[1], Verena Dederer & Claudia Wirts

Im Fokus des Beitrags stehen die Qualität von Fachkraft-Kind-Interaktionen zur Unterstützung kindlicher Lernprozesse im Krippenalter und deren Bedingungsfaktoren. An der Untersuchung nahmen 43 Fachkräfte aus BiSS-Verbünden in Baden-Württemberg, Berlin, Brandenburg und Sachsen teil. Die Qualität pädagogischer Interaktionen in Krippen wurde mit dem Classroom Assessment Scoring System (CLASS-Toddler) für die Unterstützung von Emotion und Verhalten sowie sprachlich-kognitive Lernunterstützung erhoben. Die Qualitätseinschätzung erfolgte über den Vormittag hinweg durch strukturierte Live-Beobachtungen. Ein besonderes Augenmerk lag dabei auf Bilderbuchsituationen. Zu den untersuchten Bedingungsfaktoren zählten Strukturqualität (Fachkraft-Kind-Schlüssel, situationsspezifische Merkmale), Persönlichkeitsmerkmale der Fachkräfte (Persönlichkeit, Selbstwirksamkeit) sowie pädagogische Orientierungen (Erziehungsziele, Sensitivität), welche mittels Fragebogen erhoben wurden. Ähnlich zu anderen internationalen Studien im Krippenbereich belegen die Ergebnisse, dass die Qualität der Unterstützung von Emotion und Verhalten im mittleren Bereich und die Qualität der sprachlich-kognitiven Lernunterstützung auf niedrigem Niveau liegen. Die Qualität der Unterstützung von Emotion und Verhalten über den Vormittag korrelierte positiv mit einer höheren selbsteingeschätzten Sensitivität der Fachkraft und einem günstigeren Fachkraft-Kind-Aktivitätenschlüssel. Bilderbuchsituationen wiesen eine signifikant höhere sprachlich-kognitive Lernunterstützung auf als der Vormittag im Durchschnitt. Die Befunde geben Anlass, die Organisation von Aktivitäten und die selbst wahrgenommene Sensitivität der Fachkräfte als Bedingungsfaktoren für qualitativ hochwertige Interaktionen stärker in den Blick zu nehmen.

---

1   Erstautorenschaft zwischen Franziska Egert und Julia Quehenberger geteilt

1 Theoretische Grundlagen

Durch das Tagesbetreuungsausbaugesetz und den dazugehörigen Rechtsanspruch für unter Dreijährige stand seit 2013 in Deutschland die Quantität der Krippenbetreuung sehr im Fokus der Politik und Administration. In den letzten Jahren wurde der Blick zunehmend auf die Qualität der pädagogischen Prozesse und Interaktionen in der Kindertagesbetreuung für Kleinkinder gerichtet. Einerseits trug das steigende Bewusstsein für die Bedeutung der ersten Lebensjahre für spätere Entwicklungs- und Bildungsprozesse zum Blickwechsel bei. Andererseits kommt den U3-Einrichtungen aus gesellschaftlicher Perspektive der wichtige Bildungs- und Erziehungsauftrag zu, die außerfamiliär betreuten Kleinkinder ganzheitlich in ihrer Entwicklung zu unterstützen. Um diesem bildungspolitischen Anspruch gerecht zu werden, sind gelingende Fachkraft-Kind-Interaktionen als lern- und entwicklungsfördernde pädagogische Prozesse von zentraler Bedeutung (vgl. Perren, Frei & Herrmann, 2016).

1.1 Die Bedeutung von Fachkraft-Kind-Interaktionen im Krippenalltag

Gelingende Fachkraft-Kind-Interaktionen zur Unterstützung kindlicher Lernprozesse im Krippenalter beziehen mehrere Interaktionsbereiche ein. So ist es für die Unterstützung der emotionalen Entwicklung von Bedeutung, dass die Bezugsperson die Signale und Bedürfnisse des Kindes wahrnimmt und darauf adäquat reagiert. Weiter sollten eine positive Beziehung und ein respektvoller Umgang miteinander gepflegt werden und geteilte und authentische Emotionen ein positives Klima zwischen Kind und Fachkraft prägen (vgl. La Paro, Hamre & Pianta, 2012). Auch proaktive Strategien, wie die klare Kommunikation von Erwartungen an das Verhalten der Kinder sowie klare Aufgaben und Routinen, helfen den Kindern dabei, sich in ihrer sozialen Umwelt zu orientieren. Auf diese Weise kann positives Verhalten bei den Kindern unterstützt und problematischem Verhalten entgegengewirkt werden (La Paro et al., 2012). Die Anpassung der Aktivitäten an kindliche Bedürfnisse und Interessen ist ebenfalls als emotions- und verhaltensunterstützende Interaktion anzusehen.

Auch sprachlich-kognitive Fähigkeiten sind bereits im Krippenalter wichtige Bildungsbereiche und ein Anliegen der Bildungs- und Erziehungspläne der einzelnen Bundesländer. Sprachliche Unterstützung gelingt u. a. durch handlungsbegleitendes Sprechen, eine vielfältige Sprache, das Aufgreifen kindlicher Äußerungen durch Wiederholung und Erweiterung sowie längere und intensivere Dialoge (Hamre & Pianta, 2005, 2007). Darüber hinaus stehen vor allem Interaktionen im Fokus, die das Denken der Kinder anregen und eine aktive Teilnahme ermöglichen sollen. Dabei sind das Bereitstellen von neuen Informationen, ein Feedback zu Lernprozessen, Scaffolding sowie Bestärkung und Ermutigung beim Lernen für den Spracherwerb, aber auch für die kognitive Entwicklung von Bedeutung (Taylor et al., 2003).

1.2 Die Qualität von pädagogischen Interaktionen und deren Bedingungsfaktoren im Krippen-Alltag

Prozessqualität

Die Befunde der bisherigen nationalen Untersuchungen zur Qualität von pädagogischen Prozessen und Interaktionen in Krippengruppen sind eher ernüchternd. Die Ergebnisse der Nationalen Untersuchung zur Bildung, Betreuung und Erziehung in der frühen Kindheit (NUBBEK; Eckhardt & Egert, 2018; Tietze et al., 2013) und einer Krippenstudie (Wertfein, Müller & Kofler, 2012) weisen bereits vor dem U3-Ausbau auf eine Prozessqualität in Krippen mit durchschnittlich mittleren Werten hin (ca. 4 von möglichen 7 Punkten, erfasst mit der KRIPS-R; Tietze, Bolz, Grenner, Schlecht & Wellner, 2005). Vereinzelte regionale Untersuchungen zur Qualität der Fachkraft-Kind-Interaktionen im Krippenalter nach dem U3-Ausbau zeigen, dass sich die Unterstützung von Emotion und Verhalten zwar im Durchschnitt im guten Qualitätsbereich befindet, die aktive sprachlich-kognitive Lernunterstützung jedoch durchschnittlich niedrig ausfällt (Bäuerlein, Rösler & Schneider, 2017; Bücklein, Hoffer & Strohmer, 2017). Ähnlich wie im Kindergartenalter (vgl. Wildgruber, Wertfein, Wirts, Kammermeier & Danay, 2016) besteht auch im Krippenbereich Optimierungsbedarf bei lernunterstützenden Interaktionen im Bereich Sprache und Kognition.

Insgesamt finden sich bedeutende Unterschiede zwischen den Kindertageseinrichtungen bezüglich der Prozessqualität. Zur Erklärung der Prozessqualitätswerte findet sich oftmals eine Unterscheidung der Bedingungsfaktoren in Strukturqualität, Orientierungsqualität und Persönlichkeitsmerkmale der pädagogischen Fachkräfte (vgl. Anders, Roßbach & Kuger, 2016; Eckhardt & Egert, 2018; National Institute of Child Health and Human Development [NICHD], 2002).

Strukturqualität

Metaanalytische Befunde zeigen einen soliden Zusammenhang zwischen der Prozessqualität und dem Fachkraft-Kind-Schlüssel (Vermeer, van Ijzendoorn, Cárcamo & Harrison, 2016). In ihrer Expertise kommen Viernickel und Schwarz (2009), bezugnehmend auf die empirisch abgeleiteten Mindeststandards von Tietze und Förster (2005), zu dem Schluss, dass für Kinder unter drei Jahren ein Fachkraft-Kind-Schlüssel von 1:4 nicht überschritten werden sollte, um die kindliche Entwicklung wirksam zu unterstützten. Ergebnisse zur Bedeutung der Anzahl der Kinder in der Gruppe für die Prozessqualität sind inkonsistent (Vermeer et al., 2016; Thomason & La Paro, 2009). Einzelbefunde deuten darauf hin, dass es einen Zusammenhang zwischen der Prozessqualität und der Anzahl der Kinder in der Situation gibt (Wertfein, Wirts & Wildgruber, 2015). Zudem unterscheidet sich die Qualität bedeutsam zwischen verschiedenen Situationen (Wildgruber et al., 2016). Moderierte Situationen und Bilderbuchbetrachtungen zeigen dabei im Situationsvergleich die höchste Interaktionsqualität im Bereich der Lernunterstützung.

Persönlichkeitsmerkmale

Als Erklärungsansätze für Qualitätsschwankungen in Kindertageseinrichtungen werden oftmals Zusammenhänge von (relativ stabilen) Persönlichkeitsmerkmalen und der Prozessqualität untersucht. Jedoch ist der Forschungsstand zu diesem Zusammenhang überschaubar und die bisherige Befundlage heterogen (vgl. Eckhardt & Egert, 2017, 2018; Pianta et al., 2005; Tietze et al., 2013; Thomason, 2011). Tietze et al. (2013) konnten unter Einbeziehung von anderen Eigenschaften der Fachkraft einen tendenziellen positiven Zusammenhang zwischen der Persönlichkeitsdimension Verträglichkeit und Extraversion und der in der Krippe beobachteten Prozessqualität nachweisen, nicht aber für andere Persönlichkeitsdimensionen. Eckhardt und Egert (2018) fanden im U3-Bereich positive Zusammenhänge zwischen der Persönlichkeitsdimension Gewissenhaftigkeit und der Prozessqualität. Es zeigen sich also empirisch durchaus mögliche Abhängigkeiten. Die Befunde sprechen jedoch nicht für ein spezifisches Persönlichkeitsmerkmal, welches sich als besonders relevant herausstellt, sondern diese Einflüsse scheinen je nach Stichprobenzusammensetzung und Messmethode der Prozessqualität zu variieren.

Darüber hinaus sind auch zumindest indirekte Zusammenhänge zwischen der Selbstwirksamkeit der Fachkraft und der Prozessqualität anzunehmen. Die zentrale Annahme des Selbstwirksamkeitskonzepts ist es, dass Menschen Erwartungen bezüglich ihrer Kompetenzen, Probleme zu bewältigen, haben. Bei Selbstwirksamkeitserwartungen werden Überzeugungen abgefragt, die Auskunft darüber geben, inwieweit Personen sich selbst und ihre Umwelt als kontrollierbar erleben. Eine hohe Selbstwirksamkeitserwartung von pädagogischen Fachkräften ist unter anderem mit hoher Motivation, effizienteren Problemlösestrategien, höherer Arbeitszufriedenheit und Ausdauer assoziiert (Bäuerlein et al., 2017). Aus einigen Befunden geht hervor, dass besonders Selbstwirksamkeitserwartungen in Bezug auf die eigene Empathiefähigkeit mit prosozialem Verhalten in Zusammenhang stehen (Caprara, Alessandri & Eisenberg, 2012). Für den Schulbereich sowie für das Berufsleben liegen bereits Studien vor, die zeigen, dass höhere Selbstwirksamkeitserwartungen mit einer höheren Unterrichtsqualität bzw. Jobperformanz einhergehen (Klassen & Tze, 2014; Stajkovic & Luthans, 1998). Ob dieser Zusammenhang auch im Bereich der frühkindlichen Bildung zu finden ist, gilt es noch zu untersuchen.

Pädagogische Orientierungsqualität

Darüber hinaus gilt die pädagogische Orientierungsqualität als weiterer Bedingungsfaktor von Prozessqualität (Anders et al., 2016). Unter pädagogischen Orientierungen werden u. a. Einstellungen und pädagogische Überzeugungen, Erziehungs- und Lernziele subsumiert. Es wird angenommen, dass die pädagogischen Orientierungen der Fachkräfte ihr Handeln beeinflussen und somit auch die pädagogischen Prozesse prägen. Eine Reihe von empirischen Belegen bestätigen den Zusammenhang von Orientierungsqualität und Prozessqualität (u. a. Pianta et al., 2005; Eckhardt & Egert, 2017, 2018). So weisen erste Ergebnisse aus Deutschland auf eine bedeutsame Rolle der Erziehungsziele für die Prozessqualität hin (Eckhardt &

Egert, 2017, 2018; Tietze et al., 2013). Einen weiteren Aspekt pädagogischer Orientierungen stellen berufsbezogene soziale Kompetenzen, insbesondere die »Sensitivität« einer Person dar. Dazu zählen das Gespür für soziale Situationen und die Fähigkeit, zwischenmenschliche Signale richtig zu deuten sowie freundlich und rücksichtsvoll zu agieren. Zu dem Zusammenhang zwischen Sensitivität und Prozessqualität gibt es bereits national und international einige positive Ergebnisse (Eckhardt & Egert, 2018; Vermeer et al., 2016). Diese beiden Aspekte von pädagogischen Orientierungen werden im vorliegenden Beitrag untersucht, wobei Sensitivität als subjektiv wahrgenommenes feinfühliges Handeln konzeptualisiert ist.

2 Ziele

Nachdem insbesondere für Deutschland noch wenige Ergebnisse zur Qualität der pädagogischen Interaktionen und deren Bedingungsfaktoren im Krippenalter vorliegen, fokussiert der Beitrag folgende Zielstellungen:

2.1 Qualität pädagogischer Interaktionen über den Vormittag hinweg

(a) Zunächst soll untersucht werden, auf welchem Qualitätsniveau sich die Unterstützung von Emotion und Verhalten und die aktive sprachlich-kognitive Lernunterstützung in Krippengruppen in Deutschland befinden. Um die explorativen und deskriptiven Ergebnisse besser einordnen zu können, werden diese mit internationalen Resultaten verglichen. (b) Darüber hinaus werden die Zusammenhänge zwischen allgemeinen Bedingungsfaktoren und der Qualität der pädagogischen Interaktionen analysiert. Dabei werden strukturelle Merkmale (Fachkraft-Kind-Schlüssel, situationsspezifische Merkmale), Persönlichkeitsmerkmale der Fachkräfte (Persönlichkeit, Selbstwirksamkeit) sowie pädagogische Orientierungen (Erziehungsziele, Sensitivität) näher betrachtet. (c) Zudem wird die Interaktion signifikanter Bedingungsfaktoren im Zusammenhang mit der Qualität pädagogischer Interaktionen untersucht.

2.2 Qualität pädagogischer Interaktionen in Bilderbuchsituationen

(a) Da Bilderbuchsituationen als besonders sprachförderlich gelten, soll explorativ untersucht werden, wie hoch die Qualität pädagogischer Interaktionen tatsächlich in diesen Situationen ist und ob sich diese vom Durchschnittswert des Vormittages unterscheidet. (b) Weiter wird die Qualität pädagogischer Interaktionen in Abhängigkeit von situativen Bedingungen (u. a. Anzahl der Kinder und Fachkraft-Kind-Aktivitätenschlüssel) analysiert.

3 Methode

3.1 Stichprobe

Insgesamt nahmen 43 Fachkräfte, die mit Kindern im Krippenalter arbeiten, an den BiSS-E-Studien teil. Die Fachkräfte kamen aus BiSS-Verbünden in Baden-Württemberg, Berlin, Brandenburg und Sachsen (Evaluationsprojekte BiSS-E2 und BiSS-E1[2]). Die Daten beziehen sich auf den ersten Messzeitpunkt der längsschnittlichen Evaluationsstudie. Im Mittel waren die Fachkräfte 37.07 ($SD = 11.24$) Jahre alt, 92.70 % waren weiblich und hatten durchschnittlich 12.02 ($SD = 10.83$) Jahre Berufserfahrung als pädagogische Fachkraft. Etwa 12.20 % der Fachkräfte verfügten über einen akademischen Abschluss auf Fachhochschul- oder Universitätsniveau. Die meisten Fachkräfte (87.50 %) arbeiteten überwiegend in geschlossenen Gruppenstrukturen, der Rest in einem offenen oder teiloffenen Konzept.

3.2 Durchführung

Zertifizierte Erheberinnen und Erheber hospitierten bei den Fachkräften an einem Vormittag, um strukturierte Live-Beobachtungen durchzuführen. Pro Vormittag wurden für jede Fachkraft vier bis sechs ca. zwanzigminütige Cycles unterschiedlicher Alltagssituationen mithilfe des Classroom Assessment Scoring Systems geratet. Die Fachkräfte wurden aufgefordert, ihren üblichen Tagesablauf einzuhalten. Lediglich um eine Bilderbuchbetrachtung wurde gebeten, sofern diese gut integrierbar war. Darüber hinaus wurden die Fachkräfte gebeten, Fragebögen auszufüllen. Die Angaben zu den pädagogischen Orientierungen erfolgten im Rahmen der Posterhebung. Die Rücklaufquote lag bei 80.00 %.

3.3 Instrumente

Prozessqualität

Das in den BiSS-E-Studien eingesetzte Classroom Assessment Scoring System – CLASS-Toddler (La Paro et al., 2012) dient u. a. dazu, verschiedene Qualitätsaspekte von Fachkraft-Kind-Interaktionen im Krippenalltag zu untersuchen. Die CLASS-Toddler wurde bereits erfolgreich international eingesetzt (u. a. Bandel, Aikens, Vogel, Boller & Murphy, 2014; Bücklein et al., 2017; Perren et al., 2016; Slot, Leseman, Verhagen & Mulder, 2015) und ermöglicht daher eine gute Einordnung von Ergebnissen im (inter)nationalen Vergleich.

---

2 Die dieser Publikation zugrundeliegenden Vorhaben wurden mit Mitteln des Bundesministeriums für Familie, Senioren, Frauen und Jugend unter den Förderkennzeichen BIS. 00.00001.15 (BiSS-E1) und BIS. 00.00005.15 (BiSS-E2) gefördert. Die Verantwortung für den Inhalt dieser Veröffentlichung liegt bei den Autorinnen.

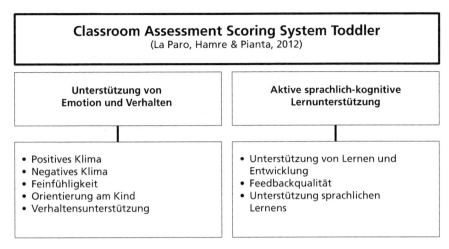

Abb. 2.1: Qualitätsdomänen und Dimensionen der CLASS-Toddler

Die CLASS-Toddler ist ein standardisiertes Beobachtungsverfahren mit einer sieben-stufigen Likert-Skala. Sie unterscheidet niedrige (< 3), mittlere (3–5) und hohe (> 5) Qualität, die in acht Dimensionen erfasst wird. Diese Dimensionen wiederum werden jeweils zu den zwei Qualitätsdomänen »Unterstützung von Emotion und Verhalten« und »Aktive sprachlich-kognitive Lernunterstützung« zusammengefasst (► Abb. 2.1). Die Beobachtungsübereinstimmung wurde anhand von 52 Cycles ermittelt. Diese war für die zwei CLASS-Domänen Unterstützung von Emotion und Verhalten (one-way, $ICC = .59$) und aktive sprachlich-kognitive Lernunterstützung (one-way, $ICC = .72$) für die vorliegende Stichprobe zufriedenstellend. Zur Veranschaulichung der Qualitäts-einschätzung findet sich je eine beispielhafte Qualitätsdimension erläutert in Tabelle 2.1.

Tab. 2.1: Beispiele für die Qualitätserfassung mit der CLASS-Toddler

Qualitäts-domäne	Beispiel-dimension	Niedrige Qualität	Hohe Qualität
Unterstüt-zung von Emotion und Verhalten	Positives Klima	Distanziertes Verhalten (verbal und nonverbal); kein geteilter Affekt und kein respektvoller Umgang*	Positiver geteilter Affekt und positive verbale und nonverbale Interaktionen sowie ein respektvoller Umgang*
Aktive sprachlich-kognitive Lernunter-stützung	Unterstützung sprachlichen Lernens	Wenig bis gar keine Inter-aktion; Sprachverwendung von Fachkraft dominiert; kein oder sehr seltener Ein-satz sprachförderlicher Strategien und einge-schränktes Sprachangebot*	Häufige Konversation zwi-schen Kindern und Fach-kräften und Peers; häufige Verwendung sprachförder-licher Strategien und ange-messen differenziertes Sprachangebot*

Anmerkungen. * Jeweils operationalisiert über verschiedene beobachtbare »behavior markers« und ausführliche Beispielbeschreibungen.

Strukturqualität

Der allgemeine Fachkraft-Kind-Schlüssel (allgemeines administratives Zuständigkeitsverhältnis für Kinder pro Fachkraft) wurde mittels Fragebogen erhoben. Weiter wurde durch die Erheberinnen und Erheber vor Ort erfasst, wie viele Kinder an der mit der CLASS beobachteten Aktivität mit der Zielfachkraft teilnahmen (Anzahl der Kinder in der Aktivität) und wie viele Fachkräfte beteiligt waren, um einen Fachkraft-Kind-Aktivitätenschlüssel zu bilden. Dieser liegt für jeden Beobachtungcycle vor und wird gemittelt über den Erhebungstag oder situationsbezogen als Einzelwert in die Analysen einbezogen.

Persönlichkeitsmerkmale

Die Persönlichkeit der pädagogischen Fachkräfte wurde mittels einer Kurzversion des *Big Five Inventory (BFI-K)* bestehend aus 21 Items von Rammstedt und John (2005) erhoben. Die Fachkräfte schätzen auf einer fünfstufigen Likert-Skala (1 = sehr unzutreffend bis 5 = sehr zutreffend) ihre Persönlichkeit in den Dimensionen »Extraversion«, »Verträglichkeit«, »Gewissenhaftigkeit«, »Neurotizismus/geringe emotionale Stabilität« und »Offenheit für neue Erfahrungen« ein. Die internen Konsistenzen für die aktuelle Stichprobe waren mit einem Cronbachs $\alpha = .73$ für Extraversion und $\alpha = .71$ für Neurotizismus zufriedenstellend. Die Dimensionen Verträglichkeit ($\alpha = .35$), Gewissenhaftigkeit ($\alpha = .44$) und Offenheit ($\alpha = .33$) stellten sich hingegen als nicht hinreichend reliabel in der vorliegenden Stichprobe heraus. Für die Analysen der Fragestellungen wurden daher ausschließlich die Skalen Extraversion und Neurotizismus verwendet.

Mittels der *Kurzskala zur Erfassung allgemeiner Selbstwirksamkeitserwartungen* (ASKU; Beierlein, Kovaleva, Kemper & Rammstedt, 2012) gaben die pädagogischen Fachkräfte auf einer fünfstufigen Likert-Skala (1 = trifft gar nicht zu bis 5 = trifft voll und ganz zu) in drei Items ihre kontextübergreifende Erwartungshaltung an, kritische Anforderungen aus eigener Kraft bewältigen zu können. Die interne Konsistenz in der vorliegenden Stichprobe betrug $\alpha = .79$.

Pädagogische Orientierungsqualität

Die pädagogischen Fachkräfte wurden gebeten, Aussagen zu *Erziehungszielen* auf einer sechsstufigen Likert-Skala (1 = stimme nicht zu bis zu 6 = stimme völlig zu) von Keller et al. (2006) zu beurteilen. Dabei wurden die Ausprägungen auf den Subskalen Prosoziales Verhalten (5 Items, $\alpha = .81$), Gehorsam (4 Items, $\alpha = .82$) und Autonomie (4 Items, $\alpha = .77$) untersucht.

Zur Erfassung berufsbezogener sozialer Kompetenzen wurden die Subskalen Sensitivität (12 Items) und Soziabilität (15 Items) des *Bochumer Inventars zur berufsbezogenen Persönlichkeitsbeschreibung BIP* herangezogen (Hossiep & Paschen, 2003). Die Fachkräfte schätzen auf einer sechsstufigen Skala (1 = trifft überhaupt nicht zu bis 6 = trifft voll zu) ein, inwieweit die Aussagen auf sie zutreffen. Nach Prüfung der internen Konsistenz wurde eine neue Skala für Sensitivität aus insgesamt sieben

Items (sechs aus der Skala Sensitivität und eines aus der Skala Soziabilität, welches rücksichtsvollen Umgang mit anderen abfragt) gebildet, welche inhaltlich plausibel und ökologisch valide das Konstrukt Sensitivität in sozialen Interaktionen abbildet ($\alpha = .72$, mittlere Item-Inter-Korrelation $= .28$). Für Berechnungen zum Zusammenhang zwischen pädagogischen Orientierungen und der Prozessqualität wurde die neu erstellte Skala »Sensitivität_soz« herangezogen. Die Sensitivität beschreibt ein abgestimmtes Handeln in Interaktionen und das Gespür für die Dynamik sozialer Situationen, wie z. B. das Wahrnehmen von Emotionen und Konflikten, das Einstellen auf schwer zugängliche Personen sowie auf die Bedürfnisse des sozialen Umfelds.

3.4 Analysen

Zusammenhänge zwischen Strukturqualität, Persönlichkeitsmerkmalen, Orientierungsqualität und der Qualität pädagogischer Interaktionen wurden anhand von Produkt-Moment-Korrelationen nach Pearson (r) berechnet. Zur Ermittlung von Mittelwertunterschieden wurden t-Tests durchgeführt. Im Anschluss wurde anhand von Regressionsanalysen vertieft untersucht, ob und inwiefern auch die Interaktion signifikanter Bedingungsfaktoren einen Einfluss auf die Prozessqualität hat. Für die statistischen Analysen wurde die Statistiksoftware SPSS 22 (IBM, 2013) verwendet.

4 Ergebnisse

4.1 Deskriptive Ergebnisse potenzieller Bedingungsfaktoren

Strukturqualität: Der *Fachkraft-Kind-Schlüssel* (nach Angabe der Fachkräfte im Fragebogen) variierte stark zwischen einer Zuständigkeit für 1.60 bis 13.00 Kindern pro pädagogischer Fachkraft in den untersuchten Krippensettings ($M = 5.69$, $SD = 1.89$). Analysiert man die Ergebnisse auf Grundlage der empfohlenen Schwellenwerte nach Viernickel und Schwarz (2009) von 1:4 Kindern pro Fachkraft, so gaben nur 12.20 % der Fachkräfte im Fragebogen an, dass dieser empirisch abgeleitete Schwellenwert grundsätzlich eingehalten wird. Der von den externen Erheberinnen und Erhebern beobachtete *Fachkraft-Kind-Aktivitätenschlüssel* während der CLASS-Cycles (wie viele Kinder waren in die Aktivität mit der Zielfachkraft einbezogen) lag über den Vormittag hinweg durchschnittlich bei 5.25 ($SD = 1.73$) Kindern pro Fachkraft. Nur 25.60 % der Zielfachkräfte erreichten den Schwellenwert von bis zu 1:4, was bedeutet, dass nur wenige Fachkräfte unter den empfohlenen Bedingungen arbeiten. Der am Erhebungstag beobachtete (über den Tag gemittelte) Fachkraft-Kind-Aktivitätenschlüssel und der von den Fachkräften im Fragenbogen angegebene Fachkraft-Kind-Schlüssel zeigten keinen statistisch signifikanten Unterschied ($t = -1.55$, $df = 40$, $p = .13$, $d = 0.24$) und hingen moderat miteinander zusammen ($N = 41$, $r = .44$,

$p < .01$). Daher kann davon ausgegangen werden, dass die Personalausstattung an den Erhebungstagen relativ normal war. Betrachtet man die Bilderbuchaktivitäten als spezifische Sprachfördersituationen genauer, zeigt sich, dass es hier den Fachkräften durch Binnenorganisation (d. h. mehr Kinder im Zuständigkeitsbereich der Kolleginnen und Kollegen, dafür weniger in der Bilderbuchbetrachtung bei der Zielfachkraft) häufiger gelingt, den empfohlenen Schwellenwert einzuhalten (55.00 %). Im Durchschnitt liegt hier der Fachkraft-Kind-Aktivitätenschlüssel bei 1:3.75 ($SD = 2.08$).

Persönlichkeitsmerkmale: Die Werte für die *Persönlichkeitsdimension Neurotizismus* ($M = 2.64$, $SD = 0.71$) fielen erwartungsgemäß eher gering aus, während die Beurteilung der Fachkräfte in Bezug auf die *Persönlichkeitsdimensionen Extraversion* ($M = 3.81$, $SD = 0.66$) höher ausfiel. Die eingeschätzte allgemeine *Selbstwirksamkeit*, kritische Anforderungen aus eigener Kraft zu bewältigen, liegt mit $M = 4.18$ ($SD = 0.48$) im oberen Bereich der Skala.

Orientierungsqualität: Bezüglich der *Erziehungsziele* gaben die Fachkräfte an, dass *Autonomie* ($M = 4.90$, $SD = 0.89$) sowie *prosoziales Verhalten* ($M = 4.30$, $SD = 1.00$) ihrer Meinung nach wichtige Erziehungsziele sind. Dagegen wurde *Gehorsam* ($M = 3.50$, $SD = 1.00$) durchschnittlich als deutlich weniger wichtig bewertet. Die Fachkräfte schätzen sich mit einem Mittelwert von $M = 4.72$ ($SD = 0.61$) als durchaus *sensitiv* ein.

4.2 Qualität der pädagogischen Interaktionen über den Vormittag hinweg und Bedingungsfaktoren

Qualitätsniveau pädagogischer Interaktionen über den Vormittag hinweg

Die Qualitätseinschätzungen zur *Unterstützung von Emotion und Verhalten*, welche mithilfe der CLASS-Toddler über den Vormittag hinweg erfasst wurde, liegen durchschnittlich im hohen mittleren Bereich ($M = 5.63$, $SD = 0.60$). Die Qualität der *aktiven sprachlich-kognitiven Lernunterstützung* jedoch liegt im niedrigen mittleren Bereich ($M = 3.33$, $SD = 0.76$). Dieser Unterschied ist statistisch signifikant und weist auf einen starken Effekt hin ($t = 25.89$, $df = 42$, $p < .01$, $d = 3.95$).

Zusammenhänge der Qualität pädagogischer Interaktionen über den Vormittag hinweg mit allgemeinen Bedingungsfaktoren

Die Qualität der Unterstützung von Emotion und Verhalten korrelierte signifikant positiv mit der Qualität der aktiven sprachlich-kognitiven Lernunterstützung ($N = 41$, $r = .66$, $p < .01$). Wie aus Tabelle 2.2 ersichtlich wird, zeigten sich bei den untersuchten *Persönlichkeitsmerkmalen* und den *Erziehungszielen* keine signifikanten Zusammenhänge mit der beobachteten Interaktionsqualität. Lediglich der *Fachkraft-Kind-Aktivitätenschlüssel* und die *Sensitivität_soz* standen in signifikantem Zusammenhang mit der Unterstützung von Emotion und Verhalten. Je ungünstiger der *Fachkraft-Kind-Aktivitätenschlüssel* in einer beobachteten Situation war, desto geringer war auch die Unterstützung von Emotion und Verhalten seitens der Fachkraft. Der von der Fachkraft im Fragebogen angegebene *Fachkraft-Kind-Schlüssel* zeigte mit der Unterstützung von Emotion und Verhalten ebenfalls moderate Zusammenhänge, die aber nur tendenziell signifikant wurden. Dies bekräftigt aber die gefundenen Zusammenhänge zwischen Fachkraft-Kind-Aktivitätenschlüssel und der Prozessqualität. Zwischen der *Sensitivität_soz* und der Qualität der Unterstützung von Emotion und Verhalten bestand ein positiver Zusammenhang.

Tab. 2.2: Zusammenhang der Qualität pädagogischer Interaktionen mit Strukturmerkmalen, Persönlichkeitsmerkmalen und pädagogischen Orientierungen über den gesamten Vormittag

Gesamter Vormittag Range $n = 34\text{-}43$	Unterstützung von Emotion und Verhalten	Aktive sprachlich- kognitive Lernanregung
	r	r
Strukturqualität		
1. F-K-Aktivitätenschlüssel	-.36*	-.28+
2. F-K-Schlüssel (Fragebogen)	-.29+	-.12
Persönlichkeitsmerkmale		
3. Extraversion	.04	-.01
4. Neurotizismus	-.02	-.16
5. Selbstwirksamkeit	.04	-.04
Orientierungsqualität		
6. EZ Prosozial	.10	.18
7. EZ Gehorsam	.14	.20
8. EZ Autonomie	.06	.30+
9. Sensitivität_soz	.36*	.27

Anmerkungen. r = Produkt-Moment-Korrelation; $^+ p < .10$; $^* p < .05$
F-K = Fachkraft-Kind; EZ = Erziehungsziele.

Qualität pädagogischer Interaktionen in Abhängigkeit der Interaktion von Fachkraft-Kind-Aktivitätenschlüssel und Sensitivität

Im Rahmen der vertiefenden Regressionsanalyse wird der Frage nachgegangen, wie die beiden gefundenen signifikanten Bedingungsfaktoren (Sensitivität_soz und Fachkraft-Kind-Aktivitätenschlüssel) in der Prädiktion der Qualität der emotions- und verhaltensbezogenen Unterstützung miteinander in Wechselwirkung stehen. Die Regressionsanalyse mit den Prädiktoren Sensitivität_soz ($\beta_{\text{Sensitivität\_soz}} = .08$, $p = .73$), Fachkraft-Kind-Aktivitätenschlüssel ($\beta_{\text{Fachkraft-Kind-Aktivitätenschlüssel}} = -.40$, $p = .02$) und Interaktionsterm (Sensitivität_soz × Fachkraft-Kind-Aktivitätenschlüssel; $\beta_{\text{Interaktion}} = -.45$, $p = .03$) deutet auf eine Abhängigkeit der beiden Effekte hin. Die Ergebnisse bedeuten, dass bei einer Verschlechterung des Fachkraft-Kind-

Aktivitätenschlüssels die Sensitivität ihren qualitätsförderlichen Einfluss verliert. Anders gesagt: Eine hohe Sensitivität der pädagogischen Fachkraft kann die negativen Konsequenzen, die ein hoher Fachkraft-Kind-Aktivitätenschlüssel auf die Qualität emotionaler und verhaltensbezogener Unterstützung hat, nicht kompensieren. Insgesamt erklären die in die Regression eingeschlossenen Variablen 24.90 % (*adj. R^2*) Varianz auf (Sensitivität_soz *adj.* $R^2 = 10.20$ %, Fachkraft-Kind-Aktivitätsschlüssel *adj.* $R^2 = 7.80$ %, Interaktion *adj.* $R^2 = 7.00$ %).

4.3 Qualität der pädagogischen Interaktionen während Bilderbuchbetrachtungen und Bedingungsfaktoren

Qualitätsniveau pädagogischer Interaktionen während Bilderbuchbetrachtungen

Bei 20 Fachkräften konnten Bilderbuchbetrachtungen beobachtet werden. Es findet sich hier eine ähnliche Qualitätsverteilung (Unterstützung von Emotion und Verhalten: $M = 5.88$, $SD = 0.72$; aktive sprachlich-kognitive Lernunterstützung: $M = 4.08$, $SD = 1.29$) wie beim Gesamtvormittag. Die sprachlich-kognitive Lernunterstützung zeigt auch hier signifikant niedrigere Werte im Vergleich zur Unterstützung von Emotion und Verhalten bei hoher Effektstärke ($t = 8.59$, $df = 19$, $p < .01$, $d = 1.92$). Jedoch zeigt sich in den Bilderbuchbetrachtungen eine signifikant höhere Qualität im Bereich der aktiven sprachlich-kognitiven Lernunterstützung im Vergleich zum Gesamtvormittag ($t = 2.96$, $df = 19$, $p < .01$, $d = 0.66$).

Zusammenhänge der Qualität pädagogischer Interaktionen mit situativen Strukturbedingungen in Bilderbuchbetrachtungen

In den Bilderbuchbetrachtungen zeigten sich die oben für den Gesamtvormittag berichteten Zusammenhänge mit Strukturbedingungen nochmals verstärkt (▶ Tab. 2.3). Der situationsbezogene *Fachkraft-Kind-Aktivitätenschlüssel* korrelierte sowohl signifikant negativ mit der Unterstützung von Emotion und Verhalten als auch mit der aktiven sprachlich-kognitiven Lernunterstützung.

Tab. 2.3: Zusammenhang der Qualität pädagogischer Interaktionen mit situativen Strukturbedingungen in Bilderbuchsituationen

Bilderbuchbetrachtung $n = 19$ bis 20	Unterstützung von Emotion und Verhalten	Aktive sprachlich-kognitive Lernanregung
	r	*r*
1. Anzahl der Kinder	-.56*	-.58**
2. F-K-Aktivitätenschlüssel	-.54*	-.45*

Anmerkungen. r = Produkt-Moment-Korrelation; * $p < .05$; ** $p < .01$
F-K = Fachkraft-Kind.

Betrachtet man die Bilderbuchsituationen, die das empfohlene Verhältnis von Viernickel und Schwarz (2009) einhalten ($n = 9$, $M = 4.81$, $SD = 1.04$), gegenüber denen mit ungünstigerem situationsbezogenem Fachkraft-Kind-Aktivitätenschlüssel ($n = 11$, $M = 3.47$, $SD = 1.19$), zeigen sich signifikante Qualitätsvorteile bezüglich der aktiven sprachlich-kognitiven Lernanregung für die Situationen mit eingehaltenem Schwellenwert ($t = -2.66$, $df = 18$, $p = .02$, $d = 1.19$).

Betrachtet man allein die *Anzahl der Kinder*, welche an der Aktivität beteiligt waren (statt des Fachkraft-Kind-Aktivitätenschlüssels), so zeigen sich noch deutlichere negative Zusammenhänge mit der Unterstützung von Emotion und Verhalten und der aktiven sprachlich-kognitiven Lernunterstützung. Insgesamt erreichen nur vier der Fachkräfte einen CLASS-Wert über 5 in Bezug auf sprachlich-kognitive Lernanregung bei der Betrachtung von Bilderbüchern, der nach CLASS-Kriterien eine hohe Qualität bedeutet. Eine deskriptive Analyse zeigte, dass bei diesen besonders hochwertigen Bilderbuchbetrachtungen maximal 2 Kinder beteiligt waren ($M = 1.50$, $SD = 0.58$).

5 Diskussion und Praxisimplikationen

Die *Qualität der sprachlich-kognitiven Anregung* in Krippengruppen, ähnlich wie in anderen deutschen und internationalen Studien (Bandel et al., 2014; Bäuerlein et al., 2017; Bücklein et al., 2017; Castle et al., 2015; Joseph, Feldman, Brennan & Cerros, 2010; La Paro, Williamson & Hatfield, 2014; Perren et al., 2016; Slot et al., 2015), befindet sich im niedrigen mittleren Qualitätsbereich, während die *emotionale und verhaltensbezogene Unterstützung* auf einem deutlich höheren Niveau liegt. Die vorliegenden Ergebnisse können somit als eine Bestätigung der Befunde der NUBBEK-Studie (Tietze et al., 2013) gesehen werden, wonach sich die Prozessqualität im U3-Bereich gemessen mit der KRIPS-R in Deutschland auf einem moderaten Level ansiedelt. Eine Stärke der CLASS-Toddler liegt vor allem in der differenzierteren Betrachtung der Qualität pädagogischer Interaktionen, wodurch die Unterschiede zwischen Unterstützung von Emotion und Verhalten und aktiver sprachlich-kognitiver Lernunterstützung erkennbar werden und so Bereiche mit Handlungsbedarf spezifischer benannt werden können.

Bei den Bilderbuchsituationen fand sich eine signifikant höhere aktive sprachlich-kognitive Lernunterstützung als in den gemittelten Alltagssituationen. Analoge Situationsunterschiede wurden für das Kindergartenalter bereits von Wildgruber et al. (2016) berichtet. Zukünftige Studien sollten bei der Untersuchung von Bedingungsfaktoren für die aktive sprachlich-kognitive Lernunterstützung unterschiedliche Aktivitätsbereiche (z. B. Bilderbuch, Freispiel, Essenssituationen) differenziert betrachten. Ein aggregierter Wert über den Vormittag kann zwar hilfreich sein, um Fachkräfte oder Einrichtungen untereinander zu vergleichen, birgt jedoch auch die Gefahr, wertvolle Informationen über einzelne Bestandteile des Interaktionsprozesses zu verlieren, welche wiederum besonders für den Transfer in die Praxis hilfreich sein können.

Ziel des vorliegenden Beitrags war es, darüber hinaus *Bedingungsfaktoren von Prozessqualität* für den U3-Bereich zu untersuchen. Dafür wurden Aspekte der Struktur- und Orientierungsqualität sowie Persönlichkeitsmerkmale näher betrachtet, um Qualitätsunterschiede zu erklären und daraus praktische Implikationen abzuleiten. Für die untersuchten *Persönlichkeitsmerkmale* (Extraversion, Neurotizismus und Selbstwirksamkeit) fanden sich im Gegensatz zu Eckhardt und Egert (2018) keine signifikanten Zusammenhänge mit der beobachteten Prozessqualität. Die Verwendung unterschiedlicher Instrumente zur Qualitätserfassung (CLASS-Toddler vs. KRIPS-R), die unterschiedliche Qualitätsaspekte berücksichtigen, könnte zu den diskrepanten Ergebnissen beigetragen haben. Bezüglich der *Orientierungsqualität* erwies sich, konsistent mit anderen Befunden (Eckhardt & Egert, 2018; Vermeer et al., 2016), die selbsteingeschätzte *Sensitivität* pädagogischer Fachkräfte als relevant für die Qualität emotions- und verhaltensunterstützender Interaktionen. Allerdings zeigten die Erziehungsziele (EZ Prosozial, EZ Gehorsam) keine Zusammenhänge mit der Qualität pädagogischer Interaktionen. Lediglich für das Erziehungsziel Autonomie fand sich eine tendenzielle positive Relation mit der sprachlich-kognitiven Lernanregung, während bei Tietze et al. (2013) die Prozessqualität mit dem Erziehungsziel Autonomie signifikant korrelierte. Daraus lässt sich auch die Notwendigkeit weiterer repräsentativer Untersuchungen ableiten, die nicht nur die Qualität und deren Facetten, sondern auch deren Bedingungsfaktoren in den Blick nehmen (Vermeer et al., 2016).

In Bezug auf *Strukturqualitätsmerkmale* ergaben sich für den *Fachkraft-Kind-Aktivitätenschlüssel* statistisch relevante Zusammenhänge mit der Qualität pädagogischer Interaktionen. Der lediglich tendenziell signifikante Zusammenhang zwischen dem allgemeinen Fachkraft-Kind-Schlüssel und der Qualität der Unterstützung von Emotion und Verhalten ergab, dass der allgemeine Fachkraft-Kind-Schlüssel in der BiSS-Stichprobe ähnlich wie bei Slot et al. (2015) eine eher untergeordnete Rolle spielte. Andere Studien im Krippensetting, die den allgemeinen Fachkraft-Kind-Schlüssel als Einflussfaktor betrachteten, fanden aber sowohl Zusammenhänge mit der Qualität pädagogischer Interaktionen (Thomason & La Paro, 2009) als auch mit der allgemeinen Prozessqualität (Tietze et al., 2013; Barros & Aguiar, 2010). Diese Heterogenität innerhalb der berichteten empirischen Zusammenhänge könnte u. a. auf die Unterschiede in der Erfassung des Fachkraft-Kind-Schlüssels zurückzuführen sein (vgl. Viernickel & Fuchs-Rechlin, 2015). Zudem bezieht keine der bisherigen Studien einen situationsspezifisch erfassten Fachkraft-Kind-Aktivitätenschlüssel ein.

Der Fachkraft-Kind-Aktivitätenschlüssel korrelierte in den Bilderbuchsituationen der BiSS-E-Stichprobe nicht nur mit der Unterstützung von Emotion und Verhalten, sondern auch mit der aktiven sprachlich-kognitiven Lernunterstützung signifikant. Dies kann u. a. damit erklärt werden, dass Bilderbuchsituationen durchschnittlich eine höhere Qualität der aktiven sprachlich-kognitiven Lernunterstützung aufweisen als andere Alltagssituationen (vgl. Wildgruber et al., 2016), was sich auch in der vorliegenden Stichprobe bestätigt. Dadurch zeigt sich mehr Varianz in den ansonsten eher gering ausfallenden Lernunterstützungswerten. Es kann zudem angenommen werden, dass sich stärkere Zusammenhänge zeigen, je genauer der Fachkraft-Kind-Schlüssel bezogen auf die beobachteten Situationen erfasst wird. In den Bilderbuchsituationen wurde der von Viernickel und Schwarz (2009) empirisch abgeleitete

Schwellenwert von 1:4 Kindern pro Fachkraft durch gute Organisation in 55.00 % der Situationen eingehalten, während dies im Vergleich dazu nur in 25.60 % der gesamten beobachteten Situationen der Fall war. Eine genauere Analyse der Bilderbuchsituationen zeigt, dass ein ungünstiger situativer Fachkraft-Kind-Aktivitätenschlüssel mit einer verringerten Qualität der aktiv sprachlich-kognitiven Lernunterstützung einhergeht. Betrachtet man nur die *Anzahl der Kinder* in der Situation (statt dem Fachkraft-Kind-Aktivitätenschlüssel), so verstärkt sich der Effekt noch.

Bilderbuchbetrachtungen, bei denen der Schwellenwert von 1:4 Kindern (Viernickel & Schwarz, 2009) pro Fachkraft eingehalten wurde, zeichneten sich durch eine signifikant höhere Qualität der sprachlich-kognitiven Lernanregung aus. Durchschnittlich erreichten Fachkräfte in diesen Situationen 1.34 Skalenwerte mehr. Bezugnehmend auf die dargestellten explorativen Ergebnisse und die Ausführungen von Viernickel und Schwarz (2009) wäre eine mögliche Implikation für die Praxis, dass Bilderbuchbetrachtungen (und vermutlich auch andere sprach- und kognitionsanregende Aktivitäten) im Krippenalter mit maximal vier Kindern durchgeführt werden sollten. Dies kommt momentan jedoch nur sehr selten vor. Eine kleinere Kindergruppe kann auch bei insgesamt schlechterem Fachkraft-Kind-Schlüssel durch eine gute Organisation des Krippenalltags in einzelnen Situationen erreicht werden. Dadurch würde zumindest den daran beteiligten Kindern eine deutlich höhere Lernunterstützungsqualität zugutekommen. Dabei sollte jedoch unbedingt darauf geachtet werden, dass auch Kinder mit sprachlichem Unterstützungsbedarf von solchen hochwertigen Situationen profitieren, denn oft wird mit diesen Kindern quantitativ und qualitativ weniger sprachunterstützend gesprochen als mit sprachlich kompetenten Kindern (Albers, Bendler, Lindmeier & Schröder, 2013). Auch wenn ein guter (administrativer) allgemeiner Fachkraft-Kind-Schlüssel nicht automatisch zu besseren Lernunterstützungswerten führt, darf er nicht außer Acht gelassen werden. Denn nur bei ausreichender Personalausstattung kann durch gute Organisation des Alltags vielen Kindern eine höherwertige Lernanregung zuteilwerden.

Bezüglich der Bedingungsfaktoren im Bereich der *pädagogischen Orientierungen* der Fachkräfte fand sich kein Zusammenhang der Qualität pädagogischer Interaktionen mit den erhobenen Erziehungszielen. Die *berufsbezogene Sensitivität* der Fachkraft hingegen klärte immerhin 10.20 % der Varianz der Unterstützung von Emotion und Verhalten auf. Ein ähnlicher Zusammenhang zwischen der beobachteten Sensitivität und Qualität wurde auch bei Eckhardt und Egert (2018) und Vermeer et al. (2016) gefunden, die Sensitivität als Verhaltensbeobachtung in die Analysen einbezogen. Diese Ergebnisse legen nahe, dass die Messung von Sensitivität mithilfe eines Fragebogens auch ein praktikables Maß zur Vorhersage von Prozessqualität darstellt. Ein weiterer interessanter Befund in Bezug auf die Qualität im Bereich der Unterstützung von Emotion und Verhalten lässt vermuten, dass der gefundene positive Zusammenhang zwischen subjektiv wahrgenommener Sensitivität der Fachkraft und Unterstützung von Emotion und Verhalten bei zunehmender Verschlechterung des Fachkraft-Kind-Aktivitätenschlüssels abnimmt. Der Fachkraft-Kind-Aktivitätenschlüssel bzw. die Binnenorganisation von Alltagssituationen scheint somit nicht nur mit der Qualität pädagogischer Interaktionen zusammenzuhängen, sondern auch die Wirkung von Aspekten der Orientierungsqualität zu beeinflussen.

6 Zusammenfassung und Ausblick

Insgesamt bedürfen die Ergebnisse aufgrund der kleinen Stichprobe und der teilweise widersprüchlichen Befundlage noch weiterer Forschung im Krippenbereich. Es kann aber festgehalten werden, dass insbesondere die Organisation von Situationen ein wirksames Mittel zur Ermöglichung höherwertiger Interaktionen zu sein scheint. Hier zeigte sich für den Krippenbereich eine Kinderanzahl von vier oder weniger Kindern pro Fachkraft als vorteilhafte Gruppengröße für lernunterstützende Bilderbuchbetrachtungen. Die vorliegende Untersuchung hatte dabei alle Kinder im Krippenalter im Blick und es ist möglich, dass für Kinder mit hohem sprachlichem Unterstützungsbedarf die vorgeschlagene Gruppengröße zu hoch ausfällt. Weitere Forschung muss zeigen, ob diese Kinderzahl als Schwellenwert – insbesondere auch für Kinder mit höherem Unterstützungsbedarf – interpretierbar ist und ob sich dies auch für andere Aktivitäten als Bilderbuchbetrachtungen findet. Darüber hinaus scheint die (selbst eingeschätzte) Sensitivität von pädagogischen Fachkräften mit der Unterstützung von Emotion und Verhalten für Kinder im Krippenalter zusammenzuhängen. Die Reflexion und Förderung der Sensitivität der pädagogischen Fachkräfte sollte zunehmend als wichtiger Aspekt in die Aus- und Weiterbildung integriert werden.

Literatur

Albers, T., Bendler, S., Lindmeier, B. & Schröder, C. (2013). Sprachliche Entwicklungsverläufe in Krippe und Tagespflege. *Frühförderung Interdisziplinär*, 4, 222–231.

Anders, Y., Roßbach, H.-G. & Kuger, S. (2016). Early childhood learning experience. In S. Kuger, E. Klieme, N. Jude & D. Kaplan (Eds.), *Assessing contexts of learning* (pp. 179–208). Cham: Springer.

Bandel, E., Aikens, N., Vogel, C. A., Boller, K. & Murphy, L. (2014). *Observed quality and psychometric properties of the CLASS-T in the Early Head Start Family and Child Experiences Survey* (OPRE Technical Brief 2014-34). Washington, DC: OPRE, U.S. Department of Health and Human Services.

Barros, S. & Aguiar, C. (2010). Assessing the quality of Portuguese child care programs for toddlers. *Early Childhood Research Quarterly*, 25, 527–535.

Bäuerlein, K., Rösler, J. & Schneider, W. (2017). Fachkraft-Kind-Interaktionen in der Krippe: Zusammenhänge mit der Fachkraft-Kind-Bindung. In H. Wadepohl, K. Mackowiak, K. Fröhlich-Gildhoff & D. Weltzien (Hrsg.), *Interaktionsgestaltung in Familie und Kindertagesbetreuung* (S. 117–145). Wiesbaden: Springer.

Beierlein, C., Kovaleva, A., Kemper, C. J. & Rammstedt, B. (2012). *Ein Messinstrument zur Erfassung subjektiver Kompetenzerwartungen Allgemeine Selbstwirksamkeit Kurzskala (ASKU)* (GESIS-Working Papers, Nr. 17). Mannheim: GESIS – Leibniz-Institut für Sozialwissenschaften.

Bücklein, C., Hoffer, R. & Strohmer, J. (2017). Interaktionsqualität in der Betreuung 1–3-Jähriger – Ein explorativ vergleichender Einsatz der Beobachtungsinstrumente GInA und CLASS Toddler. In H. Wadepohl, K. Mackowiak, K. Fröhlich-Gildhoff & D. Weltzien (Hrsg.), *Interaktionsgestaltung in Familie und Kindertagesbetreuung* (S. 84–114). Wiesbaden: Springer.

Caprara, G. V., Alessandri, G. & Eisenberg, N. (2012). Prosociality: The contribution of traits, values, and self-efficacy beliefs. *Journal of Personality and Social Psychology, 102*(6), 1289–1303.

Castle, S., Williamson, A. C., Young, E., Stubblefield, J., Laurin, D. & Pearce, N. (2015). Teacher-child interactions in Early Head Start classrooms. Associations with teacher characteristics. *Early Education & Development, 27*(2), 259–274.

Eckhardt, A. G. & Egert, F. (2017). Differences in childcare quality – A matter of personality traits, socialization goals and preservice curriculum? *Early Child Development and Care, 188* (12), 1726–1737.

Eckhardt, A. G. & Egert, F. (2018). Process quality for children under three years in early child care and family child care in Germany. *Early Years, 40*(3), 1–19.

Hamre, B. K. & Pianta, R. C. (2005). Can instructional and emotional support in the first-grade classroom make a difference for children at risk of school failure? *Child Development, 76*(5), 949–967.

Hamre, B. K. & Pianta, R. C. (2007). Learning opportunities in preschool and early elementary classrooms. In R. C. Pianta, J. C. Martha & K. L. Snow (Eds.), *School readiness and the transition to kindergarten in the era of accountability* (pp. 49–84). Baltimore: Brookes.

Hossiep, R. & Paschen, M. (2003). *BIP. Das Bochumer Inventar zur berufsbezogenen Persönlichkeitsbeschreibung – Manual.* (2., vollst. überarb. Aufl.). Göttingen u. a.: Hogrefe.

IBM Corp. Released 2013. *IBM SPSS Statistics for Windows, Version 22.0.* Armonk, NY: IBM Corp.

Joseph, G. E., Feldman, E. N., Brennan, C. & Cerros, C. (2010). *Seeds to Success Modified Field Test year two. Preliminary descriptive report.* Seattle: University of Washington.

Keller, H., Lamm, B., Yovsi, M. A. R. D., Borke, J., Jensen, H., Papaligoura, Z., Holub, C., Lo, W., Tomiyama, A. J., Su, Y., Wang, Y. & Chaudhary, N. (2006). Cultural models, socialization goals, and parenting ethnotheories: A multi-cultural analysis. *Journal of Cross-Cultural Psychology, 37*(2), 155–172.

Klassen, R. M. & Tze, V. M. C. (2014). Teachers' self-efficacy, personality, and teaching effectiveness: A meta-analysis. *Educational Research Review, 12,* 59–76.

La Paro, K. M., Hamre, B. K. & Pianta, R. C. (2012). *Classroom Assessment Scoring System. CLASS Manual, Toddler.* Baltimore: Brookes Pub.

La Paro, K. M., Williamson, A. C. & Hatfield, B. (2014). Assessing quality in toddler classrooms using the CLASS-Toddler and ITERS-R. *Early Education and Development, 25,* 875–893.

National Institute of Child Health and Human Development (2002). Child-care structure → process → outcome: Direct and indirect effects of child-care quality on young children's development. *Psychological Science, 13,* 199–206.

Perren, S., Frei, D. & Herrmann, S. (2016). Pädagogische Qualität in frühkindlichen Bildungs- und Betreuungseinrichtungen in der Schweiz. *Frühe Bildung, 5*(1), 3–12.

Pianta, R., Howes, C., Burchinal, M., Bryant, D., Clifford, R., Early, D. & Barbarin, O. (2005). Features of pre-kindergarten programs, classrooms, and teachers. Do they predict observed classroom quality and child-teacher interactions? *Applied Developmental Science, 9*(3), 144–159.

Rammstedt, B. & John, O. P. (2005). Short version of the Big Five Inventory (BFI-K). Development and validation of an economic inventory for assessment of the five factors of personality. *Diagnostica, 51,* 195–206.

Slot, P. L., Leseman, P. P. M., Verhagen, J. & Mulder, H. (2015). Associations between structural quality aspects and process quality in Dutch early childhood education and care settings. *Early Childhood Research Quarterly, 33,* 64–76.

Stajkovic, A. D. & Luthans, F. (1998). Self-efficacy and work-related performance: A meta-analysis. *Psychological Bulletin, 124*(2), 240–261.

Taylor, B. M. P., Pearson, D., Peterson, D. S. & Rodriguez, M. C. (2003). Reading growth in high-poverty classrooms: The influence of teacher practices that encourage cognitive engagement in literacy learning. *The Elementary School Journal, 104*(1), 3–28.

Thomason, A. C. (2011). *Teacher personal and professional characteristics: Contributions to emotional support and behavior guidance in early childhood classrooms.* Dissertation, Greensboro, N. C.: The University of North Carolina.

Thomason, A. C. & La Paro, K. M. (2009). Measuring the quality of teacher-child interactions in toddler child care. *Early Education & Development, 20*(2), 285–304.

Tietze, W., Bolz, M., Grenner, K., Schlecht, D. & Wellner, B. (2005). *Krippen-Skala. Feststellung und Unterstützung der pädagogischen Qualität in Krippen [KRIPS-R]*. Weinheim: Beltz.

Tietze, W. & Förster, C. (2005). Allgemeines pädagogisches Gütesiegel für Kindertageseinrichtungen. In A. Diller, H. R. Leu & T. Rauschenbach (Hrsg.), *Der Streit um Gütesiegel. Qualitätskonzepte für Kindertageseinrichtungen* (S. 31–66). München: Deutsches Jugendinstitut.

Tietze, W., Lee, H., Bensel, J., Haug-Schnabel, G., Aselmeier, M. & Egert, F. (2013). Pädagogische Qualität in Kindertageseinrichtungen und Kindertagespflegestellen. In W. Tietze, F. Becker-Stoll, J. Bensel, A. G. Eckhardt, G. Haug-Schnabel, B. Kalicki, H. Keller & B. Leyendecker (Hrsg.), *Nationale Untersuchung zur Bildung, Betreuung und Erziehung in der frühen Kindheit (NUBBEK)* (S. 69–86). Weimar: verlag das netz.

Vermeer, H. J., van Ijzendoorn, M. H., Cárcamo, R. A. & Harrison, L. J. (2016). Quality of child care using the Environment Rating Scales. A meta-analysis of international studies. *International Journal of Early Childhood, 48*(1), 33–60.

Viernickel, S. & Fuchs-Rechlin, K. (2015). Fachkraft-Kind-Relationen und Gruppengrößen in Kindertageseinrichtungen. Grundlagen, Analysen, Berechnungsmodell. In S. Viernickel, K. Fuchs-Rechlin, P. Strehmel, C. Preissing, J. Bensel & G. Haug-Schnabel (Hrsg.), *Qualität für alle. Wissenschaftlich begründete Standards für die Kindertagesbetreuung*. Freiburg im Breisgau: Herder.

Viernickel, S. & Schwarz, S. (2009). *Schlüssel zu guter Bildung, Erziehung und Betreuung. Wissenschaftliche Parameter zur Bestimmung der pädagogischen Fachkraft-Kind-Relation*. Berlin: Der Paritätische Gesamtverband, Diakonisches Werk, Gewerkschaft Erziehung und Wissenschaft.

Wertfein, M., Müller, K. & Kofler, A. (2012). *Kleine Kinder – großer Anspruch! 2010. Zweite IFP-Krippenstudie zur Qualitätssicherung in Tageseinrichtungen für Kinder unter drei Jahren*. München: Staatsinstitut für Frühpädagogik. Verfügbar unter: www.ifp.bayern.de/imperia/md/content/stmas/ifp/wertfein_ifp-projektbericht_nr18.pdf [19.06.2018].

Wertfein, M., Wirts, C. & Wildgruber, A. (2015). *Bedingungsfaktoren für gelingende Interaktionen zwischen Erzieherinnen und Kindern. Ausgewählte Ergebnisse der BIKE-Studie* (IFP-Projektbericht Nr. 27). München: Staatsinstitut für Frühpädagogik. Verfügbar unter www.ifp.bayern.de/imperia/md/content/stmas/ifp/projektbericht_bike_nr_27.pdf [09.10.2018].

Wildgruber, A., Wertfein, M., Wirts, C., Kammermeier, M. & Danay, E. (2016). Situative Unterschiede der Interaktionsqualität im Verlauf des Kindergartenalltags. *Frühe Bildung, 5*(4), 206–213.

Kapitel 3:
Umsetzung von Beobachtung, Dokumentation und Planung von sprachlicher Bildung im Kita-Alltag

Claudia Wirts, Sina Fischer & Anne-Kristin Cordes

BiSS-E1: Alltagsintegrierte Sprachbildung und -diagnostik in Kitas: Formative Prozessevaluation der Bund-Länder-Initiative »Bildung durch Sprache und Schrift«

Der Beitrag beschäftigt sich mit Beobachtung, Dokumentation und Beobachtungtransfer sowie mit der Kompetenz der Fachkräfte zur individuellen Unterstützungsplanung. Ein weiterer Fokus liegt auf der Interaktionsqualität, dem eigentlichen Projektschwerpunkt der BiSS-E-Projekte. Die hier dargestellten Ergebnisse beziehen Daten aus den Studien BiSS-E1 und BiSS-E2 ein. Die Daten stammen von 63 Fachkräften aus 31 Kindertageseinrichtungen, die schwerpunktmäßig mit Kindern im Alter von drei bis sechs Jahren arbeiten.

Die *Beobachtung* kindlicher Entwicklung wird von den meisten der befragten Fachkräfte als wichtige Aufgabe betrachtet, die häufig umgesetzt und auch als sinnvoll eingeschätzt wird. Die Umsetzung systematischer *Dokumentation und Planung* zeigt hingegen noch Optimierungsbedarf. Häufig wird lediglich beobachtet, aber keine schriftliche Dokumentation angefertigt. Vielen Fachkräften fällt es zudem schwer, individuell passende pädagogische Schritte für die sprachliche Unterstützung von Kindern abzuleiten. Die Ergebnisse zur *Interaktionsqualität* (CLASS Pre-K) zeigen zwar bezüglich der emotionalen Unterstützung und der Organisation des Kita-Alltags ein gutes Qualitätsniveau, aber eine eher niedrige Qualität im Bereich der sprachlichen Lernunterstützung. Die Qualität der Fachkraft-Kind-Interaktion hängt substanziell mit der Planungskompetenz der Fachkräfte zusammen.

Einleitung

Dem Bildungsbericht zufolge (Autorengruppe Bildungsberichterstattung, 2016) besteht die dringende Notwendigkeit, Kindern im Kindergartenalter sprachliche Unterstützung zukommen zu lassen. Etwa ein Viertel der 3- bis 5-Jährigen mit deutscher Familiensprache und knapp 40 % der gleichaltrigen Kinder mit nicht-deutscher Familiensprache werden auf Basis von Sprachstanderhebungen als sprachförderbedürftig eingeschätzt. Für pädagogische Fachkräfte ist diese Ausgangslage mit einer Reihe von Anforderungen verbunden. Sie benötigen die Fähigkeit, den Sprachstand der Kinder beobachten und einschätzen zu können, brauchen Kenntnisse, wie sprachliches Lernen adäquat unterstützt werden kann, und müssen diese Kenntnisse dann im konkreten Handeln (Interaktionen) umsetzen können. All diese Kompetenzbereiche müssen ineinandergreifen, damit der Transfer von Beobachtung und Planung bis hin zum sprachförderlichen Interaktionsverhalten gelingt. Die BiSS-E-Projekte beschäftigen sich mit der Erfassung und Evaluation der Umsetzung und dem Einfluss von Bedingungsfaktoren auf die Qualität alltagsintegrierter Sprachbildung. Im vorliegenden Beitrag soll daher der Frage nachgegangen werden, wie sich die Umsetzung sprachlicher Bildung im Kita-Alltag darstellt, wie häufig Beobachtung und Dokumentation in der Praxis eingesetzt werden und wie häufig Erkenntnisse aus der Beobachtung für die Planung pädagogischen Handelns genutzt werden. Zudem wird geprüft, ob sich Zusammenhänge zwischen der Planungskompetenz und dem Handeln (Interaktionen) der Fachkräfte zeigen.

1 Theoretischer Rahmen, Forschungslage und Fragestellungen

1.1 Zugrundeliegendes Kompetenzmodell

Dem Beitrag liegt, in Anlehnung an das Prozessmodell von Fröhlich-Gildhoff, Nentwig-Gesemann, Koch, Köhler und Pietsch (2014), die Annahme zugrunde, dass Beobachtung und Dokumentation kindlicher Entwicklungsprozesse die Basis dafür bilden, dass pädagogisches Handeln (operationalisiert als Interaktionsqualität) adaptiver und damit auf höherem Qualitätsniveau gelingt. Abbildung 3.1 visualisiert diese angenommenen Wirkprozesse. Die Wahrnehmung kindlicher Entwicklung (Beobachtung) fungiert als Erkenntnisgrundlage. Durch die schriftliche Dokumentation erfolgt eine Bewusstwerdung und Auswahl relevanter Beobachtungsergebnisse. Voraussetzung für positive Wirkungen auf die Interaktionsqualität ist aber, dass ein Transfer von Erkenntnissen aus Beobachtung und Dokumentation stattfindet. Dieser erfolgt entweder implizit, indem die Erkenntnisse das Handeln unbewusst beeinflussen, oder explizit, indem Schlussfolgerungen für das pädagogische Handeln gezogen werden. Angenommen wird, dass der Transfer umso besser gelingt, je bewusster er abläuft (z. B. durch das schriftliche Festhalten von Schlussfolgerungen und der darauf basierenden pädagogischen Planung). In Abhängigkeit von den Kompetenzen der Fachkraft zur Unterstützungsplanung erlaubt der Beobachtungstransfer schließlich mehr oder weniger angemessene Handlungsadaptionen, die sich wiederum in der Qualität der Fachkraft-Kind-Interaktionen niederschlagen.

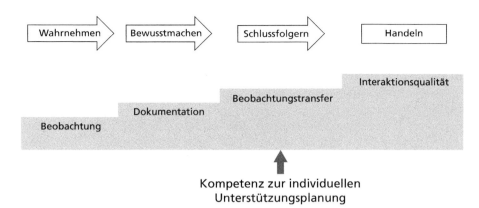

Abb. 3.1: Stufenmodell zu den Wirkwegen von Beobachtung und Dokumentation auf die Interaktionsqualität

1.2 Beobachtung und Dokumentation

In der Frühpädagogik werden Beobachtung und Dokumentation in der Regel als förderdiagnostische Instrumente verstanden: »Nach einer erfolgreichen, strukturierten und kontrollierten Interpretation schließt sich der wichtige Prozess des Verstehens und Anerkennens der gegebenen Sachverhalte an. […] Hierauf aufbauend können pädagogische Angebote, Förderungen, oder Unterstützungsangebote entwickelt und Umfeldbedingungen angepasst oder optimiert werden.« (Flender & Wolf, 2012). Die Beobachtung geht somit dem adaptiven pädagogischen Handeln, das auf die Fähigkeiten des einzelnen Kindes in einem bestimmten Bereich (z. B. seine Sprachentwicklung) abgestimmt ist, voraus. Daher sind Beobachtung, Dokumentation und die Ableitung darauf basierender konkreter pädagogischer Planung wichtige Kompetenzen frühpädagogischer Fachkräfte (vgl. Viernickel, Nentwig-Gesemann, Nicolai, Schwarz & Zenker, 2013; Fröhlich-Gildhoff, Nentwig-Gesemann et al., 2014; Wildgruber, 2010). Entsprechend werden Beobachtungs- und Dokumentationskompetenz auch in der Ausbildung als wichtige Qualifikationsbereiche wahrgenommen. So ergab z. B. eine deutschlandweite Befragung von Kleeberger und Stadler (2011), dass »Beobachtung und Dokumentation« von Fachschullehrkräften als derjenige Kompetenzbereich angesehen wird, der in der Ausbildung am besten geschult wird: Rund drei Viertel der Fachschullehrkräfte sehen die Absolventinnen und Absolventen in diesem Bereich als sehr gut oder gut vorbereitet an. Hingegen beurteilen nach einer Befragung von Beher und Walter (2012) nur knapp ein Drittel der Fachkräfte selbst ihre Kompetenzen im Bereich der Beobachtung, Dokumentation und Beurteilung und daraus abzuleitender Fördermaßnahmen als »sicher« oder »sehr sicher«.

Bezüglich der verwendeten Beobachtungsmethoden zeigt sich, dass in den Kita-Gruppen sehr oft (91 %) mindestens ein *strukturiertes* Beobachtungsverfahren für einzelne Kinder verwendet wird (Viernickel et al., 2013). Am häufigsten werden jedoch *freie Beobachtungen mit* (95 %) oder *Beobachtungen ohne* (91 %) *schriftliche Notizen* genutzt (Viernickel et al., 2013)[1].

1.3 Beobachtungstransfer und Kompetenz zur individuellen Unterstützungsplanung

Beobachtung und die darauf basierende Dokumentation kann nur positive Auswirkungen auf das Handeln im Kita-Alltag haben, wenn daraus auch Schlussfolgerungen für das pädagogische Handeln gezogen werden. Beobachtungstransfer und die Kompetenz zur individuellen Unterstützungsplanung stellen daher Verbindungsglieder zwischen der Dokumentation und dem Handeln dar. Eine Studie von Wirts, Wildgruber und Wertfein (2016) konnte entsprechend zeigen, dass höhere Kompetenzen zur individuellen Unterstützungsplanung im Bereich Sprache mit einer höheren Interaktionsqualität bei Kita-Fachkräften zusammenhängen.

1.4 Interaktionsqualität – Handeln der Fachkräfte

Dass Fachkraft-Kind-Interaktionen in der Kita einen bedeutsamen Einfluss auf die kindliche Entwicklung haben, auch wenn der Einfluss der Familie stärker ist, wurde in zahlreichen Studien belegt. Es finden sich Zusammenhänge zwischen einer höheren Qualität der Fachkraft-Kind-Interaktion und Lern- und Entwicklungsfortschritten der Kinder bezüglich ihrer kognitiven, sprachlichen und sozial-emotionalen Entwicklung (vgl. z. B. Mashburn et al., 2008; Wasik & Hindman, 2011; Birch & Ladd, 1998; National Institute of Child Health and Human Development [NICHD], 2003; Howes, Hamilton & Matheson, 1994). Aktuelle Studien zur Interaktionsqualität in deutschen Kindertageseinrichtungen machen deutlich, dass pädagogische Fachkräfte bei der emotionalen Unterstützung und der Organisation des Kita-Alltags bereits relativ gute Qualität erreichen, während die Qualität der Lernunterstützung, einschließlich der sprachlichen Lernunterstützung, deutlich geringer ausfällt (vgl. Wertfein, Wirts & Wildgruber, 2015; Kammermeyer, Roux & Stuck, 2013; von Suchodoletz, Fäsche, Gunzenhauser & Hamre, 2014).

1.5 Fragestellungen und Hypothesen der vorliegenden Studie

Ziel des vorliegenden Beitrags ist es zum einen, den Ist-Zustand bezüglich der Interaktionsqualität, insbesondere der sprachlichen Unterstützung, darzustellen und die Umsetzung von Beobachtung und Dokumentation sowie den Transfer von Erkenntnissen aus Beobachtung und Dokumentation (Beobachtungstransfer) in den beteiligten BiSS-Verbünden zu beschreiben, um Hinweise für die Qualitätsent-

---

1 Unter freier Beobachtung wird eine unstrukturierte Beobachtung mit oder ohne Notizen verstanden, strukturierte Beobachtungen sind Beobachtungen unter Einsatz eines Beobachtungsverfahrens oder -konzepts.

wicklung in diesen Bereichen zu bekommen. Zum anderen soll geprüft werden, ob sich Zusammenhänge zwischen Planungskompetenz und Interaktionsqualität finden lassen.

Fragestellungen zur Beschreibung des Ist-Zustands:

1. Beobachtung und Dokumentation:
   a) Betrachten pädagogische Fachkräfte Beobachtung eher als Gewinn oder als Belastung für ihre Arbeit?
   b) Wie häufig und wie werden kindliche Entwicklungsprozesse beobachtet und dokumentiert?
2. Beobachtungstransfer: Wie häufig und zu welchem Zweck nutzen Fachkräfte Beobachtungsergebnisse für ihre pädagogischen Aufgaben?
3. Individuelle Unterstützungsplanung: Welche Kompetenzen zeigen Fachkräfte im Bereich individueller sprachlicher Unterstützungsplanung?
4. Interaktionsqualität und Sprachliche Bildung: Wie gut ist die Interaktionsqualität, insbesondere die sprachliche Lernunterstützung, bei den einbezogenen Fachkräften?

Hypothese zum Zusammenhang zwischen Planungskompetenzen und Handeln:
H1: Fachkräfte mit besseren Planungskompetenzen zeigen höherwertige Interaktionen im Kita-Alltag, insbesondere eine bessere sprachliche Lernunterstützung.

2 Methoden

2.1 Stichprobe

In die Auswertung wurden die Daten aus den Projekten BiSS-E1 und BiSS-E2[2] (Wirts et al., 2018) einbezogen. Die Erhebungen fanden von 2015 bis 2017 vor den im Rahmen der BiSS-E-Projekte evaluierten BiSS-Qualifizierungen statt. Die Daten stammen von 63 Fachkräften aus 32 Kindertageseinrichtungen, die schwerpunktmäßig mit Kindern im Alter von drei bis sechs Jahren arbeiten. Von den 32 Einrichtungen der Stichprobe sind zwei reine Kindergärten mit Kindern im Alter von drei bis sechs Jahren, während die meisten Einrichtungen ($N = 30$) zusätzlich zu den Kindern im Kindergartenalter auch Kinder im Krippen- oder Hortalter betreuen. Die Daten stammen aus vier Bundesländern (Baden-Württemberg, Brandenburg, Berlin, Sachsen).

---

2 Die dieser Publikation zugrundeliegenden Vorhaben wurden mit Mitteln des Bundesministeriums für Familie, Senioren, Frauen und Jugend unter den Förderkennzeichen BIS. 00.00001.15 (BiSS-E1) und BIS. 00.00005.15 (BiSS-E2) gefördert. Die Verantwortung für den Inhalt dieser Veröffentlichung liegt bei den Autorinnen.

Der Großteil der teilnehmenden Fachkräfte war weiblich (92.06 %), der Altersdurchschnitt lag bei 37 Jahren und sie arbeiteten durchschnittlich seit elf Jahren als pädagogische Fachkräfte. 84.13 % der teilnehmenden Fachkräfte hatten ihre berufliche Ausbildung als Erzieherin oder Erzieher an einer Fachschule/-akademie für Sozialpädagogik absolviert und 19.05 % der Fachkräfte verfügten über einen (z. T. zusätzlichen) pädagogischen Hochschul- oder Universitätsabschluss.

2.2   Erhebungsinstrumente

Beobachtung und Dokumentation

Mithilfe eines *schriftlichen Fragebogens* wurden die Einstellungen zu Beobachtung und Dokumentation auf einer vierstufigen Likert-Skala erfasst (▶ Tab. 3.1). Die Beobachtungs- und Dokumentationspraxis der pädagogischen Fachkräfte im Bereich Sprache wurde fünfstufig erhoben (vgl. Abschnitt 3.1.2).

Des Weiteren wurde die Beobachtungs- und Dokumentationspraxis mittels *Dokumentenanalyse* angelehnt an Fragen zur Beobachtung und Dokumentation aus der KES-RZ (Tietze et al., 2017) erfasst (Sind für einzelne Kinder [drei und mehr] Aufzeichnungen für mehrere Beobachtungszeitpunkte vorhanden? Gibt es regelmäßige, schriftlich festgehaltene Beobachtungen für jedes Kind?). Dazu wurden die Fachkräfte gebeten, Beobachtungsbögen vorzulegen und verschiedene Fragen zum Umgang mit Beobachtung und Dokumentation zu beantworten. Ziel war es, zu ermitteln, wie viel in der alltäglichen Praxis tatsächlich dokumentiert wird. Gegenüber reinen schriftlichen Befragungen hat dieses Vorgehen den Vorteil, dass Verzerrungen durch soziale Erwünschtheit durch die zusätzliche Dokumentenanalyse minimiert werden.

Zudem wurde mit einem *Online-Fragebogen* (SpraBi[3]; Wirts & Reber, 2015, 2019) tagesaktuell die Häufigkeit von Kindbeobachtungen und Dokumentation dieser Beobachtungen erhoben. Die Fachkräfte waren aufgefordert, über einen Zeitraum von vier Wochen (anschließend an die Interaktionsbeobachtungen) mindestens dreimal pro Woche tagesrückblickend ihre Aktivitäten zu dokumentieren.

Beobachtungstransfer

Anhand von vier Items mit fünfstufigem Antwortformat (1 = sehr selten/nie, 2 = selten, 3 = manchmal, 4 = oft, 5 = sehr oft/immer) wurde der Beobachtungstransfer im *schriftlichen Fragebogen* erhoben (▶ Tab. 3.2).

Zum Themenbereich des Beobachtungstransfers wurden des Weiteren *Gruppendiskussionen* mit acht zufällig aus den Projekteinrichtungen ausgewählten Kitateams geführt. Unter anderem wurden die Teams dazu befragt, wie die Fachkräfte mit Beobachtungs- und Dokumentationsergebnissen umgehen bzw. welche pädagogischen Konsequenzen sie aus den Ergebnissen ziehen. Dabei wurde auf eine hohe

---

3   Fragebogen zu sprachlichen Bildungsaktivitäten in Kindertageseinrichtungen.

Selbstläufigkeit[4] der Gespräche geachtet (Schäffer, 2012), um die Themen erfassen zu können, die in der jeweiligen Einrichtung relevant sind. Die Gruppendiskussionen wurden transkribiert und mithilfe der dokumentarischen Methode (vgl. Bohnsack, Nentwig-Gesemann & Nohl, 2013), sowie einzelne Themenbereiche zusätzlich inhaltsanalytisch (vgl. Mayring, 2010), ausgewertet. Die Gruppendiskussionen fanden zu unterschiedlichen Zeiten in den Einrichtungen statt. Es nahmen entweder alle Teammitglieder oder nur die am Projekt beteiligten Fachkräfte (in Abwesenheit der Leitungen) teil. Die Zahl der Teilnehmerinnen variierte zwischen 2 und 13 Fachkräften.

Kompetenzen zur individuellen Unterstützungsplanung

Zur Erfassung der Planungskompetenz der Fachkräfte wurde die in Abbildung 3.2 dargestellte Vignette zur individuellen Unterstützungsplanung im Bereich Sprache von Mischo, Hendler, Wahl und Strohmer (2011) eingesetzt. Bei der verwendeten Vignette handelt es sich um die Beschreibung kindlicher Äußerungen und Rahmeninformationen, zu denen die Fachkräfte aufgefordert waren, darzustellen und zu begründen, wie sie in den beschriebenen Situationen handeln würden, um die kindliche Sprachentwicklung zu fördern.

Die Auswertung der Vignette erfolgte über ein dreistufiges Codiersystem aus dem Forschungsprojekt »Ausbildung und Verlauf von Erzieherinnen-Merkmalen« (AVE; Mischo et al., 2011). Das Codiersystem umfasst konkrete Ankerbeispiele und Kriterien für die Zuordnung der offenen Antworten der Fachkräfte, die dann einer der drei Codierungen (0 = keine oder unpassende Förderidee, 1 = 1 bis 2 passende Förderideen [mangelnde Begründung], 2 = mindestens zwei passende Förderideen mit Begründung) zugeordnet wurden. Die Codierungen wurden als ordinale Daten in die Auswertung einbezogen. Alle Daten wurden durch zwei geschulte Personen unabhängig voneinander kodiert, die (Interrater-)Übereinstimmung fiel zufriedenstellend aus ($ICC = .78$).

---

8) Mehmet ist 6 Jahre alt. Seine Muttersprache ist Türkisch. Erst mit dem Eintritt in den Kindergarten begann Mehmet Deutsch zu lernen. Bald wird Mehmet eingeschult. Bei der Verwendung von Artikeln hat er noch große Schwierigkeiten. Er sagt z.B. *„die Mann"* und *„das Ball"*.

Wie würden Sie die Sprache des Kindes fördern, damit es sicherer im Umgang mit Artikeln wird? Bitte beschreiben Sie 3 konkrete Fördermöglichkeiten, die Sie für die Förderung der korrekten Verwendung von Artikeln für besonders geeignet halten. Bitte begründen Sie, warum Sie die jeweilige Förderungsmaßnahme für besonders geeignet halten.

Abb. 3.2: Vignette 8 (Mischo et al., 2011, S. 5)

---

4 Selbstläufigkeit bedeutet, dass die Interviewerin Themen nur mittels Impulsfragen anstößt und der Verlauf der Diskussion von den Teilnehmenden weitgehend eigenständig bestimmt wird.

Interaktionsqualität

Die Interaktionsqualität, einschließlich des sprachlichen Unterstützungshandelns, wurde mit dem »Classroom Assessment Scoring System« (CLASS Pre-K; Pianta, La Paro & Hamre, 2008) eingeschätzt, einem siebenstufigen Beobachtungsverfahren, das die Interaktionsqualität in Kindertageseinrichtungen für Kinder zwischen drei und sechs Jahren erfasst. Werte von 1 bis 2 werden als niedrige, Werte von 3 bis 5 als mittlere und Werte von 6 bis 7 als hohe Interaktionsqualität eingestuft. Die Qualitätseinschätzung erfolgte durch geschulte Personen auf Basis differenzierter Qualitätsindikatoren und Behavior Markers (▶ Tab 2.1; vgl. auch Pianta et al., 2008). Die CLASS Pre-K zeigte in internationalen Studien eine gute prognostische Validität für verschiedene kindliche Entwicklungsmaße, u. a. sprachliche Kompetenzen (vgl. Mashburn et al., 2008; Burchinal, Kainz & Cai, 2011).

Die Interaktionsqualität wird im Rahmen des CLASS-Pre-K-Modells in drei Domänen untergliedert:

- Die Qualität der *emotionalen Unterstützung* wird anhand folgender Dimensionen eingeschätzt: »Positives Klima«, »Negatives Klima«, »Feinfühligkeit« und die »Orientierung am Kind«.
- Der zweite erfasste Bereich ist die *Organisation des Kita-Alltags*. Hierunter fallen das »Verhaltensmanagement«, der »Beschäftigungsgrad der Kinder« und die »Lernarrangements«.
- Die *Lernunterstützung* als dritte Qualitätsdomäne untergliedert sich wiederum in drei Qualitätsdimensionen: »Kognitive Anregung«, »Feedbackqualität« und »Sprachliche Lernunterstützung«.

Die Interrater-Reliabilität der BiSS-E-Daten wurde anhand von 68 Cycles berechnet. Die berechneten *ICCs* variierten zwischen $ICC = .72$ für emotionale Unterstützung, $ICC = .77$ für Organisation des Kita-Alltags und $ICC = .81$ für Lernunterstützung. Somit lagen alle *ICCs* im zufriedenstellenden bis guten Bereich.

Eine ausführliche Darstellung der Instrumente und Instrumentenprüfung findet sich bei Wirts et al. (2018). Alle teilnehmenden Fachkräfte wurden von geschulten und jährlich rezertifizierten Erheberinnen über einen Kindergartenvormittag hinweg mithilfe der CLASS Pre-K beobachtet. Dazu wurden je vier bis fünf Cycles von ca. 20 Minuten von einer Erheberin (bzw. zwei Erheberinnen bei Doppelkodierungen zur ICC-Bestimmung) codiert. Die Hospitation fand im regulären Kindergartenalltag statt. Die Fachkräfte wurden gebeten, wenn möglich eine Bilderbuchbetrachtung zu begleiten und ansonsten ihr normales Tagesprogramm durchzuführen.

3 Ergebnisse

3.1 Beobachtung und Dokumentation (Fragestellung 1)

Einstellungen zu Beobachtung (Fragestellung 1a)

Um zu prüfen, ob die Fachkräfte Beobachtung und Dokumentation eher als Gewinn oder Belastung betrachteten, wurden sie zu ihren Einstellungen zu Beobachtung und Dokumentation befragt. Die befragten Fachkräfte betrachteten Entwicklungsbeobachtung in der Regel als wichtig und gewinnbringend für ihre pädagogische Arbeit, allerdings würden immerhin 24.14 % der Fachkräfte ihre Zeit lieber anders in ihre Arbeit investieren (► Tab. 3.1). Die Dokumentenanalyse ergab, dass die Fachkräfte bei 64.40 % der protokollierten Beobachtungen ($N = 193$ Beobachtungen insgesamt) angaben, neue Erkenntnisse über das beobachtete Kind gewonnen zu haben; in 47.12 % der Fälle wurde angegeben, durch die Beobachtung neue Ideen generiert zu haben, wie sie das Kind gezielt unterstützen könnten.

Tab. 3.1: Einstellungen zu Beobachtung und Dokumentation

Beobachtung und Dokumentation ...	N	Stimme gar nicht zu	Stimme eher nicht zu	Stimme eher zu	Stimme voll zu
... unterstützt meine pädagogische Arbeit	59	3.45 %	3.45 %	37.93 %	55.17 %
... ist mir für meine Arbeit wichtig	59	3.45 %	6.90 %	36.21 %	53.45 %
... hilft mir dabei, die Kinder besser einzuschätzen	60	3.39 %	6.78 %	30.51 %	59.32 %
... kostet mich Zeit, die ich lieber anders in meine Arbeit investieren würde	58	48.28 %	27.59 %	17.24 %	6.90 %
... empfinde ich als unnötige Arbeit	59	74.58 %	18.64 %	3.39 %	3.39 %

Beobachtungs- und Dokumentationspraxis (Fragestellung 1b)

Die Häufigkeit von Beobachtung und Dokumentation wurde tagesaktuell (Tabletfragebogen SpraBi) und auf das Kita-Jahr bezogen (schriftlicher Fragebogen) erfragt. Die Ergebnisse zu Beobachtung und Dokumentation (SpraBi, $N = 63$ Fachkräfte) zeigen, dass eine gezielte Beobachtung von Kindern (frei oder strukturiert) in der Selbsteinschätzung der Fachkräfte im Schnitt 1.09 × pro Vormittag stattfand. Allerdings wurden nur 34.76 % der im Tabletfragebogen protokollierten Beobachtungen auch schriftlich festgehalten.

88.71 % der befragten Fachkräfte führten nach eigenen Angaben (schriftlicher Fragebogen) regelmäßige Beobachtungen für alle Kinder durch. Ein strukturiertes Verfahren setzten dazu 70.49 % ein.

Beobachtung allgemein fand nach Angabe im Fragebogen durchschnittlich für alle Kinder etwas mehr als zweimal pro Jahr statt, strukturierte Beobachtungsverfahren wurden dazu durchschnittlich einmal pro Jahr eingesetzt (Einsatz von Instrumenten zur Beobachtung und Dokumentation: 1 = gar nicht, 2 = seltener als 1x im Jahr, 3 = 1x im Jahr, 4 = 2x im Jahr, 5 = 3x im Jahr oder häufiger).

Zudem zeigte sich bei der Dokumentenanalyse, dass zwar 70.69 % der Fachkräfte zum Zeitpunkt der Erhebung über schriftlich festgehaltene Beobachtungen für mindestens drei Kinder verfügten, aber nur 39.29 % der Fachkräfte schriftliche Dokumentationen für jedes Kind der Gruppe anfertigten. Im Zusammenhang mit Beobachtung und Dokumentation formulierten die Fachkräfte in den Gruppeninterviews in zwei Einrichtungen den Wunsch, Dokumentationen nur für Kinder mit Auffälligkeiten (Zuordnung soll nach subjektivem Eindruck geschehen) durchzuführen.

Gp22, S. 7

S2: Diese Schreiberei und das alles …, wenn man das so einordnen kann, dass man das hauptsächlich bei Kindern macht, die für uns sprachauffällig sind, wo wir ein komisches Bauchgefühl haben, sagen »hier stimmt irgendwas [nicht]«, wir sind keine Diagnostiker, wir sind auch keine Ärzte und keine Logopäden. Aber wenn wir das Gefühl haben, da stimmt was nicht, und wir uns dann diesen Bogen zu Gemüte ziehen und den durcharbeiten, dann ist das sicherlich ein gutes Hilfsmittel. Wenn aber gesagt wird, man soll das für JEDES KIND DER GRUPPE machen, obwohl ich weiß bei dem Kind ist eigentlich alles mehr oder weniger im grünen Bereich, … dann ist es Quatsch.

Zum Thema, was regelmäßige Beobachtung und Dokumentation erschwert, nannten sechs Teams Personal- und Zeitmangel als am häufigsten auftretende Schwierigkeiten. Hier differenzierten die Fachkräfte zwischen zu hohen Kinderzahlen (es sei schwierig, alle Kinder gleich zu beachten) und dem hohen Zeitaufwand durch das Ausfüllen von Beobachtungsbögen und durch tagesaktuelle Hürden (wenn mehr los ist und die Kinder herausfordernder sind, bleibe weniger Zeit für Beobachtung und Dokumentation). Fachkräfte in fast allen Teams bestärkten, bestätigten und ergänzten sich in diesem Themenbereich gegenseitig, was auf eine hohe Übereinstimmung der Fachkräfte in diesem Bereich hindeutet.

3.2 Beobachtungstransfer (Fragestellung 2)

Weiterhin wurde erfragt, wie häufig und zu welchem Zweck Beobachtungsergebnisse für die pädagogische Arbeit genutzt werden. In der schriftlichen Befragung gaben die Fachkräfte an, dass Beobachtungsergebnisse oft oder sehr oft zur Ableitung individueller Ziele (82.76 %), zur Planung passender Aktivitäten (79.31 %) und für Teambesprechungen (62.07 %), aber v. a. für Elterngespräche (94.74 %) genutzt werden.

Tab. 3.2: Selbsteinschätzung des Beobachtungstransfers

Nutzung von Beobach-tungsergebnissen für …	N	sehr selten/ nie	selten	manchmal	oft	sehr oft/ immer
Elterngespräche	57	0.00 %	0.00 %	5.26 %	28.07 %	66.67 %
Teambesprechungen	58	5.17 %	6.90 %	25.86 %	25.86 %	36.21 %
die Planung individueller Schritte für einzelne Kinder (individuelle Unterstützungsplanung)	58	0.00 %	1.72 %	15.52 %	37.93 %	44.83 %
die Planung passender pädagogischer Angebote	58	1.72 %	3.45 %	15.52 %	50,00 %	29.31 %

Die Analysen der Gruppendiskussionen zur Verwendung der Beobachtungergebnisse bestätigten den Austausch mit Eltern als häufigste Transferverwendung. Alle acht Teams thematisierten, dass die Ergebnisse für den alltäglichen Austausch mit den Eltern oder für Elterngespräche verwendet werden. Die Fachkräfte aus vier der acht Einrichtungen berichteten von wöchentlichen Treffen im (Klein-)Team, um die Beobachtungen aus der Woche zusammenzuführen oder um Beobachtungen zusammenzutragen, die für ein Entwicklungsgespräch mit den Eltern genutzt werden sollten. Die Hälfte der Teams ($N = 4$) sprach darüber, dass sie die Beobachtungen für die Planung pädagogischer Angebote nutzten. Diese orientierte sich meistens an den beobachteten Interessen der Kinder, aus denen hin und wieder Projekte entstanden. In Einzelfällen wurde, allerdings nur auf Nachfrage, auch die Nutzung zur individuellen Planung unter Einbezug des Entwicklungsstands der Kinder thematisiert, aber auch Schwierigkeiten, den Transfer konkret zu gestalten, wie folgendes Zitat zeigt:

Gp22, S. 7

S2: Aber dass das [Beobachtungsbogen] so für Kinder gut […] als Hilfsmittel ist: Hier muss ich mal ein bisschen mehr nachfragen, oder wo klemmt es denn hier nun genau? Oder wo könnte ich dann mir noch andere Hilfe her holen auf welchem Gebiet? Dann sind die Bögen sicherlich gut. Haben nur einen Nachteil jetzt wieder, was wir auch festgestellt haben: Wenn ich dann weiß in welcher Gruppe das Kind landet, und dann? Was passiert dann? Dann weiß ich das, mhm gut. Was mache ich denn dann? Dann fehlt […] das Weiterführende. […]

In keinem Team wurde eine schriftliche Unterstützungsplanung erwähnt. Der Beobachtungstransfer wurde von den Teams eher als intuitiver Prozess verstanden und nicht als systematischer, ggf. schriftlicher Planungsprozess.

Vertiefende Ausführungen zur Auswertung der Gruppendiskussionen und Belegstellen sowie weitere Ergebnisse aus den BiSS-E-Studien finden sich bei Wirts et al. (2019).

3.3 Kompetenzen zur individuellen Unterstützungsplanung (Fragestellung 3)

Betrachtet man die Kompetenz der Fachkräfte im Bereich der spezifischen Unterstützungsplanung im Bereich Sprache (erhoben über Fallvignette), so zeigt sich, dass sich gut die Hälfte (52.63 %) der Fachkraft-Antworten nicht auf das in der Vignette thematisierte Problem des Kindes (Artikelverwendung) bezogen, sondern lediglich unspezifischere Sprachförderideen darstellten (▶ Tab. 3.3, Codierung = 0). Am zweithäufigsten (38.60 %) fanden sich Antworten mit mittlerer Passung (Codierung = 1), also einzelne Fördervorschläge, die sich auf das dargestellte Problem des Kindes mit der Artikelverwendung bezogen, oder zwei Fördervorschläge, die aber trotz expliziter Aufforderung nicht begründet wurden. Am seltensten waren elaborierte Antworten (8.77 %), die – wie in der Aufgabenstellung gefordert – mindestens zwei konkrete, auf die Problemstellung bezogene Fördermöglichkeiten mit Begründung beinhalteten (Codierung = 2).

Tab. 3.3: Häufigkeiten Vignettencodierungen ($N = 57$)

Vignettencodierung	Häufigkeit	Prozent
0 = keine oder unpassende Förderidee	30	52.63
1 = 1–2 passende Förderideen (mangelnde Begründung)	22	38.60
2 = mind. 2 passende Förderideen mit Begründung	5	8.77

Analog zu den Gruppeninterviews zeigte sich auch hier, dass Beobachtung und Dokumentation eher intuitiv als systematisch in die Unterstützungsplanung einfließen.

3.4 Interaktionsqualität (Fragestellung 4)

Die Interaktionsqualität über alle Qualitätsdimensionen der CLASS gemittelt zeigte ein mittleres Qualitätsniveau ($M = 4.64$, $SD = 0.56$) mit großen interindividuellen Unterschieden ($Min = 3.30$, $Max = 6.18$). In den Domänen Emotionale Unterstützung ($M = 5.75$, $SD = 0.53$) und Organisation des Kita-Alltags ($M = 5.19$, $SD = 0.66$) zeigte sich eine relativ gute Qualität, während die Qualität der Domäne Lernunterstützung weniger hoch ausgeprägt war ($M = 2.61$, $SD = 0.79$). Die dargestellten Ergebnisse in Abbildung 3.3 stellen Mittelwerte über alle 68 erhobenen Cycles dar.

Die sprachliche Lernunterstützung, hier von besonderer Bedeutung, stellt eine Qualitätsdimension der Interaktionsqualität dar, die zusammen mit der kognitiven Anregung und der Feedbackqualität der Domäne der Lernunterstützung zugeordnet ist. In der untersuchten Stichprobe lag die sprachliche Lernunterstützung durchschnittlich im niedrigen mittleren Bereich ($M = 3.25$, $SD = 1.04$). Es gab jedoch sowohl einzelne Fachkräfte, die im Tagesdurchschnitt bei einem Wert unter 2 ($Min = 1.75$; 1–2 = unterdurchschnittliche Qualität), als auch solche, die kontinuierlich bei 6 (*Max* = 6.00) und somit im hervorragenden Qualitätsbereich lagen (6–7 = sehr gute Qualität). Abbildung 3.3 zeigt alle Mittelwerte der CLASS-Qualitätsdimensionen (grau) und nachfolgend die dazugehörigen Qualitätsdomänen (schwarz), deren Mittelwerte sich aus den davor abgebildeten Dimensionen zusammensetzen.

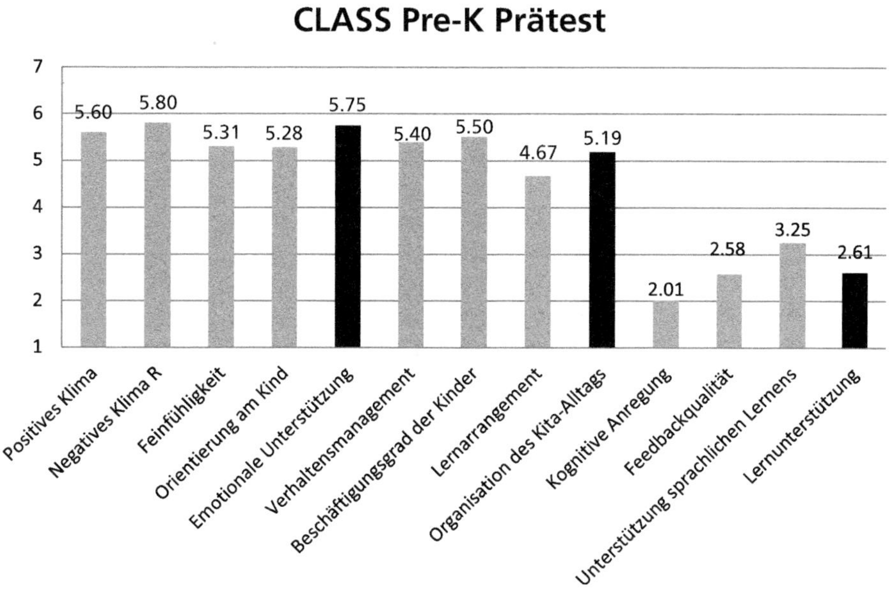

CLASS Pre-K Prätest

Abb. 3.3: Mittlere Interaktionsqualität gemessen mit CLASS Pre-K (Dimensionen und Domänen)

3.5 Zusammenhänge zwischen Kompetenzen zur individuellen Unterstützungsplanung und Interaktionsqualität im Kita-Alltag (Hypothese 1)

Um die Hypothese zu prüfen, ob Fachkräfte, die bessere Planungskompetenzen zeigen, auch höherwertige Interaktionen umsetzen, wurde eine Korrelationsanalyse (Spearmans Rho) durchgeführt ($N = 57$).

Es zeigten sich positive Zusammenhänge zwischen der Kompetenz der Fachkräfte zur individuellen Unterstützungsplanung im Bereich Sprache (erfasst mittels Fallvignette) und der Interaktionsqualität in den Bereichen der emotionalen Unterstützung ($r = .25$, $p < .05$) sowie der Organisation des Kita-Alltags ($r = .25$, $p < .05$). Für die *sprachliche* Lernunterstützung fanden sich ebenfalls positive Zusammenhänge ($r = .23$, $p < .05$), jedoch nicht für den Bereich der Lernunterstützung insgesamt. Insgesamt stützen die Ergebnisse die Hypothese, dass Fachkräfte, die bessere Planungskompetenzen zeigen, auch höherwertige Interaktionen umsetzen.

4 Diskussion

4.1 Ist-Zustandsbeschreibung zu Beobachtung und Dokumentation (Fragestellungen 1a und 1b)

Die Beobachtung kindlicher Entwicklung wurde von den meisten der befragten Fachkräfte als wichtige Aufgabe betrachtet, die häufig umgesetzt und auch als sinnvoll eingeschätzt wurde. Die Umsetzung systematischer Dokumentation und Planung zeigte allerdings noch Optimierungsbedarf. Häufig wurde lediglich beobachtet, aber keine schriftliche Dokumentation angefertigt, wie die Ergebnisse des Tabletfragebogens und der Dokumentenanalyse zeigen. Viernickel et al. (2013) fanden analog, dass viele Fachkräfte seltener als einmal im Jahr systematische Beobachtungen für jedes Kind durchführen. Auch Fröhlich-Gildhoff, Nentwig-Gesemann et al. (2014) kommen in der Zusammenfassung verschiedener Studien zu dem Schluss, dass ein Großteil der Fachkräfte unstrukturierte, freie Beobachtungen präferieren. Weitere Forschung dazu, wie häufig Beobachtungen schriftlich fixiert werden, fehlt bisher für den deutschen Kitabereich.

Problematisch ist zu sehen, dass eine Forderung nach systematischer Beobachtung und Dokumentation für alle Kinder durch die geringe Verfügungszeit[5] der meisten Fachkräfte konterkariert wird (bei Wertfein et al., 2015 durchschnittlich zwei Stunden pro Woche auf eine Vollzeitstelle). Ein großer Teil der Fachkräfte in Deutschland gab in der Studie »Schlüssel guter Bildung« (vgl. Viernickel et al., 2013) an, die Dokumentation in ihrer Freizeit zu erledigen, mehr als die Hälfte der Befragten haben keine vertraglich festgelegte Verfügungszeit. Es ist daher schwierig, häufigere systematische Beobachtungen, schriftliche Dokumentation und Planung einzufordern, ohne auch die Verfügungszeit zu erhöhen. Dass das zeitliche Problem als eines der Haupthindernisse bei der Umsetzung regelmäßiger und gut dokumentierter Beobachtung gesehen wird, bestätigen auch die oben dargestellten Ergebnisse der Gruppendiskussionen.

4.2 Ist-Zustandsbeschreibung zum Beobachtungstransfer (Fragestellung 2)

Die Ergebnisse aus den schriftlichen Befragungen und den Gruppendiskussionen zeigen, dass die Fachkräfte Beobachtungsergebnisse sehr häufig für Elterngespräche verwenden. Diese Ergebnisse stehen im Einklang mit den Befunden von Viernickel et al. (2013), auch hier wurde die Verwendung von Beobachtungsergebnissen im Rahmen der Zusammenarbeit mit Eltern am häufigsten genannt. Die vorliegenden Ergebnisse zeigen zwar, dass die Verwendung zur Planung passender Aktivitäten, zur Ableitung individueller Ziele und für Teambesprechungen recht häufig im Frage-

---

5 Frühpädagogischer Fachterminus für Zeiten außerhalb der unmittelbaren pädagogischen Arbeit mit den Kindern (Vor- und Nachbereitungszeit, Elterngespräche, Netzwerkarbeit).

bogen angegeben wurden, in den Gruppendiskussionen fanden diese Verwendungsbereiche jedoch im Gegensatz zum Einsatz bei Elterngesprächen kaum selbstläufige Erwähnung, was die Ergebnisse der schriftlichen Befragung teilweise in Frage stellt. Eventuell werden hier aufgrund der vorgegebenen Auswahlantworten soziale Erwünschtheitseffekte stärker wirksam als in den selbstläufig angelegten Gruppendiskussionen. Fröhlich-Gildhoff, Weltzien, Kirstein, Pietsch und Rauh (2014) postulieren ein deutliches Forschungsdefizit zu der Frage, »inwieweit Beobachtungs- und Deutungskompetenzen tatsächlich für die Planung und Umsetzung zielgerichteter Bildungsplanungen genutzt werden und damit bildungsförderliche Wirkung bei den Kindern zeigen« (S. 93). Dies wird durch die oben dargestellten diskrepanten Ergebnisse bekräftigt.

4.3 Kompetenzen im Bereich der individuellen Unterstützungsplanung (Fragestellung 3)

Die Ergebnisse der Fallvignette deuten darauf hin, dass es für viele Fachkräfte herausfordernd war, konkrete Schlüsse für die pädagogische Arbeit mit dem Kind zu ziehen. Auch Ofner und Thoma (2014) identifizierten in ihrer Studie mit 15 Probanden nur vier Fachkräfte, die sie als elaboriert-systematische Planerinnen und Planer einstuften, ein breiteres Mittelfeld und vier Fachkräfte mit sehr eingeschränkten Planungskompetenzen. Auch den Ergebnissen von Beher und Walter (2012) zufolge fühlten sich knapp drei Viertel der befragten Fachkräfte im Bereich der systematischen Unterstützungsplanung nicht kompetent. Die Zusammenschau der Ergebnisse legt daher nahe, dass die konkrete Unterstützungsplanung ein wichtiges Qualifizierungsthema darstellt.

4.4 Interaktionsqualität (Fragestellung 4)

Während die Interaktionsqualität in den Bereichen der Emotionalen Unterstützung und der Organisation des Kita-Alltags bereits recht gut ist, zeigt sich im Bereich der (sprachlichen) Lernunterstützung ein deutlich niedrigeres Qualitätsniveau, was auch Befunden anderer deutscher und internationaler Studien entspricht (vgl. Kammermeyer et al., 2013; Suchodoletz et al., 2014; Hamre et al., 2014; Slot et al., 2018). Dass eine höhere Qualität im Bereich der Lernunterstützung möglich ist, zeigen Daten aus Finnland, wo ein deutlich höheres Lernunterstützungsniveau zu beobachten ist (Pakarinen et al., 2010). Evaluationsergebnisse belegen zudem, dass eine Steigerung der Qualität durch Fort- und Weiterbildung gelingen kann (u. a. Metaanalyse von Egert & Dederer, 2018). Auch Ergebnisse einer Evaluationsstudie von Kappauf (2018) belegen, dass Kompetenzen im Bereich der sprachlichen Lernunterstützung schon mit geringem Aufwand durch ein einstündiges Feedback positiv beeinflusst werden können.

4.5 Zusammenhänge von Kompetenzen zur individuellen Unterstützungsplanung und Interaktionsqualität (Hypothese 1)

Der Befund zum positiven Zusammenhang zwischen der Kompetenz zur Sprachförderplanung und der Interaktionsqualität im Bereich der emotionalen Unterstützung und der Organisation des Kita-Alltags sowie für den Teilbereich der sprachlichen Lernunterstützung repliziert ein Ergebnis der BIKE-Studie (Wirts et al., 2016). Limitierend muss einbezogen werden, dass anhand der in BiSS-E und BIKE erhobenen Daten nicht die Sprachförderplanung für ein reales Kind und das Interaktionshandeln mit diesem Kind erfasst wurden, sondern lediglich Korrelationen zwischen Planungskompetenz (Fallvignette) und Interaktionsqualität (CLASS) deutlich wurden und zudem nur eine Fallvignette eingesetzt wurde. Die Befunde legen aber nahe, dass im Bereich der Sprachförderplanung noch Qualifizierungsbedarf besteht und Fachkräfte mit hohen Kompetenzen in diesem Bereich auch eher gute Interaktionen zeigen.

Aus-, Fort- und Weiterbildung sollten sich verstärkt den Kompetenzen zur individuellen Sprachförderplanung (angehender) frühpädagogischer Fachkräfte widmen, damit Beobachtung und Dokumentation in diesem Bereich zu einer verbesserten Unterstützung kindlicher Sprachkompetenz beitragen können. Dadurch kann der Transfer von Beobachtung und Dokumentation auf die Interaktionsqualität und im Speziellen die (sprachliche) Lernunterstützung verbessert werden. Da Beobachtung und Dokumentation v. a. als Mittel zur Verbesserung der (sprachlichen) Bildung und Förderung vorgesehen sind, wird bislang durch die hauptsächliche Nutzung in Elterngesprächen nur ein Bruchteil des möglichen Transferpotenzials genutzt.

4.6 Fazit

Auch wenn in den BiSS-E-Studien im Rahmen des Evaluationsauftrags lediglich die vorausgewählten BiSS-Einrichtungen einbezogen werden konnten und damit keine randomisierte Stichprobe vorliegt, geben die gewonnenen Daten praxisrelevante Einblicke in die aktuelle Beobachtungs- und Dokumentationspraxis in der Kita. Insbesondere zeigt sich, dass der Auftrag zur Beobachtung und Dokumentation von den Fachkräften als wichtige Aufgabe betrachtet wird und Beobachtungen im Alltag häufig stattfinden. Jedoch werden diese nur zu einem geringen Teil verschriftlicht, was die Nutzung für die pädagogische Planung erschwert.

Ein großer Teil der Fachkräfte gibt zwar im Fragebogen an, Beobachtungsergebnisse häufig zur individuellen Planung zu verwenden, die Ergebnisse der Vignetten zur individuellen Unterstützungsplanung und die Gruppeninterviews zeigen jedoch, dass dies bislang noch wenig systematisch geschieht und für viele Fachkräfte eine große Herausforderung darstellt. Insbesondere zum Beobachtungstransfer fehlen aktuell weitere Studien, die sich der realen Umsetzung nähern, um die vorliegenden Ergebnisse abzusichern. Wichtig wäre, dass zukünftige Studien nicht nur Fragebogendaten in Selbstauskunft erheben, sondern auch qualitative Daten und

Dokumentenanalysen verstärkt ins Forschungsportfolio aufnehmen, um vertiefte Erkenntnisse zur Beobachtungs- und Dokumentationspraxis sowie über Prozesse des Beobachtungstransfers zu erlangen. Denn Beobachtung entfaltet ihre pädagogische Wirkung erst über ihre Reflexion und die Nutzung zur Planung und Umsetzung passender pädagogischer Aktivitäten.

Literatur

Autorengruppe Bildungsberichterstattung (Hrsg.). (2016). *Bildung in Deutschland 2016. Ein indikatorengestützter Bericht mit einer Analyse zu Bildung und Migration.* Bielefeld: Bertelsmann Verlag.

Beher, K. & Walter, M. (2012). *Qualifikation und Weiterbildung frühpädagogischer Fachkräfte. Zehn Fragen – zehn Antworten. Werkstattbericht aus einer bundesweiten Befragung von Einrichtungsleitungen und Fachkräften in Kindertageseinrichtungen.* München: Deutsches Jugendinstitut.

Birch, S. H. & Ladd, G. W. (1998). Children's interpersonal behaviors and the teacher–child relationship. *Developmental Psychology, 34*(5), 934–946.

Bohnsack, R., Nentwig-Gesemann, I. & Nohl, A. (2013). Einleitung. Die dokumentarische Methode und ihre Forschungspraxis. In R. Bohnsack, I. Nentwig-Gesemann & A. Nohl (Hrsg.), *Die dokumentarische Methode und ihre Forschungspraxis. Grundlagen qualitativer Sozialforschung* (S. 9–32). Wiesbaden: VS Verlag für Sozialwissenschaften.

Burchinal, M., Kainz, K. & Cai, Y. (2011). How well do our measures of quality predict child outcomes? A meta-analysis and coordinated analysis of data from large-scale studies of early childhood settings. In M. Zaslow (Ed.), *Reasons to take stock and strengthen our measures of quality* (pp. 11–31). Baltimore, MD: Paul H. Brookes Publishing.

Egert, F. & Dederer, V. (2018). *Metaanalyse zur Wirkung von Weiterbildungen für pädagogische Fachkräfte zur Steigerung der Interaktionsqualität.* München: Staatsinstitut für Frühpädagogik. Verfügbar unter: https://www.ifp.bayern.de/imperia/md/content/stmas/ifp/metaanalyse_interaktionsqualitat_egert__dederer_2018_final.pdf [04.04.2019].

Flender, J. & Wolf, S. M. (2012). *Entwicklungsbeobachtung und -dokumentation in der Arbeit mit Kindern in den ersten drei Lebensjahren.* Verfügbar unter: http://www.kita-fachtexte.de/uploads/media/FT_Flender_Wolf_OV.pdf [07.09.2018].

Fröhlich-Gildhoff, K., Nentwig-Gesemann, I., Koch, M., Köhler, L. & Pietsch, S. (2014). *Kompetenzentwicklung und Kompetenzerfassung in der Frühpädagogik. Konzepte und Methoden.* Freiburg: FEL.

Fröhlich-Gildhoff, K., Weltzien, D., Kirstein, N., Pietsch, S. & Rauh, K. (2014). *Expertise Kompetenzen früh-/kindheitspädagogischer Fachkräfte.* Berlin: BMFSJF. Verfügbar unter: https://www.bmfsfj.de/blob/86378/67fa30384a1ee8ad097938cbb6c66363/14-expertise-kindheitspaedagogische-fachkraefte-data.pdf [04.04.2019].

Hamre, B. K., Hatfield, B., Pianta, R. & Jamil, F. (2014). Evidence for general and domain-specific elements of teacher–child interactions: Associations with preschool children's development. *Child Development, 85*(3), 1257–1274.

Howes, C., Hamilton, C. E. & Matheson, C. C. (1994). Children's relationships with peers: Differential associations with aspects of the teacher-child relationship. *Child Development, 65*(1), 253–263.

Kammermeyer, G., Roux, S. & Stuck, A. (2013). *Was wirkt wie? Evaluation von Sprachfördermaßnahmen in Rheinland-Pfalz* (Abschlussbericht). Landau: Universität Koblenz-Landau.

Kappauf, N. (2018). *Interaktionsverhalten von frühpädagogischen Fachkräften – Qualitätsentwicklung durch online-basiertes Videofeedback.* Dissertation, Ludwig-Maximilians-Universität München. Verfügbar unter: https://edoc.ub.uni-muenchen.de/23596/ [04.04.2019].

Kleeberger, F. & Stadler, K. (2012). *Ausbildung. Zehn Fragen – Zehn Antworten. Die Ausbildung von Erzieherinnen und Erziehern aus Sicht der Lehrkräfte. Ergebnisse einer bundesweiten Befragung von Lehrkräften an Fachschulen für Sozialpädagogik* (WiFF Studie Nr. 13).

Mashburn, A., Pianta, R., Hamre, B., Downer, J., Barbarin, O., Bryant, D., Burchinal, M., Early, D. & Howes, C. (2008). Measures of classroom quality in prekindergarten and childen's development of academic, language, and social skills. *Child Development* 79(3), 732–749.

Mayring, P. (2010). Qualitative Inhaltsanalyse. In G. Mey & K. Mruck (Hrsg.), *Handbuch Qualitative Forschung in der Psychologie* (S. 601–613). Wiesbaden: VS Verlag für Sozialwissenschaften.

Mischo, M., Hendler, J., Wahl, S. & Strohmer, J. (2011). *Vignetten zur Sprachförderung. Projekt AVE – Ausbildung und Verlauf von Erzieherinnen-Merkmalen.* Unveröffentlichtes Manuskript, PH Freiburg.

National Institute of Child Health and Human Development (2003). Social functioning in first grade: Associations with earlier home and child care predictors and with current classroom experiences. *Child Development,* 74(6), 1639–1662.

Ofner, D. & Thoma, D. (2014). Early childhood educators' knowledge and abilities in planning language learning environments. *European Journal of Applied Linguistics,* 2(1), 121–143.

Pakarinen, E., Lerkkanen, M.-K., Poikkeus, A.-M., Kiuru, N., Siekkinen, M., Rasku-Puttonen, H. & Nurmi, J.-E. (2010). A validation of the Classroom Assessment Scoring System in Finnish kindergartens. *Early Education and Development,* 21(1), 95–124.

Pianta, R., La Paro, K. & Hamre, B. (2008). *Classroom Assessment Scoring System. Manual (Pre-K).* Baltimore: Paul H. Brookes Publishing Co.

Schäffer, B. (2012). Gruppendiskussionsverfahren und Focus Group. Geschichte, aktueller Stand und Perspektiven. In O. Dörner & B. Schäffer (Hrsg.), *Handbuch qualitative Erwachsenen- und Weiterbildungsforschung* (S. 347–362). Opladen: Barbara Budrich.

Slot, P. L., Bleses, D., Justice, L. M. & Markussen-Brown, J. (2018). Structural and process quality of Danish preschools: Direct and indirect associations with children's growth in language and preliteracy skills. *Early Education and Development.*

von Suchodoletz, A., Fäsche, A., Gunzenhauser, C. & Hamre, B. K. (2014). A typical morning in preschool: Observations of teacher–child interactions in German preschools. *Early Childhood Research Quarterly,* 29(4), 509–519.

Tietze, W. & Roßbach, H.-G. (Hrsg.), Nattefort, R. & Grenner, K. (2017). *Kindergarten-Skala (KES-RZ). Deutsche Fassung der Early Childhood Environment Rating Scale von Thelma Harms, Richard, M. Clifford und Debby Cryer.* Berlin: verlag das netz.

Viernickel, S., Nentwig-Gesemann, I., Nicolai, K., Schwarz, S. & Zenker, L. (2013). *Forschungsbericht: Schlüssel zu guter Bildung, Erziehung und Betreuung – Bildungsaufgaben, Zeitkontingente und strukturelle Rahmenbedingungen in Kindertageseinrichtungen.* Verfügbar unter: https://www.nifbe.de/pdf_show.php?id=226 [07.09.2018].

Wasik, B. A. & Hindman, A. H. (2011). Improving vocabulary and pre-literacy skills of at-risk preschoolers through teacher professional development. *Journal of Educational Psychology,* 103(2), 455–469.

Wertfein, M., Wirts, C. & Wildgruber, A. (2015). *Bedingungsfaktoren für gelingende Interaktionen zwischen Erzieherinnen und Kindern. Ausgewählte Ergebnisse der BIKE-Studie* (IFP-Projektbericht Nr. 27). München: Staatsinstitut für Frühpädagogik. Verfügbar unter: http://www.ifp.bayern.de/imperia/md/content/stmas/ifp/projektbericht_bike_nr_27.pdf [07.09.2018].

Wildgruber, A. (2010). *Kompetenzen von Erzieherinnen im Prozess der Beobachtung kindlicher Bildung und Entwicklung.* München: Herbert Utz Verlag.

Wirts, C., Cordes, A.-K., Egert, F., Fischer, S., Kappauf, N., Radan, J., Quehenberger, J., Danay, E., Dederer, V., Becker-Stoll, F. (2019). *Abschlussbericht der Evaluationsprojekte BiSS-E1 und BiSS-E2. Wissenschaftliche Begleitung im Rahmen der Bund-Länder-Initiative Bildung durch Sprache und Schrift.* München: Staatsinstitut für Frühpädagogik. Verfügbar unter: https://www.ifp.bayern.de/imperia/md/content/stmas/ifp/biss-e_abschlussbericht_final_barrierefrei.pdf [08.09.2020].

Wirts, C., Cordes, A.-K., Egert, F., Fischer, S., Radan, J., Reber, K., Reichl, S., Schauland, N., Quehenberger, J., Danay, E. & Becker-Stoll, F. (2018). *Zwischenbericht zu den formativen und summativen Evaluationen (BiSS-E1 und BiSS-E2) der Bund-Länder-Initiative Bildung durch*

Sprache und Schrift. München: Staatsinstitut für Frühpädagogik. Verfügbar unter: https://www.ifp.bayern.de/imperia/md/content/stmas/ifp/biss-e_zwischenbericht_final.pdf [04.04.2019].

Wirts, C. & Reber, K. (2015). *Fragebogen zu sprachlichen Bildungsaktivitäten in Kindertageseinrichtungen*. Unveröffentlichtes Manuskript.

Wirts, C. & Reber, K. (2019). Fragebogen zu sprachlichen Bildungsaktivitäten in Kindertageseinrichtungen (SpraBi). In K. Mackowiak, C. Beckerle, S. Gentrup & C. Titz (Hrsg.), *Instrumente zur Erfassung institutioneller (schrift-)sprachlicher Bildung (Online-Anhang)*. Bad Heilbrunn: Klinkhardt. Verfügbar unter: https://doi.org/10.35468/5801_04.

Wirts, C., Wildgruber, A. & Wertfein, M. (2016). Die Bedeutung von Fachwissen und Unterstützungsplanung im Bereich Sprache für gelingende Interaktionen in Kindertageseinrichtungen. In H. Wadepohl, K. Mackowiak, K. Fröhlich-Gildhoff & D. Weltzien (Hrsg.), *Interaktionsgestaltung in Familie und Kindertagesbetreuung* (S. 147–170). Wiesbaden: Springer.

Kapitel 4:
Kompetenzerwerb von pädagogischen Fachkräften in alltagsintegrierter Sprachförderung – Analysen aus dem allE-Projekt

Katja Mackowiak, Christine Beckerle, Katja Koch, Tina von Dapper-Saalfels, Cordula Löffler, Julian Heil & Ina Pauer

Im BiSS-Evaluationsprojekt allE wurden zwei Weiterqualifizierungskonzepte zur alltagsintegrierten Sprachförderung in der Kita hinsichtlich ihrer Wirksamkeit überprüft. Auf der Ebene der Fachkräfte ($N = 75$) wurden zu zwei Messzeitpunkten das förderdiagnostische Wissen über ein Vignetteninterview und das Sprachförderhandeln über Videografien untersucht. Auf der Ebene der Kinder ($N = 446$) wurden zu beiden Messzeitpunkten die sprachlichen Leistungen u. a. mithilfe eines Sprachtests erhoben. Die Ergebnisse belegen, dass das förderdiagnostische Wissen der Fachkräfte in beiden Gruppen und zu beiden Messzeitpunkten gering ausfiel und sich nur in zwei der drei Wissensfacetten verbesserte. Im Sprachförderhandeln lassen sich gegensätzliche Veränderungen für beide Konzepte nachweisen: Während die Fachkräfte aus Konzept A nach der Weiterqualifizierung mehr Sprachfördertechniken nutzten als vorher, sank der Einsatz bei den Fachkräften aus Konzept B nach dem Jahr deutlich. Auf der Ebene der Kinder waren insgesamt positive Entwicklungen innerhalb eines Jahres festzustellen, was allerdings aufgrund einer fehlenden Kontrollgruppe nicht eindeutig auf die Weiterqualifizierung der Fachkräfte zurückgeführt werden kann. Besonders profitierten die Kinder mit Deutsch als Zweitsprache von der Förderung – unabhängig vom Konzept. Im Beitrag werden Implikationen für Forschung, Praxis und Bildungsadministration diskutiert.

Einleitung

In der Forschung zur institutionellen frühkindlichen Bildung wird seit einigen Jahren ein besonderer Fokus auf die Qualität der Interaktionsgestaltung durch pädagogische Fachkräfte gelegt (König & Viernickel, 2016; Sylva, Melhuish, Sammons, Siraj-Blatchford & Taggart, 2010). Dabei werden u. a. das sprachförderliche Potenzial von Interaktionen sowie mögliche Effekte auf die sprachliche Entwicklung von Kindern untersucht (Kammermeyer & Roux, 2013; Titz, Weber, Ropeter, Geyer & Hasselhorn, 2018). Studien aus den letzten Jahren zeigen, dass gezielte Sprachfördermaßnahmen in Kindertageseinrichtungen (Kitas) unterschiedlich erfolgreich sind; Kinder scheinen insbesondere von einer alltagsintegrierten Sprachförderung zu profitieren. Um die dafür notwendigen Kompetenzen aufseiten der Fachkräfte auszubauen, wurden zahlreiche Weiterqualifizierungen entwickelt (Beckerle, 2017; Schneider et al., 2012). Entsprechend ist der Bedarf an »wissenschaftlich abgesicherten Nachweisen über Wirksamkeit, Effizienz, Qualität und Akzeptanz« (von Kardorff, 2012, S. 238) von Sprachfördermaßnahmen und damit verbundenen Weiterqualifizierungen groß – insbesondere angesichts der Relevanz einer qualitativ hochwertigen institutionellen Bildung für die kindliche Entwicklung einerseits und knapper Ressourcen im früh-kindlichen Bildungssektor andererseits.

1 Evaluation und Wirksamkeit von Weiterqualifizierungsmaßnahmen zur alltagsintegrierten Sprachförderung

Vor diesem Hintergrund ist in den letzten Jahren – u. a. durch die BiSS-Initiative – die Anzahl an Evaluationsstudien im Bereich der Sprachförderung gestiegen (Beckerle, 2017; Schneider et al., 2012). Ein Großteil der BiSS-Evaluationen ist formativ aus-gerichtet, während nur einzelne von ihnen summative Elemente beinhalten. Qua-litätsstandards für (summative) Evaluationsstudien, wie ein externes Evaluations-team, Felduntersuchungen unter realen Bedingungen, ein quasi-experimentelles Design mit einer Kontrollgruppe und mehreren Messzeitpunkten (vor und nach der Maßnahme sowie ein follow-up), bieten die Grundlage dafür, am Ende (langfristige) Effekte beschreiben und Gelingensbedingungen von Maßnahmen ableiten zu kön-nen (Gesellschaft für Evaluation e. V. [DeGEval], 2016; Kazdin, 2010). Jedoch wird jede Evaluationsstudie individuell umgesetzt sowie durch bestimmte Rahmenbe-dingungen (z. B. zeitliche und finanzielle Ressourcen, Kooperationen mit den Ein-richtungen, Vorgaben bei Auftragsforschung) maßgeblich geprägt (Mittag & Bieg, 2010; von Kardorff, 2012). So ist auch zu erklären, dass im Review von Egert und Hopf (2016) zur Wirksamkeit von Sprachförderung in Kitas viele Evaluationsstudien kritisch bewertet werden, weil sie diesen Qualitätsstandards nicht oder nur einge-schränkt entsprechen.

Um Sprachförder- bzw. Weiterqualifizierungsmaßnahmen adäquat evaluieren zu können, ist auch die Auswahl relevanter Erfolgsmaße bedeutsam (DeGEval, 2016; Mittag & Bieg, 2010). Sinnvoll ist eine Betrachtung verschiedener Ebenen (päda-gogische Fachkräfte, Kinder, Eltern). Zudem ist es von Vorteil, jeweils unterschied-liche Kompetenzfacetten aufseiten der Beteiligten zu untersuchen und auch die Ziele und Inhalte der jeweiligen Intervention zu berücksichtigen (Tietze, 2011). In der Bildungsforschung werden professionelle (Sprachförder-)Kompetenzen zumeist modellhaft über die Facetten Wissen, Können und Handeln konzeptualisiert. Je nach Modell folgen noch weitere Aspekte wie Orientierungen, emotionale und motiva-tionale Tendenzen oder die professionelle Haltung (z. B. Frey & Jung, 2011; Fried,

2008; Fröhlich-Gildhoff, Weltzien, Kirstein, Pietsch & Rauh, 2014; Hopp, Thoma & Tracy, 2010).

Bei der Untersuchung des *sprachförderbezogenen Wissens* von Fachkräften werden in den Studien unterschiedliche Schwerpunkte gesetzt. So kann zwischen der Erfassung von implizitem Wissen auf der einen Seite und explizitem Wissen auf der anderen Seite unterschieden werden (z. B. Beckerle, 2017; Itel, 2015). Bezüglich beider Wissensformen kann sowohl theoretisches Fachwissen (z. B. zu Sprachstrukturen) als auch anwendungsbezogenes Wissen (z. B. zur konkreten Gestaltung der Sprachförderung) fokussiert werden (z. B. Hopp et al., 2010). Während nur einzelne Studien belegen, dass durch Weiterqualifizierungen ein umfassender Wissenszuwachs sowohl im anwendungsbezogenen Wissen als auch im linguistischen Grundlagenwissen möglich ist (z. B. Brady et al., 2009; Rothweiler, Ruberg & Utecht, 2010), zeigt sich in den meisten Studien, dass Fachkräfte zwar ihr anwendungsbezogenes Wissen erweitern können, nicht aber ihr linguistisches Grundlagenwissen, und dass das Wissen insgesamt auch nach den Weiterqualifizierungen noch stark ausbaufähig bleibt (z. B. Geyer, 2018; Neuman & Cunningham, 2009).

Das *Sprachförderhandeln* der Fachkräfte wird in vielen Studien über den Einsatz von Sprachfördertechniken im Kita-Alltag erfasst, die in allen Konzepten zur alltagsintegrierten Sprachförderung im Elementarbereich thematisiert werden (z. B. Jungmann & Koch, 2017; Kucharz, Mackowiak & Beckerle, 2015; Simon & Sachse, 2011). Unterschieden wird häufig zwischen verschiedenen Formen von korrektivem Feedback, Modellierungs- und Stimulierungstechniken. Durch einen gezielten Einsatz dieser Techniken können Kinder adaptiv, d. h. entsprechend ihrem jeweiligen Entwicklungsstand, sprachlich angeregt werden. Positive Effekte dieser Sprachfördertechniken auf die Sprachkompetenzen der Kinder sind empirisch belegt (z. B. Beckerle, 2017; Justice, Mashburn, Pence & Wiggins, 2008; Whorall & Cabell, 2015). Befunde zur Wirksamkeit von Weiterqualifizierungen im Hinblick auf das Sprachförderhandeln der Fachkräfte fallen überwiegend positiv aus. Nach der Teilnahme an einer Weiterqualifizierung lassen Fachkräfte die Kinder mehr zu Wort kommen (z. B. Jungmann & Koch, 2017; Ota & Berghout Austin, 2013), werden bessere Sprachvorbilder (z. B. Beller & Beller, 2009; Beller, Merkens, Preissing & Beller, 2007) und erhöhen den Einsatz von korrektivem Feedback und Modellierungstechniken (z. B. Justice et al., 2008; Simon & Sachse, 2011). Allerdings zeigen sich auch widersprüchliche Befunde, etwa zum Einsatz von Fragen (positive Effekte: z. B. Jungmann & Koch, 2017; keine Effekte: z. B. Simon & Sachse, 2011) oder Parallelsprechen (positive Effekte: z. B. Leonard, 1975; keine Effekte: z. B. Beller & Beller, 2009).

Aufseiten der Kinder werden in Evaluationen zum einen Sprechfreude und Redebeteiligung, zum anderen spezifische *Sprachkompetenzen bzw. -leistungen* auf den verschiedenen Sprachebenen analysiert (z. B. phonologische Bewusstheit, Wortschatz, grammatikalische Phänomene). Zur Erhebung rezeptiver sowie produktiver Sprachleistungen werden in fast allen Studien Sprachtests eingesetzt, deren Vorteile in der Vergleichbarkeit der Ergebnisse mit einer Normstichprobe und im wiederholten ökonomischen Einsatz im Rahmen von Längsschnittstudien liegen; Nachteil ist, dass die Maße eher global kindliche Leistungen abbilden (Kany & Schöler, 2010). Studien, welche die Effekte von Weiterqualifizierungen von Fachkräften auf die *kindliche Sprachentwicklung* untersuchen, liefern erste positive Hinweise, die entweder einzelne oder auch mehrere Sprachebenen bzw. -fertigkeiten betreffen (z. B. Beller et al., 2007; Schuler, Budde-Spengler & Sachse, 2014). Auffällig ist der wiederkehrende Befund, dass insbesondere Kinder mit Deutsch als Zweitsprache, Kinder mit Migrationshintergrund und Kinder mit geringeren Sprachkompetenzen in besonderer Weise von den Maßnahmen profitieren (z. B. Beckerle, 2017; Egert & Hopf, 2016; Jungmann & Koch, 2017; Simon & Sachse, 2011). Dennoch halten Fricke, Bowyer-Crane, Haley, Hulme und Snowling (2013, S. 281) für den internationalen Raum fest: »In summary, although it appears clear that language intervention can be implemented successfully with young children prior to, or at, school entry with positive results, the evidence base for the effectiveness (…) is limited and the impact of such interventions on later literacy development remains unclear«.

2 Das Evaluationsprojekt allE

Das Verbundprojekt »Gelingensbedingungen alltagsintegrierter sprachlicher Bildung im Elementarbereich«[1] (allE) wurde von drei Hochschulen durchgeführt und verfolgte das Ziel, zwei Weiterqualifizierungskonzepte für elementarpädagogische Fachkräfte im Bereich der alltagsintegrierten Sprachförderung hinsichtlich ihrer Wirksamkeit zu prüfen.

Die beiden Weiterqualifizierungen unterscheiden sich in ihrem Aufbau deutlich voneinander. In *Konzept A* wurde über ein Jahr eine manualgestützte Fortbildungsreihe zur alltagsintegrierten Sprachförderung angeboten. Zentrale Themen waren der Einsatz von Sprachfördertechniken, die Wortschatzarbeit und die Sprachförderung in Schlüsselsituationen. Begleitet wurde die Umsetzung des Gelernten durch drei individuelle (Video-)Coachings. Drei BiSS-Verbünde und 21 Kitas nahmen an dieser Weiterqualifizierung teil. Ein Prä-Post-Vergleich ist aufgrund der zeitlichen Befristung dieses Konzepts gut umsetzbar. In *Konzept B* wird mit einem seit zehn Jahren etablierten offenen Weiterqualifizierungsangebot gearbeitet, das ein Repertoire an Fortbildungen zu unterschiedlichen frühpädagogischen Themen (u. a. Sprachförderung) abdeckt. Die Fachkräfte können Umfang und Inhalt der Veranstaltungen individuell aussuchen. Zusätzlich bekamen alle am BiSS-Programm beteiligten Fachkräfte drei Coaching-Termine zur alltagsintegrierten Sprachförderung. Insgesamt nahm ein Verbund mit sechs Kitas an diesem Konzept teil. Kritisch für die Evaluation dieses Konzepts ist, dass die Fachkräfte zu beiden Messzeitpunkten an unterschiedlich vielen und inhaltlich variierenden Fortbildungsveranstaltungen teilgenommen hatten.

---

1 Das dieser Publikation zugrundeliegende Vorhaben wurde mit Mitteln des Bundesministeriums für Familie, Senioren, Frauen und Jugend unter dem Förderkennzeichen BiSS 00.00002.15 gefördert. Die Verantwortung für den Inhalt dieser Veröffentlichung liegt bei den Autorinnen und Autoren.

Ziele der summativen Evaluation waren zum einen ein Vergleich der beiden Weiterqualifizierungskonzepte und zum anderen die Analyse der Entwicklung der Sprachförderkompetenzen der Fachkräfte und der sprachlichen Leistungen der Kinder. Folgende Fragestellungen wurden fokussiert: Welche Veränderungen zeigen sich 1. im förderdiagnostischen Wissen und 2. im Sprachförderhandeln der pädagogischen Fachkräfte sowie 3. in den sprachlichen Leistungen der Kinder vom ersten zum zweiten Messzeitpunkt in Abhängigkeit vom Weiterqualifizierungskonzept (A vs. B)?

Analysiert wurden diese Fragen mithilfe eines Prä-Post-Designs mit zwei Messzeitpunkten. Der erste Messzeitpunkt (MZP 1) fand in den Verbünden mit Konzept A vor Beginn der Weiterqualifizierung statt (11/2015 bis 05/2016), der zweite Messzeitpunkt (MZP 2) erfolgte nach Abschluss der Weiterqualifizierung (01/2017 bis 06/2017). Im Verbund mit Konzept B wurde analog ein Jahresabstand zwischen beiden Messzeitpunkten gewählt (02/2016 bis 03/2016 und 02/2017 bis 03/2017).

3 Stichprobe

An der allE-Studie nahmen insgesamt 84 pädagogische Fachkräfte und 555 Kinder aus 27 Kitas teil. Die Kitas variierten in der Größe (30–126 Kinder) und lagen sowohl in städtischen als auch ländlichen Regionen; der Anteil an Kindern mit nichtdeutscher Erstsprache lag zwischen 0.00 und 90.00 %.

Da sich der vorliegende Beitrag auf die Effekte der Weiterqualifizierungskonzepte fokussiert, wird im Weiteren nur die Stichprobe beschrieben, für welche beide MZP vorliegen (▶ Tab. 4.1).

Von 75 Fachkräften konnten zu beiden MZP Daten erhoben werden; die restlichen 9 Fachkräfte wechselten im Evaluationszeitraum die Kitas. 97.30 % waren weiblich, 13.80 % wiesen einen Migrationshintergrund auf. Der Altersdurchschnitt lag bei 40.22 ($SD = 13.36$) Jahren und die Berufserfahrung durchschnittlich bei 15.52 ($SD = 12.98$) Jahren. 90.60 % absolvierten eine Fachschulausbildung, 9.40 % hatten einen akademischen Abschluss.

Aus den Kita-Gruppen dieser Fachkräfte nahmen 446 Kinder zu beiden MZP an der Evaluation teil (die restlichen Kinder konnten wegen Krankheit oder Wechsel der Kita nicht mehr erhoben werden). Der Anteil der Mädchen lag bei 50.00 %, das Alter zu MZP 1 zwischen 3;0 und 5;8 Jahren (M in Monaten $= 50.32$, $SD = 8.45$). 27.80 % dieser Kinder wachsen mit nichtdeutscher Erstsprache auf.

Unterschiede in den demografischen Angaben in Abhängigkeit von der Zugehörigkeit zu Konzept A oder B ergaben sich für die Fachkräfte sowohl für das Alter als auch für die Berufserfahrung: Fachkräfte aus Konzept B waren deutlich jünger und verfügten über eine geringere Berufserfahrung als Fachkräfte aus

Konzept A.[2] Aufseiten der Kinder konnten Unterschiede im Anteil der Kinder mit nichtdeutscher Erstsprache festgestellt werden, der in Konzept B höher ausfiel als in Konzept A.[3]

Tab. 4.1: Demografische Angaben zur Stichprobe der Fachkräfte und Kinder

Fachkräfte (N = 75)[a]	N	Konzept A	Konzept B	Vergleich
Alter in Jahren (M und SD)	64	43.79 (12.89)	33.41 (11.69)	$F(1;62) = 9.95**$; $part.\eta^2 = .14$
Berufserfahrung (M und SD)	61	18.14 (13.48)	10.54 (10.56)	$F(1;59) = 5.03*$; $part.\eta^2 = .08$
Anteil der Frauen (%)	75	97.30	100.00	$\chi^2 = 1.14$
Anteil der Fachkräfte mit Migrationshintergrund (%)	65	11.60	18.20	$\chi^2 = 0.52$
Ausbildungshintergrund (%)				
- fachschulisch	58	93.00	85.70	$\chi^2 = 4.29$
- akademisch	6	7.00	14.30	
Alter in Monaten (M und SD)	446	50.05 (8.43)	51.10 (8.49)	$F(1;444) = 1.29$
Anteil der Mädchen (%)	446	47.90	56.10	$\chi^2 = 2.31$
Anteil der Kinder mit nichtdeutscher Erstsprache (%)	446	23.80	39.50	$\chi^2 = 10.39**$; $Phi = .10$

Anmerkungen. [a] Informationen zu den Fachkräften basieren aufgrund von fehlenden Angaben auf unterschiedlich großen Stichproben; * $p \leq .05$, ** $p \leq .01$; *part.η^2*: $\leq .05$: kleiner Effekt, .06–.13: mittlerer Effekt, $\geq .14$: großer Effekt; *Phi*: $\leq .25$: kleiner Effekt, $\leq .66$: mittlerer Effekt, $> .66$: großer Effekt.

---

2 Da das Alter und die Berufserfahrung der Fachkräfte mit $r = .91$ korrelieren, wird im Weiteren nur die Berufserfahrung als das aussagekräftigere Maß berücksichtigt.

3 Angaben zum sozioökonomischen Hintergrund der Kinder konnten im Rahmen der allE-Studie nicht erhoben werden.

4 Erhebungsinstrumente

Bei der Evaluation der beiden Weiterqualifizierungen wurden aufseiten der Fachkräfte das förderdiagnostische Wissen über ein Vignetteninterview sowie der Einsatz von Sprachfördertechniken im Kita-Alltag über Videografien erfasst. Aufseiten der Kinder wurden die sprachlichen Leistungen mittels eines Sprachtests erhoben.

4.1 Förderdiagnostisches Wissen (Vignetteninterview)

Vignetteninterviews werden vor allem in der Unterrichtsforschung als Instrument zur Feststellung von Kompetenzen eingesetzt (z. B. Beck et al., 2008; Oser, Heinzer & Salzmann, 2010) und finden zunehmend im Elementarbereich Verbreitung (z. B. Mackowiak, Wadepohl et al., 2018). Das in dieser Studie verwendete Verfahren wurde von Itel (2015) entwickelt und im Rahmen des allE-Projekts adaptiert. Die Filmvignette zeigt eine typische Bilderbuchbetrachtung einer Erzieherin mit einem Kind mit nichtdeutscher Erstsprache. Über ein leitfadengestütztes Interview werden Fragen zur sprachförderlichen Interaktionsgestaltung der Erzieherin und zur Einschätzung der Sprachkompetenzen des Kindes im Video gestellt. Für die Auswertung des Vignetteninterviews wurde ein Kategoriensystem mit drei Wissensskalen entwickelt (von Dapper-Saalfels et al., 2020).

Skala 1 erfasst das *Wissen über den Einsatz von Sprachfördertechniken*. Die Fachkräfte sollten sprachförderliches Handeln der Erzieherin im Video erkennen und benennen, indem sie das Video an den entsprechenden Stellen stoppten. Zur Auswertung wurde eine Musterlösung zum Video entwickelt, welche 22 Passagen mit insgesamt 37 beobachtbaren Sprachfördertechniken (9 korrektive Feedbacks, 12 Modellierungstechniken, 16 Fragen) umfasst. Alle Sprachfördertechniken, die richtig erkannt wurden, wurden mit einem Punkt bewertet (max. 37 Punkte). Die prozentuale Beurteilungsübereinstimmung für diese Auswertung (anhand von 70.00 % des Materials) lag bei 92.76 %.

Skala 2 erhebt das *Kontextwissen zur Gestaltung dialogischer Sprachfördersituationen*. Hier wurden 14 Aspekte zusammengefasst, die in der Literatur als sprachförderlich benannt werden (z. B. Hellrung, 2012; Kucharz, 2018) und im Video zu beobachten waren (u. a. Dialoggestaltung, Gestik und Mimik, Sprachvorbild). Mittels Expertenrating wurde die Qualität der Umsetzung dieser 14 Aspekte (angemessen, akzeptabel oder unangemessen) im Video eingeschätzt. Die Fachkräfte erhielten immer dann einen Punkt, wenn sie im Interview einen Aspekt nannten und übereinstimmend mit dem Expertenurteil einschätzten (max. 14 Punkte). Die Beurteilungsübereinstimmung (anhand von 34.00 % des Materials) betrug für diesen Auswertungsschritt 93.90 %.

Skala 3 deckt das *diagnostische Wissen bezüglich der sprachlichen Kompetenzen des Kindes* im Video ab. Insgesamt können 21 Passagen mit 59 sprachlichen Fehlern des Kindes aus den Bereichen Grammatik, Semantik/Lexikon und Phonetik/Phonologie identifiziert werden. Pro richtig erkannter Auffälligkeit wurde ein Punkt vergeben (max. 59 Punkte). Die prozentuale Beurteilungsübereinstimmung für diese Skala (anhand von 21.00 % des Materials) lag bei 74.88 %.

4.2 Sprachförderhandeln (Videografien im Kita-Alltag)

Das Sprachförderhandeln wurde auf der Basis von drei jeweils 15-minütigen Videografien im Kita-Alltag analysiert. Die Fachkräfte bekamen den Auftrag, eine Freispiel- und Essenssituation sowie eine dyadische Bilderbuchbetrachtung (die Fachkraft konnte sowohl das Bilderbuch auswählen als auch ein drei- bis fünfjähriges Kind, das aus ihrer Sicht sprachliche Schwierigkeiten aufwies) möglichst alltagstypisch zu gestalten.

Die Auswertung der Videos erfolgte über ein in einem Vorläuferprojekt entwickeltes Kategoriensystem (Beckerle, 2017; Kucharz et al., 2015), das im allE-Projekt präzisiert wurde (Beckerle, Mackowiak & Kucharz, 2020). Es beinhaltet 14 Einzeltechniken, die den Bereichen des korrektiven Feedbacks, der Modellierungs- und der Stimulierungstechniken (Fragen und Parallelsprechen) zuzuordnen sind (in Anlehnung an Dannenbauer, 1984; Motsch, 2017). In einem mikroanalytischen Vorgehen wurden alle Äußerungen der Fachkräfte im Hinblick auf den Einsatz dieser Sprachfördertechniken geprüft. Die prozentuale Beurteilungsübereinstimmung für die kodierten Sprachfördertechniken (anhand von 20.00 % des Materials) lag bei durchschnittlich 82.63 % (korrektives Feedback: 83.73 %, Modellierungstechniken: 73.08 %, Stimulierungstechniken: 87.72 %).

4.3 Sprachliche Leistungen der Kinder (Sprachtest)

Der »Sprachentwicklungstest für drei- bis fünfjährige Kinder (3;00–5;11 Jahre)« (SETK 3-5; Grimm, 2015) erfasst die rezeptiven und produktiven Sprachverarbeitungsfähigkeiten sowie auditive Gedächtnisleistungen von Kindern. Es liegen zwei Testversionen vor, eine für dreijährige und eine für vier- bis fünfjährige Kinder. Beide Testversionen haben drei Untertests gemeinsam: Im Untertest »Verstehen von Sätzen« sind Handlungen auf Bildern zu erkennen sowie einfache bzw. mehrschrittige Handlungsanweisungen umzusetzen; im Untertest »Phonologisches Arbeitsgedächtnis für Nichtwörter« sollen nicht existierende Wörter nachgesprochen werden, die lautlich unterschiedlich komplex sind; im Untertest »Morphologische Regelbildung« wird die Pluralbildung von (Nicht-)Wörtern geprüft. Weitere Untertests werden nur mit je einer Altersgruppe durchgeführt: Die Dreijährigen beschreiben im Untertest »Enkodierung semantischer Relationen« Bilder; die Vier- bis Fünfjährigen wiederholen im Untertest »Satzgedächtnis« unterschiedlich komplexe und sinnvolle Sätze und im Untertest »Gedächtnisspanne für Wortfolgen« mehrteilige Wortfolgen. Die Zusammenfassung der Untertests zu einem mittleren T-Wert ist im SETK 3-5 zwar nicht vorgesehen, lässt sich aber aufgrund der hohen internen Konsistenz rechtfertigen ($\alpha = .87$ für die Dreijährigen, $\alpha = .81$ für die Vier- bis Fünfjährigen).

5 Ergebnisse

Im Folgenden werden Veränderungen in den Kompetenzen der pädagogischen Fachkräfte und in den Leistungen der Kinder von MZP 1 zu MZP 2 geprüft sowie Unterschiede zwischen den beiden Weiterqualifizierungskonzepten A und B hinsichtlich dieser Veränderungen analysiert. Hierzu wurden Varianzanalysen mit Messwiederholung (2 MZP) und dem Konzept (A vs. B) als unabhängigem Faktor durchgeführt. Da die im Folgenden vorgestellten und interpretierbaren Ergebnisse auf Ebene der Fachkräfte auch bei Berücksichtigung der Berufserfahrung (als Kovariate) bestehen bleiben, sich die Stichprobe aber aufgrund fehlender Werte deutlich reduziert (von 75 auf 61; ▸ Tab. 4.1), werden im Text die Ergebnisse mit der gesamten Stichprobe (ohne Kontrolle der Berufserfahrung) vorgestellt.

5.1 Fragestellung 1: Wissen der Fachkräfte

Zur Klärung der Frage, über welches förderdiagnostische Wissen die Fachkräfte verfügen und wie es sich über die Zeit verändert, wurden die drei Skalen des Vignetteninterviews als abhängige Variablen für die Varianzanalysen herangezogen (▸ Tab. 4.2).

Skala 1: In der Filmvignette erkannten die Fachkräfte von den insgesamt 37 im Video gezeigten Sprachfördertechniken zu MZP 1 durchschnittlich 3.77 ($SD = 2.92$) in Konzept A und 7.23 ($SD = 4.05$) in Konzept B und zu MZP 2 durchschnittlich 5.92 ($SD = 3.18$) in Konzept A und 8.12 ($SD = 3.46$) in Konzept B. Ein Vergleich der Veränderungen über die Zeit in Abhängigkeit vom Besuch der Weiterqualifizierung A vs. B erbrachte signifikante Haupteffekte (mit großer Effektstärke) sowohl für den MZP als auch für das Konzept; eine Wechselwirkung zeigte sich nicht. Die Ergebnisse belegen zum einen, dass die Fachkräfte aus Konzept B zu beiden MZP über ein signifikant größeres Wissen verfügten als die Fachkräfte aus Konzept A; zum anderen ist für alle Fachkräfte (unabhängig vom Konzept) eine signifikante Zunahme im Wissen zu verzeichnen.

Skala 2: Die Ergebnisse bezüglich des Kontextwissens zur Gestaltung dialogischer Sprachfördersituationen zeigen, dass zu MZP 1 von 14 möglichen Aspekten durchschnittlich 4.04 ($SD = 2.03$) Merkmale in Konzept A und 4.38 ($SD = 1.84$) Merkmale in Konzept B korrekt genannt und eingeschätzt wurden. Zu MZP 2 beurteilten die Fachkräfte durchschnittlich 3.75 ($SD = 2.19$) Aspekte in Konzept A und 4.35 ($SD = 2.15$) Aspekte in Konzept B korrekt. Die Varianzanalyse erbrachte keine signifikanten Ergebnisse, also weder bedeutsame Veränderung im Wissen in Abhängigkeit von der Zeit noch Effekte des Konzepts.

Skala 3: In Bezug auf das diagnostische Wissen bezüglich der sprachlichen Kompetenzen des Kindes im Video erkannten die Fachkräfte zu MZP 1 durchschnittlich 5.40 ($SD = 4.53$) von 59 Fehlern in Konzept A und 6.62 ($SD = 3.44$) in Konzept B. Zu MZP 2 lagen die Werte durchschnittlich bei 6.81 ($SD = 5.84$) Fehlern in Konzept A und bei 12.65 ($SD = 6.14$) Fehlern in Konzept B. Ein Vergleich der Veränderungen in beiden Konzepten erbrachte signifikante Haupteffekte sowohl für die Zeit (mit großer Effektstärke) als auch für das Konzept (mit mittlerer Effektstärke); diese wurden jedoch von einer signifikanten Wechselwirkung (mit großer Effektstärke) überlagert. Die Ergebnisse belegen, dass Veränderungen im Wissen über die Zeit in Abhängigkeit vom Konzept zu sehen sind. Die Fachkräfte aus Konzept B zeigen einen stärkeren Zuwachs in ihrem Wissen (sie erzielen zu MZP 2 fast doppelt so viele Punkte wie zu MZP 1) als die Fachkräfte aus Konzept A (hier liegt der Anstieg nur bei gut einem Punkt).

Tab. 4.2: Ergebnisse der ANOVA mit Messwiederholung: Wissen (Vignetteninterview) der Fachkräfte zu Messzeitpunkt (MZP) 1 und 2 in Abhängigkeit vom Weiterqualifizierungskonzept A ($n = 48$) vs. B ($n = 26$)

Wissen	Konzept	MZP 1	MZP 2	ANOVA mit Messwiederholung		
		M (SD)	M (SD)		F $(1;72)$	$part.\eta^2$
Skala 1: Wissen über Sprachfördertechniken	A	3.77 (2.93)	5.92 (3.18)	Zeit	14.18**	.17
	B	7.23 (4.05)	8.12 (3.46)	Konzept	16.28**	.18
				Zeit × Konzept	2.46	.03
Skala 2: Wissen über Kontextbedingungen	A	4.04 (2.03)	3.75 (2.19)	Zeit	0.54	.01
	B	4.38 (1.84)	4.35 (2.15)	Konzept	1.08	.02
				Zeit × Konzept	0.31	.00
Skala 3: Wissen über sprachliche Kompetenzen des Kindes	A	5.40 (4.53)	6.81 (5.84)	Zeit	37.69**	.34
	B	6.62 (3.44)	12.65 (6.14)	Konzept	10.38**	.13
				Zeit × Konzept	14.49**	.17

Anmerkungen. * $p \leq .05$, ** $p \leq .01$; $part.\eta^2$: $\leq .05$: kleiner Effekt, .06–.13: mittlerer Effekt, $\geq .14$: großer Effekt.

5.2 Fragestellung 2: Handeln der Fachkräfte

Zur Beantwortung der zweiten Fragestellung wurde der Einsatz von *Sprachfördertechniken* im Kita-Alltag (Anzahl der Sprachfördertechniken über alle Situationen hinweg sowie in den drei unterschiedlichen Situationen, jeweils pro 15 Minuten) analysiert (▶ Tab. 4.3). Situationsübergreifend nutzten die Fachkräfte aus Konzept A zu MZP 1 durchschnittlich 67.92 ($SD = 18.28$) Sprachfördertechniken und die Fachkräfte aus Konzept B durchschnittlich 66.11 ($SD = 21.31$) Sprachfördertechniken; zu MZP 2 waren es 75.50 ($SD = 18.47$) in Konzept A und 49.73 ($SD = 17.31$) in Konzept B.

Die Varianzanalyse mit der Gesamtzahl an Sprachfördertechniken erbrachte signifikante Haupteffekte für die Zeit (mit mittlerer Effektstärke) und das Konzept (mit großer Effektstärke), welche durch eine Wechselwirkung (mit großer Effektstärke) überlagert wurden. Ein Vergleich der Mittelwerte zeigte gegenläufige Veränderungen für beide Weiterqualifizierungen. Während die Fachkräfte aus Konzept A zu MZP 2 signifikant mehr Sprachfördertechniken einsetzten, war bei den Fachkräften aus Konzept B eine signifikante Abnahme zu verzeichnen.

Tab. 4.3: Ergebnisse der ANOVA mit Messwiederholung: Handeln (Videografien) der Fachkräfte zu Messzeitpunkt (MZP) 1 und 2 in Abhängigkeit vom Weiterqualifizierungskonzept A ($n = 48$) vs. B ($n = 27$)

Handeln	Konzept	MZP 1	MZP 2	ANOVA mit Messwiederholung		
		M (SD)	M (SD)		F (1;73)	part.η^2
SFT	A	67.92 (18.28)	75.50 (18.47)	Zeit	5.12*	.07
Gesamt	B	66.11 (21.31)	49.73 (17.31)	Konzept	11.49**	.14
				Zeit × Konzept	37.87**	.34
SFT	A	92.39 (37.57)	95.10 (23.56)	Zeit	13.80**	.16
Bilderbuch	B	90.89 (34.80)	60.96 (28.98)	Konzept	7.16**	.09
				Zeit × Konzept	19.84**	.21
SFT	A	59.33 (17.95)	64.40 (22.71)	Zeit	0.82	.01
Freispiel	B	56.30 (25.84)	45.44 (20.44)	Konzept	7.31**	.09
				Zeit × Konzept	6.16*	.08
SFT	A	52.04 (15.77)	67.00 (22.04)	Zeit	1.70	.02
Essen	B	51.15 (20.19)	42.78 (15.79)	Konzept	11.22**	.13
				Zeit × Konzept	21.27**	.23

Anmerkungen. SFT: Sprachfördertechniken; * $p \leq .05$, ** $p \leq .01$; *part.η^2*: $\leq .05$: kleiner Effekt, .06–.13: mittlerer Effekt, $\geq .14$: großer Effekt.

Eine getrennte Analyse der drei Situationen zeigte, dass beide Gruppen in der Bilderbuchsituation die meisten Sprachfördertechniken einsetzten, in der Freispiel- und Essensituation deutlich weniger. Bei den Fachkräften aus Konzept A war eine signifikante Zunahme von Sprachfördertechniken vor allem in der Essenssituation zu verzeichnen. Die Fachkräfte aus Konzept B nutzten in allen drei Situationen (und besonders bei der Bilderbuchbetrachtung) zu MZP 2 signifikant weniger Sprachfördertechniken.

5.3 Fragestellung 3: Sprachliche Leistungen der Kinder

Die Frage, ob auch die Kinder von der Weiterqualifizierung der Fachkräfte profitieren, wurde mithilfe der Ergebnisse des »SETK 3-5« (Grimm, 2015) überprüft. Hierzu wurden die mittleren T-Werte über alle erhobenen Untertests genutzt (► Tab. 4.4). Für die Kinder aus Konzept A lag der mittlere T-Wert zu MZP 1 bei 45.85 (*SD* = 10.08), für die Kinder aus Konzept B bei 45.93 (*SD* = 9.20) (es lagen folglich keine Unterschiede in den Ausgangsleistungen vor), zu MZP 2 lagen die Werte für Konzept A bei 47.58 (*SD* = 9.34) und für Konzept B bei 49.96 (*SD* = 8.74).

Da ein signifikanter Unterschied in der Verteilung von Kindern mit Deutsch als Erst- vs. Zweitsprache zwischen beiden Konzepten vorliegt (► Tab. 4.1), wurde dieser Faktor in die Varianzanalyse mit Messwiederholung aufgenommen. Hierbei konnten signifikante Haupteffekte für alle drei Faktoren ermittelt werden: Im Durchschnitt verbesserten sich die Leistungen in beiden Kindergruppen über die Zeit (hohe Effektstärke) und Kinder mit Deutsch als Zweitsprache zeigten unabhängig von Messzeitpunkt und Konzept geringere Leistungen als Kinder mit Deutsch als Erstsprache (hohe Effektstärke). Zudem zeigten Kinder aus Konzept B insgesamt höhere sprachliche Leistungen als Kinder aus Konzept A (geringe Effektstärke). Eine signifikante Wechselwirkung zwischen Zeit und Erstsprache (kleine Effektstärke) überlagert die beiden erstgenannten Haupteffekte in der Weise, dass insbesondere Kinder mit Deutsch als Zweitsprache von der Weiterqualifizierung der Fachkräfte profitierten; dieser Befund zeigt sich unabhängig von der Art der Weiterqualifizierung.

Tab. 4.4: Ergebnisse der ANOVA mit Messwiederholung: Sprachliche Leistungen (SETK 3-5) der Kinder zu Messzeitpunkt (MZP) 1 und 2 in Abhängigkeit vom Weiterqualifizierungskonzept A (n = 332) vs. B (n = 114) und dem Faktor Deutsch als Erst- vs. Zweitsprache (DaE vs. DaZ)

Sprachliche Leistungen	Konzept	MZP 1		MZP 2		ANOVA mit Messwiederholung		
		DaE	*DaZ*	*DaE*	*DaZ*			
		M (SD)	*M (SD)*	*M (SD)*	*M (SD)*		*F (1;442)*	*part.η²*
SETK 3-5: T-Wert gesamt	A	48.54 (8.79)	37.21 (9.06)	49.48 (8.41)	41.48 (9.62)	Zeit	71.13**	.14
						Konzept	10.28**	.02
						DaZ	94.71**	.18
						Zeit × Konzept	3.77	.01
	B	49.34 (7.60)	40.69 (9.05)	52.90 (7.31)	45.45 (8.90)	Zeit × DaZ	7.99**	.02
						Konzept × DaZ	0.79	.00
						Zeit × Konzept × DaZ	1.78	.00

Anmerkungen. $* p \leq .05$, $** p \leq .01$; *part.η²*: $\leq .05$: kleiner Effekt, .06–.13: mittlerer Effekt, $\geq .14$: großer Effekt.

6 Diskussion

Im Folgenden werden die zentralen Evaluationsergebnisse diskutiert und mögliche Implikationen abgeleitet; abschließend erfolgt eine kritische Reflexion der Evaluation.

Das *förderdiagnostische Wissen* der Fachkräfte wurde in Form dreier Wissensfacetten erhoben. Zusammenfassend lässt sich festhalten, dass die Fachkräfte in beiden Gruppen und zu beiden Messzeitpunkten über ein deutlich eingeschränktes Wissen verfügten, also kein überzeugender Wissenszuwachs durch die Weiterqualifizierungen angeregt wurde. Im Wissen über den Einsatz von Sprachfördertechniken (Skala 1) erreichte die Gesamtstichprobe durchschnittlich nur 13.49 % bzw. 18.08 % der möglichen Punkte, im Kontextwissen zur Gestaltung dialogischer Sprachfördersituationen (Skala 2) 29.71 % bzw. 28.29 % und im diagnostischen Wissen bezüglich der sprachlichen Kompetenzen des Kindes (Skala 3) 9.80 % bzw. 14.66 %. Das bedeutet erstens, dass die Fachkräfte zu beiden Messzeitpunkten in Skala 1 und Skala 3 tendenziell schlechter abschnitten als in Skala 2, und zweitens, dass sich die Fachkräfte nur in zwei der drei Skalen verbesserten. Dies deckt sich teilweise mit Befunden, die ebenfalls einen Wissenszuwachs im anwendungsbezogenen Wissen ermittelten (z. B. Geyer, 2018; Wirts, Wildgruber & Wertfein, 2017). Insgesamt konnte für Konzept B (fortlaufendes Konzept) bereits zum ersten Messzeitpunkt mehr Wissen über den Einsatz von Sprachfördertechniken nachgewiesen werden; außerdem zeigten die Fachkräfte aus diesem Konzept einen stärkeren Zuwachs im diagnostischen Wissen bezüglich der sprachlichen Kompetenzen des Kindes als die Fachkräfte aus Konzept A.

Insgesamt werfen die Ergebnisse der Vignettenauswertung die Frage auf, welches Ziel in Weiterqualifizierungen verfolgt wird: Geht es überhaupt um eine Erweiterung grundlegenden (förderdiagnostischen) Wissens oder stehen vielmehr konkrete Handlungsempfehlungen für den Alltag oder eine Reflexion der eigenen Haltung im Vordergrund? In den Modellen zur Beschreibung professioneller (Sprachförder-) Kompetenzen basiert kompetentes pädagogisches Handeln auf spezifischem Wissen (Frey & Jung, 2011; Fried, 2008; Fröhlich-Gildhoff et al., 2014; Hopp et al., 2010). In diesem Sinn bestünde für beide Weiterqualifizierungen noch Überarbeitungsbedarf. Allerdings bleibt fraglich, ob Fachkräfte ihr Sprachförderwissen auch explizieren können oder ob es vielmehr implizit ist und (intuitiv) in Handeln umgesetzt wird; diese Frage wird durchaus kontrovers diskutiert (z. B. Neuweg, 2002). Ergebnisse aus dem allE-Projekt, die zeigen, dass das Wissen und Handeln der Fachkräfte kaum miteinander in Beziehung stehen, könnten in dieser Weise interpretiert werden (Mackowiak, Beckerle et al., 2018). Unabhängig davon stellt das Vignetteninterview aus unserer Sicht eine gute Möglichkeit dar, anwendungsbezogenes förderdiagnostisches Wissen zu erheben. Diese Wissenserfassung scheint im frühpädagogischen Kontext sinnvoller zu sein als eine Abfrage expliziten theoretischen Fachwissens, wie sie in Wissenstests (z. B. »SprachKoPF«, Thoma & Tracy, 2014) stattfindet. Dennoch bleibt die adäquate Erfassung von (sprachförderrelevantem) Wissen eine Zukunftsaufgabe für die Forschung.

Das *Sprachförderhandeln* der Fachkräfte wurde über den Einsatz von Sprachfördertechniken analysiert. In beiden Konzepten zeigt sich zu beiden Messzeitpunkten, dass in der dyadischen Bilderbuchbetrachtung deutlich mehr Sprachfördertechniken eingesetzt werden als in der Essens- und Freispielsituation in der Gruppe. Es ist positiv zu bewerten, dass die dyadische Bilderbuchbetrachtung (als Schlüsselsituation alltagsintegrierter Sprachförderung) ausgiebig zur sprachlichen Anregung der Kinder genutzt wird – ein Befund, der sich auch in anderen Studien wiederfindet (z. B. Jungmann & Koch, 2017; Wildgruber, Wertfein, Wirts, Kammermeier & Danay, 2016).

Überraschend ist, dass sich der Einsatz von Sprachfördertechniken in beiden Konzepten über die Zeit unterschiedlich entwickelt. In Konzept A setzten die Fachkräfte nach der Weiterqualifizierung insgesamt mehr Sprachfördertechniken im Kita-Alltag ein als vorher, vor allem in der Essenssituation, in Konzept B war eine Abnahme von

Sprachfördertechniken in allen drei Situationen zu beobachten. Dieser Befund ist auf den ersten Blick ernüchternd, schließlich haben fast alle – und so auch die beiden untersuchten – Weiterqualifizierungen zur alltagsintegrierten Sprachförderung die Optimierung des Einsatzes von Sprachfördertechniken im Kita-Alltag zum Ziel (Beckerle, 2017; Kucharz, 2018); und Studien bescheinigen den meisten Konzepten auch eine Wirksamkeit in dieser Hinsicht (z. B. Justice et al., 2008; Simon & Sachse, 2011). Mögliche Erklärungen könnten sein, dass noch nicht alle Fachkräfte aus Konzept B bis zum zweiten Messzeitpunkt die drei Coaching-Termine genutzt hatten (z. B. wegen Krankheit), was den Transfer des Gelernten beschränkt (Rank, Gebauer, Fölling-Albers & Hartinger, 2011). Alternativ wäre zu klären, ob es im Evaluationsjahr bestimmte Schwerpunkte in den individuell besuchten Fortbildungen gab, die gegen den Einsatz von Sprachfördertechniken sprechen (z. B. Vorlesen statt dialogischer Bilderbuchgestaltung, Peer-Interaktion statt Fachkraft-Kind-Interaktion) – aufgrund der großen Bandbreite an möglichen Fortbildungen, die in diesem Verbund besucht werden können, ist diese Frage allerdings kaum zu beantworten. Eine dritte Erklärung könnte darin bestehen, dass die Fachkräfte zwar weniger Sprachfördertechniken einsetzten, diese aber adaptiver und stärker anregend waren. Ob diese Hypothese einer höheren Adaptivität des Sprachförderhandelns stimmt oder nicht, wird aktuell durch weitere Analysen geklärt (Beckerle, Bernecker & Mackowiak, 2018).

Insgesamt lässt sich aus den Befunden die Schlussfolgerung ableiten, dass der Einsatz von Sprachfördertechniken – insbesondere in komplexeren Situationen – in beiden Weiterqualifizierungen noch intensiver thematisiert und geübt werden sollte, gerade weil Fachkräfte im Kita-Alltag mit heterogenen Kindergruppen arbeiten, Interaktionssequenzen schnell wechseln oder auch parallel stattfinden und der Fokus nicht nur auf dem Thema Sprachförderung liegt, sondern auch auf der Förderung anderer Entwicklungsbereiche oder auf organisatorischen Tätigkeiten. Gerade im Freispiel erfordert der Einsatz von Sprachfördertechniken auch eine spezifische Haltung, nämlich die prinzipielle Bereitschaft, in allen Situationen des Kita-Alltags anregende und sprachförderliche Interaktionen zu gestalten, und damit ein kokonstruktives Bildungsverständnis (z. B. König, 2007).

Für zukünftige Forschungsarbeiten wäre interessant, weitere Facetten der alltagsintegrierten Sprachförderung zu untersuchen, um ein umfassendes Bild von den Kompetenzen der Fachkräfte zu gewinnen, z. B. Videoanalysen zu globaleren Gestaltungsprinzipien (analog zu Vignettenskala 2), zu sprachhinderlichen Verhaltensweisen (Jungmann & Koch, 2017) oder zu verpassten Sprachfördersituationen (Beckerle, 2017). Erste Analysen zum Sprachvorbild der Fachkräfte liegen vor (Löffler & Heil, 2019).

Auf der Ebene der Kinder verbesserte sich der Durchschnittswert der *Sprachleistungen* im »SETK 3-5« in der Gesamtstichprobe, was grundsätzlich positiv zu bewerten ist. Jedoch bleibt aufgrund der fehlenden unbehandelten Kontrollgruppe unklar, ob dieser Effekt auf die allgemeine Entwicklung der Kinder und/oder auf die Weiterqualifizierung der Fachkräfte zurückzuführen ist (Tietze, 2011). Dass sich – unabhängig vom Konzept – insbesondere die Kinder mit Deutsch als Zweitsprache in ihren Sprachleistungen verbesserten, deckt sich mit Befunden aus anderen Studien, die alltagsintegrierten Maßnahmen eine besondere Wirkung u. a. auf Kinder mit einem mehrsprachigen Hintergrund attestieren (z. B. Beckerle, 2017; Egert & Hopf, 2016; Jungmann & Koch, 2017; Simon & Sachse, 2011). Dies könnte auch u. a. damit zusammenhängen, dass diese Kinder aufgrund niedrigerer Ausgangsleistungen größere Entwicklungspotenziale aufweisen. In einem nächsten Schritt stehen differenziertere Analysen für spezifische Kindergruppen (z. B. Kinder unterschiedlichen Alters) auf der Basis erhobener Spontansprachproben (phonologische, lexikalische, syntaktische und morphologische Kompetenzen) sowie ausgewählter Untertests des »SETK 3-5« (Grimm, 2015) an, um auch differenzielle Effekte auf der Ebene der Kinder zu prüfen. Außerdem sollen die verschiedenen Kennwerte der Kinder mit den Sprachförderkompetenzen der Fachkräfte in Beziehung gesetzt werden, um mögliche Wirkketten identifizieren zu können.

Abschließend erfolgt eine kritische *Reflexion der Einhaltung der Qualitätsstandards* (DeGEval, 2016; Kazdin, 2010) innerhalb der allE-Studie. Berücksichtigt wurden die Durchführung durch ein externes Evaluationsteam, die Erhebung im pädagogischen Feld sowie der Vergleich von zwei Messzeitpunkten. Nicht realisiert werden konnte – trotz Beantragung – der Einbezug einer Kontrollgruppe, der essenziell wäre, um ermittelte positive Effekte tatsächlich auf die Weiterqualifizierungen zurückführen zu können. Ebenso fehlt ein dritter Messzeitpunkt, durch den die Nachhaltigkeit der Maßnahmen sowie verzögerte Effekte (Sleeper-Effekte) geprüft werden könnten. Entsprechend sind die Ergebnisse insgesamt mit einer Vorsicht zu interpretieren. Für zukünftige vom Bund bzw. von den Ländern geförderte und ressourcenintensive Evaluationsprojekte wäre es wünschenswert, wenn angemessene Rahmenbedingungen bereitgestellt werden könnten, u. a. vergleichbare Konzepte, eine unbehandelte Kontrollgruppe, die Möglichkeit eines wirklichen Prä- und Post-Vergleichs sowie längere Projektzeiträume (z. B. Egert, Eckhardt & Fukkink, 2017).

Literatur

Beck, E., Baer, M., Guldimann, T., Bischoff, S., Brühwiler, C. & Müller, P. (2008). *Adaptive Lehrkompetenz. Analyse von Struktur, Veränderbarkeit und Wirkung handlungssteuernden Lehrerwissens.* Münster: Waxmann.

Beckerle, C. (2017). *Alltagsintegrierte Sprachförderung im Kindergarten und in der Grundschule. Evaluation des »Fellbach-Konzepts«.* Weinheim: Beltz Juventa.

Beckerle, C., Bernecker, K. & Mackowiak, K. (2018, September). *Analysen zum Sprachförderhandeln frühpädagogischer Fachkräfte – Erfassung von Adaptivität.* Vortrag auf der 27. Jahrestagung der DGfE-Grundschulforschung, Frankfurt.

Beckerle, C., Mackowiak, K. & Kucharz, D. (2020). B-SFT: Beobachtungssystem zur Erfassung von Sprachfördertechniken im Kita- und Grundschulalltag. In K. Mackowiak, C. Beckerle, S. Gentrup & C. Titz (Hrsg.), *Forschungsinstrumente im Kontext institutioneller (schrift-)sprachlicher Bildung* (S. 79–101). Bad Heilbrunn: Klinkhardt.

Beller, K., Merkens, H., Preissing, C. & Beller, S. (2007). Abschlussbericht des Projekts: Erzieherqualifizierung zur Erhöhung des sprachlichen Anregungsniveaus in Tageseinrichtungen für Kinder – Eine Interventionsstudie. Verfügbar unter: https://www.beller-kkp.de/downloads/ESIA1Abschlussbericht.pdf [03.09.2020].

Beller, S. & Beller, K. (2009). Abschlussbericht des Projekts: Systematische sprachliche Anregung im Kindergartenalltag zur Erhöhung der Bildungschancen 4- und 5-jähriger Kinder aus sozial schwachen und Migrantenfamilien – Ein Modell der pädagogischen Intervention. Verfügbar unter: https://www.beller-kkp.de/downloads/ESIA2Abschlussbericht.pdf [03.09.2020].

Brady, S., Gillis, M., Smith, T., Lavalette, M., Liss-Bronstein, L., Lowe, E., North, W., Russo, E. & Wilder, T. D. (2009). First grade teachers' knowledge of phonological awareness and code concepts: Examining gains from an intensive form of professional development and corresponding teacher attitudes. *Reading and Writing, 22*(4), 425–455.

Dannenbauer, F. M. (1984). Techniken des Modellierens in einer entwicklungsproximalen Therapie für dysgrammatisch sprechende Vorschulkinder. *Der Sprachheilpädagoge, 16*(2), 35–49.

von Dapper-Saalfels, T., Koch, K., Mackowiak, K., Beckerle, C., Löffler, C. & Heil, J. (2020). Vignetteninterview zur Erfassung des Sprachförderwissens pädagogischer Fachkräfte (VWS). In K. Mackowiak, C. Beckerle, S. Gentrup & C. Titz (Hrsg.), *Forschungsinstrumente im Kontext institutioneller (schrift-)sprachlicher Bildung* (S. 13–32). Bad Heilbrunn: Klinkhardt.

Egert, F., Eckhardt, A. G. & Fukkink, R. G. (2017). Zentrale Wirkmechanismen von Weiterbildungen zur Qualitätssteigerung in Kindertageseinrichtungen. Ein narratives Review. *Frühe Bildung, 6*(2), 58–66.

Egert, F. & Hopf, M. (2016). Zur Wirksamkeit von Sprachförderung in Kindertageseinrichtungen in Deutschland. Ein narratives Review. *Kindheit und Entwicklung, 25*(3), 153–163.

Frey, A. & Jung, C. (Hrsg.). (2011). *Kompetenzmodelle, Standardmodelle und Professionsstandards in der Lehrerbildung: Stand und Perspektiven.* Lehrerbildung auf dem Prüfstand (Sonderheft 4). Landau: VEP.

Fricke, S., Bowyer-Crane, C., Haley, A. J., Hulme, C. & Snowling, M. J. (2013). Efficacy of language intervention in the early years. *Journal of Child Psychology and Psychiatry, 54*(3), 280–290.

Fried, L. (2008). Professionalisierung von Erzieherinnen am Beispiel der Sprachförderkompetenz – Forschungsansätze und erste Ergebnisse. In H. von Balluseck (Hrsg.), *Professionalisierung der Frühpädagogik* (S. 265–277). Opladen: Budrich.

Fröhlich-Gildhoff, K., Weltzien, D., Kirstein, N., Pietsch, S. & Rauh, K. (2014). *Expertise: Kompetenzen früh-/kindheitspädagogischer Fachkräfte im Spannungsfeld von normativen Vorgaben und Praxis.* Verfügbar unter: http://www.bmfsfj.de/RedaktionBMFSFJ/Abteilung5/Pdf-Anlagen/14-expertise-kindheitspaedagogische-fachkraefte,property=pdf,bereich=bmfsfj,sprache=de,rwb=true.pdf [30.07.2014].

Gesellschaft für Evaluation e. V. (2016). *Standards für Evaluation. Erste Revision.* Verfügbar unter: https://www.degeval.org/fileadmin/Publikationen/DeGEval-Standards_fuer_Evaluation.pdf [13.12.2018].

Geyer, S. (2018). *Sprachförderkompetenz im U3-Bereich: Eine empirische Untersuchung aus linguistischer Perspektive.* Stuttgart: Metzler.

Grimm, H. (2015). *SETK 3-5 – Sprachentwicklungstest für drei- bis fünfjährige Kinder.* Göttingen: Hogrefe.

Hellrung, U. (2012). *Sprachentwicklung und Sprachförderung. Beobachten, verstehen, handeln.* Freiburg: Herder.

Hopp, H., Thoma, D. & Tracy, R. (2010). Sprachförderkompetenz pädagogischer Fachkräfte. Ein sprachwissenschaftliches Modell. *Zeitschrift für Erziehungswissenschaft, 13*(4), 609–629.

Itel, N. (2015). Filmvignetten zur Einschätzung sprachförderrelevanten Wissens von Frühpädagoginnen. In C. Bräuer & D. Wieser (Hrsg.), *Die Lehrenden im Fokus: empirische Lehrerforschung in der Deutschdidaktik* (S. 301–319). Wiesbaden: VS Verlag für Sozialwissenschaften.

Jungmann, T. & Koch, K. (Hrsg.). (2017). *Professionalisierung pädagogischer Fachkräfte in Kindertageseinrichtungen. Konzept und Wirksamkeit des KOMPASS-Projektes.* Wiesbaden: Springer.

Justice, L. M., Mashburn, A., Pence, K. L. & Wiggins, A. (2008). Experimental evaluation of a preschool language curriculum: Influence on children's expressive language skills. *Journal of Speech, Language, and Hearing Research, 51*(4), 983–1001.

Kammermeyer, G. & Roux, S. (2013). Sprachbildung und Sprachförderung. In M. Stamm & D. Edelmann (Hrsg.), *Handbuch Frühkindliche Bildungsforschung* (S. 515–528). Wiesbaden: VS Verlag für Sozialwissenschaften.

Kany, W. & Schöler, H. (2010). *Fokus: Sprachdiagnostik. Leitfaden zur Sprachstandsbestimmung im Kindergarten* (2. Aufl.). Berlin: Scriptor.

Kardorff, E. von (2012). Qualitative Evaluationsforschung. In U. Flick, E. von Kardorff & I. Steinke (Hrsg.), *Qualitative Forschung. Ein Handbuch* (9. Aufl., S. 238–250). Reinbek: Rowohlt.

Kazdin, A. E. (2010). *Research design in clinical psychology* (4th ed.). Boston: Pearson.

König, A. (2007). Dialogisch-entwickelnde Interaktionsprozesse als Ausgangspunkt für die Bildungsarbeit im Kindergarten. *Bildungsforschung, 4*(1), 1–21.

König, A. & Viernickel, S. (2016). Editorial: Interaktions- und Beziehungsgestaltung zwischen pädagogischen Fachkräften und Kindern. *Frühe Bildung, 5*(1), 1–2.

Kucharz, D., Mackowiak, K. & Beckerle, C. (2015). *Alltagsintegrierte Sprachförderung. Ein Weiterqualifizierungskonzept für Kita und Grundschule.* Weinheim: Beltz.

Leonard, L. B. (1975). Relational meaning and the facilitation of slow-learnig children's language. *American Journal of Mental Deficiency, 80*(2), 180–185.

Löffler, C. & Heil, J. (2019). Pädagogische Fachkräfte als Sprachvorbild in der Kindertagesstätte. *Lernen & Lernstörungen, 8*(4), 213–219.

Mackowiak, K., Beckerle, C., Koch, K., Dapper-Saalfels, T. von, Löffler, C., Pauer, I. & Heil, J. (2018). Sprachfördertechniken im Kita-Alltag: Zusammenhänge zwischen Wissen und Handeln von pädagogischen Fachkräften – Ergebnisse aus dem »allE-Projekt«. *Empirische Pädagogik, 32*(2), 162–176.

Mackowiak, K., Wadepohl, H., Steinberg, J., Mai, M., Werning, R., Lichtblau, M., Rothe, A., Disep, L., Schomaker, C., Hormann, K., Walter, U., Feesche, J. & Kula, A. (2018, September). *Alltagsintegrierte Unterstützung kindlicher Bildungsprozesse in inklusiven Kindertageseinrichtungen (KoAkiK): Zentrale Konzepte und Design.* Poster auf dem 51. DGPs-Kongress, Frankfurt.

Mittag, W. & Bieg, S. (2010). Die Bedeutung und Funktion pädagogischer Interventionsforschung und deren grundlegende Qualitätskriterien. In T. Hascher & B. Schmitz (Hrsg.), *Pädagogische Interventionsforschung. Theoretische Grundlagen und empirisches Handlungswissen* (S. 12–30). Weinheim: Juventa.

Motsch, H.-J. (2017). *Kontextoptimierung. Evidenzbasierte Intervention bei grammatischen Störungen in Therapie und Unterricht* (4. Aufl.). München: Reinhardt.

Neuman, S. B. & Cunningham, L. (2009). The impact of professional development and coaching on early language and literacy instructional practices. *American Educational Research Journal, 46*(2), 532–566.

Neuweg, G. H. (2002). Lehrerhandeln und Lehrerbildung im Lichte des Konzepts des impliziten Wissens. *Zeitschrift für Pädagogik, 48*(1), 10–29.

Oser, F., Heinzer, S. & Salzmann, P. (2010). Die Messung der Qualität von professionellen Kompetenzprofilen von Lehrpersonen mit Hilfe der Einschätzung von Filmvignetten. *Unterrichtswissenschaft, 38*(1), 5–28.

Ota, C. L. & Berghout Austin, A. M. (2013). Training and mentoring: Family child care providers' use of linguistic inputs in conversations with children. *Early Childhood Research Quarterly, 28*(4), 972–983.

Rank, A., Gebauer, S., Fölling-Albers, M. & Hartinger, A. (2011). Vom Wissen zum Handeln in Diagnose und Förderung – Bedingungen des erfolgreichen Transfers einer situierten Lehrerfortbildung in die Praxis. *Zeitschrift für Grundschulforschung, 4*(2), 70–82.

Rothweiler, M., Ruberg, T. & Utecht, D. (2010). Qualifizierungsmodul zu Sprache, Sprachentwicklung, Spracherwerbsstörung und Mehrsprachigkeit für ErzieherInnen. Abschlussbericht. Verfügbar unter: https://www.uni-hamburg.de/sfb538/abschlussbericht-t2.pdf [03.09.2020].

Schneider, W., Baumert, J., Becker-Mrotzek, M., Hasselhorn, M., Kammermeyer, G., Rauschenbach, T., Roßbach, H.-G., Roth, H.-J., Rothweiler, M. & Stanat, P. (2012). *Expertise »Bildung durch Sprache und Schrift (BiSS)«. Bund-Länder-Initiative zur Sprachförderung, Sprachdiagnostik und Leseförderung.* Verfügbar unter: https://www.biss-sprachbildung.de/pdf/biss-website-biss-expertise.pdf [08.09.2020].

Schuler, S., Budde-Spengler, N. & Sachse, S. (2014). Alltagsintegrierte Sprachförderung – doch mehr als »mach' ich sowieso«. Erste Ergebnisse zum Projekt MAUS – Mehrsprachig aufwachsende Kinder sprachlich fördern. *ZNL Newsletter, 21*, 10–12.

Simon, S. & Sachse, S. (2011). Sprachförderung in der Kindertagesstätte – Verbessert ein Interaktionstraining das sprachförderliche Verhalten von Erzieherinnen? *Empirische Pädagogik, 25*(4), 62–480.

Sylva, K., Melhuish, E., Sammons, P., Siraj-Blatchford, I. & Taggart, B. (2010). *Early childhood matters: Evidence from the effective pre-school and primary education project.* Routledge: London.

Thoma, D. & Tracy, R. (2014). *SprachKoPF-Onlinev07. Instrument zur standardisierten Erhebung der Sprachförderkompetenz pädagogischer Fachkräfte.* Mannheim: MAZEM.

Tietze, W. (2011). Evaluationsforschung in der Frühpädagogik. In Baden-Württemberg Stiftung (Hrsg.), *»Sag' mal was – Sprachförderung für Vorschulkinder«. Zur Evaluation des Programms der Baden-Württemberg Stiftung. Sprachförderung im Spannungsfeld zwischen Wissenschaft und Praxis* (S. 132–138). Tübingen: Francke.

Titz, C., Weber, S., Ropeter, A., Geyer, S. & Hasselhorn, M. (Hrsg.). (2018). *Konzepte zur Sprach- und Schriftsprachförderung umsetzen und überprüfen.* Stuttgart: Kohlhammer.

Whorall, J. & Cabell, S. (2015). Supporting children's oral language development in the preschool classroom. *Early Childhood Education Journal, 44*(4), 335–341.

Wildgruber, A., Wertfein, M., Wirts, C., Kammermeier, M. & Danay, E. (2016). Situative Unterschiede der Interaktionsqualität im Verlauf des Kindergartenalltags. *Frühe Bildung, 5*(4), 206–213.

Wirts, C., Wildgruber, A. & Wertfein, M. (2017). Die Bedeutung von Fachwissen und Unterstützungsplanung im Bereich Sprache für gelingende Interaktionen in Kindertageseinrichtungen. In H. Wadepohl, K. Mackowiak, K. Fröhlich-Gildhoff & D. Weltzien (Hrsg.), *Interaktionsgestaltung in Familie und Kindertagesbetreuung* (S. 147–170). Wiesbaden: Springer.

Kapitel 5:
Dimensionen der Sprachförderung am Übergang Kindergarten-Grundschule

Ezgi Erdogan, Tanja Betz, Karin Kämpfe, Diemut Kucharz, Ulrich Mehlem & Sandra Rezagholinia

Die Evaluationsstudie SPRÜNGE beleuchtet vier Dimensionen der Sprachförderung am Übergang Kita-Grundschule: 1. die Entwicklung der Sprachkompetenz der Kinder im Deutschen und 2. der Sprachförderkompetenz der Fach- und Lehrkräfte zu drei Messzeitpunkten (MZP), 3. die Interaktionsstrukturen von Sprachfördersettings und 4. Orientierungen der Fach- und Lehrkräfte beim Sprachförderhandeln und der Kooperation. Die Ergebnisse zeigen 1. einen signifikanten Zuwachs der Sprachkompetenz der Kinder mit unterdurchschnittlichem Ausgangsniveau, 2. nur einen schwachen Zuwachs der Sprachförderkompetenz, 3. eine höhere Beteiligung von Kindern in offeneren Gesprächssituationen und 4. unterschiedliche Typen von Fach- und Lehrkräften in Bezug auf wechselseitige Erwartungen und in der Gestaltung von Sprachförderung. Daten aus drei Teilstudien geben gemeinsam Einblicke in Determinanten der Sprachförderung: In sechs fallbezogenen Profilen kann gezeigt werden, wie die Ausprägung der Sprachförderkompetenz, der Sprachfördertyp und die Struktur der Fördersituation in einem Zusammenhang stehen.

Einleitung

In den letzten Jahr(zehnt)en wurden in allen Bundesländern unterschiedliche Maßnahmen zur Verbesserung der Sprachstandsdiagnostik und der Sprachkompetenz von Kindern in Kindertageseinrichtungen und am Übergang in die Schule sowie zur frühen Förderung benachteiligter Kinder, u. a. für Kinder mit Migrationshintergrund, ergriffen (für eine Übersicht vgl. Schneider et al., 2012). Dennoch, so konstatiert die Autorengruppe Bildungsberichterstattung (2016), ist »der Anteil der Kinder mit diagnostiziertem Sprachförderbedarf im Deutschen nicht gesunken«, sodass verstärkt »den Ursachen nachzugehen und weiterführende Wege aufzuzeigen [seien]« (Autorengruppe Bildungsberichterstattung, 2016, S. 70). Das Forschungs- und Entwicklungsprogramm BiSS zielt darauf ab, Angebote der Sprachförderung, die üblicherweise in additive oder alltagsintegrierte Angebote unterschieden werden (Schneider et al., 2012), auf ihre Wirksamkeit hin zu überprüfen und weiterzuentwickeln. Dabei wird auch der Übergang Kita-Grundschule fokussiert, dem fachlich und politisch eine besondere Bedeutung für die Bildungsbiografie von Kindern zugeschrieben wird (u. a. Albers & Lichtblau, 2014; Wildgruber & Griebel, 2016). Am Übergang gilt es in BiSS, die Kooperation zwischen den Institutionen im Kontext Sprachförderung im Deutschen zu verbessern und die unterschiedlichen Lernkulturen von Kita und Schule aufeinander abzustimmen (Schneider et al., 2012). Die SPRÜNGE-Studie[1] zielte darauf, die Zusammenhänge zwischen kindlicher Sprachentwicklung, Sprachförderkompetenz sowie handlungsleitenden Orientierungen von Fach- und Lehrkräften und die Gestaltung von Sprachfördersituationen im letzten Kitajahr genauer zu untersuchen. Dieser Beitrag gibt einen Überblick über die wichtigsten Grundannahmen und Ergebnisse.

1 Theoretische Grundlagen, Forschungsstand und Fragestellung

1.1 Forschungsstand und theoretische Grundlagen

Mit dem bildungspolitischen Ziel durchgängiger Sprachbildung und -förderung (zu den Begriffen: Schneider et al., 2012) stiegen die Erwartungen an die Institutionen, insbesondere an frühpädagogische Fach- und an Lehrkräfte (u. a. Betz, Koch, Mehlem & Nentwig-Gesemann, 2016), sowie an die Wirksamkeit und Effizienz der Sprachförderangebote. In diesem Zusammenhang wird auch die Notwendigkeit der Kooperation zwischen Kita und Schule betont (Schneider et al., 2012).

Zur Realisierung von Sprachförderangeboten benötigen die Fach- und Lehrkräfte Sprachförderkompetenzen (Kucharz, 2018; Müller, 2014), über die v. a. Kita-Fachkräfte, wie Studien zeigen, allerdings häufig nur unzureichend verfügen (u. a. Schneider et al., 2012). Diese lassen sich jedoch über spezielle Fort- und Weiterbildungen erweitern, insbesondere das Wissen über Sprache sowie das Handeln in der Sprachfördersituation mithilfe von Sprachförderstrategien (Geyer, 2018; Kucharz, Mackowiak & Beckerle, 2015; Roth, Hopp & Thoma, 2015). Nachgewiesen ist, dass sich infolge der Fortbildungen die Qualität der Sprachförderung und auch der Sprachstand der Kinder im Deutschen verbessert (Kucharz et al., 2015).

Untersuchungen, die sich direkt mit den konkreten Interaktionen bei der Sprachförderarbeit beschäftigen und – nach dem Vorbild von Studien zu Tischgesprächen in Familien oder Unterrichtsgesprächen (Heller, 2012; Morek, 2012; Quasthoff, 2012) – analysieren, wie Äußerungen der Fachkräfte und der Kinder ineinandergreifen, sind selten. Äußerungen von Fachkräften (König, 2009) bzw.

1 Das dieser Publikation zugrundeliegende Vorhaben wurde mit Mitteln des Bundesministeriums für Familie, Senioren, Frauen und Jugend unter dem Förderkennzeichen BIS. 00.00006.16 gefördert. Die Verantwortung für den Inhalt dieser Veröffentlichung liegt bei den Autorinnen und Autoren.

Kindern (Kannengieser & Tovote, 2015) werden nach bestimmten Sprachhandlungen klassifiziert oder die Zahl der Sprecherwechsel zu einem Thema im Sinne eines *sustained shared thinking* (Hormann & Koch, 2014) ermittelt. Isler, Künzli und Wiesner (2014) arbeiten Gelegenheitsstrukturen für satzübergreifende Beiträge von Kindern mikroanalytisch (Tuma, Schnettler & Knoblauch, 2013) heraus. Die Befunde deuten darauf hin, dass insbesondere offene Gesprächsstrukturen als besonders sprachförderlich angesehen werden, da sie satzübergreifende Beiträge von Kindern begünstigen (vgl. hierzu auch Egert, Quehenberger, Dederer & Wirts, 2018).

Während die Sprachförderung von Fach- und Lehrkräften vornehmlich getrennt voneinander untersucht wird (für Fachkräfte z. B. Gretsch & Fröhlich-Gildhoff, 2012; für Grundschullehrkräfte z. B. Smits, 2018), liegt eine Besonderheit des Projekts SPRÜNGE auch darin, zu untersuchen, wie Fach- und Lehrkräfte bei der Sprachförderung am Übergang Kita-Grundschule kooperieren. Studien weisen aus, dass flächendeckend noch keine Kooperationen am Übergang institutionalisiert sind, dass es Vorbehalte zwischen Fach- und Lehrkräften gibt sowie zahlreiche systembedingte Schwierigkeiten in der Art und Weise, wie Kooperationen gestaltet werden (können) (Albers & Lichtblau, 2014; Wildgruber & Griebel, 2016). Studien am Übergang mit dem expliziten Fokus (gemeinsamer) Sprachförderung sind zudem rar; insbesondere mit Blick auf ihre Wirksamkeit (u. a. Hormann & Koch, 2014; Kucharz et al., 2015; Müller, Geyer & Smits, 2015). Es gibt erste empirische Hinweise auf Asymmetrien zulasten von Kita-Fachkräften z. B. bei vorgegebenen Entscheidungsprozessen und Zuständigkeiten bei der gemeinsamen Sprachstandserhebung mit dem Verfahren »Delfin 4« (Kuhn & Diehm, 2015).

Auch wenn der Stand der Forschung mit Blick auf die gemeinsame Sprachförderung am Übergang Kita–Grundschule sehr überschaubar und demzufolge die SPRÜNGE-Studie explorativ ausgerichtet ist, ist aus einer kompetenztheoretischen Perspektive davon auszugehen, dass einige Determinanten wirksamen (sprachförderlichen) Handelns auch am Übergang bestimmbar sind. Dazu zählen aufseiten der Fach- und Lehrkräfte u. a. ihr explizites, theoretisches Wissen, ihr implizites Erfahrungswissen aus ihrer Berufspraxis, ihre Fähigkeiten und Fertigkeiten z. B. in Bezug auf didaktische Arrangements sowie ihre Haltung, die auch handlungsleitende Orientierungen u. a. in Bezug auf Sprachförderung und Kooperation umfasst (zum »Kompetenz-Modell«: Fröhlich-Gildhoff, Nentwig-Gesemann & Pietsch, 2011). Diese Orientierungen zeigen sich im pädagogischen Denken und Handeln der Fachkräfte indirekt auch dadurch, wie häufig und sprachlich differenziert sich die Kinder beteiligen, also mehr oder weniger offene Gesprächsräume nutzen, die von der Fachkraft geschaffen wurden (Isler et al., 2014). Angelehnt an das knapp skizzierte theoretische Rahmenmodell und ausgehend von den dargelegten Forschungsdesiderata, erfolgt nun die Darstellung der SPRÜNGE-Studie.

1.2 Ziel und Fragestellung

Ziel der auf drei Jahre angelegten Studie war es, bereits praktizierte Sprachfördermaßnahmen hinsichtlich ihrer Wirksamkeit im letzten Kitajahr und im ersten

Jahr der Grundschule vor dem Hintergrund der politisch und fachlich geforderten Kooperation und Abstimmung zwischen Kita und Grundschule zu untersuchen. In drei Teilstudien sollte u. a. herausgefunden werden,

1. wie sich die Deutschkompetenz der geförderten Kinder bis zum Ende des ersten Grundschuljahres und wie sich die Sprachförderkompetenz der beteiligten Fach- und Lehrkräfte entwickeln (Teilstudie 1),
2. welche Gelegenheiten Fach- und Lehrkräfte Kindern eröffnen, um sich an Sprachfördersituationen zu beteiligen (Teilstudie 2), und
3. welche Orientierungen dem (gemeinsamen) Sprachförderhandeln von Fach- und Lehrkräften in der Kooperation am Übergang zugrunde liegen (Teilstudie 3).

Neben der Vorstellung von Ergebnissen aus den drei Teilstudien werden die Daten eines ausgewählten Samples von Fach- und Lehrkräften miteinander verknüpft (vgl. Abschnitt 3.4), um Erkenntnisse über das Zusammenwirken relevanter Dimensionen der Sprachförderung (Sprachförderkompetenz, Gestaltung des Settings, Sprachfördertyp) zu gewinnen.

2 Methode

2.1 Anlage und Stichprobe

In der SPRÜNGE-Studie wurden sechs Verbünde an drei Standorten untersucht, die Sprachförderung in Kooperation von Fach- und Lehrkräften durchführten und auf Verbundebene Fortbildungen erhielten. Drei Verbünde (Standort 1) organisierten eine aus additiven und alltagsintegrierten Elementen kombinierte Sprachförderung (Kieferle, Reichert-Garschhammer & Becker-Stoll, 2013). In den drei anderen Verbünden wurden alltagsintegrierte Formen von Sprachförderung realisiert: Im vierten Verbund (Standort 2) besuchten Kita- und Grundschulkinder gemeinsam sogenannte *Lernwerkstätten* (Hagstedt & Krauth, 2014) mit Angeboten in den Bereichen Musik, Kunst und Naturwissenschaft zum *entdeckenden Lernen* (Hartinger & Lohrmann, 2011). Im fünften Verbund (Standort 2) bildeten jeweils eine Kita und eine Grundschule ein Tandem, das gemeinsam Projekte zu fachlichem und sprachlichem Lernen entwickelte und durchführte. Im sechsten Verbund (Standort 3) waren Lernwerkstätten jeweils in Kita und Schule als besondere Lernorte mit gleichem Material und Werkzeugen zur Förderung der Vorläuferfähigkeiten des Schriftspracherwerbs ausgestattet. Insgesamt waren 17 Kitas und 12 Grundschulen kontinuierlich an der Evaluation beteiligt.

In die Analyse gingen die Daten aus Sprachstandserhebungen von 107 Kindern ein, für die Daten zu allen drei MZP vorlagen. Die Kinder befanden sich 2016/2017 im letzten Kitajahr, waren zum 1. MZP durchschnittlich 5.00 ($SD = 0.38$) Jahre alt und nahmen an der Sprachförderung teil (1. MZP Sommer/Herbst 2016: $n = 182$, 2.

MZP Frühjahr 2017 im Kindergarten: $n = 179$, 3. MZP im Frühjahr 2018 in der Grundschule: $n = 134$).

Die Messung der Sprachförderkompetenzen wurde zu drei MZP mit Fach- und Lehrkräften durchgeführt (1. MZP $n = 42$; 2. MZP $n = 34$; 3. MZP $n = 34$). Da an den drei MZP teils unterschiedliche Fach- und Lehrkräfte teilnahmen, gingen in die Analyse die Daten von 13 Fach- und 12 Lehrkräften ein, die den Onlinetest sowohl zum 1. als auch zum 3. MZP ausgefüllt hatten.

Zur Erfassung der Interaktionen in der Sprachförderung wurden insgesamt 54 Sprachfördersituationen zu drei MZP mit Video aufgezeichnet (1. MZP $n = 22$; 2. MZP $n = 27$; 3. MZP $n = 5$). Zum 1. und 2. MZP fanden die sprachförderlichen Aktivitäten größtenteils in den jeweiligen Kitas statt (zum 2. MZP außerdem fünf und zum 3. MZP ausschließlich fünf in der Grundschule).

Um auf die Handlungsorientierungen zu Kooperation und Sprachförderung der unmittelbar Beteiligten schließen zu können, wurden zu drei MZP Interviews mit verschiedenen Fach- und Lehrkräften geführt (1. MZP $n = 66$; 2. MZP $n = 56$; 3. MZP $n = 48$).

2.2 Sprachstandserhebung bei den Kindern

Um die Sprachentwicklung von Kindern am Übergang Kita-Grundschule zu erfassen, wurde aufgrund der entsprechenden Altersnormen der Sprachtest SET 5-10 (Petermann, 2010) gewählt. Der Test umfasst zehn Untertests, die die Bereiche Wortschatz (*Bildbenennung* $\alpha = .91$), semantische Relationen (*Kategorienbildung* $\alpha = .74$), Verarbeitungsgeschwindigkeit[2], Sprachverständnis (*Handlungssequenzen* $\alpha = .77$, *Fragen zum Text* $\alpha = .62$), Sprachproduktion (*Bildergeschichte* $\alpha = .87$, *Satzbildung* $\alpha = .91$), Morphologie (*Singular-Plural-Bildung* $\alpha = .84$, *Erkennen inkorrekter Sätze Kinder 5–6 J.* $\alpha = .72$, *Korrektur inkorrekter Sätze Kinder 7–10 J.* $\alpha = .71$) und auditive Merkfähigkeit ($\alpha = .78$) abdecken. Für die einzelnen Untertests im SET 5-10 zeigen sich gute interne Konsistenzen (vorliegend berichtet für die Normstichprobe, vgl. Manual: Petermann, 2010). Auch die Validität konnte in verschiedenen Studien als gut eingestuft werden. Der Test weist Normwerte für sieben Altersgruppen auf, wobei für diese Studie die Normwerte der Kinder im Alter von 5.00–7.00 Jahren relevant sind.

Für die Auswertung wurde zunächst ermittelt, wie viele Punkte (= Rohwerte) jedes Kind in jedem Untertest erzielte. Anschließend wurden die Rohwerte (RW) für jede Altersgruppe zu einem Gesamtscore aufsummiert. Insgesamt können die Kinder dieser Altersgruppe bis zu 235 Punkte (RW) im SET 5-10 erzielen. Die hier beschriebene Stichprobe unterschied sich nicht wesentlich von der Normstichprobe.

Um die sprachliche Entwicklung der Kinder über die drei Messzeitpunkte hinweg zu berechnen, wurden die Kinder anhand ihres Gesamtsummenscores, den sie zum ersten Messzeitpunkt erzielt hatten, in drei Gruppen (unterdurchschnittlich, durchschnittlich und überdurchschnittlich) eingeteilt. Der SET 5-10 selbst sieht le-

---

2 Da der Untertest »Sternsuche« lediglich aus einem Item besteht, konnte die Reliabilität hier nicht gemessen werden (Petermann, 2010).

diglich die Einteilung in einen auffälligen und einen unauffälligen Bereich vor. Die Einteilung der Kinder in diese zwei Gruppen erwies sich jedoch als sehr ungleich, weshalb noch eine weitere Gruppe mit den sprachlich überdurchschnittlichen Kindern gebildet wurde. Kinder, die laut Manual ein SET-Gesamtergebnis im auffälligen Bereich erzielten, wurden der unterdurchschnittlichen Gruppe zugeordnet. Der nach Manual benannte unauffällige Bereich wurde in die beiden Gruppen durchschnittlich und überdurchschnittlich unterteilt. Die überdurchschnittliche Gruppe bildeten hierbei die Kinder, die ein SET-Gesamtergebis über dem errechneten, durchschnittlichen SET-Gesamtsummenscore der Normstichprobe erzielt haben. Daraus ergaben sich folgende Schwellen-Rohwerte: unterdurchschnittlich: RW 0.00–64.00 ($n = 29$); durchschnittlich: RW 65.00–101.96 ($n = 40$); überdurchschnittlich: RW > 101.96 ($n = 38$). Die beschriebene Einteilung war Grundlage weiterer Analysen.

2.3   Wissens- und Könnenstest SprachKoPF

Zur Erfassung der Sprachförderkompetenz der Fach- und Lehrkräfte wurde der Onlinetest SprachKoPF$_{v07}$ (Thoma & Tracy, 2014) eingesetzt. Dieses Instrument ermöglicht eine Analyse der Sprachförderkompetenzen pädagogischer Fach- und Lehrkräfte u. a. mit dem Ziel, mögliche Anhaltspunkte für deren Weiterqualifizierung zu ermitteln (Thoma, Tracy, Michel & Ofner, 2012).

Der SprachKoPF$_{v07}$ wurde auf der Basis des linguistischen Konstrukts von Hopp, Thoma und Tracy (2010) entwickelt und erfasst die beiden Komponenten *Wissen* und *Können*. Die erste Komponente erfasst mit 55 Items das linguistische Wissen (Wissen über Grammatik: 22 Items) und das anwendungsbezogene Wissen (Wissen über Sprachdiagnostik, -förderung und -erwerb: 33 Items). Die 18 Items der Komponente Können beinhalten Aufgaben, die sich auf Strategien und Methoden der Sprachdiagnostik und -förderung beziehen (Thoma & Tracy, 2015).

Inhaltlich wurde der Test SprachKoPF$_{v07}$ so validiert, dass getrennte Aussagen über die beiden Bereiche Wissen (Cronbachs Alpha = .85) und Können (Cronbachs Alpha = .65) möglich sind. Die Testergebnisse liegen auf einer Skala von 0.00–1.00 bzw. 0.00 %–100.00 %. Wegen der Mehrfachwahlaufgaben musste eine mathematische Ratekorrektur eingefügt werden, sodass einzelne Probanden auch geringe negative Testergebnisse erzielen können (Thoma & Tracy, 2015).

2.4   Rekonstruktion der Interaktionen in Sprachfördersettings

Mithilfe von Videodaten wurden die Interaktionen von Fach- bzw. Lehrkräften mit den Kindern in unterschiedlichen Sprachfördersituationen innerhalb einzelner größerer Settings rekonstruiert. Fokussiert wurden Extremfälle mit einer besonders starken und einer besonders geringen Kinderbeteiligung in Situationen des Erklärens und Erzählens, die im Rahmen von sehr unterschiedlichen Aktivitäten auftraten. Hierzu gehörten das dialogische Bilderbuchlesen ebenso wie der Erzählkreis, strukturierte Spiele der Sprach- und Literacy-Förderung sowie die Auseinandersetzung mit Sachthemen, schließlich auch die sprachliche Begleitung von Alltagsaktivitäten.

Bei der Analyse der Sprachfördersettings stehen Gelegenheitsstrukturen für die sprachliche Beteiligung der Kinder im Fokus. In Anlehnung an Isler et al. (2014) wird untersucht, ob und wie Fach- und Lehrkräfte den Kindern die Gelegenheit geben, ihr Wissen und ihre Erfahrungen zu einem Lerngegenstand miteinzubeziehen. Laut Isler et al. (2014) ist hierbei eine offene, nur lose auf ein Thema bezogene Gesprächsstruktur von einem gelenkten, fragend-entwickelnden (Unterrichts-)Gespräch zu unterscheiden (IRE-Schema: Mehan, 1979; Lüders, 2003). Als Indikator für solche Gelegenheitsstrukturen steht im Folgenden das Kriterium des Auftretens vieler selbstinitiierter Beiträge einzelner Kinder im Fokus.

2.5　Leitfadeninterviews

Zu den jeweiligen MZP wurden leitfadengestützte Interviews mit den einzelnen Fach- und Lehrkräften durchgeführt, die in die Sprachförderung am Übergang involviert waren. Die Interviews bezogen sich thematisch u. a. auf Sprachförderung und Kooperation am Übergang und zielten darauf ab, die Perspektiven der Beteiligten zu erfassen. Die Auswertung erfolgte inhaltsanalytisch und beinhaltete das gesamte Sample von 66 Fach- und Lehrkräften (Mayring, 2015). Die Inhalte der Interviews wurden dazu klassifiziert und Kategorien zugeordnet. Dies geschah zum einen deduktiv entlang des Leitfadens mit Themen zur (Berufs-)Biografie (zur Bedeutung der Biografie für professionelles Handeln: Fröhlich-Gildhoff et al., 2011), zur Sprachförderung und Kooperation, sowie zum anderen induktiv, d. h. aus dem Material heraus. Die Kategorien wurden bei der computergestützten Kodierung (MAXQDA) des Materials weiter spezifiziert. Zudem wurden fallbezogene Auswertungen mit der Dokumentarischen Methode durchgeführt (Bohnsack, 2010). Mit dieser Methode lassen sich Rückschlüsse auf die dem (Sprachförder-)Handeln zugrundeliegenden Orientierungen und damit auch Überzeugungen und Einstellungen ziehen, indem nicht nur das, *was* (in Interviews) gesagt wurde, analysiert wird, sondern auch rekonstruiert wird, *wie* es gesagt wurde (weiterführend: Bohnsack, 2010). Ziel war es, die (berufsgruppenbezogenen) Handlungsorientierungen der Beteiligten zu rekonstruieren und begrifflich-theoretisch zu explizieren. Diese Rekonstruktion beinhaltete die Herausarbeitung der Bearbeitungs- und Bewältigungsweisen der politisch und fachlich vorgegebenen Anforderung (vgl. Abschnitt 1), die deutsche Sprache am Übergang (gemeinsam) zu fördern (das sogenannte Orientierungsproblem). Die Bearbeitungs- und Bewältigungsweisen wurden in der Auswertung kontrastiert und zu sinngenetischen Typen (Bohnsack, 2010) zusammengefasst.

3 Zentrale Ergebnisse

3.1 Sprachliche Entwicklung der Kinder sowie Entwicklung der Sprachförderkompetenz der Fach- und Lehrkräfte

Die Beantwortung der Fragestellung 1 erfolgt in zwei Schritten: In Abschnitt 3.1.1 wird auf die sprachliche Entwicklung der Kinder eingegangen, in Abschnitt 3.1.2 wird der Zuwachs der Sprachförderkompetenzen der Fach- und Lehrkräfte berichtet.

Ergebnisse aus den Sprachstandserhebungen

Im Fokus steht die Sprachentwicklung der Kinder unter Berücksichtigung ihres Ausgangsniveaus zum 1. MZP.

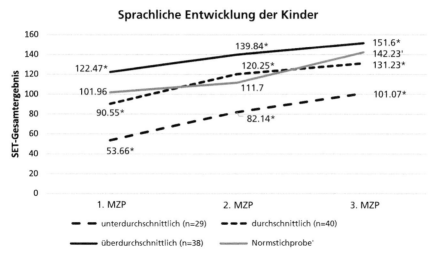

Sprachliche Entwicklung der Kinder

Abb. 5.1: Zuwachs der Kinder im SET 5-10 vom 1. MZP bis zum 3. MZP, getrennt nach sprachlichem Ausgangsniveau zum 1. MZP; $n = 107$. ANOVA mit Messwiederholung: MZP = $(F(2.21) = 309.84, p \leq .01$, partielles $\eta2 = .75)$; MZP*SET-Gruppen = $(F(4.21) = 10.04, p \leq 0.01$, partielles $\eta2 = .06)$. Normstichprobe = errechneter Gesamtsummenscore der Normstichprobe

Wie Abbildung 5.1 zeigt, verbesserte sich das durchschnittliche Gesamtergebnis im Bereich der Sprachkompetenz aller Kinder über die drei MZP signifikant. Der größte Zuwachs war bei Kindern mit einem unterdurchschnittlichen Ausgangswert zu verzeichnen (1. MZP $M = 53.66, SD = 14.40$; 2. MZP $M = 82.14, SD = 17.06$; 3. MZP $M = 101.07, SD = 17.58$). Dennoch erreichten diese Kinder kein SET-Gesamtergebnis im Durchschnittsbereich der Normstichprobe. Die Kinder der durchschnittlichen Gruppe erzielten zum 2. MZP ein überdurchschnittliches Gesamtergebnis, was aber zum 3. MZP nicht mehr nachgewiesen werden konnte. Die Kinder der überdurchschnittlichen Gruppe verbesserten sich auch über die drei MZP, wenn auch der Abstand zur Normstichprobe zum 3. MZP deutlich geringer als zum 1. MZP war.

Um die Robustheit der Ergebnisse zu prüfen, wurde in einem weiteren Schritt eine einfaktorielle Varianzanalyse mit Messwiederholung berechnet. Diese zeigte unter Berücksichtigung des sprachlichen Ausgangsniveaus der Kinder (Sphärizität angenommen: Mauchly-W(2) $= 0.97, p = .25$) weiterhin, dass es zwischen MZP und Gesamtergebnis der Kinder im SET 5-10 einen signifikanten Haupteffekt gab (F(2.21) $= 309.84, p \leq .01$, partielles $\eta2 = 0.75, n = 107$). Für die Faktoren MZP und Gruppenzugehörigkeit der Kinder lag ein zwar geringer, aber signifikanter Interaktionseffekt vor (F(2.21) $= 10.04, p \leq .01$, partielles $\eta2 = 0.06, n = 107$). Das bedeutet, dass der Zuwachs in den sprachlichen Kompetenzen der Kinder auf ihr Ausgangsniveau zum 1. MZP zurückzuführen war und bei den Kindern mit dem niedrigsten Ausgangsniveau am größten ausfiel. Die Post-Hoc-Analyse zeigte auf, dass sich die durchschnittlichen Ergebnisse der drei Gruppen zwischen allen MZP signifikant unterschieden. Die Differenz zwischen den Gruppen veränderte sich nur wenig. Die Effektstärke f nach Cohen (1988) lag bei 2.46 und entspricht einem starken Effekt.

Ergebnisse aus dem Wissens- und Könnenstest SprachKoPF$_{v07}$

Die Entwicklung der Sprachförderkompetenzen der Fach- und Lehrkräfte wurde zwischen dem 1. und 3. MZP überprüft. Da lediglich von 25 Fach- und Lehrkräften Daten zu diesen beiden MZP vorlagen, wurde keine Unterscheidung zwischen beiden Berufsgruppen vorgenommen. Die Berechnung bezieht sich hierbei auf die in Abschnitt 2.3 beschriebenen Komponenten Wissen und Können nach Thoma und Tracy (2015), wobei die Komponente Wissen in anwendungsbezogenes Wissen und linguistisches Basiswissen differenziert wurde.

Tab. 5.1: Entwicklung der Kompetenzen der Fach- und Lehrkräfte vom 1. zum 3. MZP

Komponente	1. MZP M (SD)	Min/Max	3. MZP M (SD)	Min/Max	(df) t-Wert	p-Wert	N	Cohens d
Wissen (Gesamt)	0.48 (0.17)	0.18/0.83	0.48 (0.20)	0.17/0.81	(24) -0.40	0.69	25	-0.08
linguistisches Basiswissen	0.48 (0.25)	-0.04/0.92	0.48 (0.27)	-0.02/0.91	(24) 0.12	0.91	25	0.03
anwendungsb. Wissen	0.47 (0.16)	0.20/0.84	0.49 (0.18)	0.15/0.82	(24) -0.85	0.41	25	-0.17
Können	0.28 (0.18)	-0.09/0.64	0.33 (0.15)	0.03/0.52	(21) -1.58	0.13	22	-0.34
Gesamt	0.39 (0.15)	0.18/0.70	0.47 (0.17)	0.17/0.72	(21) -4.58	0.00	22	-0.97

Anmerkungen. Mittelwertvergleich für verbundene Stichproben. Mittelwerte zwischen 0 und 1.

Wie Tabelle 5.1 zeigt, verbesserten sich die Fach- und Lehrkräfte im Gesamttestwert des SprachKoPFs signifikant ($t = $ -4.58, $p \leq$ .01, $d = $ -0.97 $n = 22$[3]). Im Bereich Können ($t = $ -1.58, $p = $ .13, $d = $ -0.38 $n = 22$) und im anwendungsbezogenen Wissen waren die Zuwächse nicht signifikant. Der deutliche Zuwachs im Gesamtergebnis war im Wesentlichen auf den Zuwachs im Können sowie der leichten Verbesserung im anwendungsbezogenen Wissen zurückzuführen. Warum nur der Gesamtwert signifikant wurde, kann verschiedene Ursachen haben: Bei allen Untertests lag eine große Streuung vor, die bei Addition der Teilergebnisse und anschließenden Durchschnittsberechnung für den Gesamtwert zu einer Verzerrung führen kann. Außerdem erwies sich für die hier beschriebene Stichprobe die Testpower (Cohens d) besonders in der Wissenskomponente als schwach. Das bedeutet, dass diese Ergebnisse vorsichtig zu interpretieren sind.

Zwischenfazit: Alle Kinder verbesserten sich über die drei MZP in ihrer Sprachkompetenz im Deutschen; bei den Kindern mit niedrigem Ausgangsniveau fiel der Zuwachs besonders hoch aus, allerdings erreichen sie auch zum 3. MZP kein durchschnittliches Sprachniveau im Deutschen. Diesen weiter bestehenden Rückstand bestätigen andere Studien zur vorschulischen Sprachförderung (z. B. Gasteiger-Klicpera, Knapp & Kucharz, 2011; Gretsch & Fröhlich-Gildhoff, 2012). Bei den Sprachförderkompetenzen der Fach- und Lehrkräfte konnten dagegen kaum deutliche Zuwächse über die drei MZP hinweg erfasst werden.

3.2 Analyse ausgewählter Sprachfördersettings als Gelegenheitsstrukturen zur sprachlichen Beteiligung von Kindern

Um zu untersuchen, welche Gelegenheiten Fach- und Lehrkräfte den Kindern boten, um an Sprachfördersituationen teilzunehmen, wurden videografierte Sprachfördereinheiten ausgewertet. Exemplarisch werden hier die Gelegenheitsstrukturen von sechs Settings vorgestellt, von denen drei einen Literacy-, eine einen Alltags- und zwei einen naturwissenschaftlichen Bezug aufweisen. Vier dieser Einheiten wurden von Fachkräften, zwei von Lehrkräften durchgeführt. Durch die Auswahl der Szenen sollte eine möglichst große Bandbreite an Gelegenheitsstrukturen in den Blick rücken.

Im ersten Setting (Fachkraft A, Literacy-Förderung) arbeiteten vier Kinder in einer Sprachwerkstatt an ihrem Entwicklungsportfolio. Angeregt durch den Namen Mia, den ein Mädchen stempeln wollte, erzählte es hier auf Nachfrage der Fachkraft über eine Kinderserie, in der die Protagonistin (»ein Mädchen, eigentlich ein Normales«) in eine fantastische Welt versetzt wird, wo sie zusammen mit ihrem Einhorn gegen Drachen und Feen um ihre Freiheit kämpfen muss. Im Rahmen einer vorgegebenen Struktur (Stempeln von Wörtern im »grünen Heft«) bekam das Mädchen, bei dem

---

3 Von drei Teilnehmenden liegen aufgrund technischer Probleme nicht die vollständigen Daten aus der Komponente Können vor, weshalb diese hier nicht berücksichtigt werden konnten.

kein Sprachförderbedarf vorlag, Gelegenheit, einen bedeutsamen Inhalt narrativ zu entfalten.

Im Unterschied hierzu zeigte sich im zweiten Setting beim Stempeln von Namen (Fachkraft B, ebenfalls Literacybezug in der Lernwerkstatt) eine stärker gelenkte Gesprächsführung: Die Fachkraft fragte nach dem jeweils relevanten Laut, ein Kind antwortete, was dann die Fachkraft evaluierte. Vonseiten der Kinder wurden keine größeren Diskurseinheiten angestoßen. Dies galt auch für das dritte Setting (Lehrkraft C) mit Spielen zur phonologischen Bewusstheit in einem Vorkurs. Hier wurden mehrfache Erzählwünsche von Kindern auf später vertagt. Im vierten Beispiel (Fachkraft D) – alltagsintegrierte Sprachförderung ergänzend zum additiven Vorkurs – entwickelte sich bei der gemeinsamen Zubereitung eines Obstsalats ein offenes Gespräch zu verschiedenen Themen, u. a. auch zum Tod der Großmutter eines Jungen.

Die beiden letzten Settings fokussierten naturwissenschaftliche Themen: Im fünften Setting (Fachkraft E, Lernwerkstatt) ging es um die Veränderung der Konsistenz einer Zuckerwürfelpyramide bei der Zuführung von Wasser. Während Frau E den Versuch an einem Tisch mit sechs Kindern durchführte, stellte sie Fragen zum Ablauf bzw. zu einer genaueren Bezeichnung (z. B. »sich auflösen« statt »schmelzen«). Die Kinder antworteten meist nur mit einzelnen Wörtern. Kontrastiv dazu erstellten Kinder einer Schulklasse im sechsten Setting (Lehrkraft F, Lernwerkstatt) in Kleingruppen eine Mindmap zum Thema Frosch. Frau F arbeitete mit drei schwächeren Schülerinnen und Schülern und übernahm dabei die Rolle der Schreiberin, während die Kinder die verschiedensten Überlegungen zu einzelnen Körperteilen wie den »Stinkefüßen«, der »giftigen Zunge« oder dem Hochhüpfen »bis ins Weltall« etc. anstellten. Die hohe Interaktionsdichte der Szene kam dadurch zustande, dass die Kinder zwar ihre Themen einbrachten, aber durch den gemeinsamen Bezug auf die Mindmap ein Rahmen erhalten blieb.

Zwischenfazit: Die Beispiele zeigen, dass weder die Organisationsform alltagsintegriert oder additiv, noch der Gegenstand der Gespräche (Sprach- oder Sachthema) ausschlaggebend dafür sind, welche Gelegenheitsstrukturen für eine stärkere sprachliche Beteiligung der Kinder vorhanden sind. Die Gelingensbedingungen liegen im Umgang der Fach- oder Lehrkraft mit ihrem didaktischen Arrangement, sofern sie Erzähl- und Gesprächsimpulsen der Kinder Raum gibt und diese wieder in die gemeinsame Arbeit einbindet, den »fruchtbaren Moment« erkennt und nutzt (Kucharz, Mehlem, Rezagholinia & Erdogan, 2018).

3.3 Sprachförderbezogene Handlungsorientierungen der Fach- und Lehrkräfte

Zur Beantwortung der dritten Forschungsfrage wurden Interviewdaten von Fach- und Lehrkräften einer Teilstichprobe ($n = 11$ Fachkräfte; $n = 7$ Lehrkräfte) berücksichtigt. Diese verhandelten die Anforderung, Sprache am Übergang (gemeinsam) zu fördern, unterschiedlich. Beide Berufsgruppen unterschieden sich, wie die Befunde zeigen, systematisch und deutlich in ihren Perspektiven auf Sprachförderung und Kooperation am Übergang. Ihre sprachförderbezogenen Handlungsorientierungen ließen sich auf einem Kontinuum zwischen den Polen »kita-« und »schulzentriert«

einordnen, die quer zur Typologie (s. u.) lagen. Die Arbeit in den Kitas wurde von ihnen eher als kindzentriert, situationsorientiert, mit geringer Regulierung, ganzheitlich, dialogisch und unverbindlich konstruiert, während die Arbeit in der Grundschule als zielgerichtet, regelgeleitet, stark regulierend, spezifisch, verbindlich und weniger dialogisch markiert wurde. Dabei gingen beide Berufsgruppen von großen Differenzen zwischen beiden Institutionen aus.

Unterschiede zwischen den Perspektiven der Berufsgruppen wurden auch in der Typenbildung deutlich. Diese basierte auf 18 Fach- und Lehrkräften von Standort 1. Auch Fach- und Lehrkräfte der anderen Standorte ließen sich, so erste Analysen, den vier empirisch rekonstruierten Typen zuordnen. Weitere Typen sind nicht auszuschließen und differenzieren die sprachförderbezogenen Orientierungen am Übergang weiter aus.

Im Rahmen der sinngenetischen Typenbildung, die anhand der Vergleichsdimensionen ›Sprachförderung‹ und ›Übergang Kita-Grundschule‹ miteinander kontrastiert wurden, ließen sich ein *intuitiv-schematischer* (I), ein *didaktischer* (II), ein *versierter* (III) und ein *konzeptionell-planvoller* (IV) Sprachfördertyp klassifizieren. Bei der inhaltlichen und didaktischen Ausgestaltung der Sprachförderung war für Typ I und II eine ›Kitazentrierung‹ (s. o.), für Typ III und IV eine ›Schulzentrierung‹ typisch. Die Typen ließen sich, wenngleich nicht eindeutig, nach Berufsgruppenzugehörigkeit unterscheiden. Im Folgenden werden drei der vier Typen, die auch Grundlage der Kombination der Daten sind (vgl. Abschnitt 2.5), in ihren zentralen Charakteristika vorgestellt.[4]

I *Intuitiv-schematischer Typ* ($n = 8$ Fachkräfte): Diese Fachkräfte orientierten sich in der Sprachförderung primär an bekannten Ansätzen aus der Kitaarbeit, die eher intuitiv angewendet wurden, sowie an vorgegebenen Inhalten, Methoden und Konzepten. Spezifische Sprachförderprogramme wurden eher schematisch angewandt. Diese Handlungsorientierung ist vor dem Hintergrund ihrer Position zu deuten: Die Fachkräfte waren eher wenig in die Sprachförderung involviert, die für sie eine Zusatzaufgabe und entsprechende Herausforderung darstellte. Überwiegend wurde kein additiver Vorkurs angeboten, sondern Sprache bei allgemeinen Maßnahmen für alle Vorschulkinder alltagsintegriert »am Kind orientiert« und »situationsabhängig« gefördert. Materialien und Situationen aus dem Kitaalltag dienten als Sprachanlass. Ihr handlungsleitendes Wissen führten sie überwiegend auf ihr Fach- und Erfahrungswissen zurück. Die Praktiken und Ziele in der Sprachfördersituation – die Befragten gaben z. B. an, langsam zu sprechen – wurden eher alltagssprachlich und wenig reflexiv dargestellt. Dies kann ein Hinweis auf eine vergleichsweise geringe einschlägige Qualifikation für Sprachförderung sein. Das BiSS-Ziel einer durchgängigen Sprachförderung wurde kaum als handlungsleitend markiert. Die Fachkräfte waren wenig in die Kooperationsstrukturen am Übergang involviert. Zuweilen gab es konzeptuelle Abstimmungen mit Lehrkräften, überwiegend jedoch keine institutionenübergreifende Sprachförderung.

II *Didaktischer Typ* ($n = 3$ Fachkräfte; $n = 2$ Lehrkräfte): Dieser Typ orientierte sich an einer vielseitigen und altersgerechten, sprachförderlichen Didaktik (u. a.

---

4 Aus Platzgründen muss auf die Darstellung eines weiteren Typs verzichtet werden.

»mundmotorische Spiele«). Materialien wurden häufig selbst angefertigt, spezifische Förderprogramme »orientiert an den Bedürfnissen der Kinder« flexibel abgewandelt und dabei z. T. auch vorgegebene additive Förderstrukturen aufgebrochen. Als zentral bei diesem adaptiven, kindzentrierten Vorgehen erwies sich die Strategie der impliziten Förderung. Besonderes Augenmerk wurde auf die Art und Weise der Versprachlichung von Alltagssituationen gelegt. Das eigene Sprachförderhandeln war in eine Reflexion der unterschiedlichen Sprachförderpraktiken eingebettet. Wenngleich eher allgemeine als konkrete Lernziele formuliert wurden (»verbessern«, »sich trauen«), zeichnete sich das Ziel ab, möglichst vielfältige Sprachgelegenheiten zu schaffen. Bei ihrer Selbstpositionierung als sehr engagiert argumentierten die Fach- und Lehrkräfte u. a. auch mit ihrer oft spezifischen Funktion und Qualifikation in der Sprachförderung und damit verbundenen »Freiheiten«. Kennzeichnend war eine eher starke Involvierung in die Kooperation am Übergang. Der Typ signalisierte zudem Interesse an verstärkter interinstitutioneller Kooperation.

III *Versierter Typ* (*n* = 2 Lehrkräfte): Kennzeichnend für diesen Typ war eine Orientierung an Strukturen und Konzepten, die sich an übergeordneten, zukunftsgerichteten Lernzielen in Bezug auf schulische Sozialisation und Bildungserfolg ausrichten, z. B. an Vorläuferfähigkeiten für den Schriftspracherwerb. Diese Ziele wurden in der didaktischen Gestaltung der Sprachförderung dezidiert verfolgt und u. a. durch eigene Beobachtungsverfahren dokumentiert. Das eigene Handeln wurde als ein an den konkreten Bedürfnissen und Rahmenbedingungen orientiertes adaptives Vorgehen beschrieben, verbunden mit dem Anspruch stetiger Optimierung. Begleitet wurde dieses Vorgehen durch eine Rhetorik als erfahrene und versierte Lehrkraft mit Verweis auf langjährige Berufserfahrung, vielfältige Qualifizierung und Kompetenz qua Beruf. Insgesamt waren die Lehrkräfte stark in die (vorschulische) Sprachförderung involviert; sie gehörte seit mehreren Jahren zu ihren Kernaufgaben. Trotz der als verstetigt und intensiv beschriebenen Kooperationsstrukturen zwischen Schule und Kita(s) fand eine Abstimmung mit den Fachkräften in der Sprachförderung nur geringfügig statt. Vielmehr beschrieben sich die Lehrkräfte als weitestgehend autonom. Die Steuerung von Kooperations- und Abstimmungsprozessen kam in erster Linie der Schule und damit auch ihnen selbst zu.

Zwischenfazit: Die jeweiligen Handlungsorientierungen spiegeln durchaus die strukturellen Vorgaben der jeweiligen Berufsgruppe und -praxis: In der Kita wird freier und offener mit Sprachförderung umgegangen, die zudem stärker auf die Bedürfnisse der Kinder ausgerichtet ist, während die Anforderungen der Schule mit einem planvolleren Vorgehen bei der Sprachförderung einhergehen. Die sinngenetische Typenbildung zeigt zudem systematisch unterschiedliche Positionierungen zur Kooperation, die aber übergreifend stärker in eine nach Berufsgruppen getrennte als gemeinsame Sprachförderpraxis münden.

3.4 Profile pädagogischer Fach- und Lehrkräfte am Übergang

Im Folgenden werden Daten zu vier Fach- und zwei Lehrkräften aus den drei Teilstudien zusammengeführt. Dabei wurde folgender Zusammenhang vermutet: Mehr

Sprechgelegenheiten im Sinne selbstinitiierter Beiträge und komplexerer sprachlicher Handlungen der Kinder sind sprachförderlicher als einfache Frage-Antwort-Spiele (Teilstudie 2), müssten sich also in höheren Sprachkompetenzen der Kinder, die so gefördert wurden, niederschlagen. Im SprachKoPF$_{v07}$ müssten Fach- und Lehrkräfte, die solches ermöglichen, besser abschneiden (Teilstudie 1) und zugleich müssten ihre Handlungsorientierungen eher dem versierten oder dem didaktischen Typ zuzuordnen sein (Teilstudie 3). Tabelle 5.2 zeigt sechs stark kontrastierende Fälle aus allen drei Standorten mit SprachKoPF$_{v07}$-Testergebnissen zu Wissen und Können, Angaben zum Sprachfördersetting und zur von ihnen gestalteten Gelegenheitsstruktur sowie den Typus ihres Sprachförderhandelns:

Tab. 5.2: Profile pädagogischer Fach- und Lehrkräfte am Übergang

	SprachKoPF (Testwerte zwischen 0 und 1)			Video		Interview
	Anwendungsbezogenes Wissen	Linguist. Basiswissen	Können	Setting	Gelegenheitsstruktur	Typ
Frau A (1. MZP) Fachkraft	0.39	-0.04	0.02	Literacy bezogen Lernwerkstatt	Offen	Intuitiv-schema-tisch
Frau B (1. MZP) Fachkraft	0.21	0.05	0.00	Literacy bezogen Lernwerkstatt	Gelenkt	Intuitiv-schema-tisch
Frau C (2. MZP) Lehrkraft	0.69	0.81	0.44	Literacy bezogen Vorkurs	Gelenkt	Versiert
Frau D (2. MZP) Fachkraft	0.62	0.67	0.37	Alltagsaktivität Vorkurs	Offen	Didaktisch
Frau E (1. MZP) Fachkraft	0.60	0.75	0.45	Sachthema Lernwerkstatt	Gelenkt	Didaktisch
Frau F (3. MZP) Lehrkraft	0.64	0.77	0.43	Sachthema Lernwerkstatt	Offen	Versiert

Laut Analyse der SprachKoPF$_{v07}$-Daten wiesen die Fachkräfte Frau A und Frau B insgesamt schwache Testergebnisse auf (bei Frau A im anwendungsbezogenen Wissen Testwerte im mittleren Bereich), die anderen Fachkräfte und die beiden Lehrkräfte zeigen dagegen beim anwendungsbezogenen und linguistischen Wissen hohe (Frau D mittlere) und beim Können mittlere Werte.

Diesen Testergebnissen entsprachen die Handlungsorientierungen der aus den Interviews entwickelten sinngenetischen Typen: Die beiden Fachkräfte mit niedrigerer Sprachförderkompetenz gehörten zum intuitiv-schematischen Typ. Entsprechend ihren Angaben im Interview waren diese pädagogischen Fachkräfte insgesamt eher wenig in die Sprachförderung involviert, hatten kaum Fortbildungen zum Thema besucht, führten die Sprachförderung eher schematisch nach Vorgaben aus oder gingen intuitiv vor. Die beiden als versiert typisierten Lehrkräfte waren dagegen stark in die Sprachförderung involviert, richteten ihr Vorgehen an klar benennbaren Zielen aus, passten es adaptiv an die jeweilige Situation an; sie wiesen dementsprechend im SprachKoPF$_{v07}$ hohe Testwerte auf, insbesondere im Wissensbereich. Im Könnensbereich zeigten sie vergleichbare mittlere Testwerte wie die Fachkräfte, die dem didaktischen Typ zugeordnet wurden.

Durch den Einbezug der Videoanalysen differenziert sich dieses Bild weiter: Die hohe Sprachförderkompetenz des versierten Typs ging bei Lehrkraft F mit einer offenen Gelegenheitsstruktur einher, während Lehrkraft C diese ihrem didaktischen Ziel, der Förderung der phonologischen Bewusstheit, unterordnete. Fachkraft D (didaktischer Typ mit mittlerer Sprachförderkompetenz) verhielt sich in einer Alltagssituation offen gegenüber den Themen der Kinder und war in der Lage, inhaltliche Botschaften auch in grammatikalisch falschen Sätzen zu erschließen und Kinder mit Sprachförderbedarf sprachlich zu beteiligen. Gleiches leistete Fachkraft A, aber bei Kindern ohne Sprachförderbedarf, weshalb sie hierfür auch keine besondere Sprachförderkompetenz benötigte. Bei Fachkraft B äußerte sich die geringere Sprachförderkompetenz in einem vergleichbaren Setting in einer eher schematischen Vorgehensweise; hier gelang insbesondere die Einbindung eines Kindes mit Förderbedarf nicht. Fachkraft E, die mit dem Zuckerwürfelexperiment ein anspruchsvolles Lernarrangement gewählt hatte, konnte die ihr im SprachKoPF$_{v07}$ attestierte höhere Sprachförderkompetenz nicht so umsetzen, dass die Kinder thematisch und sprachlich stärker eingebunden wurden.

Aus den Videoanalysen ergeben sich somit für die dort berücksichtigten Fach- und Lehrkräfte zusätzliche Hinweise auf das tatsächliche Handeln in der Sprachfördersituation, die weder aus dem SprachKoPF$_{v07}$ noch den aus den Interviews rekonstruierten Orientierungen direkt ableitbar sind.

4 Diskussion der Ergebnisse, Limitierungen der Studie und Implikationen für Wissenschaft und Praxis

Ziel des Beitrags war es, durch ausgewählte Befunde aus drei Teilstudien Einblicke in die Entwicklung der Sprachförderkompetenz von Fach- und Lehrkräften und die Kompetenzentwicklung im Deutschen der geförderten Kinder zu erhalten. Ziel war auch nachzuvollziehen, welche Gelegenheiten Fach- und Lehrkräfte Kindern eröffnen, um sich an Sprachfördersituationen am Übergang zu beteiligen und heraus-zuarbeiten, welche Orientierungen dem (gemeinsamen) Sprachförderhandeln von Fach- und Lehrkräften in der Kooperation am Übergang zugrunde liegen.

Die sprachliche Kompetenz der Kinder im Deutschen nahm über die drei MZP hinweg deutlich zu, insbesondere bei den Kindern mit einem schwächeren Aus-gangsniveau. Diese Kinder erreichten allerdings bis Ende des ersten Schuljahres kein durchschnittliches Sprachniveau im Deutschen. Zwar gibt die SPRÜNGE-Studie erste Hinweise darauf, dass Sprachfördermaßnahmen die Sprachkompetenzen von Kindern mit geringem sprachlichen Ausgangsniveau begünstigen können; da die Studie jedoch kein Kontrollgruppendesign hat, kann der Zuwachs allerdings nicht eindeutig auf die Sprachförderung im Kontext von BiSS zurückgeführt werden.

Die Sprachförderkompetenzen der Fach- und Lehrkräfte nahmen im Zeitverlauf nicht eindeutig zu, obwohl während der Laufzeit des Projekts gemeinsame Fortbil-dungen für Fach- und Lehrkräfte zur Sprachförderung im Rahmen von BiSS statt-fanden. Studien haben gezeigt, dass intensive Fortbildungen zur Sprachförderung die Kompetenzen der Fach- und Lehrkräfte erweitern können (z. B. Geyer, 2018). Unklar ist allerdings, inwieweit die Items des SprachKoPFs die Fortbildungsinhalte abzubilden vermögen. Wenn sich aber die Sprachförderkompetenzen der Fach- und Lehrkräfte nur unwesentlich verbessert haben, ist auch der sprachliche Zuwachs der Kinder nicht eindeutig auf eine gestiegene Qualität der Sprachförderung zurückzu-führen.

Die Ergebnisse machen weiterhin deutlich, dass die Unterschiede in der Gestaltung von Sprachfördersituationen weder durch die übliche Unterscheidung in die Orga-nisationsform »alltagsintegriert« oder »additiv« zu erklären sind noch durch die Zugehörigkeit zu einer Berufsgruppe. Diese äußeren Faktoren bestimmten in un-serer Studie scheinbar nicht die Qualität der Sprachförderung am Übergang. Ent-scheidender ist, inwiefern und wie die Beteiligten den Kindern adaptive und in der Gestaltung flexible Lerngelegenheiten eröffnen. Aus den mikroanalytischen Re-konstruktionen lässt sich ableiten, dass das eigene didaktische Arrangement der Fach- bzw. Lehrkraft und ein flexibler Umgang mit ihm von zentraler Bedeutung ist, wenn es darum geht, Kindern Gelegenheit zur sprachlich komplexen Beteiligung zu er-möglichen. Insbesondere beim Übergang Kita-Grundschule weisen offenere Gele-genheitsstrukturen auf eine komplexere sprachliche Beteiligung von Kindern hin. Diese Befunde geben erste Hinweise darauf, zukünftig auf die dichotome Gegen-überstellung von alltagsintegrierter vs. additiver Sprachförderung zu verzichten und stattdessen durch Mikroanalysen differenziertere Einblicke in die Vielfalt der Gele-genheitsstrukturen und das jeweilige Sprachförderhandeln zu erhalten.

Die eingesetzte Videografie kann zugleich nicht nur für wissenschaftliche Er-kenntnisse genutzt werden, sondern auch als Instrument der (wechselseitigen) Qualifizierung und Beratung. Bereits während der Projektlaufzeit wurden mit aus-gewählten Beteiligten Videofeedbacks durchgeführt, um zur Reflexion des Sprach-förderhandelns anzuregen. Dieses Element ließe sich – auch im Rahmen von Fortbildungsmaßnahmen – weiter ausbauen.

Die Handlungsorientierungen spiegeln, den Ergebnissen zufolge, die strukturel-len Vorgaben der Berufsgruppen wider: Während in der Kita offener und freier mit

Sprachförderung umgegangen wird, wird in der Schule Sprachförderung planvoller gestaltet. Die Befunde verweisen zudem auf die Notwendigkeit, den Fokus, z. B. in Fortbildungen, stärker auf die Rahmenbedingungen der Sprachförderarbeit, auf Erschwernisse in der Kooperation sowie auf geteilte oder divergierende Sichtweisen der Berufsgruppen zu richten und entsprechende Strukturen aufzubauen. Es wären somit vor Ort systematisch und kontinuierlich Gelegenheiten für Einblicke in die Arbeit der jeweils anderen Berufsgruppe zu schaffen und gegenseitige Erwartungshaltungen zu klären. Dieser Austausch kann auch dazu dienen, insbesondere die Asymmetrien im Verhältnis Kita-Schule zu reflektieren und Formen des Umgangs zu erarbeiten – eine bislang im Kontext Sprachförderung am Übergang sowohl wissenschaftlich als auch in der Praxis noch wenig beachtete Dimension.

Insgesamt ist anzumerken, dass es nicht immer gelang, die Fach- und Lehrkräfte von der Teilnahme an der Evaluation zu überzeugen; die meisten Vorbehalte wurden dem Onlinetest SprachKoPF$_{v07}$ entgegengebracht. So stand am Ende keine so große Anzahl an Daten zu den drei MZP zur Verfügung, wie geplant und erwartet worden war, was v. a. Einschränkungen für die statistischen Auswertungsmöglichkeiten nach sich zog. An den Standorten selbst hatte das Forschungsteam geringen Einfluss darauf, welche Fach- und Lehrkraft für welche Art der Datenerhebung zu welchem Messzeitpunkt zur Verfügung stand. Deshalb konnte in den Analysen nicht auf vollständige Datensätze zu allen drei MZP zurückgegriffen werden. Diese Barrieren bei den Erhebungen, die auch Auswirkungen auf die Analysen und ihre Aussagekraft haben, wären zukünftig systematischer zu berücksichtigen und mit allen Beteiligten, auch in der Bildungsadministration, zu diskutieren, wenn es darum geht, Sprachförderung am Übergang in einem längsschnittlichen Design zu erforschen und Faktoren ihrer Wirksamkeit zu ermitteln.

Trotz der Limitierungen ist es gelungen, instruktive Einsichten in die (Bedingungen der) Praxis der Sprachförderung vor Ort zu erhalten. Die Verknüpfung der Daten zu drei relevanten Dimensionen der Sprachförderung am Übergang erscheint zudem vielversprechend für zukünftige, vertiefende Analysen zu sein, um ein komplexeres Bild der Sprachförderung am Übergang zu erhalten.

Literatur

Albers, T. & Lichtblau, M. (2014). *Inklusion im Übergang vom Kindergarten in die Grundschule. Kompetenzen pädagogischer Fachkräfte* (WiFF Expertise, Bd. 41). München: Deutsches Jugendinstitut.

Autorengruppe Bildungsberichterstattung (2016). *Bildung in Deutschland 2016. Ein indikatorengestützter Bericht mit einer Analyse zu Bildung und Migration.* Bielefeld: W. Bertelsmann Verlag.

Betz, T., Koch, K., Mehlem, U. & Nentwig-Gesemann, I. (2016). Strukturwandel im Elementarbereich. Herausforderungen für pädagogische Fachkräfte und Organisationen am Beispiel des Umgangs mit Sprachförderung und Bildungsplänen. In K. Liebers, B. Landwehr,

S. Reinhold, S. Riegler & R. Schmidt (Hrsg.), *Facetten grundschulpädagogischer und -didaktischer Forschung* (S. 115–130). Wiesbaden: Springer VS.

Bohnsack, R. (2010). *Rekonstruktive Sozialforschung. Einführung in qualitative Methoden* (8., durchges. Aufl.). Opladen: Verlag Barbara Budrich.

Egert, F., Quehenberger, J., Dederer, V. & Wirts, C. (2018). Kindliche Initiative als Qualitätsindikator bei sprachlichen Bildungsaktivitäten. Ergebnisse einer empirischen Untersuchung. *Diskurs Kindheits- und Jugendforschung, 4,* 489–494.

Fröhlich-Gildhoff, K., Nentwig-Gesemann, I. & Pietsch, S. (2011). *Kompetenzorientierung in der Qualifizierung frühpädagogischer Fachkräfte* (WiFF-Expertise, Bd. 19). München: Deutsches Jugendinstitut.

Gasteiger-Klicpera, B., Knapp, W. & Kucharz, D. (2011). Die wissenschaftliche Begleitforschung durch die Pädagogische Hochschule Weingarten. In Baden-Württemberg Stiftung (Hrsg.), *Sag' mal was – Sprachförderung für Vorschulkinder* (S. 94–101). Tübingen: Francke.

Geyer, S. (2018). *Sprachförderung im U3-Bereich: Eine empirische Untersuchung aus linguistischer Perspektive.* Berlin: J. B. Metzler.

Gretsch, P. & Fröhlich-Gildhoff, K. (2012). Evaluation der Sprachfördermaßnahmen für 3–5jährige Kinder in der Stadt Freiburg. In K. Fröhlich-Gildhoff, I. Nentwig-Gesemann & H. Wedekind (Hrsg.), *Forschung in der Frühpädagogik V. Schwerpunkt: Naturwissenschaftliche Bildung – Begegnung mit Dingen und Phänomenen* (S. 275–304). Freiburg: FEL.

Hagstedt, H. & Krauth, I. M. (2014). Mit Lernwerkstätten Schule entwickeln. In H. Hagstedt & I. M. Krauth (Hrsg.), *Lernwerkstätten, Potenziale für Schulen von morgen* (S. 8–19). Frankfurt am Main: Grundschulverband.

Hartinger, A. & Lohrmann, K. (2011). Entdeckendes Lernen. In W. Einsiedler, M. Götz, A. Hartinger, F. Heinzel, J. Kahlert & U. Sandfuchs (Hrsg.), *Handbuch Grundschulpädagogik und Grundschuldidaktik* (S. 367–371). Bad Heilbrunn: Klinkhardt.

Heller, V. (2012). *Kommunikative Erfahrungen von Kindern in Familie und Unterricht: Passungen und Divergenzen.* Tübingen: Stauffenburg.

Hopp, H., Thoma, D. & Tracy, R. (2010). Sprachförderkompetenz pädagogischer Fachkräfte: Ein sprachwissenschaftliches Modell. *Zeitschrift für Erziehungswissenschaft, 13*(4), 609–629.

Hormann, O. & Koch, K. (2014). Von Strukturen zu Strategien und Interaktionen – Sprachförderung am Übergang in die Grundschule. Befunde aus dem Projekt EvaniK. In A. Wegner & E. Vetter (Hrsg.), *Mehrsprachigkeit und Professionalisierung in pädagogischen Berufen. Interdisziplinäre Zugänge zu aktuellen Herausforderungen im Bildungsbereich* (S. 77–93). Opladen: Budrich UniPress.

Isler, D., Künzli, S. & Wiesner, E. (2014). Alltagsgespräche im Kindergarten – Gelegenheitsstrukturen für den Erwerb bildungssprachlicher Fähigkeiten. *Schweizerische Zeitschrift für Bildungswissenschaften, 36*(3), 459–479.

Kannengieser, S. & Tovote, K. (2015). Alltagsintegrierte Sprachförderung in der Spielgruppe – Welche Fachperson-Kind-Interaktionen finden statt? *Schweizerische Zeitschrift für Bildungswissenschaften, 37*(1), 57–74.

Kieferle, C., Reichert-Garschhammer, E. & Becker-Stoll, F. (2013). *Sprachliche Bildung von Anfang an. Strategien, Konzepte und Erfahrungen.* Göttingen: Vandenhoeck & Ruprecht.

König, A. (2009). *Interaktionsprozesse zwischen ErzieherInnen und Kindern. Eine Videostudie aus dem Alltag des Kindergartens.* Wiesbaden: Springer.

Kucharz, D. (2018). Qualifizierung der Fachkräfte im Elementarbereich. In C. Titz, S. Geyer, A. Ropeter, H. Wagner, S. Weber & M. Hasselhorn (Hrsg.), *Konzepte zur Sprach- und Schriftsprachförderung entwickeln* (S. 249–261). Stuttgart: Kohlhammer.

Kucharz, D., Mackowiak, K. & Beckerle, C. (2015). *Alltagsintegrierte Sprachförderung: ein Konzept zur Weiterqualifizierung in Kita und Grundschule.* Weinheim: Beltz.

Kucharz, D., Mehlem, U., Rezagholinia, S. & Erdogan, E. (2018). Sprachförderung und sprachliche Entwicklung ein- und mehrsprachiger Kinder im letzten Kindergartenjahr. *Empirische Pädagogik, 32*(2), 177–197.

Kuhn, M. & Diehm, I. (2015). Zwischen Adressierung und Inszenierung – Zur professionellen Kooperation von ErzieherInnen und LehrerInnen in Sprachstandserhebungsverfahren. *Zeitschrift für Grundschulforschung, 8*(2), 136–150.

Lüders, M. (2003). *Unterricht als Sprachspiel: eine systematische und empirische Studie zum Unterrichtsbegriff und zur Unterrichtssprache.* Bad Heilbrunn: Klinkhardt.

Mayring, P. (2015). *Qualitative Inhaltsanalyse. Grundlagen und Techniken* (12., überarb. Aufl.). Weinheim: Beltz.

Mehan, H. (1979). What time is it, Denise? Asking known information questions in classroom discourse. *Theory into Practice, 28*(4), 285–294.

Morek, M. (2012). *Kinder erklären. Interaktionen in Familie und Unterricht im Vergleich.* Tübingen: Stauffenburg.

Müller, A. (2014). Profession und Sprache: Die Sicht der (Zweit-)Spracherwerbsforschung. In T. Betz & P. Cloos (Hrsg.), *Kindheit und Profession – Konturen und Befunde eines Forschungsfeldes* (S. 66–83). Weinheim: Beltz Juventa.

Müller, A., Geyer, S. & Smits, K. (2015). Sprachförderung am Übergang Kindergarten und Grundschule: Gemeinsame Aufgabe – gemeinsame Qualifizierung? *Frühe Bildung, 4*(1), 51–52.

Petermann, F. (2010). *Sprachstandserhebungstest für Fünf- bis Zehnjährige (SET 5-10).* München: Hogrefe.

Quasthoff, U. (2012). Aktual- und mikrogenetische Zugänge zur Ontogenese: Inspirationen der Konversationsanalyse zur Verbindung von sprachlichen Praktiken und dem Erwerb sprachlicher Kompetenzen. In R. Ayaß & C. Meyer (Hrsg.), *Sozialität in Slow Motion: Theoretische und empirische Perspektiven* (217–244). Wiesbaden: Springer.

Roth, C., Hopp, H. & Thoma, D. (2015). Effekte von Fort- und Weiterbildung auf die Sprachförderkompetenzen frühpädagogischer Fachkräfte. *Frühe Bildung, 4*(4), 218–225.

Schneider, W., Baumert, J., Becker-Mrotzek, M., Hasselhorn, M., Kammermeyer, G., Rauschenbach, T., Roßbach, H.-G., Roth, H.-J., Rothweiler, M. & Stanat, P. (2012). *Expertise »Bildung durch Sprache und Schrift (BISS)«.* Verfügbar unter: https://www.biss-sprachbildung.de/pdf/biss-website-biss-expertise.pdf [08.09.2020].

Smits, K. (2018). *Sprachförderkompetenz von Grundschullehrkräften.* Dissertation, Goethe-Universität Frankfurt.

Thoma, D. & Tracy, R. (2014). *SprachKoPF-Online$_{v07}$ Instrument zur standardisierten Erhebung der Sprachförderkompetenz pädagogischer Fachkräfte.* Mannheim: MAZEM.

Thoma, D. & Tracy, R. (2015). *Manual zu SprachKoPF$_{v072}$. Instrument zur standardisierten Erhebung der Sprachförderkompetenz pädagogischer Fachkräfte.* Mannheim: Universität Mannheim.

Thoma, D., Tracy, R., Michel, M. & Ofner, D. (2012). *Schlussbericht des Vorhabens SprachKoPF, Sprachliche Kompetenzen Pädagogischer Fachkräfte.* Berlin: Bundesministerium für Bildung und Forschung.

Tuma, R., Schnettler, B. & Knoblauch, H. (2013). *Videographie. Einführung in die interpretative Videoanalyse sozialer Situationen.* Wiesbaden: Springer.

Wildgruber, A. & Griebel, W. (2016). *Erfolgreicher Übergang vom Elementar- in den Primarbereich. Empirische und curriculare Analysen* (WiFF Expertise, Bd. 44). München: Deutsches Jugendinstitut.

Teil II: Gezielte sprachliche Bildung in der Schule

Der zweite Teil dieses Bands befasst sich mit der gezielten sprachlichen Bildung in der Schule. Während es im Elementarbereich vor allem darum geht, gute sprachliche Grundlagen bei den Kindern zu schaffen, zielt sprachliche Bildung in der Schule darauf ab, alltags- und bildungssprachliche Kompetenzen zu festigen und weiter auszubauen. Eine besondere Herausforderung besteht dabei darin, auch im Fachunterricht sprachanregende Lernangebote zu etablieren. Die vier nachfolgenden Kapitel befassen sich mit der Frage, welche Ansätze Schulen und Lehrkräfte in BiSS realisieren, um sprachliches und fachliches Lernen miteinander zu verknüpfen, und unter welchen Bedingungen dies besonders gut gelingt.

Die sprachliche Bildung im Mathematikunterricht nehmen Rank, Deml, Lenske, Merkert, Binder, Schulte, Schilcher, Wildemann, Bien-Miller und Krauss (*Eva-Prim*) in Kapitel 6 in den Blick. Der Beitrag beschreibt zunächst, welche Bedeutung Mathematiklehrkräfte der Teilnahme an BiSS für ihr sprachförderliches Handeln zusprechen. Zudem wird untersucht, wie sich das sprachförderbezogene Wissen und Handeln der Lehrkräfte über den Zeitraum der Teilnahme an BiSS verändern. Auch Auswirkungen auf die sprachlichen und mathematischen Leistungen der Grundschülerinnen und Grundschüler werden in dem Beitrag untersucht.

In Kapitel 7 stellen Vock, Gronostaj, Grosche, Ritterfeld, Ehl, Elstrodt-Wefing, Kalinowski, Möhring, Paul, Starke und Zaruba (*BiSS-EOS*) ausgewählte Ergebnisse zur Diagnostik und Förderung bildungssprachlicher Fähigkeiten von Grundschulkindern sowie zur Professionalisierung von Lehrkräften im Primarbereich vor. Sie analysieren in ihrem Beitrag unter anderem, inwieweit die Profilanalyse nach Grießhaber als Instrument zur Diagnostik des grammatischen Sprachstands von Grundschülerinnen und Grundschülern geeignet ist, ob und unter welchen Bedingungen die Lehrkräfte einzelne Bausteine des Scaffolding-Konzepts zur sprachlichen Förderung der Kinder nutzen und inwieweit die in den Verbünden umgesetzten Professionalisierungsmaßnahmen potentiell wirksame Elemente enthalten.

Mit der Verknüpfung sprachlichen und fachlichen Lernens in der Sekundarstufe I befassen sich Kapitel 8 und 9. In Kapitel 8 untersuchen Schwippert, Neumann, Leiß, Groß, Entrich, Plath und Weber (*EvaFa*), welche sprachbildenden Methoden die

Lehrkräfte im Fachunterricht der Sekundarstufe I umsetzen, und erfragen, unter welchen Bedingungen die Umsetzung aus Sicht der Lehrkräfte besonders gut gelingt. Ausgehend von der Erkenntnis, wie wichtig eine gute Zusammenarbeit im Kollegium für erfolgreiche Sprachbildung ist, untersucht der Beitrag weiterhin, unter welchen Bedingungen kollegiale Kooperation gelingen kann.

Der Fokus von Kapitel 9 liegt auf neu zugewanderten Schülerinnen und Schülern. Ahrenholz (*EVA-Sek*) beschreibt in seinem Beitrag, welche Strategien bei der Beschulung dieser Heranwachsenden genutzt werden, um fachliches und sprachliches Lernen miteinander zu verbinden. Der Beitrag systematisiert einerseits strukturelle Strategien, die Schulen nutzen, um sprachliche und fachliche Unterrichtsangebote miteinander zu verzahnen. Andererseits untersucht er professionelle Handlungsstrategien, die Lehrkräfte im Fachunterricht der Vorbereitungsklassen einsetzen, um sowohl fachliche Inhalte zu vermitteln als auch die Deutschkenntnisse der Neuzugewanderten zu fördern.

Kapitel 6:
Eva-Prim: Evaluation von Sprachförderkompetenz und (bildungs)sprachlichen Leistungen von Schülerinnen und Schülern in Mathematik

Astrid Rank, Isabell Deml, Gerlinde Lenske, Alexandra Merkert, Karin Binder, Magdalena Schulte, Anita Schilcher, Anja Wildemann, Lena Bien-Miller & Stefan Krauss

Das Evaluationsprojekt Eva-Prim untersuchte die gezielte sprachliche Bildung in alltäglichen und fachlichen Kontexten in der Grundschule. Beteiligt waren vier Grundschulverbünde in vier Bundesländern. Trotz der unterschiedlichen Vorgehensweisen der Verbünde wurde versucht, ein gemeinsames und für alle Verbünde paralleles Untersuchungsdesign zu implementieren. Eva-Prim fokussierte sprachbildende Aspekte des Mathematikunterrichts in den Klassen 3 und 4. An insgesamt drei Messzeitpunkten wurden quantitative und qualitative Daten auf der Verbundebene, der Lehrkraftebene und der Ebene der Schülerinnen und Schüler erhoben.

Auf Verbund- und Leitungsebene wurden überwiegend positive, aber auch kritische Rückmeldungen zur BiSS-Initiative gegeben. Die Tests zum fachdidaktischen Wissen zeigten durchschnittliche Leistungen der beteiligten Grundschullehrkräfte. Mit Unterrichtsvideografien konnten vorwiegend lehrkraftzentrierte Diskurse im Unterricht festgestellt werden. Die bildungssprachlichen Leistungen der Schülerinnen und Schüler waren durchschnittlich.

Im vorliegenden Kapitel werden erste Ergebnisse dargestellt und Schlüsse für die BiSS-Initiative gezogen.

Einleitung

In Eva-Prim[1] wurde die Wirksamkeit von Sprachbildungsmaßnahmen untersucht, wie sie von vier BiSS-Verbünden im Rahmen des BiSS-Moduls P1 »Gezielte sprachliche Bildung in fachlichen und alltäglichen Kontexten« entwickelt und in der Praxis umgesetzt wurden. Eva-Prim nahm dabei den fachlichen Kontext des Mathematik-

---

1 Das dieser Publikation zugrundeliegende Vorhaben wurde mit Mitteln des Bundesministeriums für Bildung und Forschung unter den Förderkennzeichen 01JI1503A und 01JI1503B gefördert. Die Verantwortung für den Inhalt dieser Veröffentlichung liegt bei den Autorinnen und Autoren.

unterrichts in der Grundschule in den Blick. Die Evaluation begleitete die Arbeit der Verbünde von der zweiten bis zur vierten Jahrgangsstufe, um Leistungsentwicklungen im sprachlichen und mathematischen Bereich nachzeichnen zu können. Zugleich lag der Fokus auch auf dem Professionswissen und dem Unterrichtshandeln von Lehrkräften sowie auf der Untersuchung der Bedeutung dieser Prädiktoren für die (bildungs)sprachliche Entwicklung der Grundschülerinnen und -schüler (wobei hierzu im vorliegenden Kapitel noch keine Ergebnisse berichtet werden können). Die Erhebungen zur Evaluation wurden an drei Messzeitpunkten (MZP) durchgeführt, an denen jeweils Daten auf den drei Ebenen Verbund (Koordinatorinnen und Koordinatoren), Fachkräfte (die beteiligten BiSS-Lehrkräfte) und Schülerinnen und Schüler erfasst wurden. Während auf der Ebene des Verbunds vor allem die Umsetzung und Wahrnehmung von BiSS im Vordergrund stand und deshalb hier qualitative Erhebungsverfahren zum Einsatz kamen, wurde die Wirksamkeit der von den Verbünden implementierten Maßnahmen auf der Ebene der Schülerinnen und Schüler vorrangig mit quantitativen Tests erfasst. Auf der Ebene der beteiligten Grundschullehrkräfte waren die professionellen Kompetenzen der Lehrkräfte von Interesse.

1 Sprache im Mathematikunterricht: Eine Herausforderung für Lehrkräfte

1.1 Sprache und Mathematik

Die Ergebnisse aus PISA (z. B. PISA 2003; Leutner, Klieme, Meyer & Wirth, 2004) wie auch diejenigen aus IGLU beziehungsweise TIMSS (Bos et al., 2012) liefern Belege für den starken Zusammenhang der Lese- und Mathematikkompetenzen von Schülerinnen und Schülern. Dabei scheinen nicht primär die *Lese*fähigkeiten, sondern die *sprachlichen* Fähigkeiten das mathematische Lernen nachhaltig zu beeinflussen (u. a. Prediger, Renk, Büchter, Gürsoy & Benholz, 2015). Bei Kontrolle der kognitiven Grundfertigkeiten ist die allgemeine Sprachkompetenz der stärkste Prädiktor für die mathematischen Leistungen (z. B. Bochnik & Ufer, 2016). Im Zuge der Etablierung der Bildungsstandards für das Fach Mathematik (Ständige Konferenz der Kultusminister der Länder in der Bundesrepublik Deutschland [KMK], 2005) und der nachfolgenden Neufassung der Lehrpläne auf Länderebene wird Sprachkompetenz vor allem in Form des mathematischen Argumentierens und des Kommunizierens auch zu einem integralen Bestandteil mathematischer Kompetenz und damit des Mathematikunterrichts. Einen Überblick über die bei den letzten zehn Jahrestagungen der Gesellschaft für Mathematikdidaktik gehaltenen Vorträge zu »Sprache und Mathematik« geben Schilcher, Röhrl und Krauss (2017) und illustrieren dabei, dass die Zahl der Beiträge zu diesem Thema seit 2008 enorm zugenommen hat. Die Autorinnen und Autoren strukturieren das Feld anhand vier übergeordneter Leitfragen:

I. Was sind (theoretische) domänenspezifische sprachliche Merkmale des Mathematikunterrichts?

II. Welche (empirischen) Zusammenhänge gibt es zwischen sprachlichen und mathematischen Kompetenzen?

III. Wie sieht ein (didaktisch) gelingender sprachsensibler Mathematikunterricht aus?

IV. Welche sprachbezogenen Kompetenzen sollen bei Schülerinnen und Schülern gefördert werden? (Schilcher et al., 2017, S. 21)

Für den vorliegenden Beitrag konzentrieren wir uns vorrangig darauf, wie ein gelingender sprachsensibler Mathematikunterricht gestaltet sein sollte und welche Voraussetzungen Lehrkräfte dafür mitbringen müssen (Leitfrage III) sowie welche diesbezüglichen Erträge aufseiten der Schülerinnen und Schüler wünschenswert sind (Leitfrage IV).

1.2 Sprachsensibel unterrichten

Sprache im Mathematikunterricht kann Lerngegenstand, Lernmedium, Lernvoraussetzung und auch Lernhindernis sein (Meyer & Tiedemann, 2017; Prediger, 2013). Eine (zu) starke Fokussierung auf Sprache als Lernmedium und potenzielles Lernhindernis führt dabei zu einer eher *defensiven* Strategie mit »sprachbarrierenreduzierten« Lernsettings, die den Verstehensleistungen der Lernenden so stark angepasst sind, dass eventuell keine sprachliche Entwicklung mehr erzielt werden kann (siehe dazu auch Riebling, 2013). Wie Leiss, Plath und Schwippert (2019) zeigen, kann die linguistische Komplexität von mathematischen Textaufgaben allerdings die Bildung eines Situationsmodells und damit auch die Lösungswahrscheinlichkeit negativ beeinflussen. Ein Abbau sprachlicher Barrieren kann in solchen Fällen also durchaus helfen, sich auf das mathematische Problem zu konzentrieren, und stellt damit zumindest eine sinnvolle Übergangsstrategie dar (Leisen, 2010). Eine *offensive* Strategie hingegen legt expliziten Wert auf die Erweiterung fachspezifischer sprachlicher Fähigkeiten (Bescherer & Papadopoulou-Tzaki, 2017; Prediger, 2018). Dabei zeigt sich, dass die Konzentration auf Diskursfunktionen (z. B. Beschreiben, Erklären) epistemologisch bedeutsamer ist als die Fokussierung auf die lexikalische und syntaktische Ebene. Diskursfunktionen helfen, von exemplarischen, situierten Anschauungsmitteln zu abstrahieren und zur Ableitung allgemeiner Strukturen oder Gesetzmäßigkeiten zu kommen (Tiedemann, 2017).

Um Mathematikunterricht sprachsensibel gestalten zu können, müssen Lehrkräfte deshalb für die sprachliche Qualität ihrer Erklärungen sensibilisiert und befähigt werden, neuartige Erklärpraxen in den Unterricht zu implementieren (Erath, Prediger & Weinert, 2019). Ebenso müssen sie in der Lage sein, das Lernsetting so zu gestalten, dass eine zu komplexe mathematische Fachsprache nicht zu einem unüberwindbaren Hindernis für die Schülerinnen und Schüler wird.

1.3 Professionswissen von Lehrkräften und dessen Bedeutung für den Lernerfolg von Schülerinnen und Schülern

Sowohl Erklärpraktiken im Speziellen als auch die Gestaltung von förderlichen Lernsettings im Allgemeinen erfordern vonseiten der Mathematiklehrkräfte ein profundes fachdidaktisches Wissen zur Sprachbildung. Das professionelle Wissen von Lehrkräften ist auf Grundlage des Experten-Paradigmas (Krauss & Bruckmaier, 2014) und in Anlehnung an Shulmans (1987) Professionswissenstaxonomie in Deutschland seit ca. 15 Jahren ein vieldiskutiertes Thema (Voss, Kunina-Habenicht, Hoehne & Kunter, 2015). Seit dem »PISA-Schock« 2000 und der damit verbundenen Konsequenz, nicht nur Kompetenzen von Schülerinnen und Schülern, sondern auch von Lehrkräften empirisch zu untersuchen (vgl. z. B. COACTIV 03/04, Kunter et al., 2011), wurden zahlreiche diesbezügliche Tests entwickelt. Diese adressieren in erster Linie die Professionswissensbereiche Fachwissen, fachdidaktisches Wissen und pädagogisches Wissen, die sich im deutschsprachigen Diskurs mittlerweile als allgemein akzeptierte Kernkategorien des professionellen Wissens von Lehrkräften etabliert haben (siehe z. B. Großprojekte wie FALKO, z. B. Krauss et al., 2017; ProwiN, z. B. Kirschner, 2017; TEDS, z. B. Blömeke, Kaiser & Lehmann, 2010).

Welche Bedeutung hat dieses Wissen für die Unterrichtsqualität und für Lernzuwächse von Schülerinnen und Schülern? In der COACTIV-Studie beispielsweise, in der Mathematiklehrkräfte von PISA-Klassen 2003/2004 umfassend befragt und getestet wurden, hatte das fachdidaktische Wissen im Vergleich zu anderen betrachteten Kompetenzen (wie z. B. Fachwissen, pädagogisches Wissen, motivationale Orientierungen, professionelle Überzeugungen oder selbstregulative Fähigkeiten) den mit Abstand größten Effekt auf den Lernzuwachs von Schülerinnen und Schülern (z. B. Kunter et al., 2013; Krauss et al., 2017). Auch für die Grundschule konnten Hill, Rowan und Ball (2005) entsprechend die Bedeutung des fachdidaktischen Wissens für die mathematischen Leistungen der Schülerinnen und Schüler nachweisen.

Für die Grundschule gibt es bislang jedoch nur vergleichsweise wenige Professionswissenstests (nur sechs von ca. 40 bislang entwickelten Tests haben Grundschullehrkräfte als Zielpopulation; vgl. den Überblick in Tab. 4 in Krauss et al., 2017). Insbesondere liegt noch kein psychometrischer Test für den Primarbereich vor, der speziell das fachdidaktische Wissen zur Sprachförderung fokussiert. Die Konstruktion des Tests *Fachdidaktisches Wissen Sprachförderung* (FaWi-S) im Rahmen des Projekts Eva-Prim hatte daher zum Ziel, dieses Wissen zu konzeptualisieren, für den Primarbereich zu operationalisieren und bei den BiSS-Lehrkräften zu administrieren.

2 Evaluationsdesign

2.1 Fragestellungen

Folgende Fragen sollen in diesem Beitrag beantwortet werden:

1. Wie zufrieden waren die Verantwortlichen in den von Eva-Prim evaluierten Verbünden mit BiSS?
2. Welche Kompetenzen beziehungsweise Kompetenzentwicklungen auf Lehrkraft- und Schülerinnen- und Schülerebene zeigten sich im Evaluationszeitraum?

2.2 Design

Im Rahmen von Eva-Prim wurden Grundschulen aus insgesamt vier Verbünden evaluiert (für eine Übersicht über die Gesamtstichprobe siehe Abschnitt 2.4). Die Evaluation war längsschnittlich angelegt und umfasste drei Messzeitpunkte (MZP 1–3) auf jeweils drei Ebenen – Verbund, Lehrkraft, Schülerinnen und Schüler. Die drei MZP fanden im zweiten, dritten und vierten Schuljahr (März–Mai 2016, Januar–März 2017, Oktober–Dezember 2017) der beteiligten Klassen statt. Weiterhin wurde eine Kontrollgruppe (sechs Grundschulen aus Rheinland-Pfalz, Nordrhein-Westfalen und Baden-Württemberg, die nicht an der BiSS-Initiative teilnahmen) mit den Eva-Prim-Instrumenten untersucht. Um ein möglichst umfassendes Bild über die Prozesse der Maßnahmen in den Verbünden zu erhalten, wurde ein quasi-experimenteller Mixed-Methods-Ansatz implementiert (d. h., es wurden sowohl quantitative als auch qualitative Erhebungs- und Auswertungsmethoden eingesetzt). Die Evaluation wurde zunächst formativ durchgeführt, um durch Rückmeldeschleifen in den Verbünden nach dem ersten und zweiten MZP den Prozessverlauf der Evaluation optimieren zu können, aber auch um gegebenenfalls inhaltliches Feedback zur Sprachbildung zu geben. Eine summative Evaluation schloss das Projekt in einer dritten Rückmeldeschleife mit einer Gesamtdarstellung der Evaluationsergebnisse sowie Handlungsempfehlungen für die Qualitätssicherung der bisherigen Arbeit und den Transfer ab.

2.3 Konstrukte und Instrumente

Für alle drei untersuchten Ebenen (Verbund, Lehrkräfte, Schülerinnen und Schüler) wurden verschiedene Instrumente adaptiert oder neu entwickelt (▶ Tab. 6.1).

Tab. 6.1: Übersicht über Konstrukte und zugehörige Erhebungsinstrumente, die in den vorliegenden Beitrag eingehen

Ebene	Konstrukt	Erhebungsinstrument (Quelle)	Regensburg (V1, V2) Eingesetzt an MZP 1, 2, 3	Landau (V3, V4, KG) Eingesetzt an MZP 1, 2, 3
Verbund (Koordinatorinnen und Koordinatoren)	Umsetzung von und Zufriedenheit mit BiSS	Leitfadeninterview (in der Projektgruppe entwickelt)	1/2/3	-/2/3
Lehrerinnen und Lehrer	Persönliche Angaben (Alter, Geschlecht, Berufserfahrung, Examensnoten)	Fragebogen Standard-demografie für Lehrkräfte (Baumert et al., 2009)	1/-/-	-/2/-
	Fachdidaktisches Wissen Sprachförderung	Fragebogen FaWi-S (in der Projektgruppe entwickelt)	1*/2/3	-/2/3
	Indikatoren für fachdidaktisches Wissen – Grundschulmathematik	Fragebogen FaWi-M (in der Projektgruppe entwickelt)	1*/2/3	-/2/3
	Umsetzung von Sprachbildung im mathematischen Kontext	Unterrichtsvideografie (Schulte, 2020)	-/2/3	-/-/-
Schülerinnen und Schüler	Kognitive Grundfähigkeiten	Test CFT 1-R (Weiß & Osterland, 2013)	1/-/-	1/-/-
	Mathematische Grundfähigkeiten	Test DEMAT (Krajewski, Liehm & Schneider, 2004; Roick, Gölitz & Hasselhorn, 2004)	1/-/3	1/-/3
	Bildungssprachliches Hörverstehen	Test BiSpra (Heppt, Stanat, Dragon, Berendes & Weinert, 2014)	1/2/3	1/2/3
	Wortschatz	Test PPVT (Lenhard, Lenhard, Seegerer & Suggate, 2015)	1/-/-	1/-/-
	Lesekompetenz	Test SLS 2 – 9 (Wimmer & Mayringer, 2014)	1/2/3	1/2/3
	Schriftsprachliche Kompetenz in Mathematik	Test SAMT (Merkert, i. V.)	-/2/3	-/2/3

Tab. 6.1: Übersicht über Konstrukte und zugehörige Erhebungsinstrumente, die in den vorliegenden Beitrag eingehen – Fortsetzung

Ebene	Konstrukt	Erhebungsinstrument (Quelle)	Regensburg (V1, V2)	Landau (V3, V4, KG)
			Eingesetzt an MZP 1, 2, 3	Eingesetzt an MZP 1, 2, 3
	Alter, Migrationshintergrund, Geschlecht, Sozioökonomischer Hintergrund	Elternfragebogen, an PISA angelehnt (in der Projektgruppe entwickelt)	1/-/-	1/-/-

Anmerkungen. * Instrument wurde zur Pilotierung eingesetzt.

Verbundebene: Koordinatorinnen und Koordinatoren der Verbünde

Die Arbeit jedes Verbunds wurde von Koordinatorinnen oder Koordinatoren aus der Bildungsadministration begleitet und gelenkt. Die Zufriedenheit dieser Verbundkoordinatorinnen und -koordinatoren mit BiSS wurde zu drei (in den Verbünden V1 und V2) bzw. zu zwei (in den Verbünden V3 und V4) MZP per halbstandardisiertem Interview erhoben (▶ Tab. 6.1). Alle Interviews folgten einem Leitfaden und wurden nach der Transkription mit der Methode der paraphrasierenden Inhaltsanalyse (Mayring, 2015) ausgewertet. Bedeutungstragende Texteinheiten wurden dabei in mehreren Schritten unter stetigem Anheben des Abstraktionsniveaus zu übergeordneten Kategorien zusammengefasst, von denen in diesem Beitrag vor allem die Kategorie »Wirkung von BiSS« betrachtet wird, und hier speziell die Unterkategorien »Gelungenes« und »Verbesserungsvorschläge«.

Lehrkraftebene: Lehrkräfte aus BiSS und aus den Kontrollschulen

Fachdidaktisches Wissen

In Eva-Prim wurden für die Messung des fachdidaktischen Wissens im Bereich Sprachbildung der Test FaWi-S und für die Messung des fachdidaktischen Wissens im Bereich Mathematik die Kurzskala FaWi-M neu entwickelt. Beide Verfahren wurden zum ersten MZP pilotiert und zum zweiten und dritten MZP in der finalen Version eingesetzt.

Die FaWi-S Skala umfasst 19 Items ($\alpha = .72$). 14 Items davon haben einen dezidiert fachdidaktischen, drei einen eher fachwissenschaftlichen und zwei einen pädagogischen Schwerpunkt (insgesamt konnten 34 Punkte erzielt werden). Die 14 genuin fachdidaktischen Items beziehen sich auf die verschiedenen sprachlichen Lernbereiche Rechtschreiben, Schreiben, Sprechen und Lesen. Details zur Validierung des FaWi-S sind bei Schilcher et al. (2020) zu finden. Abbildung 6.1 zeigt ein Beispielitem aus dem Lernbereich Sprechen.

111

Lesen Sie die nachstehende mündliche Schüleräußerung. „Ich war erst zu Hause… und hab mit meinem Bruder mit Bausteine gebaut, … einen großen Eiffelturm gebaut. Dann haben wir… ehm… mit zwei Hotwheel Autos so gemacht, … damit… der Auto drin geht, in den Eiffelturm. Dann haben wir son Garage macht… Dann, dann hab ich so fest gemacht, … dann ist alles kaputt gegangen. Dann sind wir rausgegangen."

Welche sprachlichen Strukturen beherrscht der Schüler schon sicher?

Sie können sich für eine oder mehrere Antworten entscheiden.

○ a) Gebrauch der Inversion   ○ c) Genus   ○ e) Verstellung in Nebensätzen

○ b) Kasus nach Präpositionen   ○ d) Wortstellung   ○ f) Satzklammer

---

Abb. 6.1: Beispielitem des FaWi-S (Schulte et al., 2019, S. 23)

Der FaWi-M besteht aus insgesamt sechs Items (mit max. acht zu erreichenden Punkten) zur Arithmetik, Geometrie, Stochastik, Muster und Strukturen ($\alpha = .46$). Dabei werden Kompetenzen wie Umgang mit Schwierigkeiten oder Fehlvorstellungen von Schülerinnen und Schülern, Erklärungswissen oder Wissen über Rechenstrategien thematisiert. Aufgrund der geringen Itemzahl bei vergleichsweise großer Konstruktbreite kommt dem FaWi-M-Score, der vor allem zur Kontrolle mathematikdidaktischer Kompetenzen entwickelt wurde, eher Indexcharakter zu.

Videografie

Zum zweiten MZP wurden acht Videografien in den 3. Klassen der Verbünde V1 und V2 mithilfe eines Zwei-Kamera-Designs angefertigt und hinsichtlich des Frageverhaltens der Lehrkräfte und der sprachlichen Qualität der Antworten der Schülerinnen und Schüler ausgewertet. Bei den acht Lehrerinnen für die Videografie handelt es sich um eine selbstselektierte Gelegenheitsstichprobe, die videografierten Lehrkräfte entsprechen jedoch bei der Leistungsverteilung (beispielsweise im fachdidaktischen Wissenstest zur Sprachbildung FaWi-S) der Gesamtgruppe. Aufgrund der geringen Stichprobengröße werden die Ergebnisse der Videostudie als Einzelfallstudien betrachtet. Die Videografie wurde in den Monaten Februar und März 2017 an insgesamt sechs Grundschulen durchgeführt (zwei der Grundschulen stellten je zwei Klassen), wobei die acht Lehrkräfte jeweils in Einführungsstunden im Mathematikunterricht gefilmt wurden. Um die bildungssprachliche Anregungsqualität ihres Handelns in den Fokus zu rücken, waren die Lehrkräfte dazu aufgefordert, eine Einführungsstunde in sprachintensive Themenkomplexe zu unterrichten. Sechs Lehrkräfte entschieden sich für Stundenthemen aus dem Lernbereich »Raum und Form« und zwei Lehrerinnen wählten den Lernbereich »Daten, Häufigkeiten und Wahrscheinlichkeiten«. Die Dauer der gefilmten Unterrichtsstunden betrug im Durchschnitt 46.5 Minuten, was in etwa dem Umfang einer üblichen Schulstunde entspricht. Alle Stunden wurden anhand des linguistisch orientierten gesprächsanalytischen Transkriptionssystem (GAT) verschriftlicht und mithilfe der Analysesoftware MAXQDA ausgewertet (Schulte, 2020). Die Beobachtungskategorien wurden unter Rückgriff auf renommierte Videostudien (u. a. Hugener, 2006; Li,

2015; Lotz, Lipowsky & Faust, 2013) sowie drei Pilotierungsvideografien in einem deduktiv-induktiven Vorgehen entwickelt und ausgeschärft.

Für den dritten MZP erklärten sich zwei der bereits zum zweiten MZP videografierten Lehrkräfte zu einer weiteren Videografie aus dem Themenbereich »Raum und Form« in der nun vierten Jahrgangsstufe bereit. Das Analyseverfahren entsprach vollständig dem Vorgehen beim zweiten MZP.

Jede Teilanalyse wurde an mindestens 25 % des Datenmaterials von zwei geschulten Kodiererinnen unabhängig voneinander anhand eines selbstkonstruierten Kodiermanuals mittels Event-Sampling durchgeführt. Sowohl die prozentuale Übereinstimmung wie auch Cohens Kappa weisen auf eine hohe Auswertungsobjektivität in den Teilanalysen hin (▶ Tab. 6.2).

Tab. 6.2: Prozentuale Übereinstimmung der Beobachterinnen sowie Cohens Kappa für die Teilanalysen der Videostudie (Schulte, 2020, S. 307 f.)

Teilanalyse	Kategorie	prozentuale Übereinstimmung (%)	Cohens Kappa (κ)
Basiskodierung[1]	Sozialformen	98.51 %	0.98
Lehrkraftfragen[1]	Identifikation	95.70 %	0.94
	intendierte Diskursfunktion (gesamt)	94.97 %	0.93
syntaktische Qualität des Outputs der Schülerinnen und Schüler[2]	Bestimmung minimaler satzwertiger Einheiten (gesamt)	97.37 %	0.97

Anmerkungen. Datengrundlage für Berechnung von PÜ und κ: [1] 100 % der Daten. [2] 25 % der Daten.

Schülerinnen- und Schülerebene

Zum ersten MZP wurden mit den Schülerinnen und Schülern fünf diagnostische Leistungstests durchgeführt, die in Tabelle 6.1 dargestellt sind. Neben den bekannten standardisierten Tests CFT1-R, DEMAT, PPVT, SLS wurden ab dem zweiten MZP die produktiven schriftsprachlichen Kompetenzen mit besonderem Fokus auf den Mathematikunterricht der Grundschule anhand des im Projekt neu entwickelten SAMT-Verfahrens (Sprachliche Ausdrucksfähigkeit in Mathematik) (Merkert, 2019; Merkert, 2017; Merkert & Wildemann, 2019) erfasst. Das SAMT-Verfahren beinhaltet sechs Aufgaben, die verschiedene Bereiche der Mathematik der Grundschule abdecken und zur Evokation spezifischer sprachlicher Handlungen, unter Verwendung einer im mathematischen Kontext funktionalen und differenzierenden bildungs- sowie fachsprachlichen Lexik und Morphosyntax, dienen (z. B. sollten die Schülerinnen und Schüler Rechenwege begründen oder eine Grundrechenart erklären).

Tab. 6.3: Alter, Geschlecht, Mehrsprachigkeit und elterlicher Bildungshintergrund der Schülerinnen und Schüler; Alter, Geschlecht und Berufserfahrung der Lehrkräfte

Verbund	Schülerinnen und Schüler				Lehrkräfte		
	Alter M (SD)	% weiblich	% mehrsprachig	Elterlicher Bildungshintergrund[1]	Alter M (SD)	% weiblich	Berufserfahrung in Jahren M (SD)
V1	N = 443 8.42 (0.49)	N = 446 49.10 %	N = 340 10.59 %	N = 350 6.27 (1.88)	N = 33 47.42 (10.80)	N = 35 85.71 %	N = 33 22.03 (12.95)
V2	N = 74 8.14 (0.36)	N = 88 57.82 %	N = 69 34.78 %	N = 67 6.87 (1.70)	N = 20 41.40 (10.94)	N = 20 100.00 %	N = 20 12.15 (8.75)
V3	N = 107 8.16 (0.41)	N = 107 45.79 %	N = 97 52.58 %	N = 100 5.63 (1.94)	N = 19 38.89 (11.78)	N = 19 100.00 %	N = 19 12.95 (10.51)
V4	N = 167 8.28 (0.43)	N = 167 47.31 %	N = 135 47.41 %	N = 139 5.22 (1.66)	*(nicht abgefragt)*	N = 16 100.00 %	N = 16 17.69 (12.24)
BiSS gesamt	N = 791 8.33 (0.47)	N = 808 49.13 %	N = 641 27.30 %	N = 656 6.01 (1.90)	N = 72 43.50 (11.57)	N = 90 94.44 %	N = 88 17.03 (12.07)
Kontrollschulen	N = 237 8.33 (0.47)	N = 240 48.33 %	N = 182 51.65 %	N = 183 5.37 (1.89)	*(nicht abgefragt)*	N = 4 75.00 %	N = 4 14.25 (9.29)

Anmerkungen. 1 = keine Schule besucht, 2 = keinen Schulabschluss, 3 = Volksschulabschluss/Hauptschulabschluss/Abschluss der Polytechnischen Oberschule (POS) nach Klasse 8, 4 = Realschulabschluss/Mittlere Reife/Fachschulreife/Abschluss der POS nach Klasse 10, 5 = Fachhochschulreife, Berufsschulabschluss, 6 = Abitur/Allgemeine Hochschulreife, 7 = Hochschulabschluss (Bachelor)/Abschluss einer Berufsakademie/Diplom (FH)/Fachhochschulabschluss, 8 = Hochschulabschluss (Master, Magister, Diplom, Staatsexamen), 9 = höher als Hochschulabschluss (Master, Magister, Diplom, Staatsexamen), z. B. Promotion.

2.4   Stichproben

Am Projekt Eva-Prim waren vier BiSS-Verbünde mit ihren acht Verbundkoordinatorinnen und -koordinatoren beteiligt. Die Verbünde bestanden aus insgesamt 21 Grundschulen, von denen 86 Lehrkräfte und 984 Schülerinnen und Schüler an mindestens einer Erhebung des Evaluationsprojekts teilnahmen. Die Schülerinnen und Schüler waren zu Beginn des Projekts in der zweiten Jahrgangsstufe. Zusätzlich zu den an BiSS beteiligten Grundschulen nahmen sechs Schulen mit vier Lehrkräften und 239 Schülerinnen und Schülern als Kontrollgruppe am Projekt Eva-Prim teil. Wie für längsschnittliche Studien typisch, variieren die Beteiligungszahlen über die drei MZP hinweg (bei der Ergebnisvorstellung wird daher jeweils auf die eingeflossene Substichprobe hingewiesen).

Tabelle 6.3 zeigt deskriptive Angaben zur Zusammensetzung der Lehrkräfte und Schülerinnen und Schüler in der Experimental- und Kontrollgruppe. Auf Ebene der Schülerinnen und Schüler wird deutlich, dass der Anteil mehrsprachiger Kinder in der Kontrollgruppe deutlich höher ausfällt als in den BiSS-Schulen. Die Eltern der Kinder aus der Experimentalgruppe hatten weiterhin im Vergleich zu den Eltern der Kontrollgruppe bedeutsam höhere schulische beziehungsweise berufliche Abschlüsse.

3   Ergebnisse

3.1   Forschungsfrage 1: Wie zufrieden waren die Verantwortlichen in den von Eva-Prim evaluierten Verbünden mit BiSS?

Alle vier in Eva-Prim evaluierten Verbünde ordnen sich dem BiSS-Modul P1 zu (»Gezielte sprachliche Bildung in fachlichen und alltäglichen Kontexten«). Die relativ allgemeine Vorgabe, dass hier Sprachbildung alltäglich oder fachlich, in den Fächern oder außerunterrichtlich stattfinden konnte, führte zu uneinheitlicher Schwerpunktsetzung in den Verbünden. Übereinstimmend fußten die Konzepte der Verbünde aus der Sicht der Verbundkoordinatorinnen und -koordinatoren in erster Linie auf der Vermittlung von relevanten Inhalten im Rahmen von Fortbildungen. Meist wurden alle an BiSS teilnehmenden Lehrkräfte mit ausführlichen Materialien zum Thema Sprachbildung ausgestattet oder die Lehrkräfte erarbeiteten selbst eigenes Material und reflektierten den Einsatz neuer Sprachfördermethoden im Unterricht.

Aus den Interviewaussagen der Koordinatorinnen und Koordinatoren (K) wurden unter der Kategorie »Gelungenes« übereinstimmende positive Aspekte zusammengefasst. Zu jedem MZP äußern die Koordinatorinnen und Koordinatoren dabei überwiegend Begeisterung und Engagement. Die Interviewaussagen zeigen die positive Einschätzung, dass in BiSS versucht wurde, einen Überblick über gute Angebote zur Sprachbildung deutschlandweit zu bündeln und zu bewerten. Auch der gegenseitige Austausch durch länderübergreifende Treffen und Veranstaltungen, in denen konkrete Projekte vorgestellt und Kontakte geknüpft werden, wurde positiv gesehen. Insgesamt wurde konstatiert, dass durch BiSS Dinge in Bewegung gekommen sind. Als gewinnbringend wurde von den Verbundkoordinatorinnen und -koordinatoren auch die Evaluation selbst eingeschätzt, die durch die persönliche Rückmeldung den Lehrkräften und den Schulen konkrete Entwicklungsmöglichkeiten aufzeigte.

Unter der Kategorie »Verbesserungsvorschläge« wurde zusammengefasst, warum die Schulen mitunter auch skeptisch gegenüber BiSS waren oder ihr anfängliches Engagement zurückfuhren. Genannt wurden dabei strukturelle und durchaus verständliche Einschränkungen, etwa »Personelle Ressourcenknappheit, Schwangerschaften, Ausscheiden aus dem Dienst« (K2, V2, MZP2). Verbesserungsvorschläge zielten in erster Linie auf Weiterführung und Transfer. Dabei ging es nicht nur um eine reine Verlängerung des BiSS-Programms, sondern um eine Ausweitung der eigenen Arbeit in der Sprachbildung auf andere Bereiche. Hierbei wurden zum Beispiel »Sprachförderung und Migration« (K1, V3, MZP3), »Ausweiten auf Sekundarstufe 1« (K1, V4, MZP3) oder »Digitalisierung und Blended Learning« (K2, V2, MZP3) genannt.

In V2 zeigten sich Zweifel an der Bottom-Up-Strategie der BiSS-Initiative, da die Lehrkräfte und Koordinatorinnen und Koordinatoren aufgrund ihrer hohen Arbeitsbelastung nicht genügend Freiräume hätten, hier entwickelnd tätig zu werden. Dabei war den Koordinatorinnen und Koordinatoren durchaus bewusst, dass eine Verordnung sprachbildender Maßnahmen »von oben« auch keine zufriedenstellende Lösung darstellt:

> Naja, wegen dieser bildungsföderalen Struktur kann eigentlich BiSS kaum Top-Down machen. Das ist nämlich das Dilemma. Ich mein, da stehen die. Ich mein, wie du sagst, man müsste einen Mix machen. (K3, MZP3, V2)

Es zeigt sich also, dass eine gelingende Implementation ohne Anleitung und Unterstützung mühsam ist. Wünschenswert wäre, dass Verantwortlichkeiten geklärt werden und die Einführung der Maßnahmen etwa auch durch (personal)strukturelle Entscheidungen unterstützt wird, so die Ansicht der Koordinatorinnen und Koordinatoren.

3.2 Forschungsfrage 2: Welche Kompetenzen beziehungsweise Kompetenzentwicklungen auf Lehrkraft- und Schülerinnen- und Schülerebene zeigten sich im Evaluationszeitraum?

Lehrkräfte – Professionswissen

Zum zweiten Messzeitpunkt erreichten die BiSS-Lehrkräfte im Test zum Professionswissen im Bereich der Sprachförderung (FaWi-S) im Durchschnitt 19.65 Punkte ($SD = 3.44$) von 34 möglichen Punkten (▶ Tab. 6.4). Bei der Kurzskala zum mathematikdidaktischen Wissen (FaWi-M) waren 8 Punkte erreichbar. Im Durchschnitt erzielten die BiSS-Lehrkräfte etwas mehr als die Hälfte der Punkte ($M = 4.54$, $SD = 1.54$). Sowohl die Items des FaWi-S als auch die des FaWi-M wurden von externen Expertinnen und Experten durchwegs als sehr berufsrelevant eingestuft.

Tab. 6.4: Deskriptive Mittelwerte *M* und Standardabweichungen *SD* im FaWi-S und FaWi-M für den 2. und 3. Messzeitpunkt

	FaWi-S		FaWi-M	
	2. MZP *N, M (SD)*	**3. MZP** *N, M (SD)*	**2. MZP** *N, M (SD)*	**3. MZP** *N, M (SD)*
V1 Sprache in alltäglichen und fachlichen Kontexten	$N = 30$ 19.23 (3.18)	$N = 34$ 19.37 (2.78)	$N = 30$ 4.44 (1.80)	$N = 34$ 4.93 (1.54)
V2 Kooperative Sprachbildung in Grundschule und Hort	$N = 14$ 21.38 (2.93)	$N = 17$ 21.31 (2.32)	$N = 14$ 4.38 (1.29)	$N = 17$ 4.81 (1.70)
V3 Sprachbildung in Grundschulen	$N = 22$ 20.68 (2.73)	$N = 9$ 20.42 (2.15)	$N = 21$ 4.83 (1.34)	$N = 10$ 4.56 (1.72)
V4 Sprache im Mathematikunterricht	$N = 16$ 17.50 (4.09)	$N = 4$ 18.50 (6.75)	$N = 16$ 4.51 (1.52)	$N = 4$ 5.31 (1.63)
BiSS gesamt	$N = 82$ 19.65 (3.44)	$N = 64$ 19.98 (3.00)	$N = 81$ 4.54 (1.54)	$N = 65$ 4.87 (1.58)
Kontrollgruppe	$N = 4$ 19.38 (4.48)	$N = 3$ 14.74 (7.85)	$N = 4$ 4.71 (1.97)	$N = 2$ 4.80 (2.83)

Anmerkungen. Dargestellt werden die Ergebnisse aller Lehrkräfte, die jeweils am zweiten oder dritten MZP am FaWi-S bzw. FaWi-M teilgenommen haben. Die Stichprobengröße unterscheidet sich daher zu den unterschiedlichen Messzeitpunkten. Zum ersten MZP erfolgte keine Testung der Lehrkräfte.

Wie in Tabelle 6.4 zu sehen ist, variierte das Professionswissen der Lehrkräfte zwischen den Verbünden relativ stark. Für die folgenden längsschnittlichen Analysen wurden jeweils nur diejenigen Lehrkräfte betrachtet, die an beiden Messzeitpunkten teilgenommen haben. Diese parallele Stichprobe bestand aus $N = 46$ (FaWi-S) bzw. $N = 45$ (FaWi-M) Lehrkräften. Aufgrund der geringen Stichprobengröße bei der Kontrollgruppe wurden keine statistischen Analysen für diese Lehrkräfte gerechnet. Für die BiSS-Lehrkräfte ergab sich kein signifikanter Unterschied bezüglich des Professionswissens im Bereich der Sprachförderung ($N = 46$; MZP2: $M = 19.63$, $SD = 3.70$, MZP3: $M = 19.92$, $SD = 3.09$; $d = 0.07$), allerdings ein signifikanter Zuwachs im mathematikdidaktischen Wissen vom zweiten zum dritten MZP ($N = 45$; MZP2: $M = 4.27$, $SD = 1.78$, MZP3: $M = 4.92$, $SD = 1.68$; $d = 0.39$). Es ist aber festzuhalten, dass das primäre Zielkriterium von BiSS (wie von Schule überhaupt) natürlich die Steigerung der Kompetenzen aufseiten der Schülerinnen und Schüler ist.

Lehrkräfte: Konkrete Umsetzung von Sprachbildung im Mathematikunterricht (Video)

Der Fokus der Videoanalyse (Schulte, 2020) lag auf (der Förderung von) Diskursfunktionen. Insgesamt wurden acht Stunden von acht Lehrkräften am zweiten MZP und zwei Stunden von zwei Lehrkräften am dritten MZP videografiert.

Zunächst wurden die Redeanteile der Lehrkräfte und der Schülerinnen und Schüler in Plenumsphasen (Klassenunterricht, keine Einzel- oder Gruppenarbeit) quantifiziert und gegenübergestellt. Die Daten weisen auf sehr lehrkraftzentrierte Diskurse hin: Die durchschnittliche Redebeitragsdauer der Lehrkräfte in Plenumsphasen umfasst 68.39 %, wohingegen die Schülerinnen und Schüler insgesamt nur zu 21.61 % zu Wort kommen (der Rest entfällt auf »Schweigen«). Diese starke verbale Dominanz der Lehrkräfte ließ sich nicht zuletzt auf deren Frageverhalten zurückführen.

Tab. 6.5: Absolute und prozentuale Häufigkeit der einzelnen Lehrkraftfragetypen hinsichtlich ihrer intendierten Diskursfunktion (Schulte, 2020, S. 345)

Kategorie	Absolute Häufigkeit	Prozentuale Häufigkeit
Identifikation von Fragen		
Gesamtanzahl von Fragen	804	100.00 %
Kategorisierung von Fragen		
Entscheiden	172	21.39 %
Benennen	313	38.93 %
Beschreiben	227	28.23 %
Vermuten	10	1.24 %
Berichten	17	2.11 %
Erklären/Begründen	51	6.34 %
Vorschlagen	7	0.87 %
Beurteilen	7	0.87 %

Bei durchschnittlich 60.32 % der in den Plenumsphasen identifizierten Lehrkraftfragen handelte es sich um *Entscheiden*- bzw. *Benennen*-Fragen (► Tab. 6.5), auf die der Output der Schülerinnen und Schüler erwartungsgemäß kurz ausfiel: Der durchschnittliche Anteil der Ein-Wort-Antworten nach *Entscheiden*-Fragen betrug 72.88 %, nach *Benennen*-Fragen 55.91 %. Den Schülerinnen und Schülern kam hier lediglich die Rolle des »Stichwortgebers« zu. Die in den Bildungsstandards für das Fach Mathematik im Primarbereich geforderten Diskursfunktionen des Beschreibens, Begründens und Vermutens (Ständige Konferenz der Kultusminister, 2005) hingegen wurden in der Unterrichtspraxis deutlich seltener eingefordert, hätten jedoch weitaus komplexere Sprechanlässe geboten. So wiesen 91.18 % der Antworten der Schülerinnen und Schüler nach Fragen, die auf Erklärungsprozesse abzielten, eine oder zwei minimale satzwertige[2] Einheiten auf und fielen somit deutlich umfangreicher aus als Antworten nach *Entscheiden*- oder *Benennen*-Fragen.

Aussagen zu Entwicklungen in diesem Bereich können leider kaum getroffen werden, da sich am dritten MZP nur noch zwei der bereits am zweiten MZP gefilmten Lehrkräfte aus beiden Verbünden für eine weitere Videografie zur Verfügung stellten. Umso bemerkenswerter war es, dass sich bereits aus diesen beiden Fällen exemplarisch deutliche Veränderungen im Frageverhalten der Lehrkräfte feststellen ließen. Aufgrund der vom Evaluationsteam gegebenen Rückmeldungen zur ersten videografierten Stunde zeigten beide Lehrkräfte vermehrt komplexere Sprachhandlungstypen, die umfangreichere Outputs von den Schülerinnen und Schülern erforderten. Die Wartezeit nach Lehrkraftfragen verlängerte sich bei diesen Lehrkräften ebenfalls deutlich und es zeigten sich vor allem auch starke Zuwächse im Redeanteil der Schülerinnen und Schüler in den Plenumsphasen. Diese Ergebnisse lassen die Schlussfolgerung zu, dass es sinnvoll sein könnte, den eigenen Unterricht im Hinblick auf sprachbildende Elemente zu reflektieren.

Schülerinnen und Schüler: Leistungsdaten

Zentrale Zielkriterien von BiSS waren die sprachlichen Fähigkeiten der Schülerinnen und Schüler. Tabelle 6.6 zeigt die zu den drei Messzeitpunkten erhobenen sprachlichen Kompetenzen (weiterhin wurden BiSpra am zweiten MZP und SLS noch am ersten MZP erhoben, diese Ergebnisse wurden aber nicht in Tabelle 6.6 aufgenommen).

Insgesamt unterschieden sich die Testleistungen an den einzelnen Messzeitpunkten zwischen den BiSS-Schülerinnen und -Schülern und denen der Kontrollgruppe nicht wesentlich. Die für den ersten und dritten MZP parallel reduzierte Stichprobe der Schülerinnen und Schüler der BiSS-Schulen ($N = 515$) zeigte eine Steigerung von im Mittel 19.10 Punkten ($SD = 4.46$) auf 20.97 Punkte ($SD = 4.14$). Regressionsanalysen für die Zuwächse in den BiSpra-Leistungen der BiSS-Schülerinnen und -Schüler vom ersten auf den dritten Messzeitpunkt unter Kontrolle des Migrationshintergrunds, des Intelligenzquotienten und des sozioökonomischen Status liefern einen signifikanten Zuwachs ($\beta = .39$, $SE = 0.03$, $p < .01$). Weitere Analysen zeigen für die BiSS-Schülerinnen und -Schüler (ebenfalls unter Kontrolle des Migrationshintergrunds, des Intelligenzquotienten und des sozioökonomischen Status) außerdem einen signifikanten Zuwachs in den Leistungen des neu entwickelten Testinstruments SAMT ($N = 528$; MZP2: $M = 2.58$, $SD = 0.50$, MZP3: $M = 2.77$, $SD = 0.53$; $\beta = .19$, $SE = 0.02$, $p < .01$), des SLS ($N = 498$; MZP2: $M = 92.61$, $SD = 15.09$, MZP3: $M = 95.52$, $SD = 17.62$; $\beta = .09$, $SE = 0.01$, $p < .01$) und des DEMAT (MZP1: $N = 489$; $M = 45.43$, $SD = 9.85$, MZP3: $M = 49.91$, $SD = 11.16$; $\beta = .39$, $SE = 0.03$, $p < .01$).

---

2 Eine satzwertige Einheit repräsentiert einen Satz bzw. übernimmt die Funktion eines Satzes.

Tab. 6.6: Deskriptive Mittelwerte und Standardabweichungen der Kompetenzen der Schülerinnen und Schüler für den 1., 2. und 3. Messzeitpunkt

| | BiSpra | | SAMT | | SLS | | DEMAT | | PPVT* | CFT* |
	1. MZP N, M (SD)	3. MZP N, M (SD)	2. MZP N, M (SD)	3. MZP N, M (SD)	2. MZP N, M (SD)	3. MZP N, M (SD)	1. MZP N, M (SD)	3. MZP N, M (SD)	1. MZP N, M (SD)	1. MZP N, M (SD)
V1 Sprache in alltäglichen und fachlichen Kontexten	N = 391 19.83 (4.40)	N = 292 21.43 (3.90)	N = 296 2.56 (0.49)	N = 290 2.71 (0.55)	N = 283 91.58 (15.10)	N = 289 95.26 (18.28)	N = 391 46.21 (10.58)	N = 286 50.48 (11.31)	N = 392 45.65 (7.11)	N = 393 95.94 (12.12)
V2 Kooperative Sprachbildung in Grundschule und Hort	N = 67 20.44 (4.51)	N = 54 24.02 (2.11)	N = 58 2.85 (0.53)	N = 56 3.12 (0.52)	N = 52 98.90 (17.37)	N = 55 102.33 (20.51)	N = 68 49.62 (8.64)	N = 55 54.49 (9.72)	N = 65 45.88 (7.88)	N = 69 97.65 (14.76)
V3 Sprachbildung in Grundschulen	N = 105 19.09 (4.61)	N = 86 20.08 (4.71)	N = 93 2.55 (0.52)	N = 85 2.78 (0.56)	N = 88 92.86 (13.33)	N = 85 94.95 (17.84)	N = 105 41.93 (10.11)	N = 86 50.07 (11.43)	N = 103 41.47 (9.66)	N = 107 98.17 (16.55)
V4 Sprache im Mathematikunterricht	N = 153 16.91 (4.20)	N = 135 19.00 (4.15)	N = 147 2.45 (0.42)	N = 140 3.86 (2.67)	N = 138 90.58 (15.04)	N = 137 93.38 (16.52)	N = 155 43.30 (8.86)	N = 134 46.41 (10.72)	N = 153 40.41 (7.98)	N = 157 99.57 (14.26)
BiSS gesamt	N = 716 19.16 (4.56)	N = 567 20.89 (4.20)	N = 594 2.56 (0.49)	N = 571 2.75 (0.54)	N = 561 92.21 (15.17)	N = 566 95.45 (18.15)	N = 719 45.28 (10.21)	N = 561 50.03 (11.34)	N = 713 43.94 (8.11)	N = 726 97.21 (14.12)
Kontrollgruppe	N = 234 17.53 (4.63)	N = 186 20.23 (4.35)	N = 199 2.49 (0.46)	N = 183 2.77 (0.46)	N = 196 92.93 (15.58)	N = 181 96.82 (17.29)	N = 288 46.83 (10.09)	N = 187 48.97 (12.10)	N = 231 40.40 (8.24)	N = 210 96.59 (14.84)

Anmerkungen. * PPVT und CFT dienen lediglich als Kovariate und wurden dementsprechend nur zum 1. MZP erhoben.

Die entsprechenden Zuwächse in der Kontrollgruppe waren – wieder unter Kontrolle des Migrationshintergrunds, des Intelligenzquotienten und des sozioökonomischen Status – allerdings überwiegend ebenfalls signifikant. Für eine explizite Zuschreibung der Lernzuwächse auf BiSS in den von Eva-Prim untersuchten Verbünden sind daher weitere Analysen erforderlich.

4 Wirksamkeit von BiSS: Fazit und Diskussion

Die Daten der vier sehr unterschiedlichen Verbünde ergaben folgendes Bild: Die Verbundkoordinatorinnen und -koordinatoren waren mit BiSS durchaus zufrieden. Es wurde konstatiert, dass durch BiSS »etwas in Gang gekommen« sei. Deutlich wurde, dass die Entwicklung und Umsetzung von Sprachbildungskonzepten in den Schulen reibungsloser gelingt, wenn die Länder das Bundesprogramm zusätzlich unterstützen.

Bei den Tests zum fachdidaktischen Wissen der Lehrkräfte wurde sowohl im Bereich der Sprachförderung als auch im Bereich der Mathematikdidaktik im Schnitt etwa die Hälfte der absoluten Punktzahl erreicht. Die Videostudie in einer Substichprobe zeigte eine hohe Dominanz der Lehrkräfte in den Sprachanteilen, die nicht zuletzt auf das sprachlich wenig herausfordernde Frageverhalten der Lehrkräfte zurückzuführen ist. In der untersuchten Teilstichprobe setzten die Lehrkräfte zu wenig kommunikative Anreize, um Schülerinnen und Schülern Möglichkeiten zum Erwerb bildungssprachlicher Kernkompetenzen anzubieten und somit auch ein tieferes konzeptuelles Verständnis für die mathematischen Fachinhalte anzubahnen (vgl. z. B. Prediger, 2013). Die Leistungen und Leistungsentwicklungen der Schülerinnen und Schüler waren gemessen an den Normstichproben der Tests für die jeweilige Altersstufe durchschnittlich. Ferner zeigten Schülerinnen und Schüler der BiSS-Verbünde ähnliche Leistungen wie die Kontrollgruppe.

Die Videografien zeigten, dass es den Lehrkräften in sehr unterschiedlichem Maß gelang, bei den Kindern sprachlich anspruchsvolle Äußerungen zu elizitieren. Lehrkräfte sollten möglichst oft Fragen stellen, die anspruchsvolle Antworten einfordern, wie Begründungen, Erklärungen und Vermutungen. Schon die Anhebung der Toleranz bei der Wartezeit, die Vermeidung von Ja-/Nein-Fragen und die Reduzierung von reinen *Benennen*-Fragen könnten hier zu einem Qualitätssprung in den entsprechenden bildungssprachlichen Kompetenzen der Schülerinnen und Schüler beitragen.

Wenn auch forschungsmethodische Einschränkungen für unsere Studie zu konstatieren sind, wie etwa die kleinen Stichproben (vor allem bei Lehrkräften, die die Tests wiederholt durchgeführt haben, und bei Lehrkräften in der Kontrollgruppe) oder die Einschränkungen durch das quasiexperimentelle Design mit Erhebungen im Feld sowie die unterschiedliche Intensität der Verbundarbeit, so konnte die Studie Skalen und Instrumente entwickeln, die auch zukünftig eingesetzt und optimiert werden und zur Evaluation sprachbildenden Mathematikunterrichts dienen können. Zudem konnten erste Hinweise auf mögliche positive Effekte der BiSS-Initiative erzielt werden: Die mathematischen Kompetenzen haben sich bei Lehrkräften wie auch bei Schülerinnen und Schülern gesteigert. Der Mathematikunterricht wird weiterhin durchaus auch als Sprachunterricht ernst genommen und die Schulen haben sich hier auf den Weg gemacht. Dies ist auch der Eindruck aus den Befragungen der Schulleitungen, Koordinatorinnen und Koordinatoren. Die Videografie und der positive Effekt der Rückmeldung geben einen Hinweis darauf, dass gezieltes Videofeedback nachhaltig wirken kann. Am Beispiel der vorliegenden Fälle wird deutlich, dass die Videografie zusammen mit einem individuellen Feedback ein adäquates Mittel zur Verbesserung von sprachbildendem Verhalten im Unterricht darstellen könnte.

Literatur

Baumert, J., Blum, W., Brunner, M., Dubberke, T., Jordan, A., Klusmann, U., Krauss, S., Kunter, M., Löwen, K., Neubrand, M. & Tsai, Y. M. (2009). *Professionswissen von Lehrkräften, kognitiv aktivierender Mathematikunterricht und die Entwicklung von mathematischer Kompetenz (COACTIV): Dokumentation der Erhebungsinstrumente.* Berlin: Max-Planck-Institut für Bildungsforschung.

Bescherer, C. & Papadopoulou-Tzaki, P. (2017). Podcasts in second language mathematics teaching as an instrument for measuring teachers' language awareness. In J. Moschkovich, D. Wagner, A. Bose, J. Rodrigues Mendes & M. Schütte (Eds.). *Language and communication in mathematics education. International perspectives* (ICME-13 Monographs). Cham: Springer.

Blömeke, S., Kaiser, G. & Lehmann, R. (Hrsg.). (2010). *TEDS-M 2008 – Professionelle Kompetenz und Lerngelegenheiten angehender Primarstufenlehrkräfte im internationalen Vergleich.* Münster: Waxmann.

Bochnik, K. & Ufer, S. (2016). Die Rolle (fach-)sprachlicher Kompetenzen zur Erklärung mathematischer Kompetenzunterschiede zwischen Kindern mit deutscher und nicht-deutscher Familiensprache. *Zeitschrift für Grundschulforschung, 9*(1), 135–147.

Bos, W., Wendt, H., Ünlü, A., Valtin, R., Euen, B., Kasper, D. & Tarelli, I. (2012). Leistungsprofile von Viertklässlerinnen und Viertklässlern in Deutschland. In W. Bos, I. Tarelli, A. Bremerich-Vos & K. Schwippert (Hrsg.), *IGLU 2011. Lesekompetenzen von Grundschulkindern in Deutschland im internationalen Vergleich* (S. 227–259). Münster: Waxmann.

Erath, K., Prediger, S. & Weinert, H. (2019). Erfassung von Interaktionsqualität zur Erklärung der Wirksamkeit von fach- und sprachintegrierten Förderungen. *Beiträge zum Mathematikunterricht 2019.* Münster: WTM.

Heppt, B., Stanat, P., Dragon, N., Berendes, K. & Weinert, S. (2014). Bildungssprachliche Anforderungen und Hörverstehen bei Kindern mit deutscher und nicht-deutscher Familiensprache. *Zeitschrift für Pädagogische Psychologie, 28*(3), 139–149.

Hill, H., Rowan, B. & Ball, D. (2005). Effects of teachers' mathematical knowledge for teaching on student achievement. *American Educational Research Journal, 42*(2), 341–406.

Hugener, I. (2006). Überblick über die Beobachtungsinstrumente. In E. Klieme, I. Hugener, Ch. Pauli-Friesdorf & K. Reusser (Hrsg.), *Dokumentation der Erhebungs- und Auswertungsinstrumente zur schweizerisch-deutschen Videostudie »Unterrichtsqualität, Lernverhalten und mathematisches Verständnis«* (Materialien zur Bildungsforschung, Bd. 15, S. 45–54). Frankfurt am Main: DIPF.

Kirschner, S., Sczudlek, M., Tepner, O., Borowski, A., Fischer, H., Lenske, G., Leutner, D., Neuhaus, B. J., Sumfleth E., Thillmann, H. & Wirth, J. (2017). ProwiN. Professionswissen in den Naturwissenschaften. In C. Gräsel und K. Trempler (Hrsg.), *Entwicklung von Professionalität pädagogischen Personals* (S. 113–130). Wiesbaden: Springer VS.

Krajewski, K., Liehm, S. & Schneider, W. (2004). *Deutscher Mathematiktest für zweite Klassen.* Göttingen: Beltz Test.

Krauss, S. & Bruckmaier, G. (2014). Das Experten-Paradigma in der Forschung zum Lehrerberuf. In E. Terhart, H. Bennewitz, M. Rothland. *Handbuch der Forschung zum Lehrerberuf* (2., überarb. und erw. Aufl., S. 241–261). Münster: Waxmann.

Krauss, S., Lindl, A., Schilcher, A., Fricke, M., Göhring, A., Hofmann, B., Kirchhoff, P. & Mulder, R. H. (Hrsg.). (2017). *FALKO. Fachspezifische Lehrerkompetenzen. Konzeption von Professionswissenstests in den Fächern Deutsch, Englisch, Latein, Physik, Musik, Evangelische Theologie und Pädagogik.* Münster: Waxmann.

Kunter, M., Baumert, J., Blum, W., Klusmann, U., Krauss, S. & Neubrand, M. (Hrsg.). (2011). *Professionelle Kompetenz von Lehrkräften – Ergebnisse des Forschungsprogramms COACTIV.* Münster: Waxmann.

Leisen, J. (2010). *Handbuch Sprachförderung im Fach. Sprachsensibler Fachunterricht in der Praxis.* Bonn: Varus.

Leiss, D., Plath, J. & Schwippert, K. (2019*). Language and mathematics. Key factors influencing the comprehension process in reality-based tasks. Mathematical thinking and learning.* Münster: Waxmann.

Lenhard, A., Lenhard, W., Segerer, R. & Suggate, S. (2015). *Peabody Picture Vocabulary Test* (L. M. Dunn & D. M. Dunn, 4. Aufl.). Frankfurt: Pearson.

Leutner, D., Klieme, E., Meyer, K. & Wirth, J. (2004). Problemlösen. In M. Prenzel, J. Baumert, W. Blum, R. Lehmann, D. Leutner, M. Neubrand, R. Pekrun, H.-G. Rolff, J. Rost & U. Schiefele (Hrsg.), *PISA 2003. Der Bildungsstand der Jugendlichen in Deutschland? Ergebnisse des zweiten internationalen Vergleichs* (S. 147–175). Münster: Waxmann.

Li, M. (2015). *Zweitsprachförderung im frühen naturwissenschaftlichen Lernen. Linguistisch hochwertige Formate und interaktive Elemente in der Unterrichtskommunikation.* Wuppertal: Beltz.

Lotz, M., Lipowsky, F. & Faust, G. (Hrsg.). (2013). Dokumentation der Erhebungsinstrumente des Projekts »Persönlichkeits- und Lernentwicklung von Grundschulkindern« (PERLE). 3. Technischer Bericht zu den PERLE-Videostudien. *Materialien zur Bildungsforschung.* Verfügbar unter: http://www.pedocs.de/volltexte/2013/7702/pdf/MatBild_Bd23_3.pdf [14.01. 2019].

Mayring, P. (2015). *Qualitative Inhaltsanalyse. Grundlagen und Techniken* (12., überarb. Aufl.). Weinheim: Beltz.

Merkert, A. (2017). SAMT: Sprachliche Ausdrucksfähigkeit in Mathematik – eine Ratingskala zur Messung der schriftsprachlichen Kompetenzen von Dritt- und Viertklässlern. In U. Kortenkamp & A. Kuzle (Hrsg.), *Beiträge zum Mathematikunterricht 2017* (S. 653–656). Münster: WTM.

Merkert, A. (2019). *Sprachliche Ausdrucksfähigkeit in Mathematik – Konzeption eines diagnostischen Instruments zur Messung der schriftlichen Kompetenzen von Dritt- und Viertklässlern (SAMT).* Manuskript in Vorbereitung.

Merkert, A. & Wildemann, A. (2019). Diagnose sprachlicher Kompetenzen im Mathematikunterricht der Grundschule – Entwicklung und Pilotierung eines diagnostischen Instruments. In B. Ahrenholz, S. Jeuk, B. Lütke, J. Paetsch & H. Roll (Hrsg.), *Fachunterricht, Sprachbildung und Sprachkompetenzen.* Berlin: De Gruyter Mouton.

Meyer, M. & Tiedemann, K. (2017). *Sprache im Fach Mathematik.* Berlin: Springer Spektrum.

Prediger, S. (2013). Darstellungen, Register und mentale Konstruktion von Bedeutungen und Beziehungen. Mathematikspezifische sprachliche Herausforderungen identifizieren und bearbeiten. In M. Becker-Mrotzek, K. Schramm, E. Thürmann & H.-J. Vollmer (Hrsg.), *Sprache im Fach* (S. 167–183). Münster: Waxmann.

Prediger, S. (2018). Design-Research in der gegenstandsspezifischen Professionalisierungsforschung. Ansatz und Einblicke in Vorgehensweisen und Resultate am Beispiel ›Sprachbildend Mathematik unterrichten lernen‹. In T. Leuders, E. Christophel, M. Hemmer, F. Korneck & P. Labudde (Hrsg.), *Fachdidaktische Forschung zur Lehrerbildung* (S. 11–34). Münster: Waxmann.

Prediger, S., Gürsoy, E., Benholz, C., Renk, N. & Büchter, A. (2015). Sprachliche und konzeptuelle Hürden in Prüfungsaufgaben zur Mathematik. *Bundesamt für Migration und Flüchtlinge. Deutsch als Zweitsprache, 1*, 14–24.

Riebling, L. (2013). Sprachbildung im naturwissenschaftlichen Unterricht. Eine Studie im Kontext migrationsbedingter sprachlicher Heterogenität. Münster: Waxmann.

Roick, T., Gölitz, D. & Hasselhorn, M. (2004). *Deutscher Mathematiktest*. Göttingen: Beltz Test.

Schilcher, A., Binder, K., Krauss, S., Schulte, M., Rank, A., Deml, I. & Hilbert, S. (2020). FaWi-S – Eine psychometrische Testkonstruktion zum didaktischen Wissen von Grundschullehrkräften in Bezug auf Sprachförderung im Projekt Eva-Prim. In K. Mackowiak, C. Beckerle, S. Gentrup & C. Titz (Hrsg.), *Forschungsinstrumente im Kontext institutioneller (schrift-)sprachlicher Bildung* (S. 33–53). Bad Heilbrunn: Klinkhardt.

Schilcher, A., Röhrl, S. & Krauss, S. (2017). Sprache im Mathematikunterricht – Eine Bestandsaufnahme des aktuellen didaktischen Diskurses. In D. Leiss, M. Hagena, A. Neumann & K. Schwippert (Hrsg.), *Mathematik und Sprache. Empirischer Forschungsstand und unterrichtliche Herausforderungen* (S. 11–42). Münster: Waxmann.

Schulte, M. (2020). Bildungssprachliche Anregungsqualität im Fachunterricht. Videoanalysen zur sprachlich-kognitiven Aktivierung durch Lehrkraftfragen. Berlin: J. B. Metzler.

Schulte, M., Merkert, A., Schilcher, A., Bien-Miller, L., Lenske, G., Wildemann, A., Binder, K., Rank, A. & Deml, I. (2019). FaWi-S: Testinstrument zur Erfassung des sprachförderlichen Wissens von Grundschullehrkräften. In K. Mackowiak, C. Beckerle, S. Gentrup & C. Titz (Hrsg.), *Instrumente zur Erfassung institutioneller (schrift-)sprachlicher Bildung* (Online-Anhang). Bad Heilbrunn: Klinkhardt. Verfügbar unter: https://doi.org/10.35468/5801_03.

Shulman, L. (1987). Knowledge and teaching: Foundations of the new reform. *Harvard Educational Review, 57*, 1–22.

Ständige Konferenz der Kultusminister der Länder in der Bundesrepublik Deutschland (2005). *Bildungsstandards im Fach Mathematik für den Primarbereich. Beschluss vom 15.10.2004.* Verfügbar unter http://www.kmk.org/fileadmin/Dateien/veroeffentlichungen_beschluesse/2004/2004_10_15-Bildungsstandards-Mathe-Primar.pdf [23.05.2018].

Tiedemann, K. (2017). Beschreibungen im Prozess. In D. Leiss, M. Hagena, A. Neumann & K. Schwippert (Hrsg.), *Mathematik und Sprache* (S. 63–80). Münster: Waxmann.

Voss, T., Kunina-Habenicht, O., Hoehne, V. & Kunter, M. (2015). Stichwort Pädagogisches Wissen von Lehrkräften: Empirische Zugänge und Befunde. *Zeitschrift für Erziehungswissenschaft, 18*(2), 187–223.

Weiß, R. H. & Osterland, J. (2013). *CFT 1-R. Grundintelligenztest Skala 1 – Revision*. Göttingen: Hogrefe.

Wimmer, H. & Mayringer, H. (2014). *SLS 2-9. Salzburger Lese-Screening für die Schulstufen 2–9*. Bern: Hogrefe.

Kapitel 7:
Das Projekt »Förderung der Bildungssprache Deutsch in der Primarstufe: Evaluation, Optimierung & Standardisierung von Tools im BiSS-Projekt« (BiSS-EOS) – Ergebnisse und Erfahrungen aus drei Projektjahren

Miriam Vock, Anna Gronostaj, Michael Grosche, Ute Ritterfeld, Birgit Ehl, Nadine Elstrodt-Wefing, Eva Kalinowski, Michélle Möhring, Michèle Paul, Anja Starke & Nicole Zaruba[1]

Im Verbundprojekt BiSS-EOS dreier Gruppen von Wissenschaftlerinnen und Wissenschaftlern aus den Universitäten Potsdam, Wuppertal und Dortmund wurden in den Jahren 2015 bis 2018 vier Grundschulverbünde in ihren BiSS-Projekten wissenschaftlich begleitet. Die Grundschulverbünde hatten sich die Weiterentwicklung gezielter sprachlicher Bildung in alltäglichen und fachlichen Kontexten (BiSS-Modul P1) an ihren Schulen vorgenommen. Dabei wurden – je nach Verbund mit deutlich unterschiedlichen Schwerpunktsetzungen und Inhalten – Tools für die Diagnostik, die Förderung und die Lehrkräfteprofessionalisierung in der Praxis erprobt. In BiSS-EOS setzten wir auf eine formative Prozessevaluation der Implementationsqualität der verschiedenen Tools. Im vorliegenden Beitrag wird über das ursprünglich vorgesehene Evaluationsdesign und die im Projektverlauf notwendigen Anpassungen sowie über zentrale Ergebnisse aus der Begleitforschung berichtet. Die Erfahrungen mit dieser Form des wissenschaftlichen Vorgehens in der Schulpraxis werden beschrieben und vor dem Hintergrund von Erkenntnissen der Implementations- und Evaluationsforschung reflektiert.

1   Konzept und Entwicklungsstand der Verbünde

Das Projekt »Förderung der Bildungssprache Deutsch in der Primarstufe: Evaluation, Optimierung & Standardisierung von Tools im BiSS-Projekt« (BiSS-EOS[2], 2015–

---

1   Die wissenschaftlichen Mitarbeiterinnen aus BiSS-EOS sind in alphabetischer Reihenfolge nach der Projektleitung aufgeführt.
2   Das dieser Publikation zugrundeliegende Vorhaben wurde mit Mitteln des Bundesministeriums für Bildung und Forschung unter den Förderkennzeichen 01JI1501A, 01JI1501B und 01JI1501C gefördert. Die Verantwortung für den Inhalt dieser Veröffentlichung liegt bei den Autorinnen und Autoren.

2018) hatte die Aufgabe, die Entwicklungsarbeiten von an BiSS teilnehmenden Grundschulverbünden wissenschaftlich zu begleiten und formativ zu evaluieren. Ziel war es dabei, einige der von den Schulen erstellten Materialien und Konzepte mithilfe formativer Evaluation, Optimierung und Standardisierung gemeinsam sukzessive so weiterzuentwickeln, dass auch andere Schulen mit ihnen wirksam arbeiten können. Die Phasen der Evaluation und Optimierung dienten der inhaltlichen Verbesserung der Materialien und Konzepte, die anschließende Phase der Standardisierung erschien nötig, um in möglichen Folgeprojekten auch summative Wirksamkeitsprüfungen durchführen zu können.

Bei den Schulverbünden handelte es sich um jeweils mehrere Grundschulen, die sich regional zusammengeschlossen hatten, um die Weiterentwicklung von gezielter sprachlicher Bildung an ihren Schulen zu planen und mit eigens konzipierten Programmen umzusetzen und zu verbessern. Die Schulverbünde setzten dafür ganz unterschiedliche, im Rahmen von BiSS sogenannte Tools (also Konzepte, Methoden oder Instrumente) für die *(1) Diagnostik der Sprachstände, (2) Förderung der sprachlichen Fähigkeiten der Kinder* und *(3) Professionalisierung der Lehrkräfte für die Förderung der Bildungssprache* ein. Im Folgenden skizzieren wir zunächst die Ausgangslage in den Verbünden zum Projektstart Anfang 2015.

Verbund A: An diesem Verbund waren fünf Grundschulen beteiligt, in denen jeweils sowohl Diagnostik und Förderung als auch Professionalisierung der Lehrkräfte Inhalte ihrer Verbundarbeit waren. Als Diagnostikinstrument nutzten die Lehrkräfte die »Profilanalyse nach Grießhaber« (2013), sie schätzten jedoch sowohl die Handhabung als auch die Aussagekraft des Instruments als nicht befriedigend ein und wünschten sich daher von der begleitenden Evaluation Unterstützung. Für Bedarfsanalysen der Sprachförderung wurde in Verbund A der Planungsrahmen, ein Instrument zur sprachsensiblen Unterrichtsplanung (Quehl & Trapp, 2013), eingesetzt. Die Sprachförderung erfolgte in allen Jahrgangsstufen entweder im Sachunterricht oder fächerübergreifend mithilfe des *Scaffolding* (Gibbons, 2002) bzw. der *Methode der Generativen Textproduktion* (Belke, 2008). Das im Verbund vorhandene Fördermaterial wurde von den Lehrkräften zum Teil als noch nicht hinreichend praxistauglich eingeschätzt, weshalb auch hier der Wunsch nach Unterstützung bei der Erarbeitung von Materialien geäußert wurde. Die Lehrkräfte wurden im Rahmen der Qualifizierungsmaßnahme »Sprachschätze« (Bainski, Trapp & Kaiser Trujillo, n. d.) fortgebildet. An den Verbundschulen wurden Professionelle Lerngemeinschaften gegründet, die die Umsetzung der Maßnahmen in den Schulen vorantreiben sollten.

Verbund B: Zu diesem Verbund gehörten drei Grundschulen und sieben Sekundarschulen[3], in denen die Themen Förderung, Professionalisierung und der Übergang von der Primar- zur Sekundarschule fokussiert wurden. Wesentliches Ziel der Verbundarbeit war eine durchgängige Sprachbildung über die Schulstufen hinweg. Eine strukturierte, für den Verbund einheitliche Sprachdiagnostik gab es zunächst nicht, im weiteren Verlauf der Verbundarbeit wurden jedoch Instrumente zur Diagnostik von Lesefähigkeiten erprobt. Für die Sprachförderung kooperierte der Ver-

---

3 Die Sekundarschulen des Verbunds waren nicht im Fokus von BiSS-EOS.

bund mit dem Projekt ProDaZ der Universität Duisburg-Essen. Dabei wurden zusammen mit den Schulen sprachsensible Unterrichtsreihen für Mathematik und den naturwissenschaftlichen Unterricht der Klassenstufe 4 und für den Übergang in die Sekundarstufe entwickelt. Die Professionalisierung der Lehrkräfte fand im Rahmen von Arbeitstreffen und Workshops statt.

Verbund C: An diesem Verbund, der seinen Schwerpunkt auf die Professionalisierung legte, waren ursprünglich acht Grundschulen beteiligt, die mit der Fortbildung »Sprache RP«, basierend auf dem Fortbildungskonzept »Mit Kindern im Gespräch« (Kammermeyer et al., 2017; Kammermeyer, Roux, King & Metz, 2014) fortgebildet wurden. In den Jahren 2014 bis 2016 durchliefen insgesamt etwa 50 Lehrkräfte die einjährige Fortbildung. Zwar wurden sprachförderliche Maßnahmen innerhalb und außerhalb des Unterrichts durchgeführt, jedoch noch nicht im Sinne eines systematischen und evaluierbaren Vorgehens. Diagnostik war kein Bestandteil der Verbundarbeit.

Verbund D: Der Verbund aus sechs Grundschulen wurde im Dezember 2015 (ein knappes Jahr nach Projektstart von BiSS-EOS) als Ersatz für einen ausgeschiedenen Verbund in das Evaluationsprojekt aufgenommen. Ziel der Verbundarbeit war es, fachspezifische Ansätze der alltagsintegrierten Sprachbildung zu entwickeln und zu erproben. Diagnostik war kein systematischer Teil der Verbundarbeit. Im Bereich Förderung wurde unter anderem eine von den Lehrkräften vorbereitete Unterrichtsreihe in Deutsch und Sachkunde geplant und durchgeführt. Professionalisierung der Lehrkräfte erfolgte im Verbund im Rahmen von Workshops, in denen es zunächst vor allem um den Schreibprozess ging.

Insgesamt zeigte sich, dass die Verbundarbeit zum Projektstart von BiSS-EOS in den Schulverbünden sehr unterschiedlich war und die eingesetzten Maßnahmen heterogen und zunächst wenig standardisiert waren. Auch konzeptuell fand sich zunächst keine Kongruenz; verschiedene Verbünde definierten sprachliche Förderung und Diagnostik unterschiedlich. Für die wissenschaftliche Begleitung bedeutete dies, dass die Arbeit sehr flexibel an die Situation der einzelnen Schulverbünde anzupassen war.

Zu Beginn der Verbundarbeit wurde die Zielsetzung der Evaluation zwischen den Verbünden und den Wissenschaftlerinnen und Wissenschaftlern abgestimmt. Anfangs gingen die Vorstellungen hierzu teilweise auseinander und es musste zunächst eine vertrauensvolle Kommunikation und gemeinsame Arbeitsbasis entwickelt werden, um Datenerhebungen im Klassenzimmer durchführen zu können, was häufige persönliche Gespräche und viel Zeit erforderte.

2 Evaluationsdesign und Fragestellungen

Ausgangspunkt für unsere wissenschaftliche Begleitung waren die in den Verbünden bereits genutzten Tools für die Diagnostik, Förderung und Professionalisierung. In einem ersten Schritt unterzogen wir die Tools einer Konzeptevaluation. Wir wollten damit untersuchen, ob die in den Verbünden eingesetzten Tools *prinzipiell*, vor dem Hintergrund des bisherigen Forschungsstands, wirksam sein könnten. Beispielsweise analysierten wir die Professionalisierungstools daraufhin, inwiefern sie bekannte Merkmale wirksamer Lehrkräftefortbildungen (z. B. Lipowsky, 2010) aufwiesen. Als nächstes wurden die Tools – soweit möglich – empirisch untersucht. Dabei stand die Frage der Implementationsqualität (O'Donnell, 2008; Sanetti & Kratochwill, 2009) im Fokus. Unter den gegebenen Projektbedingungen war eine strenge Wirksamkeitsprüfung der Tools weder vorgesehen noch konzeptuell möglich. Je nachdem, wie stark die eingesetzten Tools bereits hinreichend dokumentiert und damit standardisiert vorlagen, sollten stattdessen Fragen der Umsetzbarkeit und der Umsetzungstreue der Tools untersucht werden. Da wir davon ausgingen, dass die Verbünde bisher nur über wenig standardisierte Instrumente verfügten, setzten wir auf eine »symbiotische Implementationsstrategie« (Gräsel & Parchmann, 2004), bei der Wissenschaftlerinnen und Wissenschaftler die Tools weder einfach nur vorgeben noch von den Schulen entwickelte Ansätze lediglich evaluieren, sondern bei der die Tools gemeinsam von Wissenschaft und Schule auf Basis der Praxiserfahrungen sukzessive verbessert werden. Hierzu meldeten wir unsere Beobachtungen und Evaluationsbefunde aus den Teilstudien fortlaufend an die Verbünde zurück und reflektierten sie gemeinsam. Ursprünglich war geplant gewesen, dass die Verbünde nach solchen Reflexionen die überarbeiteten Tools erneut einsetzen, um sie in der Praxis überprüfen zu können, und die Tools so mehrere Überarbeitungsschleifen durchlaufen würden. Dieses iterative Vorgehen ließ sich aber aufgrund der deutlich langwierigeren Prozesse nur sehr eingeschränkt umsetzen.

Die *Diagnostiktools* wurden zusätzlich auf die klassischen Testgütekriterien (Objektivität, Reliabilität und Validität), auf ihre Aussagekraft und auf ihre Akzeptanz bei den Lehrkräften untersucht. Die *Sprachfördertools* sollten dokumentiert und daraufhin untersucht werden, wie gut sie implementiert wurden. Auch die Entwicklung von Unterrichtsmaterialien im Mathematik- und Sachunterricht mit sprachförderlichen Inhalten wurde prozessbegleitend evaluiert. Hinsichtlich der *Professionalisierungstools* untersuchten wir etwa auf Basis von Selbstaussagen der Lehrkräfte (Tagebuchstudie) und über die Analyse von Verhaltensstichproben (videografierte Bilderbuchbetrachtung), ob Lehrkräfte nach einer mehrmonatigen Fortbildungsphase die sprachlichen Fähigkeiten der Schülerinnen und Schüler häufiger und fachlich besser förderten als vor bzw. ohne eine Fortbildung.

3 Zentrale Ergebnisse

3.1 Ergebnisse zur Diagnostik

Die Bestandsaufnahme der in den Verbünden verwendeten sprachdiagnostischen Instrumente zeigte, dass der Verbund A mit der *Profilanalyse nach Grießhaber* (2013) arbeitete, die anderen Verbünde jedoch keine systematische Sprachdiagnostik durchführten. Da in BiSS-EOS ausschließlich die Weiterarbeit an bereits angewendeten diagnostischen Verfahren zuwendungsfähig war, konnten wir nur die Profilanalyse evaluieren, optimieren und standardisieren. Die Profilanalyse ist ein Instrument zur Erfassung des grammatischen Sprachstands von ein- und mehrsprachigen Schülerinnen und Schülern hinsichtlich der Stellung des finiten Verbs. Dazu verwenden Lehrkräfte mündliche oder schriftliche Äußerungen ihrer Schülerinnen und Schüler, wobei mündliche Äußerungen aufgezeichnet und anschließend transkribiert werden müssen. Lehrkräfte ordnen jeder sprachlichen Äußerung anhand ihrer Verbstellung eine grammatische Profilstufe zu (z. B. Stufe 1: Hauptsätze mit Verbzweitstellung und Verbflexion, oder Stufe 4: Nebensätze mit einer Konjunktion, Verbendstellung und Verbflexion). Die höchste mindestens dreimal von einem Kind gezeigte Profilstufe wird als erreichte Erwerbsstufe interpretiert.

Die theoretische Auseinandersetzung mit der Profilanalyse in der Konzeptevaluation ließ bereits Zweifel aufkommen, ob das Instrument die klassischen Testgütekriterien erfüllen kann. Hinsichtlich der Validität war unklar, ob die Fähigkeit zur korrekten Verbstellung überhaupt noch zu den Entwicklungsaufgaben im Grundschulalter gehört oder von den allermeisten Kindern bereits vollständig erreicht wird. Grießhaber (2013) empfiehlt, die Profilanalyse zur Analyse von spontansprachlichen Äußerungen sehr flexibel zu verwenden, weil sie unabhängig vom Erzählimpuls zu ähnlichen Ergebnissen kommen sollte. Theoretisch blieb jedoch unklar, ob mit der Profilanalyse lediglich manifeste und situative Sprachäußerungen beschrieben werden können oder ob die Profilanalyse darüber hinaus die Diagnostik latenter Sprachfähigkeiten erlaubt. Mit anderen Worten: Spontansprachliche Äußerungen werden maßgeblich durch den situativen Kontext beeinflusst. Wenn es der situative Kontext erfordert, sprechen selbst geübte Personen auf niedrigen Profilstufen (z. B. bei sequentiellen Nacherzählungen, die mit »und dann« aneinandergereiht werden). Diese kontextangemessenen Äußerungen sind jedoch nicht identisch mit den generellen grammatischen Sprachfähigkeiten einer Person. Werden mit der Profilanalyse lediglich situative sprachliche Äußerungen des Kindes oder darüber hinaus deren Sprachkompetenzen gemessen? Die Ausführungen von Grießhaber (2013) postulieren letzteres, während die Erfahrungen der Lehrkräfte und Plausibilitätsüberlegungen ersteres betonen. Falls die Profilanalyse lediglich situative Äußerungen beschreibt, aber Lehrkräfte anhand dieser Beschreibung auf die Sprachkompetenzen eines Kindes schließen, begehen sie eine Fehldiagnose (meist im Sinne einer Unterschätzung der vorhandenen Sprachkompetenzen).

Wir befragten die Lehrkräfte des Verbunds zu den wahrgenommenen Vor- und Nachteilen der Profilanalyse. Aus der Konzeptevaluation und den Bedarfen der Lehrkräfte entwickelten wir im Sinne einer symbiotischen Implementationsstrategie gemeinsame Forschungsfragen, die auf die klassischen Testgütekriterien bezogen waren. Zur Beantwortung dieser Forschungsfragen führten wir drei iterative Evaluationsstudien durch, in denen wir die Profilanalyse systematisch weiterentwickelten.

Die *erste iterative Evaluationsstudie* mit $N = 403$ ein- und mehrsprachigen Schülerinnen und Schülern ergab, dass die Testgüte der Profilanalyse in der ursprünglichen

Form nicht zufriedenstellend war (die vollständigen Ergebnisse finden sich bei Ehl et al., 2018). Wir wiesen die Kinder der Stichprobe zufällig einer von drei experimentellen Testbedingungen zu, die sich nur durch den jeweiligen Erzählimpuls unterschieden (eine Bildergeschichte aus Heilmann und Grießhaber, 2012, ein selbst entwickeltes Bilderbuch namens »Zeltabenteuer« und ein ebenso selbst entwickeltes Fotoalbum). Das »Zeltabenteuer« besteht aus acht Bildern, in denen eine Geschichte von Kindern erzählt wird, die im Wald zelten und Abenteuer erleben. Zu den Bildern werden 14 offene und geschlossene Fragen gestellt (z. B. »Warum lacht Tom denn hier schon wieder so?«), um Nebensätze hervorzulocken. Alle Kinder bearbeiteten die identische Testbedingung mündlich und anschließend schriftlich. Eine Substichprobe führte nach 6–10 Wochen einen mündlichen Retest in derselben Testbedingung durch. Während der ersten mündlichen Testbedingung führten die Lehrkräfte die von Grießhaber (2013) empfohlene *vereinfachte Auswertung mittels Strichliste* durch, die ohne eine aufwändige Transkription der Äußerungen auskommt. Diese Ergebnisse der Auswertung per Strichliste verglichen wir mit der Auswertung der vollständigen Transkripte. Zur Bewertung der subjektiven Durchführbarkeit füllten die Lehrkräfte eine Kurzfassung des *Usage Rating Profiles* (URP; Briesch, Casale, Grosche, Volpe & Hennemann, 2017) mit den Dimensionen Akzeptanz (z. B. »Ich würde mich dafür einsetzen, dieses Verfahren durchzuführen.«, $\alpha = .86$), Verständnis (z. B. »Ich verstehe, wie dieses Verfahren anzuwenden ist.«, $\alpha = .91$) und Durchführbarkeit (z. B. »Ich könnte Zeit aufwenden, um dieses Verfahren umzusetzen.«, $\alpha = .84$) aus (Skala von 1 = trifft gar nicht zu bis 6 = trifft definitiv zu). Zusätzlich bewerteten 22 Lehrkräfte unabhängig voneinander ein identisches Transkript mündlicher Äußerungen eines Kindes hinsichtlich der enthaltenen Profil- und Erwerbsstufen, um die Auswertungsobjektivität zu prüfen.

Anders als bei Grießhaber (2013) postuliert, führten verschiedene Erzählimpulse (Testbedingungen) zu signifikant unterschiedlichen Einschätzungen der Erwerbsstufen ($\chi^2 = 131.10$, $p < .01$), was darauf hinweist, dass keine ausreichende Durchführungsobjektivität gegeben ist. Mit dem von uns konzipierten Erzählimpuls »Zeltabenteuer« hatten 88.06 % der ein- und mehrsprachigen Schülerinnen und Schüler die im mündlichen höchstmögliche grammatische Erwerbsstufe bereits erreicht, was auf Deckeneffekte und fehlende Differenzierung im Grundschulalter hinweist. Wir verglichen die Erwerbsstufen der mündlichen und schriftlichen Äußerungen der Kinder, die je nach Testbedingung lediglich zwischen $r = .02$ ($p = .83$) und $r = .42$ ($p < .01$) miteinander korrelierten. Somit führen die mündliche und die schriftliche Durchführung der Profilanalyse nicht zu vergleichbaren Ergebnissen. Ebenso zeigte unsere Analyse zur Durchführungsobjektivität, dass die aufwändige Auswertung der Profilanalyse fehleranfällig ist und nur wenig objektiv gelingt (Bewertung eines identischen Transkripts durch Lehrkräfte führt zur Beurteilungsübereinstimmung von $\alpha = .50$ und Übereinstimmung zur korrekten Lösung, die sehr sorgfältig und regelkonform in unserem Team bestimmt wurde, mit $\kappa = .63$). Dies deckt sich mit unseren eigenen Erfahrungen, wonach selbst geschultes Personal ca. 20 Transkripte benötigte, um eine Fehlerquote von weniger als 5.00 % zu erlangen. Die Retest-Reliabilität in der mündlichen Durchführung betrug $r = .63$ ($p < .01$). Diese für ein wenig standardisiertes Instrument relativ hohe Reliabilität ist auch auf die nachgewiesenen Deckeneffekte zurückzuführen. Selbst mehrsprachige

Kinder zeigten Deckeneffekte und hatten folglich die Kompetenz zur Bildung von Nebensätzen erworben (je nach Erwerbstyp zwischen 66.67 % und 100.00 %). Die vereinfachte Auswertung mittels Strichliste korreliert über alle drei Testbedingungen mit $r = .60$ ($p < .01$) mit der transkriptbasierten Auswertung. Somit eignet sich die vereinfachte Auswertung nicht als Ersatz für die vollständige Auswertung.

Die Lehrkräfte gaben anhand des URP an, die Profilanalyse und ihre Anwendung recht gut zu verstehen (je nach experimenteller Testbedingung der Profilanalyse $M = 4.60$ bis 4.75), sie hielten sie jedoch in allen Bedingungen für relativ schlecht durchführbar ($M = 2.21$ bis 2.61) und äußerten wenig Akzeptanz und Interesse für das Instrument ($M = 2.61$ bis 2.74).

In der *zweiten iterativen Evaluationsstudie* wurde die folgende Annahme der Profilanalyse mit dem neu konzipierten Erzählimpuls »Zeltabenteuer« mit $N = 558$ Schülerinnen und Schülern überprüft: »Zumindest indirekt lässt die Profilanalyse Rückschlüsse auf den schon erworbenen Wortschatz zu« (Grießhaber, 2013, S. 16). Hierzu führten wir neben der Profilanalyse zwei standardisierte Wortschatztests mit Reliabilitäten zwischen $\alpha = .90$ und $\alpha = .92$ (Glück, 2011) und von $\alpha = .88$ und $r_{tt} = .87$ (Kiese-Himmel, 2005) durch. Um außerdem zu prüfen, ob die Ergänzung der Produktion von Kasusmarkierungen die Entwicklungssensitivität der Profilanalyse erhöhen könnte, setzten wir einen entsprechenden Subtest (Kauschke & Siegmüller, 2009) mit einer Reliabilität von $\alpha = .82$ ein.

Die Untersuchung ergab, dass Wortschatz und Erwerbsstufe mit $r = .36$ ($p < .01$) korrelierten. Somit könnten Wortschatz und Verbstellung Ausdruck einer gemeinsamen Sprachkompetenz sein. Aber die Korrelation ist nicht hoch genug, um Aussagen über den Wortschatz anhand der Fähigkeit zur Verbstellung zu erlauben. Im Gegensatz zum Kriterium der Verbstellung zeigte sich für den Kasus eine große Variabilität in den Testleistungen ohne Boden- und Deckeneffekte. Damit dürfte der Kasus als Sprachstandsindikator im Grundschulalter deutlich besser geeignet sein als die Verbstellung, was allerdings weiterer Validierung bedarf.

In der *dritten iterativen Evaluationsstudie* sollte die Profilanalyse mit dem »Zeltabenteuer« ökonomischer gestaltet und um den Kasus als entwicklungssensitiveren Sprachstandsindikator ergänzt werden. Um ein ökonomisches Vorgehen zu ermöglichen, entwickelten wir eine zweistufige Diagnostik, bei der auf Stufe 1 unterrichtsimmanent mit allen Kindern ein Screening durchgeführt wird (Gruppentest im Laufe einer regulären und aufforderungsstarken Unterrichtsstunde). Die vollständige Profilanalyse auf Stufe 2 (Einzeltestung) wäre dann nur noch bei Kindern durchzuführen, die im Screening als auffällig klassifiziert wurden. Das Screening besteht aus einem selbst entwickelten »Monsterspiel« im Stuhlkreis, bei dem ein Monsterkörper an die Tafel gehängt wird, dem die Kinder vorgefertigte Elemente zuordnen und deren Funktion beschreiben sollen. Beispielsweise heftet ein Kind dem Monster ein Herz an, »damit es besser fühlen kann«. Die Lehrkraft bewertet diese Äußerung als Nebensatz mit korrekter oder inkorrekter Verbstellung und vermerkt, wenn eine korrekte Kasusmarkierung vorlag. Die Profilanalyse mit dem Erzählimpuls »Zeltabenteuer« erweiterten wir zusätzlich um Items zur Überprüfung von Kasusmarkierungen. Beispielsweise elizitiert das Item »Wo hat Tom seine Hände?« den Dativ »hinter dem Rücken«.

Das »Monsterspiel« und die erweiterte Profilanalyse mit dem »Zeltabenteuer« wurden mit $N = 505$ Schülerinnen und Schülern erprobt. Im Vergleich zu den oben berichteten Daten zur klassischen Profilanalyse in der Testbedingung »Zeltabenteuer« gaben die Lehrkräfte mittels URP an, dass sie das »Monsterspiel« und seine Durchführung besser verstehen ($M = 5.38, p = .01, d = 0.78$) und für deutlich besser durchführbar halten ($M = 4.27, p < .01, d = 1.31$). Die Akzeptanz des »Zeltabenteuers« und des »Monsterspiels« unterscheiden sich hingegen nicht ($M = 3.07, p = .32, d = 0.33$). Die Daten auf Ebene der Kinder werden derzeit ausgewertet.

Zusammenfassend zeigen unsere drei iterativen Studien, dass die Profilanalyse nach Grießhaber (2013) in der bisherigen Form keine zuverlässigen und gültigen Aussagen über den grammatischen Sprachstand der Schülerinnen und Schüler erlaubt. Unsere Weiterentwicklungen der zweistufigen Diagnostik mit dem »Zeltabenteuer« und dem »Monsterspiel« deuten darauf hin, dass wir einen ökonomischeren und leichter in den Schulalltag zu implementierenden Weg gefunden haben könnten, die Kompetenz der Verbstellung sowie zur Kasusmarkierung im Grundschulalter zu diagnostizieren. Zur Bewertung der Testgüte des »Monsterspiels« müssen die Analysen der Daten auf Ebene der Kinder allerdings noch abgewartet werden.

3.2 Ergebnisse zur Sprachförderung

Drei Schulverbünde (A, B und D) setzten die Methode des Scaffolding (Gibbons, 2002) als Mittel der Sprachförderung im Fachunterricht ein. Im Kontext von Zweitspracherwerb wird die Metapher des Scaffolding (in der Übersetzung etwa: ein Gerüst bauen) verwendet, um ein sprachliches Unterstützungssystem im Fachunterricht zu beschreiben. Das Scaffolding nach Gibbons (2002) setzt sich aus vier Bausteinen zusammen: (1) Bedarfsanalyse, (2) Lernstandsanalyse, (3) Unterrichtsplanung und (4) Unterrichtsinteraktion.

Die ersten drei Bausteine nehmen auf die Unterrichtsvorbereitung Bezug und werden mit dem Begriff *Makro-Scaffolding* zusammengefasst. Bei der Bedarfsanalyse geht es darum, die sprachlichen Anforderungen der Unterrichtsreihe zu analysieren. Lehrkräfte sollen sich dabei darüber bewusst werden, welche sprachlichen Mittel ihre Schülerinnen und Schüler zum Verstehen der Unterrichtsinhalte und zur eigenständigen Verarbeitung dieser Inhalte benötigen. Ein wichtiges Prinzip beim Scaffolding ist es zudem, an den aktuellen Lernstand der Schülerinnen und Schüler anzuknüpfen. Entsprechend stellt die Lernstandsanalyse einen wesentlichen Teil der Unterrichtsvorbereitung dar. Auf Basis der Ergebnisse der Bedarfs- und Lernstandsanalyse sollen dann im Rahmen der sprachsensiblen Unterrichtsplanung sprachliche und fachliche Ziele zum sukzessiven fachintegrierten Erwerb der Bildungs- und Fachsprache formuliert werden. Der Planungsrahmen, als Instrument der sprachsensiblen Unterrichtsplanung (Tajmel, Neuwirth, Holtschke, Rösch & Schön, 2009), regt dazu an, anhand dieser Ziele sowohl einen sprachlichen als auch einen fachlichen Erwartungshorizont zu formulieren.

Der vierte Scaffolding-Baustein wird als *Mikro-Scaffolding* bezeichnet und bezieht sich auf die Umsetzung der Förderung im Unterricht (Gibbons, 2002). Dabei soll von den Interaktionsformen des traditionell lehrkraftgelenkten, fragend-entwickelnden Unterrichts abgewichen und es sollen bestimmte Interaktionsprinzipien (z. B. Verlangsamung der Interaktionsgeschwindigkeit) verwendet werden (Gibbons, 2002). Der aktuelle Forschungsstand spricht dafür, dass Scaffolding die Sprachkompetenz und den Lernzuwachs von Schülerinnen und Schülern in verschiedenen Inhaltsbereichen tatsächlich effektiv fördern kann (Hammond & Gibbons, 2005; van de Pol, 2012). Allerdings hängt die Wirksamkeit von der Qualität der Umsetzung ab und auch davon, dass alle vier aufeinander aufbauenden Bausteine Berücksichtigung finden (van de Pol, 2012). Somit sind mit dem Scaffolding erhebliche Anforderungen insbesondere an diejenigen Lehrkräfte verbunden, die nicht über die nötigen linguistischen Vorkenntnisse verfügen, wie sie etwa für die Analyse von Lehrbuchtexten (Baustein 1) erforderlich sind.

In der Dokumentenanalyse und in den Gesprächen mit den Verbundkoordinatorinnen zeigten sich beim Einsatz von Scaffolding deutliche Unterschiede zwischen den Verbünden. Diese bezogen sich zum Beispiel darauf, welche Sprachhandlungen thematisiert wurden (z. B. das Schreiben), ob die Makro- oder die Mikro-Ebene fokussiert wurde und in welchem Fach die Methode zum Einsatz kam. Um zu ergründen, wodurch diese Unterschiede entstanden, gingen wir im Rahmen der formativen Prozessevaluation vor allem der Frage nach, welche externen Gelingensfaktoren Einfluss auf die Umsetzung von Scaffolding im Unterricht nehmen (Umsetzbarkeit) und wie die Lehrkräfte Scaffolding im Unterricht einsetzen (Umsetzungstreue). Hierzu führten wir zwei sich ergänzende Studien durch:

In der *ersten Studie* wurden Unterrichtsreihen der Fächer Deutsch, Sachunterricht und Mathematik ($N = 25$) und dazugehörige Planungsrahmen sowie Materialien analysiert. Dabei stand die Umsetzungstreue der Makro-Scaffoldingbausteine im Fokus. Aufgrund der beschriebenen engen Verzahnung des sprachlichen und fachlichen Lernens beim Scaffolding nach Gibbons (2002) wurde bei der Begutachtung sowohl eine fachdidaktische (Schmeinck, 2017; Söbbeke, 2018) als auch eine sprachdidaktische Perspektive (Starke, Elstrodt, Möhring & Ritterfeld, 2017; Starke, Elstrodt-Wefing & Ritterfeld, 2018) eingenommen. Die vorliegenden Materialien und Planungsrahmen wurden im Rahmen einer Dokumentenanalyse jeweils einzeln betrachtet. Dabei prüften wir die genutzten sprach- und fachdidaktischen Elemente und die Passung von Zielsetzungen und Zielgruppen. Zudem glichen wir sie mit den vom Kultusministerium geforderten Zielen (Lehrplan NRW, www.schulentwicklung.nrw.de) ab und ordneten sie in den Lehrplan des jeweiligen Bundeslandes ein. In den Unterrichtsreihen fanden sich bereits viele Elemente aus dem Makro-Scaffolding (z. B. die sprachsensible Unterrichtsplanung anhand des Planungsrahmens; Tajmel et al., 2009), in denen sprachliche Anforderungen des Unterrichts vorab analysiert wurden.

Jedoch entsprachen die Implementation der Ergebnisse der Bedarfsanalyse in die konkrete Unterrichtsplanung sowie die Auswahl der Unterrichtsmaterialien häufig nicht den in der Unterrichtsplanung formulierten Zielen sowie den Vorgaben im Lehrplan. Es zeigte sich stellenweise ein Optimierungsbedarf in fachlicher und sprachlicher Hinsicht. Insgesamt stellen die Dokumentationen der Unterrichtsreihen jedoch nur eine Momentaufnahme dar, auf deren Grundlage das tatsächliche Sprachförderpotenzial des Unterrichts nicht in vollem Umfang beurteilt werden konnte. Denn inwieweit neben den in den Planungen berücksichtigten Unterstüt-

133

zungs- und Fördermethoden auch interaktive Methoden im Sinne des Mikro-Scaffoldings (Gibbons, 2002) von der Lehrkraft eingesetzt wurden, ließ sich anhand des vorliegenden Materials nicht einschätzen.

In der *zweiten Studie* (für eine umfassende Darstellung siehe Elstrodt-Wefing, Starke, Möhring & Ritterfeld, 2019) wurden die beteiligten Lehrkräfte in einem Mixed-Methods-Design mithilfe eines selbst entwickelten Fragebogens ($N = 44$) und narrativer Interviews ($N = 13$) zur Umsetzung und zu potentiell einflussnehmenden Faktoren für die Umsetzung von Scaffolding befragt. Die Lehrkräfte wurden gebeten, die Items zu den potentiell einflussnehmenden Faktoren (z. B. »Die Planung von sprachsensiblem Unterricht nimmt mehr Zeit in Anspruch als ›herkömmliche‹ Unterrichtsplanung.«) auf einer fünfstufigen Likert-Skala (von 1 = trifft überhaupt nicht zu bis 5 = trifft genau zu) zu bewerten. Außerdem schätzten sie die Umsetzungshäufigkeit der vier Scaffoldingbausteine auf einer fünfstufigen Likert-Skala (von 1 = nie bis 5 = immer) ein.

Die Auswertung der Fragebogendaten zeigt, dass die Lehrkräfte nach eigenen Angaben am häufigsten die Lernstandanalyse (Baustein 2) umsetzten ($M = 3.61$, $SD = 0.95$). Die Bedarfsanalyse (Baustein 1) kam ihren Angaben zufolge im Mittel ($M = 3.09$, $SD = 0.98$) am seltensten zum Einsatz. Allerdings können ohne Bedarfsanalyse Aufgaben und Hilfestellungen im Unterricht nicht an den Lernstand der Schülerinnen und Schüler angepasst werden und die Sprachförderung bleibt unspezifisch. Regressionsanalytische Ergebnisse zeigen zudem, dass die Varianz in der selbstberichteten unterrichtlichen Umsetzung des Scaffoldings vor allem durch vier Faktoren erklärt werden kann: (1) wahrgenommener Nutzen für die Kinder, (2) Zeitaufwand, (3) Einstellung der Eltern zum Scaffolding und (4) Selbstwirksamkeitserleben der Lehrkräfte im Bereich der Sprachförderung. Scaffolding wird demnach eher umgesetzt, wenn die Lehrkräfte den mit dieser Methode verbundenen Zeitaufwand als gering einschätzen und die übrigen drei Komponenten positiv bewerten. Die übrigen Kovariaten (Gehalt der Lehrkräfte, Anteil mehrsprachiger Kinder, Vorhandensein von Material, Eignung der Sprachförderinstrumente, Belastung, Spaß am Scaffolding, allgemeine Selbstwirksamkeit und Berufserfahrung) trugen nicht zur Varianzaufklärung bei. Die qualitativen Ergebnisse aus den Interviews, die in Anlehnung an die Inhaltsanalyse nach Früh (2011) ausgewertet wurden, unterstützen die Befunde aus den Regressionsanalysen, weisen aber noch auf weitere Faktoren hin, die für die Umsetzung von Scaffolding als relevant erlebt werden (u. a. die Rolle der Schulleitung). Sie verdeutlichen außerdem eine große Varianz in der Umsetzungsform, sowohl innerhalb als auch zwischen den Verbünden. Einzig im Verbund C kam es zur Umsetzung von Teilaspekten aller vier Scaffoldingbausteine; eine vollständige Implementierung aller Scaffoldingbausteine fand aber in noch keinem Verbund statt. Auch zeigen die Interviewergebnisse, dass eine tiefgehende Verankerung von Scaffolding im Fachunterricht der Schulen noch aussteht.

Zusammenfassend kann festgehalten werden, dass während der Projektlaufzeit von BiSS-EOS vor allem die weniger aufwändigen Scaffoldingbausteine auf Mikroebene umgesetzt wurden, die leichter zu implementieren sind. Auf der Makroebene, also in der zeitintensiveren Unterrichtsvorbereitung, kam es nur selten zu einem Einsatz von Scaffolding. Vor allem die Analyse der sprachlichen Anforderungen an die

Schülerinnen und Schüler, die zum Beispiel in einer Aufgabenstellung oder in einem zu bearbeitenden Text enthalten sind, fand kaum statt. Ohne diesen vorbereitenden Schritt können Aufgaben und Hilfestellungen im Unterricht nicht optimal an den Lernstand der Schülerinnen und Schüler angepasst werden und die Sprachförderung bleibt eher unspezifisch.

3.3   Ergebnisse zur Lehrkräfteprofessionalisierung

In allen vier an BiSS-EOS beteiligten Schulverbünden fanden Professionalisierungs-maßnahmen für die Lehrkräfte statt. Während zwei Verbünde eigenständig Fortbildungsveranstaltungen erst neu entwickelten, setzten die beiden anderen Verbünde auf ein bereits stärker formalisiertes und modularisiertes Fortbildungskonzept (Verbund A: »Sprachschätze«, Bainski et al., n. d.; Verbund C: »Mit Kindern im Gespräch«, Kammermeyer et al., 2017). In Verbund A arbeiteten die Lehrkräfte zudem in Professionellen Lerngemeinschaften zusammen. Dies sind Gruppen von Lehrkräften, die fortlaufend und systematisch zusammenarbeiten, um miteinander und voneinander zu lernen und ihren Unterricht zu verbessern (Bonsen & Rolff, 2006; Hord, 1997). Um zu prüfen, ob die verwendeten Fortbildungskonzepte prinzipiell wirksam sein könnten, wurde zunächst eine Konzeptevaluation durchgeführt. Grundlage dafür war ein systematisches Review internationaler empirischer Studien, in dem wir Gestaltungsprinzipien für effektive Fortbildungsmaßnahmen für fach- und alltagsintegrierte Sprachbildung identifizierten (Kalinowski, Gronostaj & Vock, 2018).

Es zeigte sich, dass in den vier Verbünden bereits viele relevante, aus der allgemeinen Forschung zur Lehrkräftefortbildung bekannte Merkmale wirksamer Fortbildungen umgesetzt wurden (Lipowsky, 2010), sodass die Fortbildungen der Verbünde das Potenzial haben, Lehrkräfte zu einer effektiven Sprachförderung zu befähigen. Positiv war vor allem, dass alle Fortbildungen langfristig angelegt sind und verschiedene Formate (z. B. Workshops, Coaching) umfassen, welche eine kollegiale Kooperation anregen und aktives, praxisbezogenes Lernen fokussieren. Die Verbünde bezogen Expertinnen und Experten bei der Entwicklung ihrer Fortbildungskonzepte ein und vermittelten in den Veranstaltungen wissenschaftlich fundierte Inhalte. In einem der Verbünde wurden Videoaufnahmen und Coachings verwendet und damit ein als lernwirksam bekannter Dreischritt aus Input, Erprobung in der Praxis und Reflexion umgesetzt. In jedem Verbund konnten aber auch Verbesserungsmöglichkeiten festgestellt werden. So wurde den Verbünden etwa empfohlen, mithilfe kollegialer Hospitationen oder Unterrichtsvideografie eine stärkere »Entprivatisierung« des Unterrichts anzustreben. Zudem sollten die Lehrkräfte noch stärker für den Wert von Mehrsprachigkeit sensibilisiert und die Fortbildungseinheiten noch klarer strukturiert werden. Um den externen Blick auf die Konzepte und Materialien durch Eindrücke von den Teilnehmenden zu ergänzen, wurden die Lehrkräfte in zwei Verbünden zu den Fortbildungen befragt. Die Lehrkräfte beider Verbünde bewerteten die Fortbildungen überwiegend positiv; sie schätzten sie zum großen Teil als hilfreich und wertvoll ein, sodass die Befragung vor allem Hinweise auf Elemente der Fortbildung lieferte, die beibehalten werden sollten.

Im nächsten Schritt wurden verschiedene Teilstudien durchgeführt (z. B. Kalinowski, Gronostaj, Westphal & Vock, 2018), von denen eine (Videostudie) im Folgenden kurz und exemplarisch berichtet wird (für eine umfassende Darstellung siehe Vock et al., 2019). In dieser Teilstudie wurden Effekte der einjährigen Fortbildung »Sprache RP« in Verbund C auf das Lehrkräftehandeln untersucht. Im Fokus stand die Frage, ob die Lehrkräfte die in der Fortbildung eingeübten Förderstrategien in einer Praxissituation selbstständig einsetzen und ob es ihnen gelingt, die Schülerinnen und Schüler mehr als zuvor zum Sprechen anzuregen. Dazu erhielten die Lehrkräfte die Aufgabe, zu Beginn und nach Abschluss der Fortbildung je eine standardisierte 15-minütige Bilderbuchbetrachtung mit einer Kleingruppe durchzuführen und diese zu filmen. Für die Analysen konnten wir die Aufnahmen von $N = 8$ Lehrerinnen verwenden. Diese Prä- und Postvideos nutzten wir, um die Häufigkeit des Einsatzes der Sprachfördertechniken zu messen und festzustellen, ob die Kinder selbst einen höheren Redeanteil hatten, nachdem ihre Lehrerin die Fortbildung durchlaufen hatte. Dafür entwickelten wir auf Grundlage der in der Fortbildung vermittelten Sprachfördertechniken ein Kodierschema, das sich an den Fortbildungsinhalten orientierte und sowohl formale als auch inhaltliche Strategien zur Sprachförderung abbildete. *Formale Strategien* umfassen Fragestrategien (z. B. offene Fragen), Modellierungsstrategien (z. B. handlungsbegleitendes Sprechen) sowie einfache Rückmeldestrategien (z. B. indirekte Korrektur). Zu den *inhaltlichen Strategien* zählen komplexe Rückmeldestrategien (z. B. Denken und Lernen sichtbar machen) und einfache Strategien zur Konzeptentwicklung (z. B. Benennen und Beschreiben) sowie komplexe Strategien zur Konzeptentwicklung (z. B. das Kind zum Herstellen von Zusammenhängen anregen). Darüber hinaus wurden aus den Transkripten die prozentualen Redeanteile der Lehrkräfte sowie der Schülerinnen und Schüler ermittelt. Für die Beurteilung eines Qualifizierungseffekts zogen wir zwei Indikatoren heran: 1) eine quantitative Steigerung des Einsatzes der in der Fortbildung vermittelten Sprachfördertechniken sowie 2) ein erhöhter Redeanteil der Schülerinnen und Schüler nach der Fortbildung (MZP 2). Die Analysen zeigen, dass die Lehrerinnen nach der Fortbildung in allen Kategorien weniger Sprachfördertechniken einsetzten als vor der Fortbildung, mit Ausnahme der Modellierungsstrategien (► Tab. 7.1).

Tab. 7.1: Mittelwerte der eingesetzten Sprachförderstrategien (SFS) zu Messzeitpunkt (MZP) 1 und 2

Sprachförderstrategien			
$N = 8$ Summe der SFS je 15 Min Video	MZP 1 *M (SD)*	MZP 2 *M (SD)*	Cohens d
Formale Strategien gesamt			
Fragestrategien	39.88 (12.91)	31.82 (8.19)	-0.75
Modellierungsstrategien	0.75 (1.49)	1.44 (2.92)	0.30
Rückmeldestrategien einfach	11.25 (10.42)	8.99 (7.20)	-0.25

Tab. 7.1: Mittelwerte der eingesetzten Sprachförderstrategien (SFS) zu Messzeitpunkt (MZP) 1 und 2 – Fortsetzung

Sprachförderstrategien			
N = 8 Summe der SFS je 15 Min Video	MZP 1 M (SD)	MZP 2 M (SD)	Cohens d
Inhaltliche Strategien			
Komplexe Rückmeldestrategien	3.38 (2.88)	2.82 (2.41)	-0.21
Einfache Strategien zur Konzeptentwicklung	10.88 (7.10)	6.29 (3.96)	-0.80
Komplexe Strategien zur Konzeptentwicklung	24.62 (8.70)	22.19 (7.30)	-0.30

Alle Lehrerinnen setzten bei den formalen Sprachförderstrategien v. a. auf Fragestrategien und auf einfache Rückmeldestrategien; Modellierungsstrategien kamen kaum zum Einsatz. Bei den inhaltlichen Sprachförderstrategien nutzten sie zumeist komplexe Strategien zur Konzeptentwicklung. Bei fast allen beobachteten Sprachfördersituationen hatten die Lehrkräfte einen deutlich höheren Redeanteil als die Schülerinnen und Schüler, teilweise bis zu 82.16 % des Gesamtredeanteils. Die Auswertung der individuellen Verläufe zeigte eine heterogene Entwicklung der Teilnehmerinnen im Verlauf der Fortbildung. Manche Lehrerinnen setzten sehr viele Fragetechniken zu MZP 1 ein (bis zu 57 Fragen in 15 Minuten), was in diesen Fällen nicht zu einem höheren Redeanteil der Schülerinnen und Schüler führte. Bei 37.50 % der Teilnehmerinnen zeigte sich zu MZP 2 ein höherer Redeanteil der Schülerinnen und Schüler als zu MZP 1, jedoch ging dies nur in einem Fall mit einer Steigerung des Einsatzes von Sprachförderstrategien einher; die anderen Lehrerinnen hatten zu MZP 2 weniger Sprachförderstrategien eingesetzt als vor der Fortbildung. Die Befunde sind, auch aufgrund der sehr kleinen Stichprobe, nicht einfach zu interpretieren. Offenbar führt die Fortbildung jedoch nicht dazu, dass die Lehrerinnen generell mehr Förderstrategien einsetzen; ob es stattdessen andere Lerngewinne gab, konnten wir anhand des nur ausschnitthaften Eindrucks zweier Bilderbuchbetrachtungen und des verwendeten Kodierschemas nicht bestimmen.

Zusammenfassend kann festgehalten werden, dass die Analysen auf individuelle Lernverläufe hindeuten, wie es auch das Angebots-Nutzungs-Modell zum Lernen im Beruf annimmt, da Lernerfolge in Lehrkräftefortbildungen durch verschiedene Faktoren beeinflusst werden (Lipowsky, 2010). In Folgestudien sollten weitere Praxissituationen beobachtet und analysiert werden, zusätzlich wäre eine begleitende Befragung der Lehrkräfte dazu aufschlussreich, warum sie bestimmte Förderstrategien in der Situation eingesetzt oder nicht eingesetzt haben.

Für folgende Evaluationen empfehlen wir aufgrund der sehr heterogenen Umsetzung von Lerninhalten, in der Praxis die Daten durch Maße zur Qualität und Passung der eingesetzten Sprachfördertechniken zu ergänzen. In der Fortbildung selbst könnten den Teilnehmenden ihre persönlichen Entwicklungsschwerpunkte durch den begleitenden Einsatz von Selbsteinschätzungs- und Evaluationsbögen bewusstgemacht und dann durch Rückmeldungen und in einem persönlichen Coaching von den Fortbildnerinnen aufgegriffen werden; auch die Evaluation des Fortbildungserfolgs könnte stärker darauf Bezug nehmen. Der Lernprozess und dessen Erfolgskontrolle könnten so zukünftig noch stärker adaptiv gestaltet werden.

4 Diskussion der Ergebnisse und Implikationen für Praxis und weitere Forschung

Erfolgreiche Sprachförderung in der Grundschule erfordert gute Diagnostikstrategien und darauf angepasste Förderstrategien. Damit möglichst alle Lehrkräfte für Fragen der Sprachförderung sensibilisiert sind und entsprechende Diagnostik- und Förderinstrumente kompetent einsetzen können, benötigen sie wirksame und nachhaltige Fortbildungen. Daher waren wir in BiSS-EOS mit dem Ziel gestartet, in den Schulverbünden alle drei Bereiche (Diagnostik, Förderung und Professionalisierung) und ihr Ineinanderwirken in den Blick zu nehmen, um dann die in der Praxis verwendeten Tools gemeinsam mit den Lehrkräften zu evaluieren, zu optimieren und am Ende – bestenfalls – in einer Weise zu standardisieren, dass sie auch anderen Schulen zugänglich gemacht und einer summativen Evaluation bzw. Wirksamkeitsprüfung unterzogen werden können. Die ersten Begegnungen mit den Verbünden zeigten jedoch, dass nur einer der vier Verbünde tatsächlich Aktivitäten in allen drei Bereichen entwickelt hatte und lediglich Professionalisierung in allen vier Verbünden stattfand. Daher untersuchten wir für die einzelnen Bereiche unterschiedliche Aspekte mit verschiedenen Teilstudien.

Im Bereich der *Diagnostik* arbeiteten wir mit der Profilanalyse nach Grießhaber (2013), da nur diese von einem der Verbünde verwendet wurde und sie auch allgemein in Deutschland relativ verbreitet scheint. Sowohl die Erfahrungen der Lehrkräfte in der Praxis als auch die von uns vorgenommene Konzeptevaluation und schließlich die eigenen empirischen Studien zeigten, dass das Verfahren in der ursprünglichen Form für eine gute Diagnostik nicht überzeugt (Ehl et al., 2018). In unseren Ergebnisrückmeldungen zeigten sich neben vielen positiven Erlebnissen der Zusammenarbeit auch manche Frustrationen der Lehrkräfte, da die selbstständige Implementierung eines die üblichen Gütekriterien nicht erfüllenden Instruments von einigen Lehrkräften im Nachhinein als Fehlinvestition und nicht lohnend interpretiert wurde. In der Folge stellten einige von ihnen eine Diagnostik prinzipiell in Frage und zeigten nur noch wenig Bereitschaft, sich in weitere Diagnostikverfahren einzuarbeiten.

Trotz dieser zunächst ungünstigen Ausgangsbedingungen gelang es in BiSS-EOS, die Profilanalyse in verschiedenen Aspekten zu verbessern. Zum einen stellten wir fest, dass sich im Grundschulalter in der Verwendung korrekter Kasusmarkierungen (im Gegensatz zur richtigen Verbstellung) noch eine große Variabilität in den Testleistungen ohne Boden- und Deckeneffekte zeigt, was darauf hinweist, dass diese Kompetenz als Indikator für eine entwicklungssensitive Diagnostik des Sprachstands besser geeignet ist als die Stellung des Verbs. Zum anderen gelang es, die Profilanalyse mit dem Erzählimpuls »Zeltabenteuer« deutlich stärker zu standardisieren und außerdem ökonomischer zu gestalten, indem wir der vollständigen Profilanalyse das »Monsterspiel« als kurzes Screening für alle Kinder vorschalteten. Ob diese zweistufige Diagnostik tatsächlich die Testgütekriterien erfüllt, wird derzeit noch geprüft.

Im Bereich der *Förderung* setzten die Verbünde auf das prinzipiell als wirksam einzuschätzende Scaffolding. Bei der genaueren Analyse, wie die Schulen Scaffolding verwenden, wurde deutlich, dass bestimmte Bausteine der Methode (insbesondere die Bedarfsanalyse) nur selten eingesetzt werden. Dadurch dürfte die Wirksamkeit der im Scaffoldingprozess verwendeten Hilfestellungen und Übungen erheblich eingeschränkt sein, weil sie ohne vorherige Analyse des Bedarfs nicht passgenau sein können. Scaffolding ist eine anspruchsvolle Methode, die von den Lehrkräften Einarbeitung sowie viel Übung erfordert. Unsere Befragungsergebnisse zeigen, dass Lehrkräfte eher dazu bereit sind, hier zu investieren, wenn sie erkennen, dass die Kinder von der Methode profitieren, und gleichzeitig der Zeitaufwand nicht zu groß ist. Wichtig ist auch, dass sie sich selbst zutrauen, mit der Methode wirksam fördern zu können. Diese Befunde machen deutlich, dass die Implementierung neuer Fördermethoden in eine wirksame und längerfristig angelegte Professionalisierung der Lehrkräfte eingebettet sein sollte, damit die Lehrkräfte in die Lage versetzt werden, die Methode fachgerecht, aber auch zeit- und ressourceneffizient einzusetzen. Geschieht dies nicht, besteht die Gefahr, dass möglicherweise gerade besonders wirksame Komponenten der Tools vernachlässigt werden und die Lehrkräfte einen potenziell wirksamen Ansatz wieder verwerfen, weil sie sich in der Anwendung unsicher fühlen, die Methoden zu aufwändig erscheinen oder der Nutzen nicht erkannt wird.

Die Analyse der in den Schulen selbst entwickelten sprachsensiblen Unterrichtsmaterialien für den Sach- und den Mathematikunterricht zeigte, dass die Lehrkräfte viele Elemente aus dem Makro-Scaffolding bedacht hatten, manchmal die Aufgaben aber die fachdidaktischen Anforderungen oder die Vorgaben der Lehrpläne nicht erfüllten oder aber nicht zu den selbst formulierten Zielen passten. Die Komplexität der Anforderung an Lehrkräfte, selbstständig und »nebenher« Materialien für den Unterricht zu entwickeln, die fachdidaktisch hochwertig und zugleich sprachsensibel sind, ist nicht zu unterschätzen. Die Erfahrung in BiSS-EOS zeigt, dass Lehrkräfte hier deutlich mehr Unterstützung benötigen, indem sie qualitätsgeprüfte Unterrichtsmaterialien und -aufgaben zur Verfügung gestellt bekommen.

Im Bereich der *Professionalisierung* waren alle vier in BiSS-EOS beteiligten Verbünde aktiv. Obwohl es sich in den Verbünden um ganz unterschiedliche Fortbildungen handelte, konnte doch für alle festgestellt werden, dass sie viele für gelingende Professionalisierungsprozesse erforderliche Komponenten enthielten. Die Fortbildungen konnten auf Grundlage der Konzeptevaluation als potenziell wirksam bewertet werden; zwei der Fortbildungen waren bereits erprobt. Auch den zwei neu entwickelten, noch weniger standardisierten Fortbildungen attestierten die teilnehmenden Lehrkräfte, dass sie zentrale Qualitätsanforderungen aus ihrer Sicht erfüllten. Es zeigte sich aber auch, dass die selbst entwickelten Fortbildungen bisher noch unvollständig dokumentiert sind und nicht alle Informationen verfügbar waren, sodass weder eine systematische Evaluation noch eine Nutzung an anderen Standorten ohne weiteres möglich sind. In der Praxis mangelt es oft an Zeit, die eigenen Entwicklungen so gut zu dokumentieren, dass sie für andere Lehrkräfte oder Fortbildende hinreichend nachvollziehbar sind.

Die externe Evaluation schulischer Praxis brachte einige Herausforderungen im Prozess mit sich, die typisch für solche Vorhaben sind (Balzer & Beywl, 2015; Wottawa & Thierau, 2003). So zeigte sich zu Beginn eine große Zurückhaltung bei den Lehrkräften und Verbundkoordinatorinnen, eigenes Material herauszugeben oder dem Wissenschaftsteam Zugang zur Schule und Einblick in den Unterricht zu gewähren. Mit der Zeit konnten jedoch ein gutes Arbeitsbündnis und gegenseitiges Vertrauen für eine gemeinsame Analyse und Weiterentwicklung der Praxis aufgebaut werden, die dann auch von den Lehrkräften sehr geschätzt wurde.

Die empirischen Studien in BiSS-EOS waren durch die forschungsmethodischen Möglichkeiten, die das Bottom-up-Rahmenkonzept von BiSS und der gewählte formative Ansatz boten, in verschiedener Hinsicht begrenzt. So gelten die Ergebnisse überwiegend nur für die konkreten und jeweils sehr spezifischen Kontexte in den Verbünden. Eine wesentliche forschungsmethodische Einschränkung bestand zudem darin, dass die Lehrkräftestichproben durchgängig sehr klein waren, weil nicht mehr Lehrkräfte in die Verbundarbeit einbezogen waren und sich zudem nicht alle an den Untersuchungen beteiligten.

Durchgängig schwierig und als im Rahmen des Projekts nicht auflösbar erwiesen sich einige Konsequenzen aus dem in BiSS inhärenten Bottom-up-Ansatz. Beispielsweise wurde von den Schulen in gutem Glauben selbstständig ein Diagnostikinstrument ausgewählt, sich mit viel Energie in die Anwendung eingearbeitet – um dann vom Wissenschaftsteam zurückgemeldet zu bekommen, dass das Verfahren wesentliche Gütekriterien nicht erfüllt. Während solche Ergebnisse für die Wissenschaft akzeptabel sind, da auch negative Befunde einen wichtigen Erkenntnisgewinn darstellen, sind sie für die Praxis frustrierend, und es entstand zumindest bei einigen Lehrkräften der Eindruck, dass weder das Engagement für die Implementation des Instruments noch die Beteiligung an der Evaluationsstudie für die Praxis »etwas gebracht haben«. Die Erweiterung der Profilanalyse um das von uns entwickelte »Monsterspiel« brachte für den Verbund aber einen echten Mehrwert, weshalb die Lehrkräfte unsere Zusammenarbeit letztlich dennoch als erfolgreich einschätzten.

Weitere Probleme ergaben sich aus den formalen Verwendungsrichtlinien des Fördermittelgebers, die eine Neuentwicklung von Tools ausschlossen, und hinsichtlich der Anfertigung von Qualifikationsarbeiten (Dissertationen). Es ist schwierig, die konkreten Bottom-up-Ergebnisse in wissenschaftlichen und an generalisierbaren Ergebnissen interessierten Fachzeitschriften zu publizieren. Das Anfertigen von Dissertationen in Bottom-up-Ansätzen ist somit als sehr risikoreich zu bewerten. Trotz einiger Kritik illustriert unser iteratives und symbiotisches Vorgehen, dass der Bottom-up-Ansatz in BiSS prinzipiell durchführbar ist und auch ertragreich sein kann. Wir konnten den Verbünden vielfältige Hilfestellungen anbieten und die Tools gemeinsam weiterentwickeln.

Insgesamt lässt sich festhalten, dass wir viele aufschlussreiche, überwiegend kleine Studien zu konkreten Tools in den einzelnen Verbünden durchführen konnten, die sehr interessante Einzelbefunde erbrachten und auch wissenschaftlich publiziert werden konnten (z. B. Ehl et al., 2018; Elstrodt-Wefing et al., 2019; Kalinowski et al., 2018). Im Rahmen des Projekts konnte der Forschungsstand zu Diagnostik, Förderung und Professionalisierung im Bereich der Sprachbildung systematisch aufbereitet und in Reviews zusammengefasst dargestellt werden. Zudem gelang es, für die verschiedenen Tools Verbesserungen zu entwickeln. Die Verbünde und Lehrkräfte nahmen die auf Basis der Studien durch uns gegebenen Empfehlungen und Verbesserungsvorschläge weitgehend positiv auf und es wurden Verbesserungen der Praxis vorgenommen bzw. geplant. Für das ursprünglich geplante iterative Vorgehen mit mehreren Optimierungsschleifen war die Projektlaufzeit jedoch zu kurz. So dauerten etwa die Fortbildungen mehrere Monate, sodass eine mehrmalige Evaluation und Optimierung innerhalb der Projektlaufzeit unmöglich war.

Die Ziele Evaluation und Optimierung konnten somit zumindest teilweise erreicht werden. Das letzte Ziel jedoch, eine Standardisierung, die eine strenge Wirksamkeitsprüfung und eine gut aufbereitete Weitergabe der Tools an andere Schulen erlauben würde, ließ sich überwiegend nicht erreichen. Dies gelang nur in Ausnahmefällen, insbesondere für die Fortbildungsmaßnahme »Mit Kindern im Gespräch«, die bereits vor Projektstart detailliert entwickelt gewesen war. Das Diagnostikinstrument Profilanalyse konnte durch die Ergänzung des Screenings »Monsterspiel« soweit optimiert und standardisiert werden, dass wir optimistisch sind, es – nach einigen letzten, noch ausstehenden Ergänzungen und Überprüfungen – für die weitere Nutzung empfehlen zu können.

Für zukünftige wissenschaftliche Begleitprojekte wäre zu überlegen, wie eine symbiotische Implementationsstrategie noch besser gelingen kann. Dazu wäre zu klären, welche Aspekte der schulischen Diagnostik und Förderung am besten direkt aus den Schulen entwickelt werden können und welche eher von begleitenden Wissenschaftlerinnen und Wissenschaftlern – bevor dann Verbünde und Wissenschaftsteam gemeinsam daran weiterarbeiten. Ferner wäre es hilfreich, wenn auch die Neuentwicklung von benötigten Diagnostik- und Förderinstrumenten im Rahmen von formativen Evaluationsstudien zukünftig zuwendungsfähig wäre, da es den Projekten erlauben würde, flexibler auf festgestellte Bedarfe einzugehen.

Literatur

Bainski, K., Trapp, U. & Kaiser Trujillo, F. (n. d.). *Durchgängige Sprachbildung Deutsch als Zweitsprache im Kontext inklusiver Schulentwicklung. Fortbildungsmodule.* Essen: RAA NRW. Verfügbar unter: http://www.sprachschaetze.net/wordpress/wp-content/uploads/2011/12/RAA_Deusch-als-Fremdsprache_13.4..pdf [08.09.2020].

Balzer, L. & Beywl, W. (2015). *Evaluiert. Planungsbuch für Evaluationen im Bildungsbereich.* Bern: hep Verlag.

Belke, G. (2008). *Mehrsprachigkeit im Deutschunterricht. Sprachspiele, Spracherwerb und Sprachvermittlung.* Baltmannsweiler: Schneider Verlag Hohengehren.

Bonsen, M. & Rolff, H. G. (2006). Professionelle Lerngemeinschaften von Lehrerinnen und Lehrern. *Zeitschrift für Pädagogik, 52*(2), 167–184.

Briesch, A. M., Casale, G., Grosche, M., Volpe, R. J. & Hennemann, T. (2017). Initial validation of the usage rating profile-assessment for use within German language schools. *Learning Disabilities: A Contemporary Journal, 15*(2), 193–207.

Ehl, B., Paul, M., Bruns, G., Fleischhauer, E., Vock, M., Gronostaj, A. & Grosche, M. (2018). Testgütekriterien der »Profilanalyse nach Grießhaber«. Evaluation eines Verfahrens zur Erfassung grammatischer Fähigkeiten von ein- und mehrsprachigen Grundschulkindern. *Zeitschrift für Erziehungswissenschaft, 21*(6), 1261–1281.

Elstrodt-Wefing, N., Starke, A., Möhring, M. & Ritterfeld, U. (2019). Umsetzung unterrichtsintegrierter Sprachförderung im Primarbereich. Eine Mixed-Methods-Untersuchung bei Lehrkräften in BiSS-Verbünden. *Empirische Sonderpädagogik, 11*(3), 191–209.

Früh, W. (2011). *Inhaltsanalyse: Theorie und Praxis.* München: UVK.

Gibbons, P. (2002). *Scaffolding language, scaffolding learning: Teaching second language learners in the mainstream classroom.* Portsmouth, NH: Heinemann.

Glück, C. (2011). *Wortschatz- und Wortfindungstest für 6- bis 10-Jährige.* München: Elsevier.

Gräsel, C. & Parchmann, I. (2004). Implementationsforschung – oder: Der steinige Weg, Unterricht zu verändern. *Unterrichtswissenschaft, 32*(3), 196–214.

Grießhaber, W. (2013). *Die Profilanalyse für Deutsch als Diagnoseinstrument zur Sprachförderung.* Verfügbar unter: https://www.uni-due.de/imperia/md/content/prodaz/griesshaber_profilanalyse_deutsch.pdf [19.07.2019].

Hammond, J. & Gibbons, P. (2005). Putting scaffolding to work. The contribution of scaffolding in articulating ESL education. *Prospect, 20*(1), 6–30.

Heilmann, B. & Grießhaber, W. (Hrsg.). (2012). *Deutsch als Zweitsprache in der Grundschule: Diagnostik & Förderung – leicht gemacht.* Stuttgart: Klett.

Hord, S. M. (1997). *Professional learning communities: Communities of continuous inquiry and improvement.* Austin, TX: Southwest Educational Development Laboratory.

Kalinowski, E., Gronostaj, A., Westphal, A. & Vock, M. (2018). Lehrkräftefortbildung und Sprachförderung – Eine Tagebuchstudie im Projekt »Bildung durch Sprache und Schrift«. *Empirische Pädagogik, 32*(2), 216–232.

Kammermeyer, G., King, S., Roux S., Metz, A., Leber, A., Lämmerhirt, A., Papillion-Piller, A. & Goebel, P. (2017). *Mit Kindern im Gespräch (Grundschule). Strategien zur Sprachbildung und Sprachförderung von Kindern in der Grundschule.* Augsburg: Auer.

Kammermeyer, G., Roux, S., King, S. & Metz, A. (2014). *Mit Kindern im Gespräch. Strategien zur sprachlichen Entwicklung von Kleinkindern in Kindertageseinrichtungen.* Donauwörth: Auer Verlag.

Kauschke, C. & Siegmüller, J. (2009). *Patholinguistische Diagnostik bei Sprachentwicklungsstörungen.* München: Elsevier.

Kiese-Himmel, C. (2005). *Aktiver Wortschatztest für 3- bis 5-jährige Kinder – Revision.* Göttingen: Hogrefe.

Lipowsky, F. (2010). Lernen im Beruf – Empirische Befunde zur Wirksamkeit von Lehrerfortbildung. In F. H. Müller, A. Eichenberger, M. Lüders & J. Mayr (Hrsg.), *Lehrerinnen und Lehrer lernen. Konzepte und Befunde zur Lehrerfortbildung* (S. 51–72). Münster: Waxmann.

O'Donnell, C. L. (2008). Defining, conceptualizing, and measuring fidelity of implementation and its relationship to outcomes in K-12 curriculum intervention research. *Review of Educational Research, 78*(1), 33–84.

Quehl, T. & Trapp, U. (2013). *Sprachbildung im Sachunterricht der Grundschule. Mit dem Scaffolding-Konzept unterwegs zur Bildungssprache* (FörMig Material, Bd. 4). Münster: Waxmann.

Sanetti, L. M. H. & Kratochwill, T. R. (2009). Toward developing a science of treatment integrity: Introduction to the special series. *School Psychology Review, 38*(4), 445–459.

Schmeinck, D. (2017). *Gutachten zu den Unterrichtsmaterialien »Sachunterricht« des Projekts BiSS-EOS.* Unveröffentlichtes Gutachten für das BiSS-EOS-Projekt.

Schulte, M., Merkert, A., Schilcher, A., Bien-Miller, L., Lenske, G., Wildemann, A., Binder, K., Rank, A. & Deml, I. (2019). FaWi-S: Testinstrument zur Erfassung des sprachförderlichen Wissens von Grundschullehrkräften. In K. Mackowiak, C. Beckerle, S. Gentrup & C. Titz (Hrsg.), *Instrumente zur Erfassung institutioneller (schrift-)sprachlicher Bildung* (Online-Anhang). Bad Heilbrunn: Klinkhardt. Verfügbar unter: https://doi.org/10.35468/5801_03.

Söbbeke, E. (2018). *Fachdidaktisches Gutachten zum Unterrichtsmaterial der Verbünde im Evaluationsprojekt BiSS-EOS, Fachteil Mathematik.* Unveröffentlichtes Gutachten für das BiSS-EOS-Projekt.

Starke, A., Elstrodt, E., Möhring, M. & Ritterfeld, U. (2017). *Sprachdidaktisches Gutachten der Unterrichtsmaterialien im Projekt BiSS-EOS.* Unveröffentlichtes Gutachten für das BiSS-EOS-Projekt, Technische Universität Dortmund.

Starke, A., Elstrodt-Wefing, N. & Ritterfeld, U. (2018). *Zweites Sprachdidaktisches Gutachten der Unterrichtsmaterialien im Projekt BiSS-EOS.* Unveröffentlichtes Gutachten für das BiSS-EOS-Projekt, Technische Universität Dortmund.

Tajmel, T., Neuwirth, J., Holtschke, J., Rösch, H. & Schön, L.-H. (2009). Schwimmen – Sinken. Sprachförderung im Physikunterricht. Unterrichtsmodule für Klassenstufe 5–8. In T. Tajmel & K. Starl (Hrsg.), *Science education unlimited. Approaches to equal opportunities in learning science* [CD-ROM]. Münster: Waxmann.

Van de Pol, J. (2012). *Scaffolding in teacher-student-interaction: Exploring, measuring, promoting and evaluating scaffolding.* Dissertation, Universität Amsterdam. Verfügbar unter: http://dare.uva.nl/search?arno.record.id=426432 [19.07.2019].

Vock, M., Gronostaj, A., Grosche, M., Ritterfeld, U., Kalinowski, E., Zaruba, N., Ehl, B., Paul, M., Elstrodt-Wefing, N., Starke, A., Möhring, M., Schulze, A., Niendorf, L. (2019). *Schlussbericht zum Projekt »Evaluation, Optimierung und Standardisierung von Tools im BiSS-Projekt« (BiSS-EOS).* Hannover: Technische Informationsbibliothek.

Wottawa, H. & Thierau, H. (2003). *Lehrbuch Evaluation.* Bern: Huber.

Kapitel 8:
Voraussetzungen und Herausforderungen schulischer Sprachbildung im Fachunterricht der Sekundarstufe I – Evaluationsergebnisse

Knut Schwippert, Astrid Neumann, Dominik Leiß, Nele Groß, Susann Entrich, Jennifer Plath & Andreas Weber

Das Verbundprojekt »Evaluation der Sprachförderung im Fachunterricht der Sekundarstufe I im BiSS-Programm« (EvaFa) beschäftigt sich mit der Entwicklung und dem Einsatz fachlich und fachdidaktisch ausgerichteter Sprachbildungsmaterialien und -maßnahmen von sieben evaluierten BiSS-Verbünden. In Kooperation mit Akteurinnen und Akteuren vor Ort wurden im Rahmen der Evaluation Maßnahmen zur sprachlichen Bildung dokumentiert und gemeinsam weiterentwickelt. Dabei galt es insbesondere zu berücksichtigen, dass zwischen den Sprachbildungsverbünden heterogene Ausgangslagen und Zielsetzungen vorlagen. Diese Heterogenität als Herausforderung und Ressource aufgreifend verfolgt der vorliegende Beitrag das Ziel, in den Fördereinrichtungen umgesetztes implizites Wissen zur Sprachbildung zu dokumentieren und damit sowohl für Lehrpersonen als auch für die Administration alternative Umsetzungen von Sprachbildung im Fachunterricht zu dokumentieren und so Perspektiven für eigene bzw. begleitete Förderinitiativen in den Einrichtungen zu eröffnen.

1   Sprachbildung im Fachunterricht

Sprachbildung im Fachunterricht zielt auf eine Unterstützung der Kompetenzentwicklung mit Bezug auf fachliche und sprachliche Anforderungen in täglichen schulischen Bildungsprozessen. Sprachliche Anforderungen im Fachunterricht bestehen dabei rezeptiv beim Lesen fachlicher Texte bzw. dem Hören eines Diskurses und produktiv beim Sprechen oder Schreiben im fachlichen Lern- bzw. Fachdiskurs. In schulischen Bildungsprozessen sind diese Anforderungen durch ein besonderes sprachliches Register, die Bildungssprache[1], gekennzeichnet (Habermas, 1978; Heppt, 2016; Feilke, 2012; Riebling, 2013). Dieses Register nutzt spezifische Codes (Bernstein, 1981), um den dekontextualisierten Wissenstransfer sowie kommunikative fachliche Auseinandersetzungen (Morek & Heller, 2012) zu ermöglichen. In

---

1   Bildungssprache ist dabei eine spezifische Sprachform zum fachlichen Lernen in Bildungsinstitutionen am Übergang zwischen Alltagssprache und Fachsprache.

diesem Sinne müssen alle Schülerinnen und Schüler der Sekundarstufe I im Fachunterricht die dafür genutzten sprachlichen Mittel erlernen, damit sie erfolgreich an Fachdiskursen teilhaben können.

Sprachbildungsprozesse werden in additiven oder alltagsintegrierten Maßnahmen unterstützt. Während sich additive Maßnahmen speziell an Schülerinnen und Schüler mit besonderem Förderbedarf richten und außerhalb des regulären Unterrichts stattfinden, beziehen sich alltagsintegrierte Maßnahmen zur Verbesserung der bildungssprachlichen Fähigkeiten auf alle Schülerinnen und Schüler. Ein additives Vorgehen wird für den schulischen Fachunterricht inzwischen seltener anvisiert als die umfassendere alltagsintegrierte Sprachbildung (Becker-Mrotzek & Roth, 2017, Schneider et al., 2012). Für eine alltagsintegrierte Sprachbildung im Fach benötigen die Lehrenden eine hohe Sensibilität gleichermaßen für das fachliche und das sprachliche Lernen und Lehren, verbunden mit starker Innovationsbereitschaft (Kultusministerkonferenz [KMK], 2017; Reiss, Sälzer, Schiepe-Tiska, Klieme & Köller, 2016).

Beschreibungen von Verfahren zur alltagsintegrierten Sprachbildung, z. B. Scaffolding (Gibbons, 2002), oder von Verfahren zur durchgängigen Sprachbildung (Gogolin et al., 2011) liegen bereits seit längerer Zeit vor. Diese beziehen sich insbesondere auf die Bereitstellung von sprachlichen Hilfen bei der Bildung sprachlicher Kompetenzen im und für den jeweiligen Fachunterricht, aber auch über Fächergrenzen und institutionelle Übergänge hinweg. Welche Maßnahmen wie eingesetzt werden, um alle Schülerinnen und Schüler im Fachunterricht sprachlich zu unterstützen, ist allerdings bisher nicht hinreichend für die Sekundarstufe I dokumentiert. Ziel des Evaluationsprojekts EvaFa[2] ist es daher, für ausgewählte Verbünde des BiSS-Programms Ausgangslagen und bestehende Herausforderungen bei der Entwicklung und Umsetzung der verschiedenen Maßnahmen zu beschreiben.

Am BiSS-Programm nehmen Verbünde aus Schulen teil, die unter ganz unterschiedlichen Umständen und auf verschiedenen Wegen die Integration der Sprachbildung in den Fachunterricht umsetzen. Nachfolgend wird beschrieben, welche Art der Förderung in den von EvaFa begleiteten Verbünden umgesetzt wurde, welche Inhalte der Sprachbildungsarbeit in diesen Verbünden umgesetzt wurden und welche Materialien erstellt bzw. genutzt wurden. Dem schließen sich deskriptive Befunde zu Unterschieden in der Umsetzung von Sprachbildung und der Zusammenarbeit im Verbund an. Darüber hinaus werden Befunde zu Vorstellungen der Lehrkräfte über Gelingensbedingungen und Herausforderungen bei der Umsetzung von Sprachbildung im Kollegium berichtet. Den Abschluss des Beitrags bildet ein Ausblick auf Gelingensbedingungen zukünftiger Sprachbildung im Fachunterricht.

---

2 Das dieser Publikation zugrundeliegende Vorhaben wurde mit Mitteln des Bundesministeriums für Bildung und Forschung unter den Förderkennzeichen 01Jl1505A und 01Jl1505B gefördert. Die Verantwortung für den Inhalt dieser Veröffentlichung liegt bei den Autorinnen und Autoren.

145

2   Konzept und Entwicklungsstand der Verbünde

Die ursprünglich sieben zur Evaluation im EvaFa-Projekt ausgewählten BiSS-Verbünde in der Sekundarstufe I hatten zum gemeinsamen Ziel, erfolgreiche Sprachbildungskonzepte im Sach- und Fachunterricht zu entwickeln, zum Großteil mit einem Schwerpunkt auf die Mathematik. Die Vielfalt ihres Vorgehens wird nachfolgend anhand der vor der Begleitung durch das Projekt eingereichten offiziellen Bewerbungstexte der Verbünde zur Teilnahme am BiSS-Programm und den später von uns erfassten Aussagen der Verbundkoordinatorinnen und -koordinatoren vorgestellt.

Vom EvaFa-Projekt wurden folgende Verbünde begleitet:

- Von der Alltags- zur Bildungssprache – Durchgängige Sprachbildung in der Sek I (Berlin)
- Sprechen, Lesen, Schreiben im Mathematikunterricht der Klassen 5/6 (Nordrhein-Westfalen)
- Lesen, Schreiben, Sprechen im Mathematikunterricht der Klassen 7/8 (Nordrhein-Westfalen)
- Schreiben, Sprechen, Lesen im Mathematikunterricht der Klassen 9/10 (Nordrhein-Westfalen)
- Sprachsensibler Mathematikunterricht in Hauptschulen in der Bildungsregion Ostwestfalen-Lippe (Nordrhein-Westfalen)
- Projekt Sprachbegleitung – Gymnasien in Mittelfranken (Bayern)
- BiSS Augsburg – Gymnasium (Bayern)

Die in drei Bundesländern lokalisierten Verbünde unterschieden sich nicht nur in den selbstgewählten Schwerpunkten, sondern auch in der Durchführung von Sprachbildung. Während in dem Berliner Verbund und in den vier Verbünden in Nordrhein-Westfalen die Sprachbildung in den (Fach-)Unterricht integriert wurde, förderten die zwei Verbünde in Bayern Schülerinnen und Schüler additiv außerhalb des regulären Unterrichts.

2.1   Verbund in Berlin

Der Berliner BiSS-Verbund ist Teil eines landesweiten Gesamtprojekts zur Unterstützung und Förderung der Sprachbildung. In diesem Verbund wurde fächerübergreifend alltagsintegrierte Sprachbildung umgesetzt. Ziel des BiSS-Verbunds war es, Materialien zur Erarbeitung eines Fach- und eines Formulierungswortschatzes zu erstellen und in der Praxis zu erproben. Neben der Einführung und Erprobung von Lese- und Schreibstrategien zur Texterschließung und Textproduktion wurden in allen beteiligten Verbundschulen die Entschlüsselung und Bearbeitung von Arbeitsaufträgen erarbeitet und erprobt. Hierbei war es ein Ziel, die Bildungssprache in ihrer fachspezifischen Vermittlung zu fokussieren. Zur Umsetzung der Sprachbildung wurden sprachsensible Unterrichtsmaterialien erstellt. Diese umfassten u. a. Wortgitter, Satzanfänge, Operatorenlisten[3] mit Beispielen für jedes Unterrichtsfach und Log- bzw. Studienzeitbücher. Auch die gezielte Arbeit mit Wörterbüchern sowie Wort- und Begriffserklärungen wurde von den Lehrkräften implementiert.

Um die Notwendigkeit der Sprachbildung im Fachunterricht ins Kollegium zu tragen, wurde an den Schulen ein Studientag genutzt, der sowohl einen theoretischen Input (teilweise mit eingeladenen externen Expertinnen und Experten) als auch einen von den Lehrkräften zur gemeinsamen Materialentwicklung genutzten Praxisanteil umfasste. Die Studientage waren selbstgewählten Schwerpunkten gewidmet und erwiesen sich auch mit Blick auf die Arbeit im Kontext von BiSS für die Kollegien als gewinnbringend und für den Austausch von Materialien als hilfreich.

2.2 Verbünde in Nordrhein-Westfalen

Die drei Verbünde, die in Nordrhein-Westfalen von den ursprünglich insgesamt vier Verbünden in der Evaluation verblieben sind, fokussierten auf eine alltagsintegrierte Sprachbildung im Mathematikunterricht. Dafür professionalisierten sich die Lehrkräfte als Multiplikatorinnen und Multiplikatoren für sprachbildenden Unterricht. In den Verbünden wurden Unterrichtsmaterialien bzw. sprachsensible Unterrichtsreihen entwickelt. Zum Teil wurden diese von Lehrkräften, die nicht explizit in die Arbeit der Förderverbünde eingebunden waren, eingesetzt, evaluiert und überarbeitet, sodass inzwischen eine Vielzahl erprobter Materialien vorliegt.

Jeder der Verbünde setzte sich einen Schwerpunkt (Verbund Klassen 5/6: Sprechen, Verbund Klassen 7/8: Lesen, Verbund Klassen 9/10: Schreiben) und kombinierte diesen mit einem kumulativen sprachlich-curricularen inhaltlichen Schwerpunkt und verschiedenen Sprachbildungskonzepten. In den Klassen 5/6 war es Ziel der Sprachbildung, sehr viele Sprachanlässe bereitzustellen. Die Schülerinnen und Schüler sollten angeleitet werden, mathematische Sachverhalte genau zu formulieren und ihre Lösungen zu begründen, um ein tieferes Verständnis von Mathematik zu erlangen. Neben dem Fachwortschatz sollte dabei auch auf morphologische und syntaktische Strukturen eingegangen werden. In den Klassen 7/8 sollte die Sprachbildung stärker auf den semantischen und diskursiven Bereich fokussieren. Die hier geschaffenen Sprechgelegenheiten sollten genutzt werden, um über Inhalte des Mathematikunterrichts zu kommunizieren. In den Klassen 9/10 standen neben dem Sprechen und Lesen das Schreiben und damit schriftsprachlich kohäsive Mittel im Mittelpunkt der Verbundarbeit.

In den Verbünden wurden Unterrichtsmaterialien bzw. sprachsensible Unterrichtsreihen unterschiedlich entwickelt und verbreitet. In den Klassen 5/6 wurden Kriterien zur Nutzung von Fördermaterialien erarbeitet. In den Klassen 7/8 fand die Materialdissemination auf Plattformen digital statt, sodass auch nicht an der För-

---

3 Operatoren sind sprachliche Formen, mit denen zu sprachlich-kognitiven Handlungen (wie z. B. erklären, beschreiben, protokollieren) aufgefordert wird. Da Operatoren in verschiedenen Fächern unterschiedliche Bedeutungen haben können, müssen sie fachspezifisch eingeführt und dokumentiert werden.

derung beteiligte Kolleginnen und Kollegen darauf Zugriff hatten. Im Verbund mit Fokus auf die Klassen 9/10 wurde eine Übersicht über verschiedene Methoden sowie Arbeitsanleitungen, Hinweise zu den Unterlagen und Wortlisten zu den ausgewählten Themenbereichen erstellt, um die Dissemination der Materialien zu gewährleisten. Zusätzlich wurde ein Praxishandbuch erstellt, in dem die Relevanz eines sprachsensiblen Mathematikunterrichts verdeutlicht wird.

2.3   Verbünde in Bayern

Die in Bayern durch BiSS initiierte sprachsensible Förderung wurde als Teil des bayernweit durchgeführten Projekts »Sprachbegleitung an Gymnasien« umgesetzt. Neben der Förderung mündlicher und schriftlicher Sprachkompetenzen standen dabei inhaltlich relevante naturwissenschaftliche, ethische oder kulturell bedeutsame Themen im Fokus. Hierfür wurden jeweils spezifische Sprachfördermaterialien aus dem Bereich Deutsch als Zweitsprache genutzt bzw. entwickelt. Dabei wurden in den teilnehmenden Gymnasien vor allem Schülerinnen und Schüler der Jahrgänge 5–7 mit nicht-deutscher Herkunft additiv sprachfördernd begleitet. Die additive Förderung beruhte auf der Idee, im zusätzlichen Unterricht an Themen der Sach- und MINT-Fächer anzuschließen und den Aufbau relevanter Sprachkompetenzen zu fördern, sodass die Jugendlichen perspektivisch ohne diese weitere sprachliche Förderung dem Regelunterricht folgen können. Den Bedarfen angepasste und vor Ort organisierte theoretisch orientierte und mit Praxisanteilen angereicherte Fortbildungen ergänzten die Sprachbegleitung.

Nachfolgend werden die Ziele der Evaluation dieser heterogenen Verbünde, die forschungsleitenden Fragestellungen und die Durchführung der Evaluation vorgestellt.

3   Ziele, Fragestellungen und Vorgehen der Evaluation

Auch wenn die in EvaFa evaluierten Verbünde im Wesentlichen das gemeinsame Ziel hatten, die Sprachbildung im Fachunterricht weiterzuentwickeln, unterschieden sich die Wege, wie dieses Ziel verfolgt wurde. Dies war zum einen durch die unterschiedlichen Voraussetzungen und spezifischen Schwerpunktsetzungen der Verbünde bedingt und zum anderen auch durch die sehr heterogene Zusammensetzung der Fördergruppen bzw. Klassen in den verschiedenen Verbünden. Mit der formativen Evaluation haben wir die Weiterentwicklung von Sprachbildung im Fachunterricht vor Ort prozessbegleitend unterstützt. Einigen Aspekten der von den Lehrkräften unter diesen Umständen initiierten und mit viel Erfahrung umgesetzten Sprachbildungsansätze wird in dem vorliegenden Beitrag mit folgenden Leitfragen noch einmal genauer nachgegangen:

1. Welche sprachbildenden Methoden bzw. Verfahren wurden eingesetzt?
2. Wie gestaltete sich der Umgang mit den in den Verbünden entwickelten Sprachfördermaterialien?
3. Wie gestaltete sich die Kooperation im Kollegium im Sprachbildungsverbund?
4. Welche Herausforderungen und Gelingensbedingungen identifizierten die Lehrkräfte für die Sprachbildung im Fach?

4 Methoden

Im Evaluationsprojekt wurde zur Erfassung sprachbezogener Merkmale des Unterrichts, zur Dokumentation verwendeter Fördermaterialien und der Zusammenarbeit in den Förderverbünden ein multi-methodischer Zugang gewählt. Materialien wurden gesichtet, Unterricht beobachtet und Lehrerinnen und Lehrer sowie Verbundkoordinatorinnen und -koordinatoren leitfadengestützt interviewt. Hierdurch liegt ein Bündel von Informationen über die in den Verbünden realisierte Sprachbildung vor. Geschulte Mitarbeiterinnen und Mitarbeiter des EvaFa-Projekts beobachteten den Unterricht in den Schulen der Förderverbünde und sprachen während ihrer Anwesenheit vor Ort mit den fördernden Akteurinnen und Akteuren über die Form und Umstände der Förderarbeit. Die im Rahmen von Unterrichtsbeobachtungen dokumentierten Prozesse wurden den Verbünden und Schulen im Rahmen der formativen Evaluation in regelmäßigen Abständen zurückgemeldet (Schwippert et al., 2018). In diesem Beitrag werden Befunde aus leitfadengestützten Interviews mit den Lehrkräften vorgestellt.

4.1 Untersuchungsstichprobe

Ursprünglich sollte die Evaluation mit insgesamt 34 Schulen aus sieben Verbünden in den drei Bundesländern starten. Neun dieser Schulen nahmen jedoch nicht an der Evaluation teil (Gründe u. a.: Schule geschlossen, keine weitere Teilnahme an der Studie, keine zeitlichen Ressourcen). In weiteren Schulen konnten nicht alle Erhebungswellen realisiert werden. Zwei Schulen (und somit ein ganzer Verbund) beendeten nach der ersten Erhebung ihre Teilnahme an der Evaluation, zwei weitere Schulen nahmen nicht mehr weiter an BiSS teil, die Schülerinnen und Schüler einer Klasse haben die Schule verlassen (die Lernenden waren während der ersten Erhebung 2016 bereits in der 10. Klasse), und zudem konnten aufgrund von personellen Veränderungen in einigen Schulen keine weiteren Erhebungswellen organisiert werden. Die mit der Sprachbildung befassten Lehrkräfte wurden viermal in insgesamt 62 Interviews zur Sprachbildungsarbeit in BiSS befragt (MZP I: 21 Schulen [16.23 h Aufnahme]; MZP II: 15 Schulen [10.25 h Aufnahme]; MZP III: 11 Schulen [7.98 h Aufnahme]; MZP IV: 15 Schulen [7.98 h Aufnahme]).

Da dieser Beitrag mit den Leitfragen 1 bis 3 auf die Ausgangslagen und bestehenden Herausforderungen in der Sprachbildung in den Verbünden fokussiert, werden Befunde aus den Interviews am Anfang des Evaluationszeitraums (MZPI) näher betrachtet. In der Regel hatten die Verbünde vor Beginn der Evaluation bereits ein Jahr zusammengearbeitet. Für die Identifikation der Herausforderungen und Gelingensbedingungen zur Beantwortung der Leitfrage 4 wurden darüber hinaus Interviews zum Ende (MZP IV) herangezogen.

4.2   Eingesetzte Instrumente

Um Informationen über die genutzten sprachbildenden Methoden, über die Kooperation im Kollegium und die von den Lehrkräften wahrgenommenen Herausforderungen im Förderprozess zu erhalten, wurden mit ein bis zwei Lehrkräften je Schule, die in der BiSS-Initiative an der Schule aktiv waren, halbstandardisierte Leitfadeninterviews (vgl. Mayer, 2013; Waaden, 2017) geführt. Bei den Leitfadeninterviews zu MZP I standen Fragen zur Initiierung, Durchführung und Bewertung der durchgeführten Maßnahmen zur Sprachbildung im Vordergrund. Zu MZP IV wurden die Interviews um Fragen zu den Gelingensbedingungen und besonderen Herausforderungen im Verbund ergänzt. Die Aufnahmen wurden mit MAXQDA kodiert[4] und quantitativ (▶ Abb. 8.2, ▶ Abb. 8.4) sowie qualitativ (vgl. Ankerbeispiele, ▶ Abb. 8.1, ▶ Abb. 8.3[5]) ausgewertet. Dabei werden Reflexionen der Sprachbildungsarbeit auf Verbundebene, auf der schulischen Kollegiums-Ebene und der Ebene der BiSS-Lehrkräfte herausgearbeitet.

5   Ergebnisse

Das Evaluationsprojekt EvaFa hat prozessbegleitend anhand verschiedener empirischer Herangehensweisen die Durchführung und die Entwicklung der Sprachbildung in den BiSS-Verbünden nachgezeichnet. Durch Unterrichtsbeobachtungen und im Rahmen intensiver und konstruktiver Gespräche mit den Lehrkräften konnten Hintergrundinformationen über die Initiierung und Implementierung der Sprachbildungsarbeit vor Ort dokumentiert werden. Da den Beteiligten zugesagt wurde, dass bei der Ergebnisdarstellung kein Rückbezug auf die individuellen Informationsgeberinnen und Informationsgeber möglich sein würde, sind im Folgenden die aus den Gesprächen erschlossenen weitergehenden überindividuellen Informationen verallgemeinert.

---

4   Die Interraterreliabilität von Cohens Kappa $\kappa = .79$ wurde durch die Doppelkodierung von einem Viertel der Interviews ermittelt.
5   Bei den Ankerbeispielen handelt es sich um konkrete Zitate zum jeweiligen Analyseaspekt aus den Interviews.

Welche sprachbildenden Methoden bzw. Verfahren wurden eingesetzt?

In den Leitfadeninterviews der Lehrkräfte wurde neben allgemeinen Formaten der Sprachbildungsarbeit auch explizit der Umgang mit rezeptiven und produktiven Sprachhandlungen wie Zuhören und Lesen bzw. Sprechen und Schreiben erfragt und in der Auswertung kodiert. Grundlage der Auswertung ist das zu Beginn der Evaluation an 21 Schulen erhobene Interviewmaterial (16.23 h Aufnahmezeit). Insgesamt bezogen sich 51 Äußerungen der Lehrkräfte auf die Frage, welche Formate der Sprachbildungsarbeit sie einsetzten und welche Sprachhandlungen sie fokussierten. Die Lehrenden beschäftigten sich vor allem mit der Fachsprache ($n = 13$), den Operatoren ($n = 12$) und dem Scaffolding ($n = 7$). Als Sprachhandlungen fokussierten sie insbesondere das Schreiben ($n = 21$) und Sprechen und Zuhören ($n = 23$). Spezifiziert wurden im Wesentlichen sprachbildende Maßnahmen zur Unterstützung bildungssprachlicher bzw. fachsprachlicher Entwicklungen:

- In allen Verbünden wurden Satzbausteine[6] eingesetzt.
- In den Verbünden in Nordrhein-Westfalen und Bayern wurden Artikelplakate eingesetzt, in den Verbünden in Nordrhein-Westfalen und Berlin wurden Darstellungswechsel, Lesestrategien, Sprechanlässe genutzt, die Verbünde in Bayern und Berlin nutzten Glossare.
- Individuell wurden Formulierungshilfen, Lerntagebücher, Partnerdiktate, Regelhefte, Sprachspiele, Wortspeicher (Verbünde in Nordrhein-Westfalen), Briefe, Mathekrimis, Wortschatzhefte (Verbund in Bayern) und Checklisten für den Schreibprozess sowie Wörterbücher und Wortgeländer (Verbund in Berlin) eingesetzt.

Dabei zeigt sich zusammenfassend, dass die Verbünde in Nordrhein-Westfalen eine höhere Heterogenität der berichteten Methoden aufwiesen, bei denen sich einerseits der Fokus auf den Fachunterricht Mathematik in NRW, andererseits aber gleichzeitig die angestrebten sprachlich-kommunikativen Anforderungen in den Verbünden widerspiegeln. Im Verbund in Bayern wurden mit den Wortschatzheften, Artikelplakaten und Satzbausteinen vor allem auf das allgemeine Sprachenlernen im DaZ-Unterricht ausgerichtete Verfahren genutzt. Die Lehrkräfte im Berliner Verbund benennen neben diesen auch Lesestrategien, Checklisten für das Schreiben sowie Darstellungswechsel und Operatorentraining, sodass von einer flexiblen strategieorientierten Verbundarbeit ausgegangen werden kann. Wortgeländer und Formulierungshilfen, aber auch Lerntagebücher und Wortschatzhefte sowie Glossare verweisen auf einen schriftsprachlichen Fokus. In der Darlegung der Methoden und Verfahren lassen sich die beschriebenen Schwerpunktsetzungen der Verbünde wiederfinden.

Die Daten der leitfadengestützten Interviews sind aufgrund der zur Verfügung stehenden Stichprobe nicht generalisierbar. Sie geben uns dennoch Hinweise auf

---

6 Satzbausteine sind wesentliche inhaltliche und/oder sprachliche Bestandteile von syntaktisch vollständigen Formulierungen, die den Lernenden eine sprachlich richtige mündliche oder schriftliche Aussage zu einem fachlich zu erschließenden Sachverhalt erleichtern sollen.

heterogene Umsetzungen der Sprachbildung in den Verbünden. In der Zusammenschau der Befunde aus den Interviews zeigt sich das breite Repertoire an Methoden und durch die Häufigkeit der Nennungen auch eine Priorisierung im Rahmen der Sprachbildung in den verschiedenen Verbünden. Dabei spielt der Umgang mit den entwickelten Materialien, wie die nachfolgend dargestellten Ergebnisse zeigen, eine große Rolle.

Wie gestaltete sich der Umgang mit den in den Verbünden entwickelten Sprachfördermaterialien?

Die zur Umsetzung der Verbundziele und die zur Nutzung von Verfahren der Sprachbildung erforderlichen Materialien wurden laut Interviewpartnerinnen und -partnern vor allem in den zentralen BiSS-Schulteams, die für ihre Arbeit im Rahmen von BiSS Entlastungsstunden erhielten, entwickelt. Von insgesamt 57 Nennungen zu dieser Leitfrage bezogen sich $n = 24$ auf die Arbeit mit den Materialien. Die Äußerungen zur Kooperation im Verbund ($n_{gesamt} = 41$) bezogen sich vor allem auf Materialreflexion ($n = 9$) und Materialentwicklung ($n = 10$). Bereits zum ersten Messzeitpunkt waren 65 Aussagen zur Zusammenarbeit unter den BiSS-Lehrkräften identifizierbar, wovon sich 40 auf den gemeinsamen Austausch, die Materialreflexion und die gemeinsame Materialentwicklung bezogen. Aktuelle, auf die Sprachförderbedarfe abgestimmte Materialien und deren gemeinsame sprachbildende Er- bzw. Bearbeitung erwiesen sich für die Akteurinnen und Akteure in den Kollegien als zentrale Innovationsmotoren. Zu Beginn der Projektbegleitung arbeiteten also die BiSS-Verbünde auf den verschiedenen Ebenen (Verbund, BiSS-Schulteam, Kollegien) insbesondere daran, bereits bestehende Materialien weiterzuentwickeln und neue Materialien zu erstellen. Zusätzlich bildete die Materialdokumentation einen Schwerpunkt der BiSS-Schulteams.

Wie gestaltete sich die Kooperation im Kollegium im Sprachbildungsverbund?

In insgesamt 51 Nennungen äußerten sich Lehrerinnen und Lehrer zu Kommunikationsgelegenheiten. Die Lehrkräfte gaben an, in der konkreten Verbundarbeit in der Schule ihr Wissen im Kollegium weiterzugeben ($n = 22$) bzw. allgemein in der Fachkonferenz zusammenzuarbeiten ($n = 18$). Die gemeinsame Arbeit wurde von den interviewten Lehrkräften als gewinnbringend für angemessene Zielsetzungen bei der Sprachbildung eingeschätzt und auf die drei Ebenen Verbund, BiSS-Arbeitsgruppe und Schulkollegium bezogen.

In den Äußerungen zur Kooperation im Kollegium und im Verbund identifizierten die befragten Lehrkräfte auch verschiedene Gelingensbedingungen (▶ Abb. 8.1). Als gute Grundlage für gelingende Entwicklungsarbeit sahen die Lehrkräfte vor allem gemeinsame Fortbildungen im Verbund an (Ankerbeispiel A). Das in den Fortbildungen erworbene Strukturwissen wurde anschließend durch die beteiligten Lehrkräfte in die Schulen getragen. In den Schulen sollte nach Auskunft der Lehrkräfte die dort arbeitende BiSS-Gruppe möglichst aus zwei bis drei Mitgliedern bestehen und gezielt die Kolleginnen und Kollegen zur Mitarbeit gewinnen, um so Sprachsensibilität in die Fächer zu tragen. Nach ihren Aussagen gelang die Arbeit auf Schulebene vor allem dann, wenn die Schulleitungen und die fachdidaktische Leitung die Verbundarbeit unterstützen und Freistellungen zu festgelegten Zeiten konsequent erfolgen konnten (Ankerbeispiel B). Das Kollegium konnte im Weiteren dann erfolgreich zusammenarbeiten, wenn gemeinsame, schulinterne Fortbildungen veranstaltet wurden und alle früh in den Kommunikationsprozess einbezogen wurden (Ankerbeispiel C). Jedoch sollten die gesteckten Ziele laut Interviewpartnerinnen und Interviewpartnern dabei überschaubar sein und überprüfbar bleiben, um den Entwicklungs- und Kooperationsprozess nicht durch Überforderung zu gefährden (Ankerbeispiel D).

A: Kooperation im Verbund

```
Meine erste Empfehlung ist es, erstmal eine Fortbildung zu machen. Das war bei uns
in BiSS auch so, wir haben erstmal Fortbildungstage gehabt, wo externe Leute kamen.
(05227: 00:28:03.05-00:28:16.5)
```

B: Kooperation in der Schule (Arbeitsgruppe)

```
Die Schulleitung früh einbeziehen, um dort den Rückhalt zu haben. (11901:
00:28:52.9-00:28:57.1)
```

```
Dadurch, dass man eine Entlastung hat, ist man auch irgendwie ein bisschen in der
Situation, dass man etwas abliefern sollte. (05947: 00:18:38.4-00:18:57.09)
```

C: Kooperation in der Schule (Kollegium)

```
Ehhm unbedingt das Kollegium einbeziehen, wie es geht, Kommunikation,
Kommunikation, Kommunikation. (11605: 00:19:49.5-00:19:55.5)
```

D: Kooperation in der Schule (Zielkriterium)

```
Kleine Ziele stecken ehm, kleine Ziele stecken und dann überprüfen. (11901:
00:05:45.3-00:05:53.4)
```

```
Also nicht jetzt sagen wir wollen das Gesamte und sofort, sondern wir sagen, wir
machen jetzt erst mal diesen einen Schwerpunkt und jeder guckt, wie kann er das im
eigenen Unterricht durchsetzen. (11901: 00:32:28.6-00:32:39.5)
```

Abb. 8.1: Ankerbeispiele Kooperation

Welche Herausforderungen und Gelingensbedingungen identifizierten die Lehrkräfte für die Sprachbildung im Fach?

Die Herausforderungen und Gelingensbedingungen der schulischen Sprachbildung wurden von den Lehrkräften retrospektiv zum Ende der Verbundbegleitungen durch EvaFa noch einmal explizit erfragt. Sie wurden darum gebeten, von ihnen wahrgenommene Herausforderungen zu benennen und – konstruktiv gewendet – auch Aussagen über Gelingensbedingungen, Visionen und Empfehlungen für zukünftige BiSS-Lehrkräfte zu machen. Es äußerten sich Lehrkräfte in 15 Interviews mit 36 Statements zu besonderen Herausforderungen, mit 116 Aussagen zu Gelingensbedingungen und mit 28 Aussagen zu Visionen bzw. 38 Aussagen zu Empfehlungen.

Bei der Befragung zu besonderen Herausforderungen konzentrierten sich die interviewten Lehrkräfte auf solche distalen Faktoren wie die schulischen Rahmenbedingungen ($n = 9$) und die BiSS-Schulteams ($n = 8$) (ohne Abb.), benannten aber auch Herausforderungen auf Ebene des Kollegiums ($n = 8$). Als Herausforderungen im Kollegium identifizierten sie fehlende Zeit und dass Kolleginnen und Kollegen die Vermittlung von fachspezifischen Kenntnissen und Fähigkeiten als wichtiger empfinden als Sprachbildung (Ankerbeispiel E, ▶ Abb. 8.3). Gering ausgeprägte Überzeugungen über die Wichtigkeit von Sprachbildung im Fachunterricht und ein nur unzureichend ausgebildetes Wissen im Bereich sprachlicher Bildung wurden ebenfalls als Herausforderungen identifiziert (▶ Abb. 8.2).

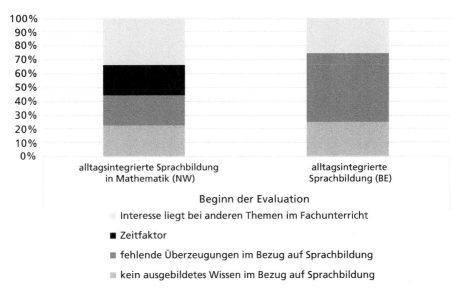

Abb. 8.2: Herausforderungen im Kollegium: prozentuale Verteilung der Aussagen zu besonderen Schwierigkeiten in den leitfadengestützten Interviews zu MZP 1. Durchschnittsangaben der Verbünde zu alltagsintegrierter Sprachbildung in Mathematik (Nordrhein-Westfalen) und alltagsintegrierter Sprachbildung (Berlin)[7]

Nach Auskunft der Lehrkräfte waren solche Herausforderungen darauf zurückzuführen, dass nicht in gemeinsamen Klassenstufen unterrichtet wurde, eine hohe personelle Fluktuation bestand und fehlende Zeitressourcen die Zusammenarbeit erschwerten.

---

7 Die Interviewpartnerinnen und Interviewpartner aus Bayern äußerten sich nicht spezifisch zu Herausforderungen bei der Zusammenarbeit im Kollegium, sondern benannten Herausforderungen auf Ebene der BiSS-Lehrkräfte und der Verbundarbeit.

Einige Herausforderungen ($n = 28$) wurden als Wünsche, Hinweise bzw. Visionen formuliert. So wurde bspw. der Wunsch nach externem Input in Fortbildungen allgemein, aber auch der Wunsch nach einem Austausch mit externen Expertinnen und Experten zum Umgang mit Lehr-Lernmaterialien benannt. Ebenfalls wurde der Zukunftswunsch nach einer gelingenden und elektronisch gesicherten Materialweitergabe mit entsprechenden didaktischen Kommentaren geäußert. Eine Unterstützung der eigenen Sprachbildungsarbeit im Verbund durch Menschen, die einen Blick von außen auf das Geschehen haben, könne demnach den eigenen Blick auf die Sprachbildungsarbeit in der Einrichtung schärfen (Ankerbeispiel F).

Die Frage der Kooperation und Kommunikation über die in den Fortbildungen gesammelten Erfahrungen wurde in den BiSS-Verbünden auch in Dienstbesprechungen thematisiert (Ankerbeispiel G). Dies bringt zum Ausdruck, dass neben einem inhaltlichen auch ein organisatorischer Rahmen benötigt wird, der entsprechende (insb. zeitliche) Ressourcen zur Verfügung stellt.

Die Lehrkräfte benannten auch die Dissemination der erstellten Materialien als eine bestehende Herausforderung. Sie thematisierten hierbei, wie das angereicherte Wissen auf Plattformen, in Kisten oder Ordnern für weitere Jahrgänge zur Verfügung gestellt werden kann. In den 14 Interviews aus den Nordrhein-Westfälischen und Berliner Verbundschulen wurden die Materialdokumentation und -bereitstellung und der Verbleib der Lehrenden beim Engagement in der gemeinsamen Sprachbildungsarbeit als ausschlaggebende Kräfte für zukünftige Sprachbildungsarbeit genannt. Die zehn Projektschulen in den Verbünden in Nordrhein-Westfalen äußerten den Wunsch, künftig weiterhin Materialien neu zu erstellen, zu vereinheitlichen und zu dokumentieren, während die vier interviewten Schulen im Berliner Verbund über neue Projektziele nachdachten. In den Verbundschulen in Bayern wurde der Wunsch nach einer guten zeitlichen Planung der Verbundtreffen formuliert.

E: Unterschiedliche Themensetzung

```
Es gibt viele die sich zwar mit Sprachförderung beschäftigen und das auch
sicherlich als wichtig empfinden, aber es gibt auch noch ganz viele, die sagen, ich
möchte meinen Physikunterricht machen und das ist es dann auch, oder meinen
Matheunterricht, oder, wobei das ja, gerade diese Texterschließung für alle Fächer
gilt, GL, AW, Religion. (05165: 00:31:25.4-00.31:36.4)
```

F: Externer Input

```
Es wäre eigentlich besser wenn das jemand von außen, ehm, reinbringt, ehh, als ein
Externer, als das wir das jetzt für unsere Kollegen machen, das hat nochmal nen
anderen Effekt. (11604: 00:31:10.5-00:31:22.9)
```

```
Erstmal würde ich denen raten sich irgendwo Hilfe zu holen, sich ein bisschen Input
zu holen, ehm zum Beispiel ja von der Uni oder so. (05170: 00:20:51.9-00:21:01.3)
```

G: Kommunikation und Austausch

```
Wir haben erkämpft, dass es eine Dienstbesprechung im Jahr gibt, wo es um
Sprachbildung geht- Z. B. Genau aus Fortbildungen haben wir das und das gelernt und
das und das haben wir an Ergebnissen gehabt. Ehhm wir reflektieren was passiert ist
und das war eigentlich immer ne, eigentlich immer ne gute Sache und das werden wir
auch weiter einfordern, dass wir das machen. (11904: 00:21:09.9-00:21:24.5)
```

Abb. 8.3: Ankerbeispiele Herausforderungen

Ein gemeinsames Merkmal der in den Interviews thematisierten Gelingensbedingungen zielte auf eine gute Kommunikation im Verbund. Laut der Lehrkräfte schließt dies sowohl gute Rahmenbedingungen zur Schaffung von Gesprächsanlässen als auch die inhaltliche Ausgestaltung des Austauschs – insbesondere im Kontext von Fortbildungen zur Sprachbildung – ein.

Abb. 8.4: Wahrgenommene Gelingensbedingungen für die BiSS-Arbeit: Nennungen der Aussagen in den leitfadengestützten Interviews zu MZP 4 in den Verbundgruppen für die Verbünde in Nordrhein-Westfalen, Bayern und Berlin

Die von den Lehrkräften wahrgenommenen Gelingensbedingungen lassen sich in vier größere Bereiche gruppieren (▶ Abb. 8.4): Bei den ersten zwei Bereichen geht es um die Kooperation auf verschiedenen schulischen Austauschebenen ($n = 8$) und um die Unterstützung durch externe Expertinnen und Experten ($n = 9$) auf der organisatorischen Ebene. Auf der sprachbildenden Ebene wurden $n = 6$ Äußerungen zur Materialarbeit und $n = 5$ Äußerungen zur weiteren Sprachbildungsarbeit registriert. In den Verbünden in Nordrhein-Westfalen wurden dabei vor allem die Unterstützung durch Expertinnen und Experten und die weitere (mathematikdidaktische) Sprachmaterialarbeit fokussiert, im Berliner Verbund die schulübergreifende Kooperation im Sinne einer durchgängigen Sprachbildung, bei der das Thema Sprache permanent präsent blieb. Im Verbund in Bayern wurde eine realistische und regionale Planung der Verbundtreffen als Gelingensbedingung herausgestellt.

6   Zusammenfassung

Die beobachteten und befragten Lehrkräfte zeigten ein hohes Engagement, das BiSS-Programm in ihren Einrichtungen zu entwickeln und weiterzutragen. In Bezug auf unsere Evaluationsfragen kann dabei Folgendes festgehalten werden:

Zum Einsatz sprachbildender Methoden bzw. Verfahren

Die Lehrkräfte benannten in den Interviews viele unterschiedliche sprachbildende Methoden und Verfahren, verschiedene Strategien und die langfristige Erarbeitung und Bereitstellung von Satzgerüsten oder Glossaren. All dies richtete sich dabei auch nach den Verbundzielen. Mit diesen sollte auf die verschiedenen Voraussetzungen der sprachlich (im Fachunterricht) zu bildenden Schülerinnen und Schüler adaptiv eingegangen werden.

Zum Umgang mit den in den Verbünden entwickelten Materialien

Im Rahmen der Evaluation konnte festgestellt werden, dass in allen Verbünden das Thema der Materialentwicklung und -dokumentation insbesondere von der Qualität der Kooperation in den Kollegien, letztendlich aber auch von den zur Verfügung stehenden zeitlichen Ressourcen abhing. Die evaluierten Sprachbildungsverbünde konkretisierten hier ihre Arbeit in Richtung sprach- und fachdidaktischer Unterstützung und für viele nutzbare (Online-)Materialien.

Zu Herausforderungen bei der Kooperation im Sprachbildungsverbund

Die interviewten Lehrkräfte berichteten häufig über fehlende zeitliche Ressourcen, die eine Kooperation in (heterogenen) Kollegien erschwerten. Die in BiSS involvierten Kolleginnen und Kollegen gaben an, dass organisatorische Gegebenheiten, wie die Betreuung von unterschiedlichen Klassenstufen, und eine hohe Fluktuation der Lehrenden die Verbundarbeit zusätzlich belastete. Es gab Hinweise darauf, dass zu den Gelingensbedingungen der frühe gegenseitige Austausch und der Einbezug z. B. der Schulleitungen bzw. externer Beraterinnen und Berater, die die Lehrenden entlasten können, zählen.

Zu Gelingensbedingungen und Herausforderungen der Sprachbildung im Fach

Anhand der dargestellten quantitativen und qualitativen Ergebnisse wurden Gelingensbedingungen aus der Sicht der durchführenden Lehrkräfte herausgearbeitet. In den Interviews zeigte sich, dass Sprachbildungsaktivitäten im Fachunterricht je nach Verbundbedingungen auf verschiedenen Austauschebenen im Verbund, im BiSS-Team und in den Kollegien umgesetzt wurden. Auf all diesen Ebenen wird nach weiteren Verbesserungen und Implementationsmöglichkeiten der entwickelten Materialien für die verschiedenen geforderten Sprachregister im Fachunterricht und den darauf abgestimmten Methoden und Verfahren gesucht. Hieran lässt sich ein bewusster Umgang mit den sprachlichen Registern Alltagssprache, Bildungssprache und Fachsprache in diesen Einrichtungen erkennen (Lange & Gogolin, 2010; Maas, 2016).

7   Implikationen für Praxis, Wissenschaft und Bildungsadministration

Die Ergebnisse der Studie zur Sprachbildung in den untersuchten BiSS-Verbünden deuten darauf hin, dass Lehrkräfte die Zusammenarbeit im Kollegium, die Teilnahme an Fortbildungen und die Entwicklung und Nutzung von Unterrichtsmaterialien zur Sprachbildung von Lehrkräften als wichtige Gelingensbedingungen wahrnehmen, um Sprachbildung im Fachunterricht erfolgreich umsetzen zu können. In den beteiligten Kollegien war die Arbeit an den Unterrichtsmaterialien bereits weit und umfangreich fortgeschritten. Sprachbildende Lehrkräfte adaptierten oder entwickelten Material für die Anforderungen in den Fächern gemeinsam und sehr flexibel. Den hierbei eingeschlagenen Weg möchten sie mit den gesammelten Erfahrungen weitergehen und für weitere Fächer öffnen. Dafür sind laut den Lehrkräften langfristig schul- und schulformübergreifende Plattformen zum Austausch nötig. Hinsichtlich der Zusammenarbeit in den Kollegien wurde darauf hingewiesen, dass es hierbei nicht nur um die Kooperation der in der Förderung selbst aktiven Lehrkräfte ginge, sondern vielmehr um die Kooperation im gesamten Kollegium und nicht zuletzt auch mit der Schulleitung. Erst wenn die verschiedenen Akteurinnen und Akteure bei neu zu konzipierenden bzw. weiterzuentwickelnden Bildungskonzepten bzw. -materialien zusammenarbeiten, kann es gelingen, dies zum genuinen Teil der täglichen Arbeit werden zu lassen.

In diesem Kontext sollte auch dem Wunsch aus den Kollegien nach externen Fortbildungen nachgegangen werden, um einerseits Sprachbildungskonzepte vorzubereiten und im Kollegium abzustimmen und andererseits auch, um die fachbezogene Sprachförderexpertise weiterzuentwickeln. Fortbildungen sollten jedoch nicht nur punktuell einzelne Lehrkräfte, sondern alle mit der Sprachbildung befassten Kolleginnen und Kollegen einbeziehen.

Aus den beschriebenen Praxen und perspektivisch dargestellten Gelingensbedingungen lassen sich konkrete Implikationen für die verschiedenen, den Sprachbildungsprozess gestaltenden Akteurinnen und Akteure formulieren: Um die Erfahrungen der an der Sprachbildung beteiligten Lehrkräfte nutzen zu können und ihnen die Möglichkeit zum Austausch hierüber zu geben, ist ein entsprechender Innovationsspielraum im Sinne einer partiellen Entlastung vom Unterricht für entsprechende Entwicklungsarbeiten vorzusehen. Hierzu wären Treffen zu organisieren, die nicht an den Randzeiten der täglichen Unterrichtsarbeit liegen und die einerseits sowohl in der Häufigkeit als auch im Umfang den jeweiligen Bedürfnissen der Beteiligten gerecht werden. Solche Treffen müssen mittel- bis langfristig in die pädagogische und unterrichtliche Praxis eingepasst werden. Erst wenn Schulleitungen, Fachgruppenleitungen und Lehrkräfte gemeinsam den Rahmen zum Austausch über durchgängige Sprachbildung bedarfsgerecht abstecken, lässt sich dieser entsprechend planen und (weiter-)entwickeln.

Die notwendigen Rahmenbedingungen hierfür können nicht nur durch Umschichtungen in Schulen geschaffen werden, hierzu bedarf es entsprechend angepasster Rahmenbedingungen aus der Schul- und Bildungsadministration. In diesem Zusammenhang wäre über die Relation zur Verfügung stehender zeitlicher Ressourcen zur persönlichen Fortbildung bzw. für notwendige Schul- und Unterrichtsentwicklungsprozesse zu sprechen. Eine durchgängige Sprachbildung ist nicht an einzelne Lehrkräfte delegierbar – es ist eine Gemeinschaftsaufgabe der Lehrkräfte, der Kollegien, aber auch der Bildungsadministration und der Bildungspolitik, die letztendlich erkennen muss, dass individuelle bzw. kollektive Fortbildungen und damit die Umsetzung von Innovationen im Bildungsbereich nicht punktuell »nebenbei« erfolgen kann. Dabei ist besonders zu betonen, dass für die Kooperation im Kollegium und für eine dialogische Dissemination erfolgreicher Förderansätze im Feld auch die Kolleginnen und Kollegen erreicht werden müssen, die sich bisher für die Sprachbildung (in ihrem Fach) nicht verantwortlich sehen. Möchte man eine zukunftsorientierte und vor allem zielorientierte Entwicklung – hier am Beispiel der Sprachbildung – initiieren, realisieren und weiterentwickeln, sind Entlastungsstunden für die Fortbildung der einzelnen Lehrkräfte und entsprechende Entlastungskontingente für die Kollegien, aber auch für Funktionsträger in den Schulen zu realisieren.

Mit Blick auf Implementationen einer Evaluation der Sprachbildung zeigt sich in dem Projekt aus der Perspektive der Evaluatorinnen und Evaluatoren, dass eine möglichst frühzeitige Zusammenführung aller Akteurinnen und Akteure wünschenswert ist. Im Rahmen der Evaluation von EvaFa hatten sich die beteiligten Fördereinrichtungen bereits längere Zeit und zum Teil auch schon mit wissenschaftlicher Begleitforschung mit dem Ziel der Weiterentwicklung ihrer Sprachbildung auf den Weg gemacht. Eine nach diesem Start beginnende Planungsphase einer formativen Evaluation bedient nicht optimal die individuellen Bedürfnisse und spezifischen Anforderungen, die die Bildungseinrichtungen für eine begleitende Evaluation bzw. eine Begleitforschung formulieren.

Darüber hinaus vermögen die hier vorgelegten Erkenntnisse aus der Evaluation Herausforderungen, die wiederholt von den Lehrkräften in den Fördereinrichtungen formuliert wurden, herauszuarbeiten und damit sichtbar zu machen. Eine Generalisierung dieser Befunde ist aufgrund der (gewünschten) Vielfalt von Förderansätzen und der Heterogenität der Fördereinrichtungen aber nicht möglich. Dennoch helfen die explorativen Befunde neue Ausgangspunkte für zukünftige Evaluations- und Forschungsprojekte zu beschreiben.

Literatur

Becker-Mrotzek, M. & Roth, H.-J. (2017). Sprachliche Bildung – Grundlegende Begriffe und Konzepte. In M. Becker-Mrotzek & H.-J. Roth (Hrsg.), *Sprachliche Bildung – Grundlagen und Handlungsfelder* (S. 11–36). Münster: Waxmann.

Bernstein, B. (1981). *Studien zur sprachlichen Sozialisation*. Berlin: Ullstein.

Feilke, H. (2012). Bildungssprachliche Kompetenzen – fördern und entwickeln. *Praxis Deutsch, 39*(233), 4–13.

Gibbons, P. (2002). *Scaffolding language, scaffolding learning. Teaching second language learners in the mainstream classroom*. Portsmouth: Heinemann.

Gogolin, I., Lange, I., Hawighorst, B., Bainski, C., Heintze, A., Rutten, S. & Saalmann, W. (2011). *Durchgängige Sprachbildung. Qualitätsmerkmale für den Unterricht*. Münster: Waxmann.

Habermas, J. (1978). Umgangssprache, Wissenschaftssprache, Bildungssprache. *Merkur, 32* (359), 327–342.

Heppt, B. (2016). *Verständnis von Bildungssprache bei Kindern mit deutscher und nichtdeutscher Familiensprache*. Dissertation, Humboldt-Universität zu Berlin.

Kultusministerkonferenz (2017). *IQB-Bildungstrend 2016: Veränderte Schülerschaft stellt Grundschulen vor große Herausforderungen*. Verfügbar unter: https://www.kmk.org/aktuelles/artikelansicht/iqb-bildungstrend-2016-veraenderte-schuelerschaft-stellt-grundschulen-vor-grosse-herausforderungen.html [06.02.2019].

Lange, I. & Gogolin, I. (2010). *Durchgängige Sprachbildung. Eine Handreichung*. Münster: Waxmann.

Maas, U. (2016). Was wird bei der Modellierung mit Nähe und Distanz sichtbar und was wird von ihr verstellt? In M. Henning (Hrsg.), *Zur Karriere von ›Nähe und Distanz‹: Rezeption und Diskussion des Koch-Oesterreicher-Modells* (S. 89–111). Berlin: De Gruyter.

Mayer, H. O. (2013). *Interview und schriftliche Befragung. Grundlagen und Methoden empirischer Sozialforschung*. München: Oldenbourg.

Morek, M. & Heller, V. (2012). Bildungssprache – Kommunikative, epistemische, soziale und interaktive Aspekte ihres Gebrauchs. *Zeitschrift für angewandte Linguistik, 57*(1), 67–101.

Reiss, K., Sälzer, C., Schiepe-Tiska, A., Klieme, E. & Köller, O. (Hrsg.). (2016). *PISA 2015. Eine Studie zwischen Kontinuität und Innovation*. Münster: Waxmann.

Riebling, L. (2013). Heuristik der Bildungssprache. In I. Gogolin, I. Lange, U. Michel & H. Reich (Hrsg.), *Herausforderung Bildungssprache – und wie man sie meistert* (S. 106–153). Münster: Waxmann.

Schneider, W., Baumert, J., Becker-Mrotzek, M., Hasselhorn, M., Kammermeyer, G., Rauschenbach, T., Roßbach, H.-G., Roth, H.-J., Rothweiler, M. & Stanat, P. (2012). *Expertise »Bildung durch Sprache und Schrift (BiSS)«: Bund-Länder-Initiative zur Sprachförderung, Sprachdiagnostik und Leseförderung*. Verfügbar unter: https://biss-sprachbildung.de/pdf/biss-website-biss-expertise.pdf [08.09.2020].

Schwippert, K., Neumann, A., Leiss, D., Groß, N., Entrich, S., Plath, J. & Weber, A. (2018). EvaFa. Evaluation der Sprachförderung im Fachunterricht der Sekundarstufe I im BiSS-Programm. In S. Henschel, S. Gentrup, L. Beck & P. Stanat (Hrsg.), *Projektatlas Evaluation. Erste Ergebnisse aus den BiSS-Evaluationsprojekten* (S. 39–42). Berlin: BiSS-Trägerkonsortium.

Waaden, S. von (2017). *Mathematiklernen von Risikokindern in der Jahrgangsmischung. Auswirkung von Handlungs- und Lageorientierung auf die Leistungsentwicklung*. Wiesbaden: Springer Fachmedien.

Kapitel 9:
Das EVA-Sek-Projekt. Untersuchungen zu sprachlichem und fachlichem Lernen in Vorbereitungsklassen für neu zugewanderte Kinder und Jugendliche

Bernt Ahrenholz

Im EVA-Sek-Projekt wurden BiSS-Schulen, die sich mit der Erstförderung von neu zugewanderten Schülerinnen und Schülern ohne oder mit sehr geringen Deutschkenntnissen befassen, in einer formativen Prozessevaluation begleitet. Im Beitrag werden neben einer Skizzierung der Rahmenbedingungen und der Anlage des Gesamtprojekts Befunde zur Verbindung von sprachlichem und fachlichem Lernen vorgestellt. Hierbei werden die besonders ausgeprägte Heterogenität, die vorgefundenen strukturellen Lösungen und deren Einschätzung durch die Beteiligten sowie Möglichkeiten in der Unterrichtsinteraktion gezeigt. Im Fokus stehen dabei die Möglichkeiten, sprachliches und fachliches Lernen schon früh miteinander zu verbinden, was sowohl die meisten Lehrkräfte wie auch Schülerinnen und Schüler als sehr wichtig erachten.

Einleitung

In dem Projekt »Formative Prozessevaluation in der Sekundarstufe. Seiteneinsteiger und Sprache im Fach« (EVA-Sek) wurde die Beschulung von neu zugewanderten Schülerinnen und Schülern an Schulen aus sieben BiSS-Verbünden in sechs Bundesländern in einer formativen Prozessevaluation begleitet.[1] Die Untersuchung wurde in einem Forschungsverbund der Europa-Universität Flensburg (Prof. Dr. Julia Ricart Brede, jetzt Universität Passau), der Universität Bielefeld (Prof. Dr. Udo Ohm) und der Friedrich-Schiller-Universität Jena (Prof. Dr. Bernt Ahrenholz für die Gesamtleitung und Theresa Birnbaum für die Koordination) vom Februar 2015 bis

---

1   Dem vorliegenden Text liegen verschiedene Publikationen des Projekts zugrunde (v. a. Ahrenholz, Birnbaum, Ohm & Ricart Brede, 2018; Ahrenholz, Ohm & Ricart Brede, 2017; Birnbaum, 2019; Birnbaum, Erichsen, Fuchs & Ahrenholz, 2018; Diebel & Ahrenholz, 2019; Fuchs, 2019, 2020; Fuchs, Birnbaum & Ahrenholz, 2017). Eine weitere Projektpublikation folgt (Ahrenholz, Ohm & Ricart Brede, 2019); vgl. außerdem www.eva-sek.de.

Dezember 2017 durchgeführt.[2] Dabei war Flensburg für die BiSS-Verbünde in Niedersachsen und Hamburg, Bielefeld für die in Bayern und Nordrhein-Westfalen und Jena für Berlin und Bremen zuständig (vgl. Ahrenholz et al., 2018).

Das Projekt EVA-Sek war entsprechend der ersten Ausschreibung des BMBF als ein formativ evaluierendes Projekt angelegt. Ziel einer solchen Evaluation ist u. a. die Weiterentwicklung und Optimierung der Prozesse in Hinblick auf die jeweils angestrebten Ziele (vgl. z. B. Spiel, Gradinger & Lüftenegger, 2010); Forschungsgegenstand waren die jeweiligen Konzeptionen und Umsetzungen von Sprachfördermaßnahmen für die neu zugewanderten Schülerinnen und Schüler.

Entsprechend den Zielsetzungen des Projekts wurden in einer Vorerhebung 2015 alle beteiligten BiSS-Schulen besucht, Interviews mit Schulleitungen, Lehrkräften, BiSS-Verbund- und BiSS-Landeskoordinatorinnen und -koordinatoren geführt und im Unterricht hospitiert, um einen Überblick über die jeweils gesetzten Ziele und die entsprechenden Schulsituationen zu gewinnen. Unter der Vielfalt der relevanten Themen (vgl. Ahrenholz et al., 2017) stellte sich die Verbindung von sprachlichem und fachlichem Lernen als ein zentrales Thema heraus. Auf diesen Aspekt soll im Folgenden eingegangen werden. Hierzu wird zunächst der Forschungsstand zu Beginn des Projekts skizziert. Es folgen eine kurze Darstellung der Projektanlage und der äußeren Rahmenbedingungen, um sodann die Frage sprachlichen und fachlichen Lernens unter drei Aspekten zu beleuchten:

1. Welche Voraussetzungen in Hinblick auf Alter, Herkunft, Sprachlernerfahrung und Schulerfahrung brachten die Schülerinnen und Schüler mit, welche konkrete Ausprägung hatte also die vielfach konstatierte Heterogenität der Schülerinnen und Schüler in den Schulen der beteiligten BiSS-Verbünde?
2. Mithilfe welcher strukturellen Modelle erfolgt die Beschulung der neu zugewanderten Schülerinnen und Schüler in Vorbereitungsklassen gerade auch in Hinblick auf Sprach- und Fachunterricht?
3. Welche Strategien, Lösungen und sprachlichen Handlungsmöglichkeiten in Hinblick auf die Integration von Sprach- und Fachunterricht konnten wir in der Unterrichtsinteraktion in Vorbereitungsklassen beobachten?

1 Forschungsstand zu neu zugewanderten Schülerinnen und Schülern

Zu Beginn des Projekts war der Forschungsstand zu neu zugewanderten Schülerinnen und Schülern sehr begrenzt. Es lagen nur einzelne Erfahrungsberichte aus

---

2 Das Projekt wurde an der Friedrich-Schiller-Universität Jena bis März 2018 und an der Universität Bielefeld bis Juni 2018 verlängert und vom Bundesministerium für Bildung und Forschung unter dem Förderkennzeichen 01JI1502 gefördert. Die Verantwortung für den Inhalt dieser Veröffentlichung liegt beim Autor.

Schulen und zu individuellen Lernenden vor; v. a. vom Anfang der 1980er Jahre (z. B. Liebe-Harkort, 1981), aber auch später (z. B. Loeding, 2007). Im Bereich Deutsch als Zweitsprache wurden entsprechende Schulsituationen gelegentlich thematisiert und es wurde v. a. auf die spezifischen Herausforderungen im Fachunterricht hingewiesen (Steinmüller & Scharnhorst, 1987). Zum Zweitspracherwerb neu zugewanderter Schülerinnen und Schüler selbst gab es nur wenige Untersuchungen (z. B. Pagonis, 2009), meist ohne Bezugnahme auf ihre Schulsituation. Zu bildungspolitischen Lösungen gab es einen Überblick von Kunz (2008), der von Massumi et al. (2015) aktualisiert wurde. Während der Projektlaufzeit erschienen einige neuere Publikationen. Beispielhaft seien von Dewitz, Terhart und Massumi (2018) und Decker-Ernst (2018) genannt (für einen historischen Rückblick vgl. Reich, 2017; für eine zusammenfassende Darstellung Ahrenholz et al., 2019).

2 Das EVA-Sek-Projekt

Die Beschulung von Schülerinnen und Schülern, die ohne oder mit sehr geringen Deutschkenntnissen aus anderen Ländern in unsere Schulen kommen, stellt die Bildungseinrichtungen häufig vor ungewohnte Anforderungen. Den auch als Seiteneinsteigerinnen und -einsteiger oder neu zugewanderte Kinder, Jugendliche oder junge Erwachsene bezeichneten Schülerinnen und Schülern sollte es ermöglicht werden, ihren Bildungsweg erfolgreich abzuschließen. Dies setzt ausreichende Sprachkenntnisse und angemessenes fachliches Wissen voraus, verlangt aber auch ein Eingewöhnen und eine Akzeptanz der sozialen und kulturellen Handlungsformen in der Schule (vgl. zu Schulroutinen Fuchs, Birnbaum & Hövelbrinks, 2016) sowie ein Zurechtkommen im Alltag. Auf bildungsadministrativer Ebene verlangt die Neuzuwanderung von den Bundesländern, Schulbezirken und einzelnen Schulen strukturelle Lösungen, die auch aus Sicht der Bildungswissenschaften, der Zweitspracherwerbsforschung sowie der Zweitsprachdidaktik sinnvoll sein sollten. Zudem kommen für einen Teil der hier betrachteten Gruppe sehr schwierige Lebensumstände hinzu (z. T. traumatische Migrations- bzw. Fluchterfahrungen mit Schulunterbrechungen, bei nicht begleiteten Jugendlichen weitere schwierige persönliche Lebensumstände). Aufgrund äußerer Umstände kann zudem meistens keine altersgemäße Einschulung erfolgen, sondern im Allgemeinen umfassen die Vorbereitungsklassen (VK) eine große Altersspanne. Die starke Fluktuation von Lernenden während des Schuljahres (unterjährige Fluktuation) verstärkt mit ständig wechselnden sprachlichen und fachlichen Voraussetzungen der Schülerinnen und Schüler die Heterogenität in den einzelnen VK so extrem, dass sich die Frage stellt, inwieweit pädagogische Konzepte wie Binnendifferenzierung solche Unterrichtsbedingungen überhaupt auffangen können.

Aufgabe des EVA-Sek-Projekts war es nicht, entworfene Sprachfördermaßnahmen summativ zu evaluieren, sondern es galt im Gespräch mit den jeweils beteiligten Akteurinnen und Akteuren herauszufinden, welche Lösungen über die zum damaligen Zeitpunkt (Anfang 2015) geltenden Verwaltungsvorschriften und Rahmenregelungen hinaus in den verschiedenen Bundesländern auf der Ebene des Landes, der Verbünde, der Schulen und der Lehrpersonen umgesetzt wurden. Dabei sollte auch der Informationsaustausch zwischen Schulleitung, Lehrkörper, BiSS-Verbund, Landeskoordination und anderen professionellen Akteurinnen und Akteuren erfasst und es sollten alle Beteiligten in den als Rückmeldeformat durchgeführten Feedbackwerkstätten einbezogen werden.

Am EVA-Sek-Projekt beteiligten sich 49 Schulen umfassend (33 allgemeinbildende und 16 berufsbildende Schulen). Die neu zugewanderten Schülerinnen und Schüler wurden dort fast ausschließlich in gesonderten VK (Willkommensklassen, Sprachlernklassen oder Internationalen Förderklassen) unterrichtet. Lediglich fünf beteiligte Schulen in NRW arbeiteten nach dem sogenannten Go-In-Modell, also der sofortigen Integration in den Regelunterricht.

Das Projekt war in drei Zyklen angelegt. Im Sommer 2015 wurden die Schulen zu einer Vorerhebung besucht. Ende 2015/Anfang 2016 fand dann die erste Evaluationsrunde statt. Im Herbst 2016/Frühjahr 2017 wurde ein Teil der Schulen in einer zweiten Evaluationsrunde ein weiteres Mal besucht.

Folgende Erhebungsverfahren wurden eingesetzt:

- Dokumentenanalysen
- Schulbesichtigungen
- Interviews mit den beteiligten beruflichen Akteurinnen und Akteuren (BiSS-Koordinatorinnen und -Koordinatoren, Landeskoordinatorinnen und -koordinatoren, Schulleitungen und Lehrkräfte sowie ggf. Sprachberaterinnen und -berater) in allen drei Zyklen
- Interviews mit Schülerinnen und Schülern im dritten Zyklus
- Gruppendiskussionen
- Unterrichtsbesuche und Videografien einiger Unterrichtsstunden im zweiten und dritten Zyklus
- schul- und sprachbiografischer Fragebogen im zweiten Zyklus
- Fragebogen zu Beschulungsmodellen im dritten Zyklus
- Schreiblogbuch (in Hamburg)
- Erfassung schriftlicher Produktionen der Schülerinnen und Schüler.

Zudem wurden pro BiSS-Verbund jährlich die bereits erwähnten Feedbackwerkstätten durchgeführt, in denen unsere Beobachtungen mit Schulleitungen, Lehrkräften und Vertreterinnen und Vertretern der BiSS-Verbünde und Landeskoordinationen vorgestellt und diskutiert wurden. Aufgrund der Anlage des Projekts konnten einige Daten – auch zu sprachlichem und fachlichem Lernen – trianguliert werden.

Fragen nach der Verbindung von sprachlichem und fachlichem Lernen waren in fast allen Interviews Thema. Zentral ist dabei einerseits das Unterrichtsgeschehen. Das Thema hat aber auch enge Bezüge zu den individuellen Voraussetzungen, die die Schülerinnen und Schüler mitbringen, sowie zu den strukturellen Lösungen hinsichtlich der Beschulung.

Während der Projektlaufzeit war die Anzahl der neu zugewanderten Schülerinnen und Schüler in erheblichem Maße gestiegen. Von Dewitz, Massumi und Grießbach (2016) verzeichnen bundesweit von 2014 (dem Zeitpunkt der BMBF-Ausschreibung) bis 2015 mehr als eine Verdoppelung der Zahl der neu zugewanderten Schülerinnen und Schüler auf 200.259. In Berlin[3] bspw. stieg die Zahl von Mitte 2014 bis Mitte 2017 von 3.067 neuen Schülerinnen und Schülern auf 12.570 neue Schülerinnen und Schüler, die in 1.067 VK unterrichtet wurden. In Hamburg[4] war für diesen Zeitraum ein Anstieg von 1.258 auf 3.506 Schülerinnen und Schüler in VK zu verzeichnen, an bayrischen Berufsschulen (Baumann, Riedl & Gruber, 2016) ein Anstieg von ca. 4.500 auf 22.000 Schülerinnen und Schüler.

Die stark zunehmende Anzahl der Seiteneinsteigerinnen und -einsteiger verstärkte die Notwendigkeit, in großem Umfang zusätzliche Lehrangebote bereitzustellen, wofür nicht immer angemessen ausgebildete Lehrkräfte zur Verfügung standen. Gleichzeitig mussten sehr viele Schulen, die bisher noch nie mit neu Zugewanderten befasst waren, Lösungen im Rahmen ihrer Möglichkeiten finden (Räume, Überschneidungen mit Fachunterricht, Einsatz von Sprach- und Fachlehrkräften). Während der sonstige Schulalltag nach Altersgruppen und später zusätzlich nach Leistungsgruppen organisiert ist, bei der die Schülerinnen und Schüler je nach Alter, Schulart und Schuldauer in etwa vergleichbare sprachliche und fachliche Voraussetzungen haben (sollten), stellen fehlende Deutschkenntnisse weitgehend das einzig gemeinsame Merkmal von Lernenden in den VK dar.

3 Zur Heterogenität der individuellen Voraussetzungen bei neu zugewanderten Schülerinnen und Schülern

Mithilfe eines pilotierten schul- und sprachbiografischen Fragebogens, der in Anlehnung an den Fragebogen des Projekts Mehrsprachigkeit an Thüringer Schulen (MaTS; Ahrenholz & Maak, 2013) und seiner Vorgänger entstand (vgl. Ahrenholz & Diebel, 2019), wurde versucht, ein Bild von der Heterogenität der Gruppe neu zugewanderter Schülerinnen und Schüler zu gewinnen. Dabei sollten sowohl ein Gesamtbild als auch ein Eindruck von der Heterogenität in einzelnen VK gewonnen werden.

Der Fragebogen wurde im Sommer 2016 von den Lehrkräften auf Deutsch an die Schülerinnen und Schüler ausgegeben und musste in dieser Version ausgefüllt

---

3 Vgl. https://www.berlin.de/sen/bildung/schule/bildungsstatistik/blickpunkt_schule_2016_17. pdf, S. C2.

4 Vgl. https://www.hamburg.de/schuljahr-in-zahlen/4951372/sus-internationalen-vorbereitungs klassen/

werden. Es wurden aber Übersetzungen der Fragen in 17 Sprachen auf einem Beiblatt zur Verfügung gestellt.[5]

48 der 49 BiSS-Schulen der untersuchten Verbünde beteiligten sich an der Fragebogenstudie. An den allgemeinbildenden Schulen nahmen 72 der angeschriebenen 102 Klassen, an den berufsbildenden Schulen 78 der 98 Klassen teil. Damit liegen 709 Fragebögen aus allgemeinbildenden Schulen und 761 Fragebögen aus berufsbildenden bzw. -vorbereitenden Schulen vor.

Die Fragebogenergebnisse basieren auf Selbstauskünften der Schülerinnen und Schüler. Vor diesem Hintergrund sind manche Angaben zu relativieren, sie können im Großen und Ganzen aber als aussagekräftig gelten (vgl. Maak, Zippel & Ahrenholz, 2013).

Die Altersspanne reicht von 10 bis 19 Jahren im allgemeinbildenden Bereich, von 15 bis 28 Jahren im berufsbezogenen Bereich. In Bezug auf das Geschlecht gaben bei den allgemeinbildenden Schulen 44.43 % weiblich und 50.35 % männlich an, bei berufsbildenden Schulen gaben hingegen von den Befragten 15.64 % weiblich und 75.16 % männlich an; für die restlichen Fragebögen liegt keine Auskunft zum Geschlecht vor.

Die Schülerinnen und Schüler kamen aus 78 Herkunftsländern und gaben 79 verschiedene Erstsprachen (im Fragebogen »Muttersprache«) an. 26.38 % der Schülerinnen und Schüler an den allgemeinbildenden Schulen kamen aus dem Raum der Europäischen Gemeinschaft (gefragt wurde nach dem Geburtsland); in den Berufsschulen war dieser Anteil mit 6.31 % deutlich geringer. Bei den Heranwachsenden aus Ländern der Europäischen Gemeinschaft kann in Hinblick auf familiäre Betreuung, Schulerfahrung und Zukunftsperspektive von einem anderen Bedingungsgefüge ausgegangen werden als für die Kinder und Jugendlichen, die aufgrund von Fluchtmigration nach Deutschland kamen. In den VK der allgemeinbildenden Schulen kamen die meisten Schülerinnen und Schüler aus Syrien (27.79 %, $n = 197$), Afghanistan (9.45 %, $n = 67$) und dem Irak (5.36 %, $n = 38$); in den Berufsschulen aus Afghanistan (25.62 %, $n = 195$), Eritrea (14.19 %, $n = 108$) und Syrien (13.01 %, $n = 99$).

Etwa ein Viertel der Befragten in den VK (allgemeinbildende Schulen: 26.80 %, berufsbildende Schulen: 24.84 %) hat mehr als eine »Muttersprache«. In den allgemeinbildenden Schulen hatten 89.56 % bereits mindestens eine Sprache in der Schule gelernt; nur einzelne Schülerinnen und Schüler berichteten, nie zuvor Sprachunterricht gehabt zu haben. Die Mehrheit (71.93 %) hat dabei neben ihrer/n »Muttersprache/n« eine oder mehrere weitere Sprachen gelernt (z. B. 59.38 % Englisch, 12.98 % Deutsch, 12.83 % Französisch). In den VK der berufsbildenden Schulen haben 59.38 % eine oder mehrere neue Sprachen gelernt (z. B. 46.65 % Englisch, 7.88 % Französisch, 8.15 % Deutsch). Ein Viertel (24.68 %) der Schülerinnen und Schüler in den allgemeinbildenden und 17.08 % in den berufsbildenden

---

5 Die Sprachen waren: Albanisch, Arabisch, Chinesisch, Englisch, Farsi, Französisch, Kurmandisch, Pashtu, Polnisch, Rumänisch, Russisch, Somali, Spanisch, Tschechisch, Türkisch, Tigrinya, Ukrainisch. Fragebogen und Übersetzungen sind unter http://www.evasek.de/www/materialien-zur-datenerhebung-neu/ zugänglich.

Schulen hatten zudem in Deutschland vor Beginn der VK begonnen, Deutsch zu lernen (Diebel & Ahrenholz, 2019).

Schließlich wird die laufend wechselnde Zusammensetzung der Lerngruppen bei der Frage nach der Dauer der Teilnahme an den VK deutlich. So nahmen zum Zeitpunkt der Befragung im Mai/Juni 2016 13.14 % der Schülerinnen und Schüler der VK an den allgemeinbildenden Schulen seit bis zu drei Monaten, 22.51 % seit ca. 4 bis 6 Monaten und 40.33 % seit 7 bis 12 Monaten an den VK teil, 8.15 % seit mehr als einem Jahr, 15.87 % machten keine oder unklare Angaben; an berufsbildenden Schulen nahmen bis zu 3 Monaten 7.11 % der Schülerinnen und Schüler an der VK teil, seit 4 bis 6 Monaten 6.05 %, seit 7 bis 12 Monaten 59.00 %; seit 13 bis 18 Monaten 8.93 % und seit mehr als 19 Monaten 7.87 % teil (11.04 % keine oder unklare Angaben).

Die meisten neu zugewanderten Schülerinnen und Schüler haben eine mit den in Deutschland aufgewachsenen Jugendlichen vergleichbare vorgängige Dauer an Schulerfahrung. Etwa einem Viertel fehlen bis zu vier Jahre Schulbesuch, einzelne haben gar keine Schulerfahrung.

Hiermit sind Ausschnitte eines Gesamtbildes für VK allgemein gezeichnet. Für die Schulsituation ist aber wichtig, dass sich eine entsprechende Heterogenität auch in einzelnen Klassen findet, in denen sich bei einem Durchschnitt von 9 Erstsprachen pro VK bis zu 18 verschiedene Erstsprachen in einzelnen VK (z. B. in Schule 03 VK01) finden, das Alter von bspw. 10 bis 15 Jahren (in Schule 13 VK01) oder 13 bis 18 Jahren (in Schule 60 VK01) reicht, die Dauer der vorgängigen Schulbesuche von 10 Monaten bis 10 Jahren (in Schule 09 VK01) variiert.

Die nur skizzenhaft dargestellten Fragebogenergebnisse zeigen insgesamt große Heterogenität in Hinblick auf Alter, schulische Lernerfahrung und Sprachkenntnisse, die auf sehr unterschiedliche Handlungsmöglichkeiten und Erfolgsaussichten in Hinblick auf sprachliches und fachliches Lernen hindeuten.

4 Strukturelle Lösungen zur Beschulung neu zugewanderter Schülerinnen und Schüler

4.1 Modelle der Beschulung

Sprachkenntnisse und Fachkenntnisse sind – je nach Lebensalter und Jahrgangsstufe sowie Schulart unterschiedlich – Voraussetzung für einen erfolgreichen Bildungsabschluss. Für neu zugewanderte Kinder und Jugendliche bestanden im Untersuchungszeitraum verschiedene strukturelle Ansätze, die sich in der im EVA-Sek-Projekt entwickelten Übersicht über Modelle der Beschulung von Seiteneinsteigerinnen und -einsteigern wiederfinden (▸ Abb. 9.1; vgl. Ahrenholz, Fuchs & Birnbaum, 2016, S. 15; Fuchs et al., 2017, S. 270). Beim ersten Ansatz (Modell A) handelt es sich um einen vorgeschalteten intensiven Sprachunterricht und folgender Eingliederung in den Regelunterricht. Der zweite Ansatz (Modell C) sieht vor, parallel zum Sprach-unterricht oder zeitnah mit einer Teilintegration in den Regelunterricht zu begin-nen. Ein anderer Ansatz ist die direkte Integration in den Regelunterricht, wobei zum Teil in sehr unterschiedlichem Umfang additive und/oder integrierte Sprach-förderung angeboten wird (Modell D). Als wichtige Zwischenstufe zwischen Modell A und Modell C können die VK angesehen werden, in denen im VK-Unterricht Fachstunden und fachliche Unterrichtseinheiten angeboten werden (Modell B). Dabei kann es sich um Sprachunterricht mit fachbezogenen Inhalten handeln oder um ausgewiesene, fachbezogene Stunden, die von VK-Lehrpersonen (mit oder ohne fachlichen Hintergrund) angeboten werden, oder um Unterricht von Fachlehrkräf-ten, die den VK-Unterricht stundenweise übernehmen.[6]

Schließlich gibt bzw. gab es auch Schulen, in denen eine Integration in den Regelunterricht nicht in jedem Fall erfolgt, sondern eigenständige Klassen existieren, in denen ausschließlich (ehemalige) Schülerinnen und Schüler der VK bis zum Schulabschluss unterrichtet werden (Modell E).

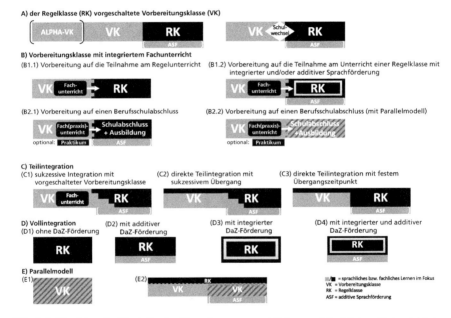

Abb. 9.1: Strukturelle Modelle der Verzahnung sprachlicher und fachlicher Unterrichtsan-gebote (vgl. Ahrenholz, Fuchs & Birnbaum, 2016, S. 15)

---

6 Für die besondere Situation der Analphabeten bzw. Zweitschriftlernenden stehen im All-gemeinen gesonderte Stundenkontingente und Unterrichtsangebote zur Verfügung. Er-wähnt seien schließlich noch die den VK nachgängigen Sprachförderangebote, z. B. in Form sogenannter Übergangsklassen in Berlin, die die Schülerinnen und Schüler nach den VK weiter unterstützen.

Aus schulischer Sicht stellen sich verschiedene Herausforderungen. Die in der Modellübersicht skizzierten Übergänge gelten strukturell, es wird aber vielfach individuell für einzelne Schülerinnen und Schüler entschieden, ob eine Teilintegration für sie erfolgen kann, während die jeweilige VK-Gruppe in einem bestimmten zeitlichen Rahmen fortgeführt wird. Weiter fehlt(e) es an angemessen ausgebildeten Lehrkräften. Für den eigentlichen Sprachunterricht wurden vielfach speziell für Deutsch als Zweitsprache ausgebildete Lehrpersonen auf Zeit eingestellt, die aber für andere Schulfächer keine Lehrbefugnis haben. Umgekehrt fehl(t)en Fachlehrkräften z. T. die für Deutsch als Zweitsprache spezifischen Kenntnisse. Allerdings haben wir aus beiden Bereichen auch Lehrkräfte gesprochen, die jeweils ergänzende Zusatzqualifizierungen haben.

4.2 Strukturelle Lösungen aus Sicht der Beteiligten

Die im EVA-Sek-Projekt beobachteten strukturellen Lösungen wurden in den Feedbackwerkstätten der einzelnen BiSS-Verbünde und Bundesländer vorgestellt und mit verschiedenen Vertreterinnen und Vertretern der Schulen und Behörden diskutiert. Dabei wurde vielfach die Bedeutung der Integration fachlicher Inhalte in den Unterricht der VK herausgestellt, um ausreichend auf den anschließenden Regelunterricht vorzubereiten. Die Gespräche in den Feedbackwerkstätten des EVA-Sek-Projekts wurden durch eine Fragebogenbefragung ergänzt, an der 196 professionelle Akteurinnen und Akteure teilgenommen haben. Auch hier sprachen sich viele für die Berücksichtigung fachlicher Inhalte aus (► Tab. 9.1; ausführlich in Fuchs, 2020).

Tab. 9.1: Fragebogenergebnisse zur Rolle des Fachunterrichts in VK (Fuchs, 2020)

Aussage	stimme voll zu	stimme eher zu	stimme eher nicht zu	stimme gar nicht zu	n
Die Vorbereitungsklasse sollte auch fachliche Inhalte des Regelunterrichts thematisieren.	43.32 %	43.85 %	7.49 %	5.35 %	187
Der Fachunterricht sollte vor dem Übergang in die Regelklasse im Klassenverband der Vorbereitungsklasse angeboten werden.	26.14 %	50.00 %	21.59 %	2.27 %	176

169

Auch aus Sicht einzelner Schülerinnen und Schüler wurde das fachliche Lernen in den VK begrüßt (vgl. auch Schiffel, 2019). Im folgenden Zitatauszug z. B. wird das Interesse am fachlichen Lernen deutlich[7]:

S03SR_ARW21:   äh ich finde das also sehr gut °h / °h weil: äh uns das vorbereitet hat zu ne äh ein äh zu also (-) die neunte klasse °h / °h und ja also ich (magen/ machen) die fächer sehr also wie chemie biologie ich mag das sehr zu lernen °h / °h also ich bin immer interessant de_äh: an der fach[/] an das fach zu lernen

Von einzelnen wird auch begrüßt, dass einige Fächer neu für die Schülerinnen und Schüler sind:

S05SR_KOW01:   ich lernte bio, mathe und °was noch° und (-) geschichte in deutsch. ja, das war neu für mich und °h nicht nur deutsch als fach lernen, sondern °h mit anderen fächern, ja biologie und geschichte, das war neu für mich und interessant (-) und das fand ich sehr gut (-) ja.

Solche Äußerungen entsprechen auch unseren Beobachtungen während der Unterrichtshospitationen, bei denen oft ein großes Interesse an den Fachthemen zu erkennen war. Zu bedenken sind hier auch die großen Unterschiede bei den Schülerinnen und Schülern in Bezug auf die mitgebrachten Wissensbestände. So kennen einige Schülerinnen und Schüler den durchgenommenen Stoff bereits aus früherer Schulzeit. Dann scheint ihnen der Unterricht leichtzufallen:

S43SR_BUM53:   und ja (.) in MATHE das ist leichter als (.) mathe in bulgarien↑.
ISK: ((lacht)) <<fragend> warum.>
S43SR_BUM53:   weil h[/] hier lernt (.) nicht so [/] °h nicht so schneller als bulgarien. in bulgarien lernen wir zum beispiel in siebte klasse haben wir (-) °h über über so schwer äh (2.5) äh so schwer haben wir gelernt. so (.) ich kann das nicht so gut erklären↑, aber hier in deutschland ist leichter. (--) letztes klassenarbeit habe ich ein PLUS volle punkte, weil das in bulgarien geLERNT habe.

In Fächern wie Geschichte besteht auch die Schwierigkeit, dass die jeweiligen Curricula naheliegenderweise stark voneinander abweichen können, sodass es besonders schwierig ist, dem Unterricht zu folgen:

S60SR_PAM19:   es is nicht einfach zwei (.) uber zwei länder zu lernen. wir habe in afghanistan andere geschichte und GEHABT und hier andere geschichte °h / °h. es ist nicht so einfach und im geschichte kommts viele (.) beGRIffe (-)

Insgesamt war bei den Schülerinnen und Schülern immer wieder ein großes Interesse an fachlichem Lernen zu erkennen, da es intellektuell herausfordernd und für den Bildungserfolg wichtig ist.

---

7   Der Buchstabe S und die Ziffer bezeichnen die Schule (Schule 03), dann folgen eine Abkürzung für die Erstsprache, hier Arabisch, ein Hinweis auf das Geschlecht sowie eine Kennziffer.

5 Sprachliches und fachliches Lernen im Unterricht

Das sprachliche und fachliche Lernen in VK folgt zwei Anforderungen. Zum einen gilt es den basalen, situationsadäquaten Wortschatz, Ausspracheregeln, Syntax, Morphologie und pragmatische Prinzipien zu lernen. Hinzu kommen orthografische Regeln und textsortenspezifische Kenntnisse. Dabei entwickeln sich die rezeptiven Kompetenzen (also das Hör- und Leseverstehen) schneller als die produktiven Kompetenzen (Sprechen und Schreiben), aber alle sogenannten Fertigkeitsbereiche gilt es für den Schulgebrauch weiterzuentwickeln. Zum anderen gilt es, den spezifischen Sprachgebrauch im Fachunterricht zu lernen, also die registerspezifischen sprachlichen Mittel. Auch bei neu zugewanderten Schülerinnen und Schülern sind diese weiteren sprachlichen Herausforderungen möglichst schnell zu berücksichtigen.

Der schulische Sprachunterricht in den VK hatte im Untersuchungszeitraum so gut wie keine curricularen Vorgaben und keine Lehrmaterialien.[8] Daher griffen die Sprachlehrkräfte für Deutsch als Zweitsprache (DaZ) u. a. auf Sprachlehrbücher aus dem Bereich Deutsch als Fremdsprache zurück, thematisierten somit den basalen Sprachbereich und kaum schulrelevante Themen. Fachlehrkräfte wiederum »vereinfachten« ihren Unterricht, waren aber evtl. nicht ausreichend mit den sprachlichen Problemen von Sprachlernanfängerinnen und -anfängern vertraut. Angemessen zugeschnittener Unterricht scheint immer dann gegeben, wenn fachliche Kompetenzen und Kompetenzen in Hinblick auf sprachliche Lernprozesse zusammenkommen, sei es, weil Fachlehrkräfte sich entsprechendes Wissen angeeignet haben, sei es, weil DaZ-Sprachlehrkräfte gleichzeitig auch als Fachlehrkräfte tätig sind oder entsprechendes Wissen erworben haben.

Von Bedeutung waren z. T. auch der unterschiedliche Vertragsstatus der Lehrkräfte, ihre Raumsituation und die Kommunikation mit den regulären Lehrkräften. Auf Zeit angestellte DaZ-Sprachlehrkräfte und reguläre Fachlehrkräfte sind nicht selten in getrennten Lehrerzimmern untergebracht, wodurch die Kommunikationsmöglichkeiten oft begrenzt sind. Wichtig scheint die Grundhaltung der Schulleitung zu sein, es nicht zu einem »Paralleluniversum« (S05_LE03, 00:35:05-0)[9] kommen zu lassen, sondern den kollegialen Austausch über die sprachlichen und die fachlichen Seiten im Förderunterricht zu unterstützen.

5.1 Im EVA-Sek-Projekt beobachtetes sprachliches und fachliches Lernen

Im Rahmen des EVA-Sek-Projekts wurde in 101 VK-Unterrichtseinheiten hospitiert und davon in 31 Fällen videografiert (14 UE fachlicher Unterricht und 17 UE DaZ).

---

8 Curricula und Materialentwicklung wurden auch in BiSS-Fortbildungen thematisiert. Zudem sind inzwischen erste Materialien entstanden und Curricula sind – wo nicht vorhanden – in der Entwicklung; teilweise entstanden diese auch direkt aus der Arbeit in den BiSS-Verbünden heraus (z. B. Balyos, Donath, Neustadt & Reinke, 2016).

9 Die Datenverweise im EVA-Sek-Projekt benennen zuerst die Schule (hier S05), dann die Lehrperson (hier LE03) und dann den Zeitpunkt im Interview.

Das im Projekt an allgemeinbildenden Schulen beobachtete Fachspektrum ist – von Schule zu Schule unterschiedlich – relativ breit und umfasste u. a. Mathematik-, Biologie-, Physik-, Geografie- und Geschichtsunterricht. Die Inhalte betrafen ebenfalls ein breites Spektrum. Hierzu gehörten z. B. Atmung und Verdauung, Das alte Ägypten (vgl. auch Birnbaum et al., 2018) oder Grundbegriffe der Geometrie. Im DaZ-Unterricht haben wir u. a. Stunden zu Themenfeldern wie Berufe, Wirtschaft oder Märchen sowie zu Grammatikthemen wie Artikel, Dativ, Adjektivdeklination oder Modalverben und Relativsätze gesehen. Für den fachlichen Unterricht wie für den DaZ-Unterricht gilt, dass es sich nicht um eine systematische Erfassung handelt, sondern um eine eher zufällige Auswahl, die aus der Datenerhebungssituation resultierte.

In Hinblick auf die Problematik, fachliches und sprachliches Wissen curricular anzugehen, haben wir im Prinzip zwei Lösungsversuche in den VK der Sekundarstufe I beobachtet. Zum einen werden Primarstufen-Themen behandelt (z. B. die Fünf Sinne). Damit berücksichtigt man schulrelevante Themen auf einfachem Niveau, die eine gewisse Binnendifferenzierung erlauben (Hövelbrinks, 2017) und folgt damit im Grunde dem sprachlichen Bildungsweg der nicht neu zugewanderten Schülerinnen und Schüler, die in der Primarstufe die fachlichen wie sprachlichen Grundlagen für die Sekundarstufe I erwerben sollen. Ein zweiter Weg besteht in der adressatenspezifisch angepassten Vermittlung curricular vorgesehener Fachinhalte. Diesen Weg ging bspw. die Biologielehrerin S05_LE03, deren Biologieunterricht aber nach eigener Einschätzung von ihrem Regelunterricht deutlich abwich (s. u.). An dem bei dieser Lehrerin videografierten Unterricht sollen beispielhaft einige Aspekte der Verbindung von fachlichem und sprachlichem Lernen illustriert werden.

5.2   Beispiel Biologieunterricht

Einige Rahmenbedingungen

Die hier betrachtete VK hat 19 Schülerinnen und Schüler mit acht verschiedenen Erstsprachen. Die Schülerinnen und Schüler nehmen seit drei oder sechs oder auch mehr als 12 Monaten an der VK teil, zwei Schülerinnen und Schüler sind zum ersten Mal im Unterricht, wobei alle Schülerinnen und Schüler vor dieser Klasse an einer Lerngruppe auf dem A1-Sprachniveau teilgenommen haben. Es handelt sich um eine Fachunterrichtsstunde und die Lehrerin versteht sich als Biologielehrerin, auch wenn ihr die sprachunterrichtliche Seite sehr präsent ist (Interviewauszug 1).

Interviewauszug 1. Deutsch- oder Biologielehrkraft:

> ich glaub ich hab ein halbes jahr gebraucht, um zu verstehen, ob ich jetzt eigentlich DEUTSCHlehrer sein soll oder ob ich biologielehrer sein soll […]°h ich hab die rolle nicht verstanden. […] heute würd ich mich (.) ganz klassisch als biologielehrer für die gruppe betrachten, also ich [/] ich möchte, dass sie biologie (.) auch VERSTEHEN (.) deswegen mache ich auch tests im FACHlichen (.) °h aber (.) ich bereite sie natürlich letzendlich NUR sprachlich auf das vor (S05_LE03 00:03:24-3)

Fachunterricht im Rahmen der VK deckt immer nur einen Teil des Unterrichts ab. Teilweise verstehen die Lehrpersonen dies als eine ausdrückliche Arbeitsteilung, bei der das Sprachliche im engeren Sinne als Aufgabe der DaZ-Sprachlehrkräfte angesehen wird. So wünscht sich die Biologielehrerin für Tests eine Aufgabenteilung, die zum Zeitpunkt des Interviews aber nicht möglich war, da »sie«, die Sprachlehrerin, nicht mehr an der Schule arbeitete (Interviewauszug 2).

Interviewauszug 2. Sprach- und Fachlehrkräfte:

> sie hätte den sprachlichen teil bewertet und gemacht und ich hätte den fachlichen teil bewertet, so würde ichs mir wünschen (S05_LE03 00:51:18-3)

Ein Problem sieht die Biologielehrerin, wie vermutlich die anderen Lehrkräfte auch, in der unterjährigen Fluktuation, aufgrund derer immer wieder neue Schülerinnen und Schüler in den Unterricht kommen können (Interviewauszug 3).

Interviewauszug 3. Fluktuation und Unterrichtsplanung:

> ich brauch die wiederHOLung, weil du nie weißt, wer da ist. °h und ich brauch meistens irgende pufferaufgabe, wo ich für DIE sachen kopieren kann zum beispiel. (S05_LE03 00:44:14-1)

Dennoch findet in den Fachunterrichtsstunden neben dem fachlichen auch fokussiert sprachliches Lernen statt und das Sprachliche ist immer wieder leitend bei der Unterrichtsgestaltung (Interviewauszug 4).

Interviewauszug 4. Unterrichtsplanung und Sprache:

> ich plane eigentlich den unterricht an der frage (.) °h was ist [/] also ich [/] meistens mache ich es so, dass ich (.) die texte lese (.) zu deren thema ich arbeite (.) in nem buch und mir angucke °h und dann versuche zu gucken, was steckt da eigentlich sprachlich DRIN, es ist ja sehr viel PASSIV in der biologie (.) ist sehr stark am passiv orientiert. (S05_LE03 00:24:10-5)

Beispiele für sprachförderliche Unterrichtsinteraktion

Im betrachteten Unterricht werden in bestimmten Phasen zunächst die für das jeweilige Thema relevanten Fachbegriffe vermittelt. Dabei kann weiteres sprachliches Lernen einfließen, z. B. in Form von Aussprachekorrekturen (Unterrichtsbeispiel 1), grammatischen Hinweisen (Unterrichtsbeispiel 2) oder syntaktischen Korrekturen und Übungen (Unterrichtsbeispiel 3).

Unterrichtsbeispiel 1. *nasenhöhle*[10]:

587	S05LE03:	(2.5) sags nochmal SM09 für uns <<fragend> wie heißt das>
588	SM09:	(die nasenhohle)
589	S05LE03:	(--) sprich mal nochmal DEUtlicher↑ das a stärker und das
590		ö stärker NAsenHÖHle

---

10 Siglen für Schülerinnen und Schüler: S+Geschlecht+Kennziffer

591	SM09:	nasenhöhle
592	S05LE03:	wunderbar (.) <<fragend> kann ich das [/] SM06 sagst du
593		das auch mal bitte>
594	SM06:	nasenhöhle

Unterrichtsbeispiel 2. *kehlkopf*:

684	SM01:	also (.) war [/] ist DIE kehle (.) äh artikel ist DIE
685		((unverständlich))
686	S05LE03:	der [/] der kehlkopf [das ist weil] es der kopf ist ja
687	SM01:	[der ja]

Unterrichtsbeispiel 3. *weil*:

| 207 | S05LE03: | [WEIL äh okay] (.) schreibst du das mal hier an (---) […] |
| 210 | | wo muss das verb hin bei weil> (---) |

Der Fachunterricht wird von einigen Lehrkräften als Hilfe zur Annäherung an die Anforderungen des Regelunterrichts verstanden. Im Einzelfall verwenden Lehrpersonen auch gegen Ende der VK Seiten aus Lehrmaterialien des Regelunterrichts, um den Schülerinnen und Schülern die Anforderungen deutlich zu machen, die auf sie zukommen (vgl. auch Birnbaum et al., 2018).

Die Unterschiede zwischen dem Fachunterricht in der VK und dem Regelunterricht werden aber deutlich gesehen (Interviewauszug 5).

Interviewauszug 5. Unterschiede VK und Regelunterricht:

> der unterricht ist GANZ anders und es ist ein ganz anderes niveau °h und die lücke ist riesig, das muss man einfach sagen, die lücke und die geschwindigkeit und der geschwindigkeitsunterschied sind GIgantomanisch, das ist GANZ groß (.) und wir haben auch weiterhin ne lücke, sogar bei den GUTEN schülern °h wir nennen sie manchmal so die [/] die b2-lücke, (S05_LE03 00:15:40-3)

Dies betrifft beispielsweise die Lesekompetenz (Interviewauszug 6) oder die lexikalischen Kenntnisse (Interviewauszug 7).

Interviewauszug 6. Lesen:

S05_LE03:	ABER °h für DIESEN text (.) dieses und dieses
IBA:	hm_hm
S05_LE03:	das waren DREIßig minuten [Lesezeit, B. A.]
IBA:	hm_hm hm_hm
S05_LE03:	das ist [/] in ner regelklasse sind das fünf
	(S05_LE03 00:47:39-2)

Der von uns gesehene Fachunterricht wurde von den Schulen an eine bestimmte Kompetenzstufe gebunden, meist A2 im Sinne des Gemeinsamen Europäischen Referenzrahmens (GER). Dies war möglich an Schulen, die so viele VK hatten, dass eine strukturelle Differenzierung nach A1 und A2 (vereinzelt auch B1) vorgenommen werden konnte. Unterrichten in der A1-Stufe durch Fachlehrkräfte wird dann nicht unbedingt als Fachunterricht im engeren Sinne verstanden. Selbst wenn den Schulen eine dem GER entsprechende Differenzierung nach Niveaustufen strukturell möglich ist, bedeutet dies aber für die einzelnen Schülerinnen und Schüler nicht unbedingt eine Teilnahme an Lerngruppen, die in sprachlicher Hinsicht relativ homogen sind, denn um die einzelnen Schülerinnen und Schüler möglichst rasch in die Regelklasse wechseln lassen zu können, erfolgt – zumindest teilweise – auch unterjährig ein VK-Wechsel.

Der Lehrerin fällt auch auf, dass als »bildungssprachlich« zu bezeichnende Sprachkompetenzen im Unterricht große Schwierigkeiten bereiten können. Dies thematisiert die Biologielehrerin u. a. mit Bezug auf Verben, insbesondere das Verb »gelangen«, ohne das man im Fach Biologie nicht auskommen könne (Interviewauszug 7).

Interviewauszug 7. Lexik im Biologieunterricht:

> es gibt ein verb, das hier eigentlich reingehört. °h und das müssen wir noch (.) MACHEN. °h das isn ganz schwieriges wort (.) °h äh und zwar BRAUCHEN sie dringend ((kurzes schnauben)) absurd, aber sie brauchen dringend das wort GELANGEN. (-) es ist ein absurdes wort, es ist ein NICHT wort, es[/] man braucht das wort nicht, aber man braucht es. (-) etwas gelangt irgendwohin, aber es ist ein unglaublich [/] ich hats einmal schon IRGENDwo eingeführt. °hh und das war schwer. sie haben nicht verstanden, was ich damit will mit dem wort. (S05_LE0300:59:15-9)

Beispiele für die Rolle von Mehrsprachigkeit und Vorwissen

Nicht wenige Schülerinnen und Schüler bringen Fachwissen mit (Interviewauszug 8). Was ihnen fehlt, sind die Möglichkeiten, dieses Wissen auf Deutsch zur Sprache zu bringen; bei einigen Lehrkräften haben sie hierzu aber in einer anderen Sprache, meist Englisch, die Möglichkeit, ihr Wissen im Unterricht einzubringen (Interviewauszug 9, Unterrichtsbeispiel 4).

Interviewauszug 8. Vorwissen:

> es gibt a[/] manche, die schon ganz viel wissen und das ist im ersten moment für die [/] wissen auch nicht[/] die kommen auch hier an (.) °h und f[/] und man merkt, dass die auch überlegen, was ist das hier für unterricht eigentlich °h die sagen dann, das WEIß ich alles (.) und dann sag ich immer ja ich [/] das [/] ich WEIß, dass du das weißt, das ist total gut °hh ähm wir müssen das jetzt nur noch irgendwie ins deutsche transferieren, ne (S05_LE03 00:13:10-2)

Interviewauszug 9. Englisch:

> ich freu mich dann immer, wenn sie ein bisschen englisch sprechen letzlich […] °h weil dann können sie das, was sie wissen zuMINDEST irgendwie artikulieren und zeigen, dass sie das eigentlich können. (S05_LE03 00:13:22-2)

Unterrichtsbeispiel 4. *pressure*:

252	SM01	when[/] when the presSURE is so much in this place
253	Komm:	S05LE03 nickt zustimmend mit dem Kopf.
254	S05LE03:	okay pressure ist auf deutsch <<fragend> kennt ihr das> (.) der druck [(-)]

Insgesamt wird immer wieder die hohe Motivation vieler Schülerinnen und Schüler erwähnt, die ein klares – zuweilen auch zu hoch gestecktes – Ziel haben. Diese grundlegende Voraussetzung für erfolgreichen Spracherwerb wird auch in anderen Untersuchungen festgestellt (z. B. Ahrenholz & Maak, 2013).

Es konnten weitere Formen sprachförderlicher Unterrichtsinteraktion beobachtet werden (vgl. Birnbaum, 2019; Birnbaum et al., 2018). Hierzu gehört z. B., dass Lehrkräfte den Schülerinnen und Schülern genügend Raum für eigene sprachliche Aktivitäten geben, z. B. indem sie offene Fragen stellen oder Aufgaben formulieren, die umfangreichere Sprachproduktionen anregen. Deutlich wurde aber auch, dass nicht alle Fachlehrkräfte mit Prinzipien sprachförderlichen Handelns im Unterricht vertraut waren. Im EVA-Sek-Projekt wurde daher – auch auf Basis anderer Beobachtungsvorschläge – ein Beobachtungsbogen zum sprachförderlichen Verhalten von Lehrkräften (im fachlich orientierten Sprachunterricht) entwickelt, der in den Feedbackwerkstätten eingesetzt und weiterentwickelt wurde (vgl. Birnbaum & Ahrenholz, 2019).[11]

6 Fazit

Im Projekt zeigte sich für den Untersuchungszeitraum eine sehr große Heterogenität in den VK, die mit anderen Schulsituationen nicht vergleichbar ist. Damit können vorhandene pädagogische Strategien an ihre Grenzen geraten. Weiter zeigte sich eine Vielfalt an strukturellen Ansätzen, die nur z. T. die auch aus Projektsicht notwendige und von vielen Beteiligten gewünschte frühe Verbindung von Sprach- und Fachunterricht berücksichtigen. Schließlich wurde am Beispiel einer Biologiestunde ausschnitthaft gezeigt, wie u. a. eine Verbindung von fachlichem und sprachlichem Lernen in VK erfolgen kann.

Schule in der Sekundarstufe I bedeutet schwerpunktmäßig fachliches Lernen. Dies ist auch das Ziel der Schülerinnen und Schüler und der Lehrkräfte in den VK. Allerdings erfordert der für die Teilnahme am fachlichen Unterricht in den VK und später im Regelunterricht notwendige Spracherwerb viel Zeit, die aber bei den extrem heterogenen Voraussetzungen der Schülerinnen und Schüler entsprechend sehr unterschiedlich ist. Die Schulen und die Bildungsadministration, die insbesondere in den Jahren seit 2014 für eine sehr stark wachsende Zahl an neu zugewanderten Schülerinnen und Schülern ein entsprechendes Bildungsangebot bereitzustellen hatten, haben mit verschiedenen Modellen versucht, diese Aufgabe zu bewältigen. Ein wichtiges Merkmal war dabei – in struktureller Hinsicht – Flexibilität, die für einzelne Schülerinnen und Schüler individuelle Übergangslösungen ermöglichte. Für den Unterricht galt es, trotz fehlender VK-Curricula und ohne angemessene Materialien möglichst rasch bei sprachlich begrenzten Basiskompe-

---

11 Ein anderer Bereich der Verbindung von sprachlichem und fachlichem Lernen stellt das Schreiben dar, auf das hier nicht eingegangen werden kann (vgl. Grommes & Ahrenholz, 2019).

tenzen der Schülerinnen und Schüler einen Einstieg in eine eigene Form fachlichen Lernens zu finden. Im EVA-Sek-Projekt haben wir hierfür verschiedene gelungene Beispiele gefunden. Durch den Einsatz von Videobeispielen und einen Unterrichtsbeobachtungsbogen konnten solche Beispiele in den Feedbackwerkstätten zur Diskussion gestellt werden. Dies gilt auch für die in den verschiedenen Bundesländern beobachteten strukturellen Lösungen. Entsprechende Befunde des EVA-Sek-Projekts wurden von den professionellen Akteurinnen und Akteuren mit Interesse aufgenommen. Nicht nur auf Landesebene, sondern auch in einzelnen Schulen sind die Möglichkeiten vielfältig, sie werden aber gleichzeitig durch praktische Vorgaben bestimmt. Eine (Weiter-)Entwicklung von Curricula und Lehrmaterialien steht nach wie vor auf der Tagesordnung. Wünschenswert erscheinen strukturelle Lösungen, die helfen, Gruppen neu zugewanderter Schülerinnen und Schüler ohne Deutschkenntnisse – wo möglich – nach Sprachkompetenzstufen zu organisieren. Die Frage ist dabei auch, inwieweit fachliches Vorwissen und v. a. Englischkenntnisse stärker Berücksichtigung finden könnten. Schließlich ist eine Untersuchung des Zweitspracherwerbs unter Bedingungen schulischen Unterrichts zur Förderung sprachlicher und fachlicher Kompetenzen dringendstes wissenschaftliches Desiderat.

Literatur

Ahrenholz, B., Birnbaum, T., Ohm, U. & Ricart Brede, J. (2018). Das Verbundprojekt Formative Prozessevaluation in der Sekundarstufe. Seiteneinsteiger und Sprache im Fach (EVA-Sek). In S. Henschel, S. Gentrup, L. Beck & P. Stanat (Hrsg.), *Projektatlas Evaluation: Erste Ergebnisse aus den BiSS-Evaluationsprojekten* (S. 43–47). Berlin: BiSS-Trägerkonsortium.

Ahrenholz, B. & Diebel, J. (2019). Schulische und sprachliche Voraussetzungen neu zugewanderter SchülerInnen. In B. Ahrenholz, U. Ohm & J. Ricart Brede (Hrsg.), *Zum Seiteneinstieg neu zugewanderter Kinder und Jugendlicher ins deutsche Schulsystem. Ergebnisse und Befunde aus dem Projekt EVA-Sek.* Manuskript in Vorbereitung. Baltmannsweiler: Schneider Verlag Hohengehren.

Ahrenholz, B., Fuchs, I. & Birnbaum, T. (2016). … dann haben wir natürlich gemerkt der Übergang ist der Knackpunkt … – Modelle der Beschulung von Seiteneinsteigern in der Praxis. *BiSS-Journal 5*. Verfügbar unter: https://biss-sprachbildung.de/pdf/biss-journal-5-evaluation-eva-sek.pdf [26.08.2019].

Ahrenholz, B. & Maak, D. (2013). *Zur Situation von SchülerInnen nicht-deutscher Herkunftssprachen in Thüringen unter besonderer Berücksichtigung von Seiteneinsteigern. Abschlussbericht zum Projekt »Mehrsprachigkeit an Thüringer Schulen (MaTS)«.* Verfügbar unter: http://www.daz-portal.de/images/Berichte/bm_band_01_mats_bericht_20130618_final.pdf [19.07.2019].

Ahrenholz, B., Ohm, U. & Ricart Brede, J. (2017). Das Projekt »Formative Prozessevaluation in der Sekundarstufe. Seiteneinsteiger und Sprache im Fach« (EVA-Sek). In I. Fuchs, S. Jeuk & W. Knapp (Hrsg.), *Mehrsprachigkeit: Spracherwerb, Unterrichtsprozesse, Seiteneinstieg. Beiträge zum 11. Workshop »Kinder und Jugendliche mit Migrationshintergrund«, 2015* (S. 214–258). Stuttgart: Fillibach bei Klett.

Ahrenholz, B., Ohm, U. & Ricart Brede, J. (Hrsg.). (2019). *Zum Seiteneinstieg neu zugewanderter Kinder und Jugendlicher ins deutsche Schulsystem. Ergebnisse und Befunde aus dem Projekt EVA-Sek.* Manuskript in Vorbereitung. Baltmannsweiler: Schneider Verlag Hohengehren.

Balyos, V., Donath, S., Neustadt, E. & Reinke, K. (2016). *Das DaZ-Buch. Für den intensiven Spracherwerb in der Sekundarstufe.* Stuttgart: Ernst Klett Sprachen.

Baumann, B., Riedl, A., Simml, M. & Gruber, M. (2016). Zur Diversität neu zugewanderter Jugendlicher und junger Erwachsener an Berufsschulen. *Berufsbildung* 70(158), 4–7.

Birnbaum, T. (2019). *Sprachliches und fachliches Lernen in der Unterrichtsinteraktion mit neu zugewanderten SchülerInnen.* In B. Ahrenholz, U. Ohm & J. Ricart Brede (Hrsg.), *Zum Seiteneinstieg neu zugewanderter Kinder und Jugendlicher ins deutsche Schulsystem. Ergebnisse und Befunde aus dem Projekt EVA-Sek.* Manuskript in Vorbereitung. Baltmannsweiler: Schneider Verlag Hohengehren.

Birnbaum, T. & Ahrenholz, B. (2019). *Beobachtungsbogen zum sprachförderlichen LehrerInnenverhalten im fachlich orientierten Sprachunterricht* (EVA-Sek Arbeitspapier). Manuskript in Vorbereitung.

Birnbaum, T., Erichsen, G., Fuchs, I. & Ahrenholz, B. (2018). Fachliches Lernen in Vorbereitungsklassen. In N. von Dewitz, H. Terhart & M. Massumi (Hrsg.), *Neuzuwanderung und Bildung: Eine interdisziplinäre Perspektive auf Übergänge in das deutsche Bildungssystem* (S. 231–250). Weinheim: Beltz Juventa.

Decker-Ernst, Y. (2018). *Deutsch als Zweitsprache in Vorbereitungsklassen. Eine Bestandsaufnahme in Baden-Württemberg.* Baltmannsweiler: Schneider Verlag Hohengehren.

Dewitz, N. v., Massumi, M. & Grießbach, J. (2016). *Neu zugewanderte Kinder, Jugendliche und junge Erwachsene. Entwicklungen im Jahr 2015.* Verfügbar unter: https://www.stiftung-mercator.de/media/downloads/3_Publikationen/MercatorInstitut_Neu_zugewanderte_Kinder_Jugendliche_jungeErwachsene_Oktober2016.pdf [10.01.2021].

Dewitz, N. v., Terhart, H. & Massumi, M. (Hrsg.). (2018). *Neuzuwanderung und Bildung. Eine interdisziplinäre Perspektive auf Übergänge in das deutsche Bildungssystem.* Weinheim: Beltz Juventa.

Diebel, J. & Ahrenholz, B. (2019). *Sprach- und bildungsbiographische Daten zu SeiteneinsteigerInnen im deutschen Schulsystem* (EVA-Sek Arbeitspapier). Manuskript in Vorbereitung.

Fuchs, I. (2019). Zwischen Inklusion und Parallelklasse: Perspektiven professioneller Akteure auf die Integration neu zugewanderter SchülerInnen in den Regelunterricht. In B. Ahrenholz, U. Ohm & J. Ricart Brede (Hrsg.), *Zum Seiteneinstieg neu zugewanderter Kinder und Jugendlicher ins deutsche Schulsystem. Ergebnisse und Befunde aus dem Projekt EVA-Sek.* Manuskript in Vorbereitung. Baltmannsweiler: Schneider Verlag Hohengehren.

Fuchs, I. (2020). Entscheidungskriterien und Gelingensbedingungen der erfolgreichen schulischen Integration neuzugewanderter SchülerInnen aus der Perspektive professioneller Akteure – Ergebnisse einer Befragung (EVA-Sek Arbeitspapier). Manuskript in Vorbereitung.

Fuchs, I., Birnbaum, T. & Ahrenholz, B. (2017). Zur Beschulung von Seiteneinsteigern. Strukturelle Lösungen in der Praxis. In I. Fuchs, S. Jeuk & W. Knapp (Hrsg.), *Mehrsprachigkeit: Spracherwerb, Unterrichtsprozesse, Seiteneinstieg.* Beiträge zum 11. Workshop »Kinder und Jugendliche mit Migrationshintergrund« (S. 259–280). Stuttgart: Fillibach bei Klett.

Fuchs, I., Birnbaum, T. & Hövelbrinks, B. (2016). »Das sind schon so Sachen, die sie halt wissen müssen«. *Fremdsprache Deutsch, Sonderheft,* 40–45.

Grommes, P. & Ahrenholz, B. (2019). *Schreiben in Vorbereitungsklassen. Eine Schreibtypologie.* In B. Ahrenholz, U. Ohm & J. Ricart Brede (Hrsg.), *Zum Seiteneinstieg neu zugewanderter Kinder und Jugendlicher ins deutsche Schulsystem. Ergebnisse und Befunde aus dem Projekt EVA-Sek.* Manuskript in Vorbereitung. Baltmannsweiler: Schneider Verlag Hohengehren.

Hövelbrinks, B. (2017). Fachbezogenes Lernen in einer Vorbereitungsklasse für neu zugewanderte Schülerinnen und Schüler. Eine videographische Fallanalyse mit besonderem Blick auf Binnendifferenzierung. In I. Fuchs, S. Jeuk & W. Knapp (Hrsg.), *Mehrsprachigkeit: Spracherwerb, Unterrichtsprozesse, Seiteneinstieg. Beiträge zum 11. Workshop »Kinder und Jugendliche mit Migrationshintergrund«, 2015* (S. 191–213). Stuttgart: Fillibach bei Klett.

Kunz, R. (2008). *Die schulische Versorgung zugewanderter Kinder und Jugendlicher in Deutschland. Organisation, Förderung und psycho-soziale Betreuung.* Hamburg: Kovač.

Liebe-Harkort, K. (1981). Seiteneinsteiger = Seitenaussteiger? *Ausländerkinder in Schule und Kindergarten, 2*(4), 4–8.

Loeding, I. (2007). Lernen in der Zweitsprache Deutsch. »Seiteneinsteiger« im deutschsprachigen Unterricht. In S. Doff & T. Schmidt (Hrsg.), *Fremdsprachenforschung heute. Interdisziplinäre Impulse, Methoden und Perspektiven* (S. 73–88). Frankfurt am Main: Lang.

Maak, D., Zippel, W. & Ahrenholz, B. (2013). ›Manche fragen wahren schwer aber sonst war es okey‹ – Methodische Aspekte der Befragung von GrundschülerInnen am Beispiel des Projekts »Mehrsprachigkeit an Thüringer Schulen« (MaTS). In Y. Decker-Ernst & I. Oomen-Welke (Hrsg.), *Deutsch als Zweitsprache: Beiträge zur durchgängigen Sprachbildung. Beiträge aus dem 8. Workshop »Kinder mit Migrationshintergrund«, 2012* (S. 95–116). Stuttgart: Fillibach bei Klett.

Massumi, M., Dewitz, N., Grießbach, J., Terhart, H., Wagner, K., Hippmann, K. & Altinay, L. (2015). *Neu zugewanderte Kinder und Jugendliche im deutschen Schulsystem.* Verfügbar unter: https://www.mercator-institut-sprachfoerderung.de/fileadmin/Redaktion/PDF/Publikationen/MI_ZfL_Studie_Zugewanderte_im_deutschen_Schulsystem_final_screen.pdf [10.01.2021].

Pagonis, G. (2009). *Kritische Periode oder altersspezifischer Antrieb: Was erklärt den Altersfaktor im Zweitspracherwerb? Eine empirische Fallstudie zum ungesteuerten Zweitspracherwerb des Deutschen durch russische Lerner unterschiedlichen Alters.* Frankfurt am Main: Lang.

Reich, H. H. (2017). Geschichte der Beschulung von Seiteneinsteigern im deutschen Bildungssystem. In M. Becker-Mrotzek & H.-J. Roth (Hrsg.), *Sprachliche Bildung. Grundlagen und Handlungsfelder* (S. 77–94). Münster: Waxmann.

Schiffel, H. (2019). Die Beschulung von SeiteneinsteigerInnen aus der Perspektive beteiligter Schülerinnen und Schüler. In B. Ahrenholz, U. Ohm & J. Ricart Brede (Hrsg.), *Zum Seiteneinstieg neu zugewanderter Kinder und Jugendlicher ins deutsche Schulsystem. Ergebnisse und Befunde aus dem Projekt EVA-Sek.* Manuskript in Vorbereitung. Baltmannsweiler: Schneider Verlag Hohengehren.

Spiel, C., Gradinger, P. & Lüftenegger, M. (2010). Grundlagen der Evaluationsforschung. In H. Holling & B. Schmitz (Hrsg.), *Handbuch Statistik, Methoden, Evaluation* (S. 223–232). Göttingen: Hogrefe.

Steinmüller, U. & Scharnhorst, U. (1987). Sprache im Fachunterricht. Ein Beitrag zur Diskussion über Fachsprachen im Unterricht mit ausländischen Schülern. *Zielsprache Deutsch, 4,* 3–12.

Teil III: Diagnostik und Förderung der Lesefähigkeit sowie Vermittlung von Lesestrategien

Der dritte Teil dieses Bands beschäftigt sich mit der Evaluation von Maßnahmen zur Diagnostik und Förderung der Lesefähigkeit von Schülerinnen und Schülern sowie mit der Vermittlung von Lesestrategien. Während zu Beginn der Primarstufe insbesondere die Lesegenauigkeit und Leseflüssigkeit fächerübergreifend gefördert werden, steht in der Sekundarstufe I die Vermittlung kognitiver und metakognitiver Lesestrategien im Fokus der Leseförderung. Die zwei Kapitel setzen sich mit der Frage auseinander, unter welchen Bedingungen diese Lesefördermaßnahmen erfolgreich umgesetzt werden können.

Ohle-Peters, Igler, Schlitter, Schwabe, Teerling, Köller und McElvany (*BiSS-EvalLesen*) untersuchen in Kapitel 10, welche Bedingungen dazu beitragen, dass Maßnahmen zur fächerübergreifenden Leseförderung in der Primarstufe erfolgreich umgesetzt werden können. Sie analysieren außerdem, inwiefern sich die in BiSS umgesetzten Lesefördermaßnahmen auf die Lesefähigkeit und Lesemotivation von Grundschülerinnen und Grundschülern auswirken.

In Kapitel 11 schließlich gehen Schmitz, Zeuch, Karstens, Meudt, Jost und Souvignier (*EILe*) der Frage nach, welche Maßnahmen zur Förderung kognitiver und metakognitiver Strategien, die selbstreguliertes Lesen unterstützen sollen, im Deutsch- und Fachunterricht in der Sekundarstufe I eingesetzt werden. In ihrem Beitrag untersuchen sie außerdem, inwieweit diese Maßnahmen die Lesefähigkeit und Lesefreude der Schülerinnen und Schüler fördern.

Kapitel 10:
Evaluation von Konzepten und Maßnahmen der fachübergreifenden Leseförderung im Primarbereich – Zentrale Ergebnisse aus dem Projekt *BiSS-EvalLesen*

Annika Ohle-Peters, Jennifer Igler, Theresa Schlitter, Franziska Schwabe, Annika Teerling, Olaf Köller & Nele McElvany

Ziel des Projekts *BiSS-EvalLesen* waren die formative und summative Evaluation von Maßnahmen der Diagnose und Förderung von Leseflüssigkeit und Leseverständnis in der Grundschule. Zu vier Messzeitpunkten wurden unter anderem Schulleitungen, Lehrkräfte sowie Schülerinnen und Schüler zu BiSS-bezogenen Strukturen und Prozessen sowie zu potenziellen Wirkungen auf Lehrkräfte, Unterricht und lesebezogene Merkmale von Schülerinnen und Schülern befragt. Darüber hinaus wurden standardisierte Verfahren zur Lesekompetenzmessung eingesetzt, um die Wirksamkeit der BiSS-Maßnahmen zu untersuchen. Die Ergebnisse weisen auf die Relevanz kollegialer Kooperation und Kommunikation für die Implementation und für die wahrgenommene persönliche Entwicklung bei den Lehrkräften hin. Für leistungsbezogene und motivationale Merkmale von Schülerinnen und Schülern wurde kein Effekt schulischer Teilnahme an BiSS festgestellt. Weitere Projektergebnisse sowie Implikationen für Forschung und Praxis werden in diesem Kapitel präsentiert.

1 Ausgangslage

Lesekompetenz ist eine wichtige Voraussetzung für Bildungserfolg und gesellschaftliche Teilhabe und ist als fächerübergreifende Schlüsselkompetenz nicht nur Ziel, sondern auch Voraussetzung für schulische Lernprozesse (Artelt & Dörfler, 2010). Vor dem Hintergrund der großen Unterschiede in der Lesekompetenz von Grundschülerinnen und Grundschülern und dem im internationalen Vergleich großen Anteil an Lernenden, die nicht über elementare Lesekompetenzen verfügen (Hußmann et al., 2017), sind Diagnose und Förderung von Leseflüssigkeit und Leseverständnis als wichtige Aspekte von Lesekompetenz zentrale Aufgaben schulischer Bildung (Schlitter & McElvany, 2017). Neben der Förderung von Leseflüssigkeit und Leseverständnis ist auch die Förderung motivationaler lesebezogener Merkmale von Schülerinnen und Schülern ein wichtiges Ziel des Leseunterrichts (Schwabe et al., 2020).

Vor diesem Hintergrund war das übergeordnete Ziel des Verbundprojekts *BiSS-EvalLesen*[1] des Instituts für Schulentwicklungsforschung (IFS) an der Technischen Universität Dortmund und des Leibniz-Instituts für die Pädagogik der Naturwissenschaften und Mathematik (IPN) an der Universität Kiel die formative und summative Evaluation von Maßnahmen, die im Rahmen von BiSS in den Modulen »Diagnose und Förderung der Leseflüssigkeit und ihrer Voraussetzungen« (Modul P3) und/oder »Diagnose und Förderung des Leseverständnisses« (Modul P4) an Grundschulen umgesetzt wurden. Als Evaluationsgrundlage wurde ein Modell adaptiert, das die Entwicklung und Implementation von Maßnahmen im Kontext der Einzelschule berücksichtigt und weitergehend die angenommenen Wirkungen der Maßnahmen auf Lehrkräfte und Unterricht sowie auf Merkmale von Schülerinnen und Schülern beschreibt.

Der Beteiligungszeitraum an BiSS sowie die Einsatzdauer der eingeführten Maßnahmen variierten in diesem Projekt stark zwischen den Schulen und Verbünden, was eine zentrale Herausforderung für das Forschungsvorhaben darstellte. Aufgrund der unterschiedlichen Situationen an den Einzelschulen war die Erfassung der Strukturen an den Schulen und der im Rahmen von BiSS ablaufenden schulischen Prozesse ein zentrales Ziel des Projekts. Die Ergebnisse der Untersuchungen wurden den Schulen in einem formativen Prozess zu mehreren Zeitpunkten zurückgemeldet. Ein weiteres zentrales Projektziel war die summative Evaluation der an BiSS beteiligten Schulen insbesondere bezüglich leistungsbezogener und motivationaler Merkmale von Schülerinnen und Schülern im Bereich Lesen. Zu diesem Zweck wurden in *BiSS-EvalLesen* zusätzlich Kontrollschulen rekrutiert, die kein strukturiertes Leseförderprogramm anboten, um mögliche Effekte der BiSS-Teilnahme auf die Lesekompetenz und auf Merkmale lesebezogener Motivation der Schülerinnen und Schüler zufallskritisch gegenüber einer Vergleichsgruppe abzusichern.

Im folgenden Beitrag werden zunächst Ziele, theoretische Grundlagen und Design des Evaluationsprojekts dargestellt. Bei der Ergebnisdarstellung werden insbesondere die Beschreibung von BiSS-Strukturen und Prozessen an den Einzelschulen sowie die Entwicklung von Merkmalen der Schülerinnen und Schüler im Bereich Lesen hervorgehoben. Die Ergebnisse werden abschließend hinsichtlich möglicher Implikationen für Forschung, Praxis und Bildungsadministration diskutiert.

---

1 Das dieser Publikation zugrundeliegende Vorhaben wurde mit Mitteln des Bundesministeriums für Bildung und Forschung unter den Förderkennzeichen 01JI1504A und 01JI1504B gefördert. Die Verantwortung für den Inhalt dieser Veröffentlichung liegt bei den Autorinnen und Autoren.

2 Evaluationsdesign und -ziele

2.1 Theoretischer Hintergrund und Stand der Forschung

Das Stufenmodell nach Kirkpatrick und Kirkpatrick (2010) stellt eine theoretische Grundlage zur Wirksamkeitsuntersuchung von Schulprogrammen dar, die bereits im Rahmen des Programms »Steigerung der Effizienz des mathematisch-naturwissenschaftlichen Unterrichts« (SINUS) als Grundlage zur Evaluation der Fördermaßnahmen genutzt wurde (Dalehefte et al., 2014). In Anlehnung daran wurde im Rahmen von *BiSS-EvalLesen* ein Arbeitsmodell entwickelt, das sowohl Strukturen und Prozesse an den Einzelschulen als auch anzunehmende Wirkungen auf Klassenebene und Unterrichtsziele auf Ebene der Schülerinnen und Schüler berücksichtigt (▶ Abb. 10.1; vgl. McElvany et al., 2018, S. 266):

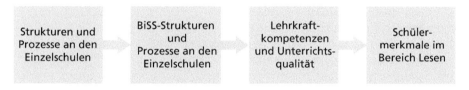

Abb. 10.1: Theoretisches Wirkmodell des Evaluationskonzepts

Nach diesem Modell wird angenommen, dass die Implementation von BiSS-Strukturen und -Prozessen vor dem Hintergrund bereits existierender Strukturen der Einzelschule stattfindet. Daher sind bei der Evaluation zunächst Merkmale der BiSS-Maßnahmen (z. B. intendierte Ziele) zu berücksichtigen. Darüber hinaus sollten Prozesse der Entwicklung der Maßnahmen sowie der Implementation in den Schulalltag und Schulkontext untersucht werden, um Informationen darüber zu erlangen, wie die Konzeption der Maßnahmen in einem Bottom-up-Prozess umgesetzt wurde und inwiefern sich die BiSS-Maßnahmen in bereits bestehende Strukturen der Einzelschule eingliedern. Die in BiSS implementierten Maßnahmen sollten zunächst auf die professionellen Kompetenzen der Lehrkräfte und anschließend auf unterrichtliche Prozesse wirken, die wiederum Veränderungen von Merkmalen der Schülerinnen und Schüler im Bereich Lesen zur Folge haben sollten. Die einzelnen Bereiche des Modells werden im Folgenden detaillierter beschrieben.

(BiSS-)Strukturen und Prozesse an den Einzelschulen

Um die eingesetzten BiSS-Maßnahmen evaluieren zu können, sind die Rahmenbedingungen an den Schulen zu berücksichtigen. Ein Faktor ist, ob die Lesefördermaßnahmen zentral von den Schulen mitgestaltet wurden (Bottom-up-Prinzip) oder ob sie von schulexternen Akteurinnen und Akteuren (z. B. Schulamt) vorgegeben wurden (Topdown-Prinzip). Hier wird angenommen, dass bottom-up-initiierte Maßnahmen auf eine höhere Akzeptanz im Kollegium stoßen, was sich positiv auf die Umsetzung dieser Maßnahmen auswirken sollte (Fullan, 1994). Nach Fullan (2001) sind auch Bedingungen vor Ort (z. B. Kooperation im Kollegium, Stabilität des Arbeitsumfelds), das Angebot an Unterstützung (z. B. Angebot an Fortbildungen) und die Merkmale der Veränderung im täglichen Arbeitsumfeld (z. B. Klarheit und Komplexität der Ziele) bei der Umsetzung von Fördermaßnahmen zu berücksichtigen. Demnach kann eine häufige und konstruktive Kooperation unter den Lehrkräften zur Optimierung unterrichtlicher Prozesse führen. Das Angebot themenspezifischer Fortbildungen ist zum Beispiel ein wichtiges Instrument zur Professionalisierung von Lehrkräften. Merkmale der Innovation – hier der BiSS-Maßnahmen – (z. B. deren Übereinstimmung mit bestehenden Werten und Überzeugungen des Kollegiums oder ihr erwarteter Mehrwert) sind ebenfalls als Einflussfaktoren auf die Umsetzung der Maßnahmen zu berücksichtigen. Stehen die Maßnahmen im Einklang mit den Überzeugungen und Erwartungen der beteiligten Lehrkräfte, sollte sich dies auf deren Handeln auswirken und damit einen positiven Effekt auf die Umsetzung der Maßnahmen haben. Vor dem Hintergrund der Akzeptanz von Innovationen sind auch Merkmale der Lehrkräfte (z. B. Motivation und Innovationsbereitschaft) wichtige Determinanten für eine erfolgreiche Implementation innovativer Maßnahmen (Gräsel, 2010). In Anlehnung an das Konzept der Lernenden Organisation (Rolff, 2002) konnte empirisch gezeigt werden, dass die Innovationsbereitschaft des Kollegiums und deren Partizipation an Implementationsprozessen wichtige Gelingensbedingungen für Innovationen im schulischen Kontext darstellen (Holtappels, Klemm & Rolff, 2008).

Lehrkräfte und Unterricht

Nach Kirkpatrick und Kirkpatrick (2010) sind neben der Reaktion der beteiligten Personen auf das Programm auch deren Lernerfolge hinsichtlich Veränderungen in Wissen, Fähigkeiten und Einstellungen sowie tatsächlichem Verhalten, welche auf die Teilnahme an dem Programm zurückzuführen sind, zu berücksichtigen. Hierbei gilt es zu untersuchen, inwiefern zum Beispiel Maßnahmen, die auf die Professionalisierung der Lehrkräfte abzielen, genutzt werden und ob sich Zusammenhänge mit potenziellen Einstellungs- und/oder Verhaltensänderungen identifizieren lassen. Außerdem sollten Ergebnisse, die von den beteiligten Personen erzielt werden, betrachtet und untersucht werden. Darüber hinaus formulieren Kirkpatrick und Kirkpatrick (2010) vier Rahmenbedingungen für gelingende Veränderungsprozesse, z. B. die Einführung der BiSS-Maßnahmen, auf Ebene der Lehrkräfte, nämlich das Bedürfnis der Akteurinnen und Akteure nach Veränderung, das Wissen über das Ziel der Veränderung und die Zielerreichung, ein angemessenes Arbeitsklima und die Anerkennung für die Veränderung.

Nach dem Ansatz der Diffusionsforschung äußert sich eine Veränderung bei den Lehrkräften vor allem in Kommunikationsprozessen (Hall & Hord, 2006). Zentral sind dabei die »Stages of Concern«, wobei Hall und Hord (2006) annehmen, dass sich die Beteiligten in einem Implementationsprozess sowohl affektiv als auch kognitiv unterschiedlich mit neuen Maßnahmen auseinandersetzen. Die Art und Weise der Auseinandersetzung wird dabei über sieben Stufen abgebildet: (0) Kein Bewusstsein, wobei die Beteiligten den neuen Maßnahmen noch beziehungslos gegenüberstehen. (1) Information, bei der sich die Beteiligten z. B. damit beschäftigen, welche Informationen bezüglich der neuen Maßnahmen sie noch brauchen. (2) Persönliche Betroffenheit, wobei sich die Beteiligten damit auseinandersetzen, was die neuen Maßnahmen für sie selbst und ihre Arbeitsweise bedeuten. (3) Aufgabenmanagement, bei dem sich die Beteiligten darüber Gedanken machen, womit sie bei der praktischen Umsetzung der Neuerung konfrontiert werden. (4) Konsequenzen, bei denen sich die Beteiligten z. B. damit beschäftigen, welche Auswirkungen die Neuerungen auf die Schülerinnen und Schüler haben. (5) Kooperation, hier setzen sich die Beteiligten damit auseinander, wie sie mit Kolleginnen und Kollegen im Rahmen der Neuerungen zusammenarbeiten können. (6) Neuorientierung, wobei sich die Beteiligten Gedanken darüber machen, wie sie die Neuerungen optimieren können (Hall & Hord, 2006). Aufgrund fehlender empirischer Evidenz für einen phasenförmigen Verlauf werden die »Stages of Concern« mittlerweile häufig über Profile abgebildet und die Stufen als einzelne Dimensionen betrachtet (vgl. z. B. Oerke, 2012). Wie sich die beteiligten Personen mit den neuen Maßnahmen auseinandersetzen, kann dabei theoretisch durch kommunikative Faktoren im Implementationsprozess beeinflusst werden (Wagner, Fries, Gerndt, Schaefer & Schüppel, 2010). Entsprechend steht die Frage im Mittelpunkt, inwiefern kommunikative Strukturen und Prozesse, wie zum Beispiel Kooperation und Kommunikation im Kollegium, mit der affektiv-kognitiven Auseinandersetzung der beteiligten Personen mit einer Neuerung in Zusammenhang stehen. Darüber hinaus stellt sich auf Grundlage des theoretischen Wirkmodells von *BiSS-EvalLesen* die Frage, inwiefern diese individuellen affektiv-kognitiven Prozesse der Auseinandersetzung seit der Teilnahme an BiSS mit einer tatsächlichen Veränderung aufseiten der Lehrkräfte (mental, praktisch und sensibel) in Zusammenhang steht. Die mentale Entwicklung zielt dabei auf die Reflexion der Lehrkräfte ab (Beispielitem: »Ich denke systematischer und strukturierter über meinen Leseunterricht nach«), die praktische Entwicklung bezieht sich auf die praktische Umsetzung im Hinblick auf den Unterricht (Beispielitem: »Ich habe neue Inhalte für den Leseunterricht ausprobiert«) und die sensible Entwicklung bildet die Sensibilität der Lehrkräfte in Bezug auf die Schülerinnen und Schüler ab (Beispielitem: »Ich bin sensibler für Lernschwierigkeiten im Bereich Lesen geworden«) (Teerling et al., 2019).

Merkmale von Schülerinnen und Schülern im Bereich Lesen

Im Kontext von BiSS wurden leistungsbezogene und motivationale Merkmale im Bereich Lesen betrachtet: Leseflüssigkeit, kompetenter Umgang mit Wortschatz, Leseverständnis, Lesemotivation, Leseselbstkonzept und Leseverhalten.

Unter Leseflüssigkeit wird die Fähigkeit verstanden, orthografische Einheiten zügig und akkurat zu erlesen (Fuchs, Fuchs, Hosp & Jenkins, 2001). Durch zunehmende Automatisierung werden mehr Arbeitsgedächtniskapazitäten frei, die für das Leseverständnis genutzt werden können (Richter, Isberner, Naumann & Neeb, 2013). Für die Leseentwicklung konnten außerdem Wortschatzkenntnisse als zentraler Prädiktor identifiziert werden (Kendeou, van den Broek, Paul, White & Lynch,

2009). Wortschatz wird als die Gesamtheit aller dem Individuum zur Verfügung stehender untereinander verknüpfter Lexeme verstanden (Ulrich, 2011; Schlitter et al., 2019). Leseverständnis ist das Resultat komplexer kognitiver Prozesse, in denen lokale und globale Kohärenzbildung unter Einbezug individuellen Vorwissens stattfindet (McElvany & Becker, 2007).

Intrinsische Lesemotivation gilt als wichtige Voraussetzung für Leseverhalten und Lesekompetenz und drückt die Freude daran aus, sich mit lesebezogenen Aktivitäten auseinanderzusetzen (Conradi, Jang & McKenna, 2014; Schwabe et al., 2020). Das lesebezogene Selbstkonzept beschreibt, wie sich Individuen als Lesende wahrnehmen und ihre individuellen lesebezogenen Kompetenzen einschätzen (Conradi et al., 2014; Schwabe et al., 2020). Neben diesen beiden motivationalen Merkmalen spielt auch die tatsächliche Häufigkeit lesebezogener Aktivitäten (Lesehäufigkeit) eine wichtige Rolle für die Entwicklung der Lesekompetenz (Pfost, Dörfler & Artelt, 2010; Schwabe et al., 2020).

2.2 Projektziele

Im Projektkontext wurden acht Feinziele definiert, welche die Untersuchungsbereiche des in Abbildung 10.1 dargestellten Evaluationskonzepts abdecken. Beispielhaft sind konkrete Forschungsfragen zu den Zielen aufgeführt, die im Projektkontext untersucht wurden.

(BiSS-)Strukturen und Prozesse an den Einzelschulen:

1. Ziel- und Konzeptanalyse: Was sind die theoretischen Grundlagen der Konzepte, welches sind die zentralen Elemente und welche Schritte zur Zielerreichung sind geplant?
2. Prozessanalyse Entwicklung: Wie wurden und werden die intendierte Lesediagnostik und Leseförderkonzepte in den schulischen Alltagssituationen (weiter-)entwickelt?
3. Prozessanalyse Implementation: Wie werden die Diagnose- und Fördermaßnahmen in Bezug auf Leseflüssigkeit, auf deren Voraussetzungen und auf das Leseverständnis in der schulischen Praxis implementiert?
4. Prozessanalyse Kontext: Inwieweit sind die Diagnose- und Förderkonzepte für die Lesekompetenz in die bereits an den Schulen bestehenden Konzepte integriert?
5. Prozessanalyse Qualifizierung (Personal): Welche Maßnahmen zur Professionalisierung der Lehrkräfte wurden durchgeführt/sind geplant?

Wirkungen auf Lehrkräfte, Unterricht und Merkmale der Schülerinnen und Schüler:

6. Qualitätsanalyse (Unterricht): Welche Practice-Beispiele lassen sich für die Förderung von Leseflüssigkeit und Leseverständnis identifizieren?
7. Summative Wirkanalyse: Welche Wirkungen von BiSS können auf Ebene der Lehrkräfte, des Unterrichts und der Schülerinnen und Schüler festgestellt werden?

Synthese:

8. Welche Schlussfolgerungen können für zukünftige Programme abgeleitet werden?

2.3   Design und Stichprobe der Studie

Gesamtstichprobe der Evaluation und Erhebungsdesign

Ziel war es, alle 45 Schulen in den sieben ausgewählten Verbünden aus Bayern, Baden-Württemberg, Berlin, Brandenburg, Hessen, Rheinland-Pfalz und Thüringen zu evaluieren; eine Schule entschied jedoch, grundsätzlich nicht an einer Evaluation teilzunehmen. Zu allen Messzeitpunkten stammten die evaluierten Klassen an den verbleibenden 44 Schulen der Gesamtstichprobe aus der vierten Jahrgangsstufe. Für die Längsschnitterhebung hat das Projektteam nur Schulen in Berlin, Brandenburg, Hessen, Rheinland-Pfalz und Thüringen ausgewählt, um die angezielte Stichprobengröße von 25 BiSS-Klassen zu erreichen. Zu insgesamt vier Messzeitpunkten (MZP) wurden Daten entweder an der Gesamtstichprobe oder an einer Teilstichprobe (vgl. Abschnitt 2.3.2) erhoben. Tabelle 10.1 gibt einen Überblick der vier MZP und der Erhebungszeitpunkte in Abhängigkeit von den Erhebungsschwerpunkten zu den jeweiligen Feinzielen. Die evaluierten Schulen waren zu Beginn der Evaluation etwa zwei Jahre am BiSS-Programm beteiligt. Ergänzend zu den BiSS-Schulen wurden im Rahmen der Längsschnittstudie zu den MZP III und IV zusätzlich Kontrollklassen aus Schulen ohne strukturiertes Leseförderprogramm einbezogen. Es wurden Schulen aus Berlin, Brandenburg, Nordrhein-Westfalen und Thüringen rekrutiert, in denen keine über den regulären Unterricht hinausgehende, strukturierte Leseförderung und -diagnostik stattfand. Alle Schulen nahmen freiwillig an der Untersuchung teil.

Tab. 10.1: Übersicht der Erhebungen in *BiSS-EvalLesen* (vgl. McElvany et al., 2018, S. 267, © Beltz Juventa in der Verlagsgruppe Beltz · Weinheim Basel)

Ziele	Frühjahr 2016	Sommer 2016	Herbst 2016	Sommer 2017
	MZP I	MZP II	MZP III	MZP IV
Ziel- und Konzeptanalyse	Kurzfragebogen (SL, L), Interviews (SL)	Analyse: Förderkonzepte, Schulprogramme		
Prozessanalyse Entwicklung, Implementation, Kontext, Qualifizierung, Qualitätsanalyse I		Fragebogen (SL, L)	Fragebogen (L, E)	Fragebogen (L, E), Interviews (SL)
Qualitätsanalyse II			Practice Videos	

Tab. 10.1: Übersicht der Erhebungen in *BiSS-EvalLesen* (vgl. McElvany et al., 2018, S. 267, © Beltz Juventa in der Verlagsgruppe Beltz · Weinheim Basel) – Fortsetzung

| Ziele | Frühjahr 2016 | Sommer 2016 | Herbst 2016 | Sommer 2017 |
	MZP I	MZP II	MZP III	MZP IV
Summative Evaluation		Tests (S; IQB-Bildungstrend) (Querschnitt)	Tests + Fragebogen (S, L; t1) + Kontrollklassen (Längsschnitt)	Tests + Fragebogen (S, L; t2) + Kontrollklassen (Längsschnitt)
Rückmeldung, Synthese		Schriftliche Rückmeldung	Rückmeldetreffen	Schriftliche Rückmeldung Rückmeldetreffen, Abschlussbericht (2018)

Anmerkungen. SL = Schulleitung, L = Lehrkräfte, S = Schülerinnen und Schüler, E = Eltern; MZP = Messzeitpunkt; t1 = erster MZP Längsschnitt; t2 = zweiter MZP Längsschnitt.

Beschreibung der Teilstichproben

MZP I

An der *Kurzfragebogenerhebung* zur Erfassung der Ausgangslage an den Schulen (Feinziel 1) beteiligten sich $N = 40$ der 44 BiSS-Schulen (30 Schulleitungen, 10 Lehrkräfte; 75.00 % weiblich, 25.00 % ohne Angaben zum demographischen Hintergrund; $M_{Alter} = 50.28$, $SD = 9.29$). Ergänzend zu den Fragebögen nahmen einige zufällig ausgewählte Schulleitungen aus der Gesamtstichprobe der 44 Schulen an *Telefoninterviews* teil ($N = 15$).

MZP II

Ziel der zweiten Erhebung war vorrangig die Beschreibung von Entwicklung und Implementation der Maßnahmen, des Schulkontexts und der Qualifizierungsmaßnahmen im BiSS-Kontext (Feinziele 2–5). Aus der *Schulleitungsbefragung* lagen Daten von $N = 32$ Schulleitungen der BiSS-Schulen in den beteiligten Verbünden vor (84.40 % weiblich; $M = 26.17$ Jahre im Schuldienst; $SD = 7.91$). Diese waren im Mittel seit $M = 10.72$ Jahren als Schulleitung tätig ($SD = 8.01$), davon seit durchschnittlich $M = 8.97$ Jahren ($SD = 7.37$) bereits an der aktuellen Schule. Zum gleichen Zeitpunkt wurden auch alle *an BiSS beteiligten Personen* (Schulleitungen und Lehrkräfte) an den jeweiligen Schulen befragt. Für Analysen auf Schulebene wurde teilweise ein Fragebogen pro Schule ausgewählt (Analysen McElvany et al., 2018; Analysen Teerling et al., 2019, beziehen sich auf alle befragten Personen dieser Erhebung) – von der Person mit dem längsten Erfahrungszeitraum in BiSS. Lagen mehrere Fragebögen von Personen mit dem gleichen BiSS-Erfahrungszeitraum vor, wurde der Fragebogen der Schulleitung einbezogen. Insgesamt lagen damit Angaben von sechs Schulleitungen und 26 Lehrkräften vor. 87.50 % der Befragten gaben an, weiblich zu sein, 6.30 % männlich (Rest: fehlende Werte). Die Altersspanne war breit gestreut (31.30 % waren 30 bis 39 Jahre, 25.00 % 40 bis 49 Jahre, 34.40 % 50 bis 59 Jahre und 6.30 % über 60 Jahre alt). Die Befragten waren im Schnitt seit $M = 19.03$ Jahren im Schuldienst (ohne Referendariat, $SD = 11.70$) und 25.00 % der Personen, die für BiSS an der Schule verantwortlich waren, hatten nicht das Fach Deutsch studiert. Eine Vollzeitstelle hatten 71.90 % inne. Die $N = 32$ befragten Personen verbrachten im Mittel 7.63 Stunden im Monat ($SD = 3.35$) mit BiSS.

Für die *Dokumentenanalyse* reichten $N = 32$ Schulen (72.70 %) aus sechs Verbünden im Frühjahr 2016 Dokumente (Schulprogramme, BiSS-Förderkonzepte und weitere Dokumente) ein. Alle Unterlagen wurden zunächst nach der Ebene, der sie entstammten (Verbund bzw. Einzelschule) sortiert. Anschließend wurden die Dokumente aus den Verbünden und den Einzelschulen mittels quantitativer Inhaltsanalyse anhand eines Kategoriensystems ausgewertet (Mayring, 2010), wobei z. B. die Dokumente aus den Einzelschulen dahingehend geprüft wurden, welche BiSS-Maßnahmen hier zu finden waren und inwiefern das BiSS-Programm im Schulcurriculum implementiert wurde.

Darüber hinaus war es möglich, Testinstrumente aus dem Bildungstrend 2016 (Stanat, Schipolowski, Rjosk, Weirich & Haag, 2017) des Instituts zur Qualitätsentwicklung im Bildungswesen (IQB) zu nutzen, um unter anderem die Kompetenz der Schülerinnen und Schüler im Bereich Lesen zu erfassen. Insgesamt wurden so Daten von $N = 736$ Schülerinnen und Schülern der vierten Klasse erfasst.[2]

MZP III und IV (Längsschnitt)

Die Untersuchung von Wirkungen auf Unterricht sowie Schülerinnen und Schüler war vorrangiges Ziel der letzten beiden Messzeitpunkte (Feinziele 6–7). An der Längsschnitterhebung beteiligten sich $N = 22$ BiSS-Schulen (mit $N = 37$ Klassen) aus fünf Verbünden sowie $N = 13$ Kontrollschulen (mit $N = 22$ Klassen) aus Berlin, Brandenburg, Thüringen und Nordrhein-Westfalen. An der *Lehrkraftbefragung* nahmen $N = 75$ Lehrkräfte ($n = 44$ BiSS-Lehrkräfte; davon 63.64 % weiblich, 27.27 % männlich, 9.09 % ohne Angaben, und $n = 31$ Kontrollgruppenlehrkräfte, davon 51.61 % weiblich, 41.94 % männlich, 6.45 % ohne Angaben; im Median waren die Lehrkräfte beider Gruppen zwischen 40 und 49 Jahren alt) teil. Darüber hinaus wurden auch hier einige BiSS-Schulleitungen per Telefon interviewt ($N = 10$). Aus der *Befragung der Schülerinnen und Schüler* lagen Daten von $N = 1109$ Kindern vor. Für die späteren Analysen wurden nur diejenigen Klassen aufgenommen, die mindestens zehn Kinder mit Einverständniserklärung umfassten und bei denen eine Beteiligungsquote von mindestens 50.00 % vorlag. Das Analysesample umfasste demnach $N = 1032$ Kinder aus $N = 59$ Klassen ($n = 656$ Kinder an BiSS-Schulen und

---

2   Die Skalierung der Kompetenzdaten, die sich auf die Metrik der Bildungsstandards bezieht, erfolgte am Institut zur Qualitätsentwicklung im Bildungswesen (IQB). Wir danken Camilla Rjosk, Stefan Schipolowski, Aleksander Kocaj und Sebastian Weirich vom IQB für die Aufbereitung und Auswertung der Kompetenztestdaten.

$n = 376$ Kinder aus Kontrollschulen). Für die *Videografie* von einzelnen Leseförderstunden zur Identifikation von Praxisbeispielen meldeten sich vier Schulen mit zehn Klassen aus zwei Verbünden freiwillig.

3 Ausgewählte Ergebnisse

3.1 BiSS-Strukturen und Prozesse an den Einzelschulen

Als eine zentrale Erkenntnis der Fragebogen- und Interviewerhebung lässt sich festhalten, dass die vorrangige Motivation der Schulen, an BiSS teilzunehmen, die Verbesserung der Lesekompetenz der gesamten Schülerschaft war und die Arbeitsschwerpunkte der Schulen zum ersten MZP auf der Konzeptentwicklung, den Qualifizierungsmaßnahmen und der Konzeptimplementation lagen (McElvany et al., 2018). Bezüglich der Einbindung der BiSS-Maßnahmen in bereits existierende Schulstrukturen der Einzelschulen gaben lediglich 18.80 % der befragten Schulleitungen und Lehrkräfte BiSS explizit in ihrem Schulprogramm an (McElvany et al., 2018). In der Fragebogenerhebung gaben die Schulleitungen und die an BiSS beteiligten Lehrkräfte zum zweiten MZP an, dass das Programm meistens von den Schulleitungen initiiert und koordiniert wurde. Darüber hinaus konnte festgestellt werden, dass an den einzelnen BiSS-Schulen unterschiedliche Personengruppen an der Umsetzung der Maßnahmen beteiligt waren. In fast allen Schulen waren eine für BiSS an den Schulen verantwortliche Projektgruppe, die Schulleitung oder einzelne Lehrkräfte beteiligt, oft aber auch das gesamte Kollegium oder Fachkonferenzen (McElvany et al., 2018). Obwohl BiSS grundsätzlich bottom-up angelegt ist, mussten doch viele Lehrkräfte in den Kollegien erst für die Implementation gewonnen werden, was eher bei top-down-implementierten Maßnahmen zu erwarten gewesen wäre. Bezüglich der Entwicklung von Lesediagnostik und Leseförderkonzepten zeigte sich, dass die Lehrkräfte, die angaben, freiwillig Teil der BiSS-Projektgruppe geworden zu sein, häufiger mit anderen Lehrkräften kooperierten als Kolleginnen und Kollegen, die sich nicht freiwillig meldeten. Insgesamt kooperierten die BiSS-Programmbeteiligten eher selten, trotz eines positiven Eindrucks bezüglich der Zusammenarbeit in Fachkonferenzen (McElvany et al., 2018).

3.2 Lehrkräfte und Unterricht

Kommunikative Prozesse an BiSS-Schulen

Zu MZP II wurden u. a. kommunikative Faktoren (z. B. Kooperation, Kommunikation im Kollegium) als schulspezifische Rahmenbedingungen analysiert, um für den Implementationsprozess hemmende bzw. förderliche Faktoren zu identifizieren. Auf Grundlage der gesamten Daten von Lehrkräften und Schulleitungen wurde querschnittlich u. a. untersucht, inwieweit kommunikative Faktoren an den Schulen gegebenenfalls prädiktiv für die (selbstberichtete mentale, praxisbezogene und sensibilitätsbezogene) Entwicklung der Lehrkräfte seit dem Beginn des BiSS-Programms waren (Teerling et al., 2019). Als kommunikative Faktoren an den Einzelschulen wurden hierbei die Erfahrung im Team (Ausmaß kommunikativer und kooperativer Erfahrungen), die Häufigkeit und Qualität der Kooperation (Häufigkeit und Effektivität der Zusammenarbeit im Rahmen von BiSS), die Diffusion der Veränderung (Verankerung von BiSS im Kollegium) und die Kommunikation im Kollegium (Kommunikationsklima an der Einzelschule) herangezogen.

Zunächst lag der Fokus auf der affektiv-kognitiven Auseinandersetzung der Lehrkräfte mit den BiSS-Maßnahmen. Hierbei konnte durch eine Profilbildung auf Grundlage der »Stages of Concern« gezeigt werden, dass die Lehrkräfte den BiSS-Maßnahmen generell offen gegenüberstanden, was sich beispielsweise durch ihre Auseinandersetzung mit Informationen und Konsequenzen bezüglich der Maßnahmen auszeichnete (Teerling et al., 2019). Bei der Analyse der kommunikativen Faktoren erwies sich die Häufigkeit der Kooperation als wichtigster Faktor für die affektiv-kognitive Auseinandersetzung im Rahmen der BiSS-Maßnahmen (Teerling et al., 2019). Lehrkräfte, die häufig mit Kolleginnen und Kollegen im Rahmen von BiSS kooperierten, fühlten sich demnach stärker von den BiSS-Maßnahmen betroffen und setzten sich vermehrt mit den Konsequenzen der Maßnahmen für die Schülerinnen und Schüler und den Arbeitsmöglichkeiten mit den Kolleginnen und Kollegen im Rahmen der Maßnahmen auseinander. Auch die Kommunikation im Kollegium bedingte die Art und Weise, wie sich die Lehrkräfte mit den BiSS-Maßnahmen auseinandersetzen. Lehrkräfte, bei denen die Kommunikation im Kollegium hoch ausgeprägt war, fühlten sich durch die BiSS-Maßnahmen demnach weniger in ihren persönlichen Arbeitsstrukturen sowie ihrer bisherigen Rolle bedroht und hatten kaum Bedenken im Hinblick auf deren Management. Hatten die Teammitglieder bereits häufiger zusammengearbeitet, so machten sie sich besonders stark darüber Gedanken, welche Möglichkeiten zur Kooperation es im Rahmen von BiSS noch gibt und wie sie die BiSS-Maßnahmen eventuell überarbeiten könnten. Um darüber hinaus zu überprüfen, inwieweit die affektiv-kognitive Auseinandersetzung mit den BiSS-Maßnahmen mit der (selbstberichteten) Entwicklung seit dem Beginn des BiSS-Programms assoziiert war, wurden die einzelnen Dimensionen der »Stages of Concern« zusätzlich als Prädiktoren für die wahrgenommene Entwicklung verwendet. Hierbei konnte unter anderem festgestellt werden, dass Lehrkräfte, die sich verstärkt mit den Konsequenzen der BiSS-Maßnahmen für ihre Schülerinnen und Schüler auseinandersetzten, eine stärkere mentale, praktische und sensible Entwicklung bei sich selbst wahrnahmen (Teerling et al., 2019).

Darüber hinaus wurden Mehrebenenanalysen durchgeführt, um zu untersuchen, inwieweit unterschiedliche Kommunikationsfaktoren auf individueller Ebene und auf Schulebene relevant für die (selbstberichtete) Entwicklung waren (Teerling et al., 2020). Die Ergebnisse wiesen darauf hin, dass eine häufige Kooperation sowie entsprechende Eigenschaften der Programmbeteiligten auf individueller Ebene bedeutsam für die wahrgenommene Entwicklung waren. Lehrkräfte, die also berichteten, häufig mit Kolleginnen und Kollegen im Rahmen von BiSS zu kooperieren, und die angaben, dass sie sich gut mitteilen können, dass sie im Kollegium stark vernetzt sind und eine hohe Glaubwürdigkeit sowie Vertrauen im Kollegium genießen, nahmen eine verstärkte Entwicklung bei sich selbst seit dem Beginn des BiSS-Programms wahr. Auf Schulebene sagte hingegen die Zusammensetzung der Projektgruppe die wahrgenommene Entwicklung der Lehrkräfte bedeutsam vorher (Teerling et al., 2020). Gruppen, deren Mitglieder eine gute Beziehung zueinander hatten, unterschiedliche Kompetenzen einbrachten und alle bereit waren, sich zusätzlich zu engagieren, begünstigten demnach einen Entwicklungsprozess bei den einzelnen Lehrkräften.

BiSS-Maßnahmen im Unterricht

Die Dokumentenanalyse zu MZP II sowie die Auswertung der Videodaten zeigte, dass das (Laut-)Lesetandem und der Stolperwörter-Lesetest (Metze, 2003; Rosebrock, Rieckmann, Nix & Gold, 2010) die am häufigsten eingesetzten Maßnahmen zur Diagnose und Förderung von Leseflüssigkeit und Leseverständnis waren. Bei den Lautlesetandems wird eine Gruppe aus einem besser lesenden und einem schwächer lesenden Kind gebildet. Das Ziel des Trainings ist, dass ein besser lesendes Kind (der Trainer) gemeinsam mit einem etwas schwächer lesenden Kind (dem Sportler) üben kann. Hierbei ist es die Aufgabe des Trainers, den Leseprozess des Sportlers genau zu verfolgen, auf Fehler aufmerksam zu machen sowie beratend zu begleiten. Die Aufgaben der Lehrkraft sind, neben der Erklärung des Verfahrens und der Einführung in die Methodik, das Auswählen geeigneter Texte sowie die Zusammensetzung von Lautlesetandems für die jeweiligen Trainingseinheiten (Rosebrock, Nix, Rieckmann & Gold, 2011).

3.3 Ergebnisse zu lesebezogenen Merkmalen von Schülerinnen und Schülern

Die Förderung von Leseleistung und Merkmalen lesebezogener Motivation sind zentrale Ziele schulischer Bildungsprozesse. Leseleistungsbezogene und motivationale Merkmale der Schülerinnen und Schüler wurden im Rahmen des Längsschnitts zu den MZP III und IV mit standardisierten Tests und Fragebögen erhoben. Die Wirksamkeit der schulischen BiSS-Teilnahme auf Ebene der Schülerinnen und Schüler wurde anhand der Entwicklung in den lesebezogenen Kompetenzbereichen untersucht. Dafür wurde jeweils das Ausgangsniveau der Leseleistung und der Merkmale lesebezogener Motivation kontrolliert. Zusätzlich wurden relevante Hintergrundmerkmale wie beispielsweise Alter, Geschlecht und Sprachhintergrund kontrolliert. Deskriptiv zeigte sich, dass die Viertklässlerinnen und -klässler am Ende der Grundschulzeit (MZP IV) an den BiSS- und Kontrollschulen im Mittel höhere Werte in den Leistungstests (Leseflüssigkeit) im Vergleich zu MZP III erzielten, die Effektstärken fielen jedoch klein aus ($0.06 < d < 0.34$). Im Niveau ihrer Leseflüssigkeit unterschieden sich die Kinder an BiSS- und Kontrollschulen zu MZP IV nicht bedeutsam voneinander. Darüber hinaus zeigte sich kein Effekt der schulischen BiSS-Teilnahme auf die Entwicklung der Leseflüssigkeit. Für den kompetenten Umgang mit Wortschatz zeigte sich das gleiche Befundmuster. Folglich musste die Annahme eines besonderen Profits der Schülerinnen und Schüler an BiSS-Schulen im Niveau und der Entwicklung lesebezogener Kompetenzen im Vergleich zu Schülerinnen und Schülern an Schulen ohne strukturiertes Leseförderprogramm verworfen werden (Schlitter et al., 2019).

Mit analoger Analysestrategie wurden neben der Kompetenzentwicklung auch das Niveau und die Entwicklung der Lesemotivation, des Leseselbstkonzepts und des Leseverhaltens in der vierten Klassenstufe betrachtet (vgl. Schwabe et al., 2020). In der Gesamtgruppe verringerten sich Lesemotivation und Leseselbstkonzept, wobei die Effektstärken klein ausfielen ($-0.17 < d < -0.13$) und auf die Verringerung in der BiSS-Gruppe zurückzuführen waren. In der Kontrollgruppe gab es keine statistisch bedeutsamen Veränderungen. Das Leseverhalten, operationalisiert über die freizeitliche Lesehäufigkeit, war innerhalb aller Gruppen stabil. Für Lesemotivation und Leseverhalten ließ sich weder für das Niveau zu MZP IV ($\beta = -.01$, $SE = .04$, $p = .80$) noch für die Entwicklung ($\beta = -.05$, $SE = .03$, $p = .11$) ein Effekt der schulischen Teilnahme an BiSS unter Kontrolle relevanter Hintergrundmerkmale feststellen. Entgegen der Annahme eines positiven Effekts der schulischen Teilnahme an BiSS wurde für das Selbstkonzept ein negativer Effekt beobachtet, der nominell allerdings klein war ($\beta = -.08$, $SE = .04$, $p < .05$).

In der Zusammenschau der Befunde musste der angenommene Fördereffekt von schulischer BiSS-Teilnahme für Lesekompetenz, Lesemotivation, Leseselbstkonzept und Leseverhalten verworfen werden. Schülerinnen und Schüler der vierten Klassenstufe profitierten hinsichtlich der genannten Merkmale nicht zusätzlich von der schulischen Teilnahme an BiSS.

4 Diskussion

Ziel der Bund-Länder-Initiative »Bildung durch Sprache und Schrift« war die wissenschaftliche Evaluation und Weiterentwicklung von Maßnahmen zur Sprachförderung. Evaluiert wurden im Rahmen des Projekts *BiSS-EvalLesen* Verbünde von Grundschulen, die mit ihren vorrangig bottom-up-implementierten Ansätzen auf die Diagnostik und Förderung von Leseflüssigkeit und -verständnis fokussierten.

4.1 Einordnung der Befunde

Für die *BiSS-Strukturen und Prozesse an den Einzelschulen* konnte gezeigt werden, dass die Kooperationsstrukturen und Kommunikationsprozesse sowie die individuelle Auseinandersetzung der Beteiligten mit den an den Schulen implementierten Maßnahmen bzw. dem Programm wichtige Voraussetzungen für eine erfolgreiche Implementation von Maßnahmen waren. Dies fügt sich gut in die Befundlage aus Studien zur Implementations- und Schulentwicklungsforschung ein. So konnten die

Befunde zu den kommunikativen Faktoren zu MZP II von *BiSS-EvalLesen* frühere Erkenntnisse z. B. zur Relevanz von Kooperation in Implementationsprozessen bestätigen (Goldenbaum, 2013; Gräsel, Jäger, Willke & Denk, 2006; Jäger, 2004).

Im Bereich *Lehrkräfte und Unterrichtsqualität* zeigten die Analysen zur affektiv-kognitiven Auseinandersetzung (»Stages of Concern«) jedoch u. a., dass eine häufige Kooperation nicht nur zu einer verstärkten Auseinandersetzung mit den Konsequenzen und Kooperationsmöglichkeiten im Rahmen der BiSS-Maßnahmen führt, sondern auch die persönliche Betroffenheit steigert. So legen die empirischen Befunde nahe, dass Lehrkräfte, die häufig kooperierten, sich mehr Gedanken darüber machten, welche Möglichkeiten sie bei der Zusammenarbeit haben und wie sich die BiSS-Maßnahmen auf die Schülerinnen und Schüler auswirken. Gleichzeitig schienen sie jedoch auch besorgter darüber zu sein, inwieweit sich BiSS auf ihre eigene Rolle als Lehrkraft und ihre persönlichen Arbeitsstrukturen auswirkt. Eine differenzierte Betrachtung von Kooperation erscheint somit im Rahmen von Implementationsprozessen sowie deren Erforschung angebracht.

Hinsichtlich der Lernerfolge der Lehrkräfte wiesen Mehrebenenanalysen darauf hin, dass die Häufigkeit der Kooperation vor allem für ihren individuellen Entwicklungsprozess relevant zu sein scheint. Lehrkräfte, die häufig mit Kolleginnen und Kollegen kooperierten, nahmen so bei sich selbst eine verstärkte Entwicklung seit der Teilnahme an BiSS wahr.

Hinsichtlich der *lesebezogenen Merkmale der Schülerinnen und Schüler* wurde die Erreichung multikriterialer Lernziele bei Schülerinnen und Schülern untersucht, wobei Klassen im BiSS-Kontext mit Klassen ohne strukturiertes Leseförderprogramm verglichen wurden. Eine erste bedeutsame Erkenntnis der Analysen auf Ebene der Schülerinnen und Schüler mit Blick auf Lesekompetenz und kompetenten Umgang mit Wortschatz zeigte keine spezifische Wirksamkeit der schulischen BiSS-Teilnahme im Vergleich zu Kontrollschulen. Der zentrale Befund der Abwesenheit der Effekte der schulischen Teilnahme an BiSS für Merkmale lesebezogener Motivation steht im Einklang mit einigen bisherigen Untersuchungen im deutschen Sprachraum zu Effekten schulischer Leseförderprogramme (z. B. Philipp & Souvignier, 2016). Allerdings konnten u. a. in US-amerikanischen Studien positive Effekte schulischer Programme für schulbezogene motivationale Variablen, Lesemotivation und Leseselbstkonzept gezeigt werden (Guthrie & Humenick, 2004; Rosebrock et al., 2010; für den deutschsprachigen Raum: Koch & Spörer, 2016). Bei der Interpretation dieser Befunde ist allerdings zu berücksichtigen, dass in *BiSS-EvalLesen* BiSS-Schulen untersucht wurden, die bereits im Mittel etwa zwei Jahre an BiSS teilnahmen. Das bedeutet, dass eventuelle Effekte zu Beginn der Maßnahmen im Rahmen dieser Studie nicht abgebildet werden konnten. Auch der Professionalisierungsgrad der beteiligten Lehrkräfte zu Beginn der BiSS-Maßnahmen konnte nicht erfasst werden, sodass insgesamt eher kumulative Effekte der Initiative gemessen werden konnten. Darüber hinaus differierten die BiSS-Schulen inhaltlich stark aufgrund der bottom-up-fokussierten Beteiligungsstrategie an BiSS. Effekte einzelner Maßnahmen können daher nicht abgebildet werden. Weitere Studien konnten zeigen, dass sich stark von der Lehrperson ausgestaltete neue Förderansätze als weniger wirksam herausstellten als stärker formalisierte neue Ansätze oder auch als Ansätze, die sich bereits als wirksam erwiesen haben (Koch & Spörer, 2016; für Gelingensbedingungen von

Implementationen von Förderungen: Phillip & Souvignier, 2016). So liegen wirksame Förderansätze für lesebezogene Kompetenzen vor, die für das evidenzbasierte Unterrichten herangezogen werden könnten (z. B. Slavin, Lake, Chambers, Cheung & Davis, 2009).

Die beobachteten Null-Effekte könnten auch als Hinweis dafür gewertet werden, dass die Implementation solcher Konzepte und Maßnahmen im alltäglichen Unterrichtsgeschehen als eine herausfordernde Aufgabe für Schulleitungen und Lehrkräfte angesehen werden kann. Bei der Interpretation der Ergebnisse muss jedoch einschränkend berücksichtigt werden, dass es sich bei dem vorliegenden Studiendesign um ein quasi-experimentelles Setting handelt. Als Kontrollgruppe wurden Schulen herangezogen, die nach eigenen Angaben keine über den regulären Unterricht hinausgehende strukturierte Leseförderung betrieben. Außerdem wurde in den hier dargestellten Analysen lediglich die schulische BiSS-Teilnahme als Prädiktor modelliert. Welche konkreten Maßnahmen im Unterricht von BiSS- und Kontrollklassen durchgeführt wurden und wie diese in Zusammenhang mit leistungsbezogenen und motivationalen Merkmalen der Schülerinnen und Schüler im Bereich Lesen stehen, wird in weiterführenden Analysen zu untersuchen sein.

4.2 Implikationen für Forschung, Praxis und Bildungsadministration

Hinsichtlich zukünftiger Evaluationsvorhaben lassen sich aus der vorliegenden Studie einige Implikationen ableiten. Die evaluierten Schulen waren zu Beginn der Evaluation etwa zwei Jahre am BiSS-Programm beteiligt. Insgesamt weisen die Ergebnisse aus *BiSS-EvalLesen* darauf hin, dass zukünftige Evaluationsvorhaben eine wissenschaftliche Begleitung der Schulen von Beginn an vorsehen sollten, um die Ausgangslage vor Einführung der Maßnahmen zu erfassen und eine Messbasis für die spätere Entwicklung zu etablieren. Vor dem Hintergrund des angenommenen Wirkmodells (▶ Abb. 10.1) ist vor allem auf Ebene der Schülerinnen und Schüler erst langfristig mit Effekten zu rechnen, was dafür spricht, die Wirkungen von Fördermaßnahmen zukünftig längerfristig wissenschaftlich zu begleiten. Bereits Kirkpatrick und Kirkpatrick (2010) verweisen darauf, dass Evaluationsprogramme mehrheitlich auf die Akzeptanz und die Lernfortschritte von an Innovationen beteiligten Personen fokussieren und die Wirkungen auf Verhalten der Personen und angestrebte Ergebnisse bezüglich z. B. Lernoutcomes weniger häufig in den Blick nehmen. Wichtig wäre außerdem eine Erhebung der Kompetenzen der Schülerinnen und Schüler vor Beginn der Fördermaßnahmen, um festzustellen, inwieweit schon zu Beginn der Intervention Kompetenzdifferenzen existieren und wie die Maßnahmen gegebenenfalls differenziell auf lesestarke beziehungsweise leseschwache Schülerinnen und Schüler wirken. Eine weitere Beforschung der an BiSS beteiligten Schulen als Kombination aus formativer und summativer Evaluation könnte zum einen für die erfolgreiche Umsetzung der intendierten Maßnahmen hilfreich sein und zum anderen wichtige Aufschlüsse zur Effektivität der Initiative geben. Hierbei müsste zudem vermehrt der Fokus auf die Umsetzungsqualität bzw. Wiedergabetreue der Programminhalte durch die Lehrkräfte vor Ort gelegt werden, denn erst bei einer angemessenen Umsetzung von solchen Maßnahmen wie im Rahmen von BiSS kann mit entsprechenden Effekten gerechnet werden (Petermann, 2014; Teerling et al., 2019).

Literatur

Artelt, C. & Dörfler, T. (2010). Förderung von Lesekompetenz als Aufgabe aller Fächer. Forschungsergebnisse und Anregungen für die Praxis. In Bayerisches Staatsministerium für Unterricht und Kultus/Staatsinstitut für Schulqualität und Bildungsforschung (Hrsg.), *ProLesen – auf dem Weg zur Leseschule: Leseförderung in den gesellschaftswissenschaftlichen Fächern; Aufsätze und Materialien aus dem KMK-Projekt »ProLesen«* (S. 13–36). Donauwörth: Auer.

Conradi, K., Jang, B. G. & McKenna, M. C. (2014). Motivation terminology in reading research: A conceptual review. *Educational Psychology Review 26*(1), 127–164.

Dalehefte, I. M., Wendt, H., Köller, O., Wagner, H., Pietsch, M., Döring, B., Fischer, C. & Bos, W. (2014). Bilanz von neun Jahren SINUS an Grundschulen in Deutschland. Evaluation der mathematikbezogenen Daten im Rahmen von TIMSS 2011. *Zeitschrift für Pädagogik, 60*(2), 245–263. Verfügbar unter: http://nbn-resolving.de/urn:nbn:de:0111-pedocs-146564 [31.07.2019].

Fuchs, L. S., Fuchs, D., Hosp, M. K. & Jenkins, J. R. (2001). Oral reading fluency as an indicator of reading competence: A theoretical, empirical, and historical analysis. *Scientific Studies of Reading, 5*(3), 239–256.

Fullan, M. (1994). Coordinating top-down and bottom-up strategies for educational reform. In R. J. Anson (Ed.), *Systemic reform: Perspectives on personalizing education* (pp. 7–23).

Fullan, M. (2001). *Leading in a culture of change.* San Francisco, CA: Jossey-Bass.

Goldenbaum, A. (2013). Implementation von Schulinnovationen. In M. Rürup & I. Bormann (Hrsg.), *Innovationen im Bildungswesen* (S. 149–172). Wiesbaden: Springer VS.

Gräsel, C. (2010). Stichwort: Transfer und Transferforschung im Bildungsbereich. *Zeitschrift für Erziehungswissenschaft, 13*(1), 7–20.

Gräsel, C., Jäger, M., Willke, H. & Denk, M. (2006). Konzeption einer übergreifenden Transferforschung unter Einbeziehung des internationalen Forschungsstandes. In R. Nickolaus, M. Abel & C. Gräsel (Hrsg.), *Innovation und Transfer. Expertisen zur Transferforschung* (S. 445–566). Baltmannsweiler: Schneider Verlag Hohengehren.

Guthrie, J. T. & Humenick, N. M. (2004). Motivating students to read. Evidence for classroom practices that increase reading motivation and achievement. In P. McArdle & V. Chhabra (Hrsg.), *The voice of evidence in reading research* (S. 329–354). Baltimore, MD: Brookes Publishing.

Hall, G. E. & Hord, S. M. (2006). *Implementing change. Patterns, principles, and potholes.* Boston, MA: Pearson.

Holtappels, H. G., Klemm, K. & Rolff, H.-G. (Hrsg.). (2008). *Schulentwicklung durch Gestaltungsautonomie. Ergebnisse der Begleitforschung zum Modellvorhaben »selbstständige Schule« in Nordrhein-Westfalen.* Münster: Waxmann.

Hußmann, A., Wendt, H., Bos, W., Bremerich-Vos, A., Kasper, D., Lankes, E.-M., McElvany, N., Stubbe, T. C. & Valtin, R. (Hrsg.). (2017). *IGLU 2016. Lesekompetenzen von Grundschulkindern in Deutschland im internationalen Vergleich.* Münster: Waxmann. Verfügbar unter https://www.waxmann.com/?eID=texte&pdf=3700Volltext.pdf&typ=zusatztext [31.07.2019].

Jäger, M. (2004). *Transfer in Schulentwicklungsprojekten.* Wiesbaden: VS Verlag für Sozialwissenschaften.

Kendeou, P., van den Broek, P., White, M. J. & Lynch, J. S. (2009) Predicting reading comprehension in early elementary school: The independent contributions of oral language and decoding skills. *Journal of Educational Psychology, 101*(4), 765–778.

Kirkpatrick, D. L. & Kirkpatrick, J. D. (2010). *Evaluating training programs. The four levels* (3rd ed.). San Francisco, CA: Berrett-Koehler.

Koch, H. & Spörer, N. (2016). Förderung der Lesekompetenz mittels reziproken Lehrens: Implementation und Wirksamkeit im Regelunterricht. *Zeitschrift für Pädagogische Psychologie, 30*(4), 213–225.

McElvany, N. & Becker, M. (2007, September). *Die reziproke Beziehung der Entwicklung von Wortschatz und Lesekompetenz – Ergebnisse einer Längsschnittstudie.* Vortrag anlässlich der 11. Fachgruppentagung Pädagogische Psychologie, Berlin.

McElvany, N., Ohle-Peters, A., Igler, J., Schlitter, T., Teerling, A., Asseburg, R. & Köller, O. (2018). Evaluation der Leseförderung an Grundschulen im Rahmen von »Bildung durch Sprache und Schrift« (BiSS). In F. Schwabe, N. McElvany, W. Bos & H. G. Holtappels (Hrsg.), *Schule und Unterricht in gesellschaftlicher Heterogenität* (Jahrbuch der Schulentwicklung, Bd. 20, S. 258–280). Weinheim: Beltz Juventa.

Metze, W. (2003). *Stolperwörter-Lesetest.* Ergebnisse der Stichprobenerhebung (Stand 03.08.2003). Verfügbar unter: www.lesetest1-4.de.

Oerke, B. (2012). Auseinandersetzung der Lehrpersonen mit der Einführung des Zentralabiturs: Stages of Concern. In K. Maag Merki (Hrsg.), *Zentralabitur. Die längsschnittliche Analyse der Wirkungen der Einführung zentraler Abiturprüfungen in Deutschland* (Educational governance, Bd. 14, S. 207–236). Wiesbaden: VS Verlag für Sozialwissenschaften.

Petermann, F. (2014). Implementationsforschung: Grundbegriffe und Konzepte. *Psychologische Rundschau, 65*(3), 122–128.

Pfost, M., Dörfler, T. & Artelt, C. (2010). Der Zusammenhang zwischen außerschulischem Lesen und Lesekompetenz. Ergebnisse einer Längsschnittstudie am Übergang von der Grund- in die weiterführende Schule. *Zeitschrift für Entwicklungspsychologie und Pädagogische Psychologie, 42*(3), 167–176.

Philipp, M. & Souvignier, E. (Hrsg.). (2016). *Implementation von Lesefördermaßnahmen. Perspektiven auf Gelingensbedingungen und Hindernisse.* Münster: Waxmann. Verfügbar unter http://www.ciando.com/ebook/bid-2189127 [31.07.2019].

Richter, T., Isberner, M.-B., Naumann, J. & Neeb, Y. (2013). Lexical quality and reading comprehension in primary school children. *Scientific Studies of Reading, 17*(6), 415–434.

Rolff, H.-G. (2002). Lernende Organisationen – Umrisse einer neuen Schule? In H.-U. Otto, T. Rauschenbach & P. Vogel (Hrsg.), *Erziehungswissenschaft in Studium und Beruf. Eine Einführung in vier Bänden* (Erziehungswissenschaft: Politik und Gesellschaft, Bd. 1, S. 155–164). Wiesbaden: VS Verlag für Sozialwissenschaften.

Rosebrock, C., Nix, D., Rieckmann, C. & Gold, A. (2011). *Leseflüssigkeit fördern. Lautleseverfahren für die Primar- und Sekundarstufe* (Praxis Deutsch). Seelze: Kallmeyer.

Rosebrock, C., Rieckmann, C., Nix, D. & Gold, A. (2010). Förderung der Leseflüssigkeit bei leseschwachen Zwölfjährigen. *Didaktik Deutsch, 16*(28), 33–58.

Schlitter, T. & McElvany, N. (2017). Bedeutung und Förderung sprachlicher Kompetenz für die Integration und den Bildungserfolg. In D. Smolka (Hrsg.), *Integration als Leitungsaufgabe. Konzepte und Beispiele für Schulen* (Handlungsfeld: Schulkultur, S. 137–149). Köln: Carl Link.

Schlitter, T., Schwabe, F., Igler, J., Ohle-Peters, A., Teerling, A., Köller, O. & McElvany, N. (2019). *Zur Wirksamkeit strukturierter Leseförderung im Primarbereich.* Manuskript in Vorbereitung.

Schwabe, F., Schlitter, T., Igler, J., Ohle-Peters, A., Teerling, A., Köller, O. & McElvany, N. (2020). Lesemotivation, Leseselbstkonzept und Leseverhalten am Ende der Grundschulzeit – Wirksamkeit und differenzielle Effekte der schulischen Teilnahme an einer bundesweiten Förderinitiative. *Zeitschrift für Pädagogische Psychologie.* Vorab-Onlinepublikation verfügbar unter: https://doi.org/10.1024/1010-0652/a000262.

Slavin, R. E., Lake, C., Chambers, B., Cheung, A. & Davis, S. (2009). Effective reading programs for the elementary grades: A best-evidence synthesis. *Review of Educational Research, 79*, 1391–1466.

Stanat, P., Schipolowski, S., Rjosk, C., Weirich, S. & Haag, N. (Hrsg.). (2017). *IQB-Bildungstrend 2016. Kompetenzen in den Fächern Deutsch und Mathematik am Ende der 4. Jahrgangsstufe im zweiten Ländervergleich.* Münster: Waxmann. Verfügbar unter: http://www.content-select.com/index.php?id=bib_view&ean=9783830987307 [31.07.2019].

Teerling, A., Bernholt, A., Asseburg, R., Hasl, A., Igler, J., Schlitter, T., Ohle-Peters, A., McElvany, N. & Köller, O. (2019). Affektiv-kognitive Auseinandersetzung mit einer Innovation im Implementationsprozess. Eine modellbasierte Erfassung. *Psychologie in Erziehung und Unterricht, 66*(0), 33–50.

Teerling, A., Zitzmann, S., Igler, J., Schlitter, T., Ohle-Peters, A., McElvany, N. & Köller, O. (2020). Kommunikative Rahmenbedingungen beim Change Management in der Schule. *Zeitschrift für Arbeits- und Organisationspsychologie A&O, 64*, 249–262.

Ulrich, W. (2011). Begriffsklärungen: Wort, Wortschatz, Wortschatzarbeit. In I. Pohl & W. Ulrich (Hrsg.), *Wortschatzarbeit* (Deutschunterricht in Theorie und Praxis, Bd. 7, S. 29–45). Baltmannsweiler: Schneider Verlag Hohengehren.

Wagner, E., Fries, S., Gerndt, U., Schaefer, H. & Schüppel, J. (2010). *Wie erfolgreiche Veränderungskommunikation wirklich funktioniert?! Das Change-Factory-Prinzip: erprobt. erfolgreich. einfach; mit über 60 Kommunikationsmaßnahmen zum Nachschlagen.* Berlin: Pro Business.

Kapitel 11:
Leseförderung im Schul- und Unterrichtsalltag implementieren – Erste Erkenntnisse des Evaluationsprojekts BiSS-EILe

Anke Schmitz, Nina Zeuch, Fabiana Karstens, Sarah-Ines Meudt, Jörg Jost & Elmar Souvignier

Im vorliegenden Beitrag wird im Rahmen des BiSS-Evaluationsprojekts EILe untersucht, wie Leseförderkonzepte in den BiSS-Verbünden Schleswig-Holstein und Oberfranken im Unterricht der Sekundarstufe I umgesetzt werden und welche Auswirkungen dies auf die Kompetenzentwicklung der Schülerinnen und Schüler hat. Dabei wird die Umsetzung der Leseförderkonzepte in den BiSS-Verbünden mit der Leseförderung in Kontrollschulen verglichen, die nicht Teil der BiSS-Initiative sind. Es werden Ergebnisse zur Analyse der verwendeten Fördertools, zur Realisierung der Leseförderung im Deutsch- und Fachunterricht, zur Perspektive der Lehrkräfte und zur Entwicklung der Kompetenzen der Lernenden im Verlauf des fünften Schuljahres berichtet. Die Ergebnisse zeigen, dass sich trotz fundierter Gestaltung der Lesefördertools in den BiSS-Verbünden keine höheren Lesekompetenzzuwächse feststellen lassen als in den Kontrollschulen. Erklärungsansätze finden sich in den Unterrichtsbeobachtungen und Lehrkräftebefragungen – z. B. werden die Förderkonzepte kaum genutzt. Die Befunde werden hinsichtlich ihrer praktischen Bedeutsamkeit für Schule, Unterricht und Bildungsadministration eingeordnet und diskutiert.

Einleitung

In der Bund-Länder-Initiative BiSS werden verschiedene Konzepte zur Sprachbildung und Sprachförderung von Kindern sowie Jugendlichen genutzt. Zur Förderung der Lesekompetenz von Lernenden in der Sekundarstufe I wurden in den BiSS-Verbünden Schleswig-Holstein (SH) sowie Oberfranken-Ost und Oberfranken-West (im Folgenden aufgrund identischer Konzepte als OF zusammengefasst) spezifische Konzepte mit Blick auf das selbstregulierte Lesen entwickelt. Selbstreguliertes Lesen kennzeichnet »zielgerichtete, potenziell bewusste und kontrollierbare Prozesse« (Artelt, 2004, S. 62), die den Verstehensprozess strukturieren. Werden dabei kognitive Lesestrategien in Kombination mit metakognitiven und ressourcenbezogenen Strategien eingesetzt, ist dies sehr wirkungsvoll für die Steigerung der Lesekompetenz (z. B. Dole, Nokes & Drits, 2009; Schünemann, Spörer & Brunstein, 2013).

Trotz dieser Erkenntnis zeigen Beobachtungen und Befragungen wiederholt, dass Konzepte zur Förderung selbstregulierten Lesens und zum strategieorientierten Leseunterricht selten wie intendiert in der Praxis umgesetzt werden (z. B. Kretlow & Helf, 2013; Philipp, 2013).

Im Evaluationsprojekt EILe[1] wurde unter anderem untersucht, wie die Implementation der entwickelten Konzepte im Unterricht der Sekundarstufe I in den BiSS-Verbünden SH und OF erfolgte und welchen Einfluss sie auf die Lesekompetenz der Schülerinnen und Schüler hatte. Als Kontrollgruppe (KG) wurden Schulen aus Nordrhein-Westfalen herangezogen, die nicht an der BiSS-Initiative teilnahmen. Dabei wurden verschiedene Erhebungs- und Analysemethoden (z. B. kriteriengeleitete Analyse der Implementationsstrategien und Leseförderkonzepte, Unterrichtsbeobachtungen, Kompetenztestungen der Schülerinnen und Schüler und Befragungen der Lehrkräfte) miteinander kombiniert, um ein möglichst umfassendes Bild zu erhalten.

1 Selbstreguliertes Lesen als Förderziel in der Sekundarstufe I

Da in vielen Fächern Texte genutzt werden, stellt das Textverstehen eine zentrale Voraussetzung dar, um Wissen in unterschiedlichen fachlichen Kontexten zu erwerben. Entsprechend gilt die Förderung des Textverstehens nicht nur als Aufgabe von Deutschlehrkräften, sondern auch von Fachlehrkräften (Becker-Mrotzek et al., 2013; Gold, 2018). Während das Textverstehen in der Primarstufe über die Förderung von Leseflüssigkeit verbessert werden soll, werden in der Sekundarstufe I vor allem hierarchiehöhere Prozesse der mentalen Kohärenzbildung gefördert, um das Textverstehen zu erhöhen (Kintsch, 1998). Hierarchiehöhere Verstehensprozesse umfassen die Konstruktion lokaler und globaler Kohärenz sowie eines mentalen Modells. Damit Schülerinnen und Schüler einen Text verstehen können, müssen sie Textzusammenhänge konstruieren, was durch Vorwissen und einen selbstregulierten Umgang mit Texten beeinflusst wird (Gold, 2018). Hierarchiehöhere Verstehensprozesse können also durch selbstreguliertes Lesen gefördert werden, das auf einen aktiven, selbstgesteuerten Zugang zu Texten abzielt und die Nutzung von und das Wissen über kognitive(n), metakognitive(n) und ressourcenbezogene(n) Lesestrategien umfasst (Boekaerts, 1999; Rosebrock & Nix, 2014). *Kognitive Lesestrategien* richten sich auf die Informationsverarbeitung eines Textes und werden differenziert in Organisations-, Elaborations- und Wiederholungsstrategien (Weinstein & Mayer,

---

1 Das dieser Publikation zugrundeliegende Vorhaben wurde mit Mitteln des Bundesministeriums für Bildung und Forschung unter den Förderkennzeichen 01JI1506A und 01JI1506B gefördert. Die Verantwortung für den Inhalt dieser Veröffentlichung liegt bei den Autorinnen und Autoren.

1986). Hiermit lassen sich Informationen eines Textes strukturieren und komprimieren, das Gelesene mit dem Vorwissen verknüpfen und aktiv im Langzeitgedächtnis verankern (Gold, 2018). *Metakognitive Strategien* sind den kognitiven Lesestrategien übergeordnet und haben eine Steuerungsfunktion, indem der Verstehensprozess geplant, kontinuierlich beobachtet, überprüft und ggf. reguliert wird. *Ressourcenbezogene Strategien* rahmen den Einsatz kognitiver und metakognitiver Strategien und damit den Verstehensprozess beispielsweise durch die Aufrechterhaltung der Lesemotivation, die Aufmerksamkeitssteuerung und das Einrichten einer angenehmen Leseumgebung (Mandl & Friedrich, 2006).

Die Förderung des selbstregulierten Lesens bietet aussichtsreiche Ansatzpunkte für die Förderung des Textverstehens im Unterricht in der Sekundarstufe I (Rosebrock & Nix, 2014), da die Nutzung kognitiver und metakognitiver Strategien einen positiven Effekt auf das Textverstehen hat (u. a. Dignath & Büttner, 2008; Souvignier & Mokhlesgerami, 2006). Als besonders wirksam hat sich die kombinierte Vermittlung der Strategiearten erwiesen (Dignath & Büttner, 2008). Insbesondere hat es sich bewährt, wenn die Strategien explizit vermittelt wurden, die Lehrkräfte ihren Schülerinnen und Schülern also den Nutzen und die Anwendung verdeutlichten (Duffy, 2002). Allerdings zeigen Befragungen und Beobachtungen, dass trotz zahlreicher positiver Befunde zur Wirksamkeit von strategieorientiertem Leseunterricht, beispielsweise in Form von fundierten Leseförderkonzepten oder Anleitung zum selbstregulierten Lesen, selbstreguliertes Lesen in der schulischen Praxis kaum umgesetzt wird (Kretlow & Helf, 2013; Ness, 2008; Philipp, 2013; Schmitz & Jost, 2019; Souvignier & Behrmann, 2016). Daraus ergibt sich die Frage, wie Konzepte zur Förderung von selbstreguliertem Lesen gestaltet sein sollten, um einen regelmäßigen Einsatz im Unterrichtsalltag zu begünstigen.

2 Implementation von Leseförderkonzepten in Schule und Unterricht und Beschreibung der Konzepte in den Verbünden SH und OF

Eine erfolgreiche Implementation von (Lese-)Förderkonzepten in Schule und Unterricht hängt von verschiedenen Bedingungen ab. Theoretisch fundierte, praktikable Fördermaterialien (Henschel & Stanat, 2016), eine hohe Akzeptanz aufseiten der Lehrkräfte und instruktionsgetreue Umsetzung im Unterricht sind ebenso förderlich für die Nutzung neuer (Förder-)Konzepte wie personelle, finanzielle und zeitliche Ressourcen an der Schule (Kretlow & Helf, 2013) sowie eine schulische Kooperationskultur (Souvignier & Philipp, 2016). Zu möglichen Erschwernissen für Implementationsprozesse gehören z. B. nur schwer zu durchbrechende Routinen von Lehrkräften und Unsicherheiten im Umgang mit neuem (Förder-)Material und/oder eine mangelnde Verfügbarkeit solchen Materials sowie hoher Fortbildungsaufwand (Souvignier & Philipp, 2016; van Keer & Verhaeghe, 2005). Werden neue Konzepte top-down, von zentraler (bildungsadministrativer) Stelle, initiiert und den Lehrkräften vorgegeben, setzen sich Lehrkräfte möglicherweise nicht intensiv genug mit den grundlegenden Prinzipien des Materials auseinander, was allerdings sehr wichtig ist (z. B. Duffy, 1993). Ebenso ist denkbar, dass die Akzeptanz des Materials aufseiten der Lehrkräfte leidet (theoretische Überlegungen dazu bei Gräsel & Parchmann, 2004; qualitative Hinweise aus einer Studie von Söll, 2002). Von Vorteil ist hingegen, dass durch die zentrale Steuerung neben der Bereitstellung fundierten Materials Ressourcen für z. B. Fortbildungen oder Koordinationsaufgaben bereitgestellt werden können und eine größere Verbindlichkeit des Einsatzes der vorgegebenen Materialien erzeugt werden kann. Bei Implementationsprozessen, in deren Verlauf Konzepte und Fördermaterialien bottom-up, also vorwiegend selbstständig von Einzelschulen und Lehrkräften entwickelt werden, ist die Akzeptanz der eingesetzten Materialien wegen der persönlichen Eingebundenheit der Lehrkräfte höher. Allerdings werden zusätzliche zeitliche Belastungen von Lehrkräften tendenziell abgelehnt (van Keer & Verhaeghe, 2005), weshalb eine Unterstützung durch die Bereitstellung von z. B. gründlich vorbereitetem Material für einen erfolgreichen Implementationsprozess sinnvoll erscheint (Souvignier & Behrmann, 2016). Für beide Strategien wird argumentiert, dass theoriebasierte Konzepte mit nachgewiesener Wirksamkeit genutzt werden sollten (Souvignier & Philipp, 2016).

Bei den Implementationsstrategien und Leseförderkonzepten der am Projekt EILe teilnehmenden Verbünde lassen sich Unterschiede feststellen. Das Leseförderkonzept in SH wurde durch das Institut für Qualitätsentwicklung an Schulen in Schleswig-Holstein im Wesentlichen top-down initiiert (Zeuch et al., 2018). Es sah Fortbildungen für sogenannte Lesecoaches mit Funktion als Multiplikatorin oder Multiplikator vor, die an der Schule Entlastungsstunden erhielten. Darüber hinaus existierten in SH Materialien für die fünfte und sechste Klassenstufe, die Fördertools für den Deutsch- und teilweise den Mathematikunterricht für Schülerinnen und Schüler (Lesemappe), einen Projektmanagementordner mit Tools zur Diagnose und Förderung durch Lehrkräfte sowie Materialien für die Unterrichtsplanung enthielten (erschienen unter dem Namen »Lesen macht stark« im Cornelsen-Verlag; Institut für Qualitätsentwicklung an Schulen Schleswig-Holstein [IQSH], 2009). Selbstreguliertes Lesen sollte durch die Vermittlung und den Einsatz kognitiver und metakognitiver Strategien im Deutschunterricht und im Mathematikunterricht umgesetzt werden. Unterstützt wurde dies durch den Einsatz von *Lesestreifen*, die als Checklisten für die Schülerinnen und Schüler die wichtigsten Strategien und ihren Einsatz beschrieben. Daneben stand auch die Lesemotivation im Fokus: Durch geeignete Texte und gemeinsame Leseaktivitäten sollte die Motivation gefördert werden, sich Textmaterial mithilfe von Strategien zu nähern.

Beim oberfränkischen Konzept handelte es sich um eine Bottom-up-Initiative von Lehrkräften, die sich an Einzelschulen freiwillig mit der Zielsetzung der Förderung des selbstregulierten Lesens mit eigens entwickelten Diagnose- und Fördertools zusammengeschlossen haben, ohne auf organisierte Fortbildungsangebote zurückgreifen zu können (Jost et al., 2018). Das Fördertool für die fünfte und sechste Klasse war der sogenannte Textknacker (ein Lesefächer für Schülerinnen und Schüler, vorgesehen für den Deutsch- und Fachunterricht; Karstens, Schmitz & Jost, 2019). Der Schwerpunkt lag auf der Vermittlung und Anwendung von kognitiven und metakognitiven Strategien zur Förderung selbstregulierten Lesens (Karstens et al., 2019). Begleitende Materialien sind in diesem Konzept nicht enthalten.

Die Analyse der Fördertools zeigte, dass diese sowohl in OF als auch in SH theoretisch sinnvoll und zielgerichtet konzipiert waren, wobei sich an wenigen Stellen noch Entwicklungspotenzial identifizieren ließ. Dies bezog sich beispielsweise auf die fachliche Differenzierung sowie die Ergänzung der Konzepte um konkrete, praktikable Nutzungshinweise für die Lehrkräfte. Ziel des vorliegenden Beitrags ist es zu überprüfen, wie diese unterschiedlichen Konzepte in Schule und Unterricht (Deutsch- und Fachunterricht) implementiert wurden und welche Wirkung sie auf die Kompetenzentwicklung der Lernenden hatten.

3 Methode

An der Erhebung im Rahmen des Projekts EILe nahmen insgesamt 23 Schulen (SH: 9 Gesamtschulen, OF: 5 Realschulen und 4 Gymnasien, KG: 2 Gesamtschulen und 3 Gymnasien) teil. In 54 Klassen an 16 Schulen wurden dabei Kompetenztestungen und Unterrichtsbeobachtungen durchgeführt (SH: 14 Klassen an 4 Gesamtschulen, OF: 10 Klassen an 3 Realschulen und 14 Klassen an 4 Gymnasien, KG: 9 Klassen an 2 Gesamtschulen und 7 Klassen an 3 Gymnasien) teil. Die Erhebungen begannen im Herbst 2016 in der fünften Klassenstufe und erstreckten sich bis zum Ende der sechsten Klassenstufe im Jahr 2018. Im Projektverlauf wurden über diese zwei Schuljahre zweimal Unterrichtsbeobachtungen (Anfang 2017 in fünften Klassen und Anfang 2018 in sechsten Klassen), dreimal Kompetenztestungen bei den Lernenden (zu Beginn und Ende der Jahrgangsstufe 5 sowie zum Ende der Jahrgangsstufe 6) und dreimal Lehrkräftebefragungen (Mitte 2016, Anfang 2017 und Anfang 2018) durchgeführt. Unterrichtsbeobachtungen und Kompetenztestungen waren längsschnittlich angelegt. Die Diagnose- und Fördertools wurden zu Beginn der Projektlaufzeit analysiert und die Ergebnisse fortlaufend aktualisiert, um Anpassungen in den Verbünden zu berücksichtigen und konkretes Feedback zu bestimmten Ausschnitten der Tools an die beteiligten Schulen zu geben. Die hier vorgestellten Ergebnisse basieren auf einem Ausschnitt der in EILe erhobenen Daten.

3.1 Unterrichtsbeobachtungen

Im vorliegenden Beitrag wurden die Unterrichtsbeobachtungen der fünften Klasse untersucht, die in beiden Verbünden und in den Kontrollschulen erfolgten. Beobachtet wurden 62 Lehrkräfte. In allen Schulen wurde der Deutschunterricht ($N = 42$ Klassen, Lehrkräfte und Unterrichtsstunden, davon 11 Klassen in SH, 20 Klassen in OF und 11 Klassen in der KG) beobachtet. Als Fachunterricht wurde in SH sowie in der KG das Fach Mathematik beobachtet ($N = 21$ Klassen, Lehrkräfte und Unterrichtsstunden; 11 Klassen in SH und 10 Klassen in der KG) und in OF das Fach

Biologie ($N = 19$ Klassen, Lehrkräfte und Unterrichtsstunden). Ausgehend vom Angebots-Nutzungs-Modell (Helmke, 2015) wurde das Angebot der Lehrkraft mit Blick auf strategieorientierte Lerngelegenheiten beobachtet. Hierbei ging es im Deutsch- und Biologieunterricht um das Erschließen eines Sachtextes und im Fach Mathematik um das Bearbeiten einer Textaufgabe. Drei Beobachtungsdimensionen wurden durch jeweils zwei geschulte unabhängige Beobachterinnen (Angestellte an Universitäten) im Unterricht eingeschätzt: (1) die Materialnutzung zur strategischen Textarbeit, (2) die Instruktion von kognitiven (Beurteilung: entweder keine, implizite oder explizite Instruktion) und metakognitiven Strategien (Beurteilung: Vorkommnis fünf verschiedener Strategiearten) und (3) die durch die Lehrkraft initiierte Aktivierung von ressourcenbezogenen Strategien (in Anlehnung an PISA 2006; Frey et al., 2009). In diesem Beitrag werden Ergebnisse zu den ersten beiden Dimensionen berichtet. Tabelle 11.1 veranschaulicht die Beobachtungsdimensionen und deren inhaltliche Beschreibung, die Kodierungen, Interrater-Reliabilitäten sowie die Quellen.

Tab. 11.1: Operationalisierung der Beobachtungsdimensionen

Dimension	Beschreibung	Kodie-rung	Interrater-Reliabilität (Cohens Kappa)
Materialnutzung zur strategischen Textarbeit (Eigenkonstruktion)			
Nutzung der BiSS-Förder-tools	BiSS-Fördertool zur Anleitung des strategischen Lesens wird im Unterricht genutzt.	ja/nein	1.00
Adaption der BiSS-Förder-tools	Teile des BiSS-Fördertools werden auf anderes Material übertragen (z. B. Arbeitsblätter), was zur Anleitung des strategischen Lesens im Unterricht genutzt wird.	ja/nein	1.00
Nutzung anderes metho-disches Material	Anderes methodisches Material wird zur Anleitung des strategischen Lesens im Unterricht genutzt.	ja/nein	1.00
Kein Materialeinsatz	Es wird kein methodisches Material genutzt.	ja/nein	1.00
Instruktion kognitiver Strategien (Eigenkonstruktion in Anlehnung an Duffy, 2002)			
Keine Strategieinstruktion	Lehrkraft verweist für die Texterschließung nicht auf Lesestrategien.	entweder keine, implizite oder explizite Instruktion	.87
Implizite Strategieinstruktion	Lehrkraft fordert zur Nutzung von Lesestrategien auf, ohne den Nutzen und das Vorgehen zu erläutern.		
Explizite Strategieinstruktion	Lehrkraft fordert zur Nutzung von Lesestrategien auf und erläutert den Nutzen und/oder das Vorgehen.		

Tab. 11.1: Operationalisierung der Beobachtungsdimensionen – Fortsetzung

Dimension	Beschreibung	Kodierung	Interrater-Reliabilität (Cohens Kappa)
Instruktion metakognitiver Strategien (Eigenkonstruktion in Anlehnung an Zimmerman, 2002)			
Erarbeitung Leseziel	Lehrkraft verweist/erarbeitet mit den Lernenden ein Leseziel.	ja/nein	.82
Planung Strategieeinsatz	Lehrkraft plant mit den Lernenden den Strategieeinsatz.	ja/nein	.96
Reflexion strategisches Vorgehen	Lehrkraft lässt Lernende über strategisches Vorgehen reflektieren.	ja/nein	.92
Reflexion Textverständnis	Lehrkraft lässt Lernende über Textverständnis reflektieren.	ja/nein	.89
Reflexion Textschwierigkeiten	Lehrkraft lässt Lernende Textschwierigkeiten reflektieren.	ja/nein	.92

3.2 Befragungen der Lehrkräfte zur Nutzung der Fördertools

Für den vorliegenden Beitrag wurden Daten aus der Befragung im Jahr 2018 (Januar bis Mai) analysiert. Es wurden in SH 54 Lehrkräfte mit einem durchschnittlichen Alter von 42.57 Jahren ($SD = 9.69$ Jahre) befragt, davon 74.07 % weiblich. In OF wurden 55 Lehrkräfte mit einem durchschnittlichen Alter von 44.53 Jahren ($SD = 11.59$ Jahre) befragt, davon 83.64 % weiblich. Die genutzten Fragebogenskalen wurden für die Abbildung der realen Bedingungen im Rahmen von BiSS in den Schulen neu konstruiert, weshalb Lehrkräfte in der Kontrollgruppe nicht befragt wurden. Es wurde die Nutzung der Fördertools (13 Items, Beispiel: »Wie häufig nutzen Sie die Lesemappe/den Lesefächer für die Förderung der Lesekompetenz?«; Cronbachs Alpha = .88 in SH und .82 in OF) und die Implementationstreue (d. h. die laut Tool vorgegebenen Phasen des Leseprozesses; 7 Items in SH, 6 Items in OF, Beispiel: »Vor dem Lesen erinnere ich die Schülerinnen und Schüler an die Verwendung der Lesestrategien«; Cronbachs Alpha = .84) erhoben.

3.3 Kompetenztestungen der Schülerinnen und Schüler

Die Kompetenztestungen fanden Anfang und Ende des fünften Schuljahres statt (2016/2017). An den beiden Testungen nahmen 945 Schülerinnen und Schüler (49.10 % weiblich) aus 54 Klassen an allen Standorten teil, die zum ersten Messzeitpunkt $M = 10.31$ Jahre ($SD = 0.55$ Jahre) alt waren. Zur Erfassung relevanter Facetten der Lesekompetenz, die auch im Fokus der Fördermaßnahmen in der Sekundarstufe I stehen (Cromley & Azevedo, 2007; Lenhard, 2013), kamen etablierte Test- bzw. Fragebogenverfahren zum Einsatz (▶ Tab. 11.2). Neben Leseflüssigkeit und Verständnis wurde auch Strategiewissen erhoben, um kognitive Strategien abzubilden. Darüber hinaus wurden Angaben zur Lesefreude der Schülerinnen und Schüler erhoben, um motivationale Strategien zu erfassen.

Außerdem wurden Variablen wie die Muttersprache (Muttersprache Deutsch: 78.62 %) und der Buchbesitz (»Wie viele Bücher habt ihr zu Hause?«, fünfstufige Skala von »Keine oder nur sehr wenige« bis »Über 200 Bücher«) als Indikator für den sozioökonomischen Status des Elternhauses (Bos et al., 2003; Paulus, 2009) sowie der Wortschatz mit dem Wortschatztest des CFT-20R (Weiss, 2006) erhoben. In diesen Merkmalen unterschieden sich die Verbünde teilweise voneinander, wie in Tabelle 11.3 dargestellt. Aus diesem Grund wurden die Muttersprache (Deutsch ja oder nein), das Alter, der Buchbesitz und der Wortschatz als Kontrollvariablen in den späteren Regressionsanalysen für die Prüfung von Unterschieden zwischen den Verbünden und den Kontrollklassen berücksichtigt.

3.4 Analytisches Vorgehen

Die Beobachtungsdaten wurden mit der Statistiksoftware SPSS ausgewertet. Nach Bestimmung der Interrater-Reliabilität (Cohens Kappa) wurde mit Chi-Quadrat-Tests geprüft, ob sich die Häufigkeitsverteilungen zwischen den Verbünden signifikant unterschieden.

Die Datenauswertung der Kompetenztestungen erfolgte deskriptiv mit SPSS. Um zu prüfen, ob sich die Entwicklung der Kompetenzfacetten zwischen den Verbünden unterschied, wurden Regressionen durchgeführt, in denen die Differenzen der Kompetenzwerte zwischen Messzeitpunkt 1 und Messzeitpunkt 2 als abhängige Variablen und die Verbünde als unabhängige Variablen (dummykodiert als proximales Maß für die in den Verbünden verfolgten Implementationsstrategien und die eingesetzten Förderkonzepte) berücksichtigt wurden. Für die Regressionen wurden Mehrebenenanalysen mit Mplus 6.1 (Muthén & Muthén, 1998–2010) unter Einbeziehung der Klassenzugehörigkeit auf dem zweiten Level zur Korrektur der Standardfehler genutzt, wobei Alter, Muttersprache, Buchbesitz und Wortschatz als Kontrollvariablen berücksichtigt wurden. Fehlende Werte (im vorliegenden Fall Anteile von einem bis fünf Prozent) wurden in den Regressionsanalysen über die Full-Information-Maximum-Likelihood-Prozedur (FIML; siehe u. a. Graham, 2009) in Mplus einbezogen. Da die Schulformen unterschiedlich über die Verbünde und die Kontrollklassen verteilt waren (u. a. anteilig viele Gymnasien in OF) und dies theoretisch die Entwicklungen ebenfalls beeinflussen könnte, wurden auch Analysen unter Ausschluss der Gymnasien durchgeführt.

Anschließend wurden baselinekorrigierte Effektstärken für SH und OF mit der KG als Referenzgruppe sowie die relativen Effektstärken für SH mit OF als Referenzgruppe (Cohen, 1988; gepoolte Varianzen, Leonhart, 2004) berechnet.

Tab. 11.2: Überblick über die in den Kompetenztestungen erfassten Konstrukte und ihre Kennzeichen

Konstrukt	Verfahren	Item-anzahl	Beispielitem	Theoreti-scher Range	Reliabilität
Leseflüs-sigkeit	Salzburger Lese-screening (SLS 2-9; Wimmer & Mayringer, 2014)	100 (Speed-test)	Tee kann man trin-ken.	Summen-score: 0–100	Paralleltest-Korrelation: .87–.95[1]
Verständ-nis	Subskala Sach-text des Frank-furter Lesever-ständnistests (FLVT 5-6; Souvi-gnier, Trenk-Hin-terberger, Adam-Schwebe & Gold, 2008)	18	Der Mann in der Geschichte ist ver-mutlich ☐ jung ☐ alt ☐ dick ☐ aufgeregt	Summen-score: 0–18	$\alpha =$ .64 (t1)– .68 (t2)
Strategie-wissen	Items aus dem Würzburger Le-sestrategie-Wis-senstest (WLST 7-12; Schlagmüller & Schneider, 2007)	vier Aufga-ben à fünf bis sieben Alter-nativen	Die Lehrkraft fragt die Schülerinnen und Schüler, was sie tun, um einen Text gut zu verstehen. Antwortalternative a: »Ich lese zunächst den letzten Ab-schnitt des Textes und gehe den Text dann von vorne durch«.	Summen-score: 0–62	$\alpha =$ .76 (t1)– .79 (t2)
Lesefreu-de	adaptierte Items aus PISA (Klieme et al., 2009)	11	Lesen ist eines mei-ner liebsten Hobbys. Vierstufige Likert-Skala: *1 = stimmt gar nicht* *2 = stimmt eher* *nicht* *3 = stimmt eher* *4 = stimmt genau.*	Mittelwert: 1–4	$\alpha =$ .83 (t1)– .87 (t2)
Kontroll-variable Wort-schatz	Wortschatztest des CFT-20R (Weiss, 2006)	30	Acker a) Pferd b) Traktor c) Landwirt d) Feld e) Kartoffel	Summen-score: 0–30	$\alpha = .75$

Anmerkungen. $\alpha =$ Cronbachs Alpha. t1 = erster Messzeitpunkt, t2 = zweiter Messzeitpunkt. Leseflüssigkeit, Verständnis, Strategiewissen und Freude wurden zu beiden Messzeitpunk-ten erhoben, Wortschatz nur zu t1. [1] = Angaben aus dem Testmanual.

Tab. 11.3: Merkmale der Schülerinnen und Schüler zum ersten Messzeitpunkt

	SH	OF	KG	Teststatistik	Post-Hoc-Vergleiche
Geschlecht	49.28 % w	51.65 % w	46.35 % w	*Cramers V* = .04	-
Muttersprache Deutsch	77.29 %	89.87 %	60.58 %	*Cramers V* = .31**	
	M (SD)	*M (SD)*	*M (SD)*		
Alter in Jahren	10.69 (0.66)	10.17 (0.46)	10.24 (0.48)	$F (2, 941) =$ 73.15**	SH > OF** SH > KG**
Buchbesitz	3.21 (1.25)	3.84 (1.09)	3.63 (1.12)	$F (2, 941) =$ 22.00**	SH < OF** SH < KG**
Wortschatz	16.67 (4.49)	19.93 (4.13)	17.41 (4.87)	$F (2, 917) =$ 48.56**	OF > SH** OF > KG**

Anmerkungen. N SH = 207, *N* OF = 464, *N* KG = 247. w = weiblich. ** $p < .01$, * $p < .05$.
Muttersprache Deutsch, Buchbesitz und Wortschatz korrelieren positiv miteinander.

4   Ergebnisse

4.1   Unterrichtsbeobachtungen: Umsetzung der Förderung von selbstreguliertem Lesen im Unterricht

Mit den Unterrichtsbeobachtungen wurde untersucht, inwieweit die Verbünde im Vergleich mit einer Kontrollgruppe die Förderkonzepte im Deutsch- und Fachunterricht umsetzten. Betrachtet wurde die Nutzung der BiSS-Fördertools in den Verbünden sowie die Instruktion kognitiver und metakognitiver Strategien im Deutsch- und Fachunterricht in den Verbünden (SH: Mathematik, OF: Biologie) und der Kontrollgruppe (Mathematik).

Die Analysen zur Nutzung der BiSS-Fördertools, der Adaptionen der ursprünglichen Fördertools oder des Einsatzes anderer Materialien zur Strukturierung des Leseprozesses und des Strategieeinsatzes ergaben, dass in beiden Verbünden die Tools sehr selten im Deutschunterricht eingesetzt wurden (SH: 2 von 11 Stunden; OF: 4 von 20 Stunden). Im Fachunterricht Biologie und Mathematik wurden die Fördertools gar nicht genutzt. Im Deutschunterricht nutzten die Lehrkräfte darüber hinaus vereinzelt Auszüge aus den Fördertools (Adaptionen) (SH: 3 von 11 Stunden; OF: 1 von 20 Stunden), indem sie beispielsweise Lesestrategie-Aufgaben auf Arbeitsblätter kopierten. Statt der verbundspezifischen Tools wurde in allen Fächern bevorzugt anderes methodisches Material eingesetzt, u.a. Kopien aus Schulbüchern (in Deutsch und Mathematik in SH, OF und in den Kontrollschulen 50.00 % aller beobachteten

Stunden). In einigen Stunden wurde gar kein Material zur Unterstützung des Lesens und des Strategieeinsatzes eingesetzt, sondern es wurde lediglich mit dem zu lesenden Text gearbeitet (vor allem im Biologieunterricht in OF und in Mathematik in der KG).

Wie Lehrkräfte kognitive Strategien im Unterricht vermittelten und welche metakognitiven Aktivitäten sie beim Lesen eines Textes im Unterricht einforderten, lässt sich Tabelle 11.4 entnehmen.

Tab. 11.4: Instruktion der kognitiven und metakognitiven Strategien im Deutsch- und Fachunterricht in SH, OF und KG (fünfte Klassen)

	Deutsch			Mathematik		Biologie
	SH $N = 11$ Std.	**OF** $N = 20$ Std.	**KG** $N = 11$ Std.	**SH** $N = 11$ Std.	**KG** $N = 10$ Std.	**OF** $N = 19$ Std.
Instruktion kognitiver Strategien						
Keine Strategieinstruktion	0 (0.00 %)	0 (0.00 %)[b]	1 (9.09 %)	1 (9.09 %)[a]	4 (40.00 %)[a]	0 (0.00 %)[a b]
Implizite Strategieinstruktion	6 (54.55 %)	8 (40.00 %)[b]	6 (54.45 %)	5 (45.45 %)[a]	5 (50.00 %)[a]	18 (94.74 %)[a b]
Explizite Strategieinstruktion	5 (45.55 %)	12 (60.00 %)[b]	4 (36.36 %)	5 (45.45 %)[a]	1 (10.00 %)[a]	1 (5.26 %)[a b]
Instruktion metakognitiver Strategien						
Erarbeitung Leseziel	6 (54.45 %)	9 (45.00 %)	3 (30.00 %)	6 (54.54 %)	3 (30.00 %)	14 (70.09 %)
Planung Strategieeinsatz	8 (72.73 %)	12 (60.00 %)	4 (40.00 %)	10 (90.90 %)[a]	4 (40.00 %)[a]	7 (35.00 %)[a]
Reflexion strategisches Vorgehen	4 (36.36 %)	8 (40.00 %)[b]	5 (45.45 %)	4 (36.36 %)[a]	1 (10.00 %)[a]	0 (0.00 %)[a b]
Reflexion Textverständnis	7 (63.63 %)	9 (45.00 %)	7 (63.63 %)	6 (54.45 %)	5 (50.0 %)	9 (45.09 %)
Reflexion Textschwierigkeiten	7 (63.63 %)	8 (40.00 %)[b]	3 (27.27 %)	5 (45.45 %)[a]	2 (20.00 %)[a]	0 (0.00 %)[a b]

Anmerkungen. Bei der Beobachtung von kognitiven Strategien wurde entweder keine, eine explizite oder eine implizite Strategieinstruktion beobachtet. Bei den metakognitiven Strategien konnten mehrere Ereignisse in einer Stunde auftreten. Die Angaben beziehen sich auf absolute Stunden (relative Häufigkeit in %). [a] = signifikanter Unterschied der Verteilung zwischen den Verbünden den Fachunterricht betreffend, [b] = signifikanter Unterschied innerhalb des Verbundes OF zwischen Deutsch und Biologie.

Die Analysen verdeutlichten für die *Vermittlung kognitiver Strategien* durch die Lehrkräfte, dass im Deutschunterricht zwischen den Verbünden keine signifikanten Unterschiede vorlagen. Für den Fachunterricht zeigten Chi-Quadrat-Tests einen signifikanten Unterschied zwischen den Verbünden (Cramérs V = .48, $p < .01$): Im Fachunterricht des Verbunds SH (Mathematik) fanden im Vergleich zum Fachunterricht in der KG (Mathematik) häufiger explizite Vermittlungen statt, wohingegen dieses Prinzip im Fachunterricht des Verbunds OF (Biologie) keinen nennenswerten Eingang fand. Außerdem zeigte sich ein signifikanter Unterschied innerhalb des Verbunds OF zwischen Deutsch- und Fachunterricht (Biologie) (Cramérs V = .58, $p < .01$): Im Deutschunterricht erfolgte die Strategievermittlung expliziter als im Fachunterricht (Biologie).

Bei der *Vermittlung metakognitiver Strategien* zeigte sich für den Deutschunterricht kein Unterschied in den betrachteten metakognitiven Aktivitäten. Betrachtet man metakognitive Strategien im Fachunterricht, so zeigten sich Verbundunterschiede bei der Planung (Cramérs V = .51, $p < .01$), der Reflexion über das strategische Vorgehen (Cramérs V = .46, $p < .05$) und der Reflexion über den Umgang mit Textschwierigkeiten (Cramérs V = .50, $p < .01$): Im Fachunterricht des Verbunds SH (Mathematik) wurden diese metakognitiven Strategien im Vergleich mit dem Fachunterricht der anderen beiden Verbünde häufiger beobachtet. Innerhalb des Verbunds OF zeigte sich ein Unterschied zwischen Deutsch- und Fachunterricht (Biologie) bei der Reflexion des strategischen Vorgehens (Cramérs V = .39, $p < .01$) und dem Umgang mit Textschwierigkeiten (Cramérs V = .50, $p < .01$): Entsprechende metakognitive Strategien wurden im Deutschunterricht häufiger beobachtet.

Im beobachteten Deutschunterricht in den Verbünden lagen somit keine Unterschiede vor und der Deutschunterricht in SH und OF unterschied sich auch nicht vom Deutschunterricht in der KG. Bedeutsame Unterschiede zeigten sich zwischen den Verbünden erst im Fachunterricht. Innerhalb des Verbunds OF unterschied sich der Deutschunterricht vom Fachunterricht (Biologie). Die Nutzung der Tools im Unterricht wurde nur selten beobachtet. Die nachfolgend dargestellten Ergebnisse aus Befragungen der Lehrkräfte zeigen, dass auch im Selbstbericht angegeben wurde, dass die Tools nicht regelmäßig eingesetzt wurden.

4.2 Befunde aus Befragungen der Lehrkräfte

Die Lehrkräfte wurden befragt, um ergänzend zu den Unterrichtsbeobachtungen weitere Informationen zur Umsetzung der Leseförderansätze in den Verbünden über Selbstauskünfte zu gewinnen. Dazu gehörten die Nutzung der Fördertools, aber auch die Berücksichtigung der in den Fördertools vorgegebenen Phasen des Leseprozesses.

Die Toolnutzung erfolgte laut Selbstauskünften der Lehrkräfte insgesamt auf eher niedrigem Niveau (im Mittel wurde angegeben, dass die verschiedenen Tools etwa einmal pro Halbjahr genutzt werden) und mit großer Varianz (SH: $SD = 1.26$, OF: $SD = 1.15$ auf der Skala von 0 = »nie« bis 6 = »mehrmals pro Woche«). Weiterhin zeigte sich anhand der Fragen zur Implementationstreue, dass die Lehrkräfte nach eigenen Angaben in beiden Verbünden im Mittel die in den Fördertools vorgegebenen Phasen des Leseprozesses (vor, während, nach dem Lesen) bei der Förderung berücksichtigten (der Mittelwert 4.34 in SH und 4.28 in OF entspricht der Angabe »stimme eher zu« bis »stimme zu«), wenngleich auch hier eine mittlere bis große Varianz festzustellen war (SH: $SD = 1.13$, OF: $SD = 1.62$ auf der sechsstufigen Skala von $0 = $»stimme gar nicht zu« bis $6 = $»stimme vollkommen zu«). Damit lässt sich festhalten, dass die Tools eher selten genutzt wurden, während der Nutzung aber die vorgegebenen Phasen des Leseprozesses berücksichtigt wurden.

4.3 Entwicklung der Kompetenzen der Schülerinnen und Schüler in den Verbünden

Mit den Kompetenztestungen wurde untersucht, ob die Umsetzung der Leseförderansätze in den Verbünden im Vergleich zur KG eine höhere Kompetenzentwicklung der Schülerinnen und Schüler zur Folge hatte. Im Folgenden werden die Ergebnisse für die Kompetenztestungen dargestellt. Tabelle 11.5 zeigt die deskriptiven Ergebnisse für SH, OF und für die KG zu beiden Messzeitpunkten sowie die in den Regressionsanalysen festgestellten Kontraste zwischen den Verbünden und den Kontrollklassen.

Tab. 11.5: Deskriptive Ergebnisse der Kompetenztests der Schülerinnen und Schüler und Angabe der Kontraste (Regressionsanalysen)

		SH	OF	KG	Kontraste
t1					
Skala	Theoretisches Maximum	M (SD)	M (SD)	M (SD)	
Leseflüssigkeit (SLS)	100	45.18 (10.22)	49.72 (8.97)	46.13 (9.84)	n.s.
Verständnis (FLVT)	18	11.01 (3.27)	13.43 (2.58)	11.24 (3.50)	OF > SH* OF > KG**
Strategiewissen (WLST)	62	39.67 (6.30)	43.45 (7.83)	40.99 (8.44)	n.s.
Lesefreude	4	2.67 (0.62)	2.87 (0.58)	2.85 (0.58)	n.s.
t2					
Skala		M (SD)	M (SD)	M (SD)	
Leseflüssigkeit (SLS)	100	50.29 (9.95)	56.29 (9.53)	50.79 (10.32)	OF > KG** OF > SH*
Verständnis (FLVT)	18	11.01 (3.21)	13.85 (2.83)	11.52 (3.55)	OF > SH** OF > KG**

Tab. 11.5: Deskriptive Ergebnisse der Kompetenztests der Schülerinnen und Schüler und Angabe der Kontraste (Regressionsanalysen) – Fortsetzung

		SH	OF	KG	Kontraste
Strategiewis- sen (WLST)	62	39.35 (6.27)	42.89 (8.32)	42.04 (8.88)	OF > SH*
Lesefreude	4	2.63 (0.63)	2.80 (0.62)	2.68 (0.65)	n.s.

Anmerkungen. N SH = 207; N OF = 464; N KG = 274. t1 = erster Messzeitpunkt, t2 = zweiter Messzeitpunkt. M = Mittelwert, SD = Standardabweichung. ** $p < .01$, * $p < .05$. Für die Regressionsanalysen (Kontraste) wurden die Variablen Alter, Muttersprache, Buchbesitz und Wortschatz (jeweils zum ersten Messzeitpunkt) als Kontrollvariablen berücksichtigt.

Da hier der Fragestellung nachgegangen wird, ob sich Unterschiede zwischen den Verbünden hinsichtlich der Auswirkungen der jeweiligen Leseförderansätze auf die Kompetenzentwicklung der Lernenden feststellen lassen, wird im Folgenden die Entwicklung der Lesekompetenzfacetten betrachtet (▶ Tab. 11.6).

In allen drei Gruppen war ein Zuwachs in der Leseflüssigkeit vom ersten zum zweiten Messzeitpunkt zu verzeichnen. Die Schülerinnen und Schüler in OF zeigten einen stärkeren Zuwachs in der Leseflüssigkeit als die Gleichaltrigen in der KG. Zusätzliche Analysen ergaben, dass sich dieser Befund unter Berücksichtigung der Schulform (Ausschluss von Gymnasialklassen in den Analysen) nicht mehr zeigte und somit im Wesentlichen auf die beteiligten Gymnasialklassen in OF zurückzugehen schien. SH unterschied sich im Zuwachs nicht von der KG. In den strategiebezogenen Facetten der Lesekompetenz (Leseverständnis und Strategiewissen) zeigten sich insgesamt keine bedeutsamen Veränderungen vom ersten zum zweiten Messzeitpunkt. Lediglich in OF war ein kleiner Zuwachs im Leseverständnis zu verzeichnen. Ebenso unterschieden sich die Veränderungen nicht zwischen SH, OF und der KG. Die Lesefreude sank in allen drei Gruppen vom ersten zum zweiten Messzeitpunkt (ein Absinken der Lesemotivation ist ein üblicher Befund in der Sekundarstufe; Gottfried, Fleming & Gottfried, 2001; Pfaff-Rüdiger, 2011). In SH verringerte sich die Lesefreude weniger stark als in der KG, OF unterschied sich in der Entwicklung der Lesefreude nicht von der KG. Es lassen sich somit insbesondere in den strategiebezogenen Fähigkeiten weder BiSS-bezogene noch verbundspezifische wesentliche Veränderungen im Vergleich mit der KG feststellen.

Tab. 11.6: Deskriptive Ergebnisse zur Entwicklung der Lesekompetenzfacetten, Kontraste (Regressionsanalysen) und Effektstärken

Skala	SH	OF	KG	Kontraste	Effektstärken		
	Differenzen t2 – t1						
	M (SD)	*M* (SD)	*M* (SD)		*d* SH / KG	*d* OF / KG	*d* SH / OF
Leseflüssig- keit (SLS)	5.11 (5.87)**	6.68 (6.60)**	4.66 (7.11)**	OF > KG**	0.05	0.17	-0.14
Verständnis (FLVT)	0.06 (2.77)	0.40 (2.93)**	0.35 (3.38)	n.s.	-0.08	0.01	-0.10
Strategiewis- sen (WLST)	-0.26 (10.23)	-0.56 (9.63)	1.14 (9.93)	n.s.	-0.17	-0.21	-0.05
Freude	-0.04 (0.54)	-0.06 (0.47)**	-0.17 (0.58)**	SH > KG*	0.22	0.16	-0.06

Anmerkungen. N SH = 207; N OF = 464; N KG = 274. t1 = erster Messzeitpunkt, t2 = zweiter Messzeitpunkt. M = Mittelwert, SD = Standardabweichung. d = Cohens d. ** $p < .01$, * $p < .05$. Für die Regressionsanalysen (Kontraste) wurden die Variablen Alter, Mutterspra- che, Buchbesitz und Wortschatz (jeweils zum ersten Messzeitpunkt) als Kontrollvariablen berücksichtigt.

5 Diskussion und Implikationen

Der vorliegende Beitrag berichtet anhand der BiSS-Verbünde SH und OF im Ver- gleich mit Kontrollschulen in NRW erste Befunde zur Evaluation der Implementa- tion von Leseförderkonzepten in den Schul- und Unterrichtsalltag. Dabei hatten sich sowohl SH als auch OF zum Ziel gesetzt, Maßnahmen im Unterricht der Sekun- darstufe zu verankern, um selbstreguliertes Lesen zu fördern. Die Verbünde ver- folgten dabei unterschiedliche Strategien: In SH handelte es sich in erster Linie um eine Top-down-Strategie, in OF vor allem um eine Bottom-up-Strategie der Imple- mentation.

5.1 Zusammenfassung und Interpretation der Ergebnisse

Die bis zu diesem Zeitpunkt einbezogenen Daten verdeutlichen, dass trotz der Verfügbarkeit von adäquaten Fördertools und (teilweise) weiteren bereitgestellten Ressourcen (z. B. in SH kostenloses Material) die Nutzung und Implementation der Konzepte in Schule und Unterricht nicht wie erhofft erfolgte. Die Ergebnisse aus den Unterrichtsbeobachtungen legen nahe, dass die unterschiedlichen Förderkonzepte keinen Einfluss auf das Handeln im Deutschunterricht hatten. Unterschiede zeigten sich im Fachunterricht, jedoch ist nicht klar, ob sich diese durch die Förderkonzepte oder durch fachdidaktische Konventionen ergeben. In Mathematik ist beispielsweise das schrittweise, strategische Arbeiten etabliert (z. B. beim Lösen mathematischer Textaufgaben). In den Unterrichtsbeobachtungen hat sich zudem gezeigt, dass Materialien kaum eingesetzt wurden. Dass sich die Lehrkräfte dessen bewusst waren, spiegelte sich in den Befragungen wider: Lehrerinnen und Lehrer berichteten, dass sie nur selten vorhandene Tools nutzten. Vertiefende Analysen aus weiteren Befragungen ergaben, dass dies daran liegen könnte, dass Akzeptanz und Umsetzbarkeit der Tools nur mittel ausgeprägt waren und im Kollegium keine ausreichende Unterstützung für die Nutzung wahrgenommen wurde. Gleichzeitig wurde im Bereich der Leseförderung nicht ausreichend kooperiert und die Konzepte waren im Kollegium nur wenig bekannt. Es ließen sich damit bisherige Befunde, dass der Vermittlung von Lesestrategien anteilig immer noch wenig Zeit im Unterricht gewidmet wird, weitestgehend bestätigen (Magnusson, Roe & Blikstad-Balas, 2018). Entsprechend zeigten sich im Vergleich zwischen den BiSS-Verbünden und den Kontrollklassen vereinzelt Unterschiede, insgesamt ließen sich aber keine deutlichen Vorteile für die Entwicklung von Leseflüssigkeit, Verständnis, Strategiewissen und Lesefreude in den Verbundschulen feststellen. Abzuwarten bleibt allerdings, ob die bisherigen Ergebnisse mit Einbezug der weiteren Messzeitpunkte für Kompetenztestungen und Unterrichtsbeobachtungen konstant bleiben.

5.2 Hinweise für gelingende Implementationsprozesse auf Ebene der Praxis, der Bildungsadministration und der Wissenschaft

Welche Hinweise lassen sich für gelingende Implementationsprozesse in Schule und Unterricht aus den vorläufigen Befunden auf der Ebene der Schul- und Unterrichtspraxis, der Bildungsadministration und der Wissenschaft ableiten? Die Schul- und Unterrichtspraxis betreffend zeigten die Unterrichtsbeobachtungen, dass die Fördertools im Unterricht kaum eingesetzt wurden. Als mögliche Ursachen dafür wurden von den Lehrkräften in vorangegangenen Befragungen im Rahmen des EILe-Projekts u. a. Zeitmangel und geringe Unterstützung bzw. Verbindlichkeit im Kollegium benannt. Akzeptanz und Umsetzbarkeit der Konzepte wurden im mittleren Bereich bewertet. Um die Akzeptanz und Umsetzbarkeit zu erhöhen, könnten neben der Überprüfung notwendiger Rahmenbedingungen für die Umsetzbarkeit von Maßnahmen im Unterricht (z. B. Ahlgrimm, 2010) konkrete Hinweise zum genauen Einsatz der Fördertools im Unterricht hilfreich sein. Dies könnte beispielsweise in Form von curricularen Praxisfahrplänen für die Materialien aus SH in einzelnen Schulen realisiert werden, die verdeutlichen, welche Fördertools zu welchem Zeitpunkt im Schuljahr und zu welchem Zweck eingesetzt werden sollten. Auch die Erstellung von Unterrichtssequenzen, die den Einsatz der Fördertools an konkreten Unterrichtsgegenständen und Texten verdeutlichen, könnten dazu beitragen, Berührungsängste bspw. aufgrund fehlenden Wissens über die Nutzung der Tools abzubauen, die Einsatzhäufigkeit der Fördertools zu erhöhen und somit dem

Grundgedanken einer fächerübergreifenden Förderung des selbstregulierten Lesens Rechnung zu tragen.

Ebenso war in weiteren Befragungen festzustellen, dass zum Thema Leseförderung nur wenig bis keine Kooperation in den Kollegien stattfand und dass die Leseförderkonzepte und Materialien nicht allen Lehrkräften bekannt zu sein schienen. Ein Informationskonzept mit entsprechender Unterstützung der Schulen, die Einrichtung von Zeitfenstern und Räumen für Kooperationen sowie kollegiale Unterstützung könnten positive Auswirkungen auf die Verbindlichkeit der Toolnutzung, die Akzeptanz und Umsetzbarkeit zeigen (Gräsel & Parchmann, 2004; Lomos, Hofman & Bosker, 2011).

Auf der bildungsadministrativen Ebene lassen sich unter zusätzlicher Betrachtung der Rahmenbedingungen in den Verbünden (Unterstützungsstrukturen, Bereitstellung von Ressourcen) vor dem Hintergrund der allgemeinen Eindrücke im Projekt EILe folgende Implikationen ableiten: Die Entwicklung und Implementation von Leseförderkonzepten für den Regelunterricht erfordert neben fundiertem und praxistauglichem Material sowie der konsequenten Umsetzung einer Implementationsstrategie von Beginn an eine intensive Beteiligung von Lehrkräften (design-based research), eine (formative) wissenschaftliche Begleitung sowie eine kontinuierliche Bereitstellung von Ressourcen (insbesondere Zeit, Fortbildungen, finanzielle Unterstützung). Der Kontakt zu den BiSS-Schulen hat zudem verdeutlicht, dass eine stärkere Verschränkung von schulisch relevanten Innovationen (wie in den letzten Jahren der Sprachsensible Unterricht und aktuell die Digitalisierung) und die Professionalisierung von Lehrkräften (Verankerung von strategiebasierter Leseförderung in der Lehrkräftebildung) eine wichtige Rolle spielen. Demnach wäre es wünschenswert, durch geeignete Maßnahmen auf administrativer Ebene aktuelle, bildungspolitisch diskutierte Themen mit den bisherigen Aufgabenbereichen der Schulen und der in ihnen tätigen Lehrkräfte explizit zu verbinden (beispielsweise das Themenfeld Digitalisierung nicht losgelöst von, sondern im Zusammenhang mit Leseförderung zu denken: Selbstreguliertes Lesen mithilfe digitaler Medien, z. B. in Form von Apps, fördern).

Hinsichtlich der Implikationen für die Wissenschaft lassen sich folgende Limitationen festhalten: Insgesamt sollte berücksichtigt werden, dass durch die fehlende experimentelle Kontrolle aufgrund des realitätsnahen Designs sicherlich diverse Bedingungsfaktoren eine Rolle für die Implementation spielen, die im Rahmen der Möglichkeiten des Projekts nicht erhoben werden konnten. Eine weitere Herausforderung war, dass die eigentlich längsschnittlich angelegten Befragungen der Lehrkräfte wegen insgesamt geringer und lückenhafter Beteiligung nicht wie geplant umgesetzt werden konnten. Es empfiehlt sich für Folgestudien, von Anfang an noch engeren Kontakt zu den beteiligten Lehrkräften zu halten, vorab noch deutlicher über die zu erfassenden Konstrukte zu verhandeln und sicherzustellen, dass auch die einzelnen Lehrkräfte an den Schulen mit diesem Vorgehen einverstanden sind bzw. eine Teilnahme für sie möglich ist.

Weiterhin stellt die Nutzung von Verbundvariablen (dummykodiert) als Indikatoren für die jeweils in den Verbünden verfolgten Implementationsstrategien und verwendeten Tools eine starke Verkürzung der tatsächlichen Gegebenheit dar, weil die Dummyvariablen auf diese Weise noch viele weitere Aspekte abbilden dürften. So können die hier dargestellten Ergebnisse nicht ausschließlich und eindeutig auf die Konzepte und Tools zurückgeführt werden.

5.3   Fazit

Vor dem Hintergrund, dass entsprechende Feldstudien aufwändig und nicht zuletzt deshalb auch selten sind, kann festgehalten werden, dass das Projekt EILe – wie auch zahlreiche andere wissenschaftliche Begleit- und Evaluationsprojekte im Rahmen von BiSS – einen guten Einblick in die Schulrealität erlaubt. Dieser gibt auf Basis einer breiten Datengrundlage aus verschiedenen Blickwinkeln Anhaltspunkte, um Implementationsprozesse besser verstehen und planen zu können. Gleichzeitig wird deutlich, mit welchen Herausforderungen Implementationsforschung umgehen muss, wenn belastbare Erkenntnisse aus der Praxis für die Praxis gewonnen werden sollen. Hinsichtlich des selbstregulierten Lesens kann festgehalten werden, dass die BiSS-Verbünde SH und OF insgesamt auf einem vielversprechenden Weg sind, auch wenn sich sicher noch Optimierungspotenzial identifizieren lässt. Zunächst gilt es, die Toolnutzung zu intensivieren und den Lehrkräften Orientierungs- und Umsetzungshilfen an die Hand zu geben. Die weiteren Analysen werden zeigen, inwiefern über die hier berichteten Ergebnisse hinaus im weiteren Verlauf des Projekts Veränderungen festgestellt werden können.

Literatur

Ahlgrimm, F. (2010). *»Für mich persönlich hat sich wahnsinnig viel geändert« – Untersuchungen zur Kooperation in Schulen.* Dissertation, Universität Erfurt.

Artelt, C. (2004). Zur Bedeutung von Lernstrategien beim Textverstehen. In J. Köster, W. Lütgert & J. Creutzburg (Hrsg.), *Aufgabenkultur und Lesekompetenz* (S. 61–75). Frankfurt am Main: Lang.

Becker-Mrotzek, M., Schramm, K., Thürmann, E. & Vollmer, H. J. (Hrsg.). (2013). *Sprache im Fach. Sprachlichkeit und fachliches Lernen.* Münster: Waxmann.

Boekaerts, M. (1999). Self-regulated learning: Where we are today. *International Journal of Educational Research, 31,* 445–457.

Bos, W., Lankes, E.-M., Prenzel, M., Schwippert, K., Walther, G. & Valtin, R. (2003). *Erste Ergebnisse aus IGLU. Schülerleistungen am Ende der vierten Jahrgangsstufe im internationalen Vergleich.* Münster: Waxmann.

Cohen, J. (1988). *Statistical power analysis for the behavioral sciences* (2. Aufl.). Hillsdale, NJ: Erlbaum.

Cromley, J. G. & Azevedo, R. (2007). Testing and refining the direct and inferential mediation model of reading comprehension. *Journal of Educational Psychology, 99*(2), 311–325.

Dignath, C. & Büttner, G. (2008). Components of fostering self-regulated learning among students. A meta-analysis on intervention studies at primary and secondary school level. *Metacognition and Learning, 3,* 231–264.

Dole, J. A., Nokes, J. D. & Drits, D. (2009). Cognitive strategy instruction. In S. E. Israel & G. G. Duffy (Hrsg.), *Handbook of research on reading comprehension* (S. 347–372). New York, NY: Routledge.

Duffy, G. G. (1993). Rethinking strategy instruction: Four teachers' development and their low achievers' understandings. *The Elementary School Journal, 3*, 231–247.

Duffy, G. G. (2002). The case for direct explanation of strategies. In C. C. Block & M. Pressley (Hrsg.), *Comprehension instruction. Research-based best practices* (S. 28–41). New York, London: Guilford Press.

Frey, A., Taskinen, P., Schütte, K., Prenzel, M., Artelt, C., Baumert, J., Blum, W., Hammann, M., Klieme, E. & Pekrun, R. (Hrsg.). (2009). *PISA 2006 Skalenhandbuch. Dokumentation der Erhebungsinstrumente.* Münster: Waxmann.

Gold, A. (2018). *Lesen kann man lernen. Lesestrategien für das 5. und 6. Schuljahr* (3. Aufl.). Göttingen: Vandenhoeck & Ruprecht.

Gottfried, A. E., Fleming, J. S. & Gottfried, A. W. (2001). Continuity of academic intrinsic motivation from childhood through late adolescence: A longitudinal study. *Journal of Educational Psychology, 93*(1), 3–13.

Graham, J. W. (2009). Missing data analysis: Making it work in the real world. *Annual Review of Psychology, 60*, 549–576.

Gräsel, C. & Parchmann, I. (2004). Implementationsforschung – oder: der steinige Weg, Unterricht zu verändern. *Unterrichtswissenschaft, 32*(3), 196–214.

Helmke, A. (2015). *Unterrichtsqualität und Lehrerprofessionalität. Diagnose, Evaluation und Verbesserung des Unterrichts.* Seelze-Velber: Kallmeyer.

Henschel, S. & Stanat, P. (2018). Konzepte zur Sprachbildung und Sprachförderung erproben, überprüfen und optimieren. In C. Titz, S. Weber, A. Ropeter, S. Geyer & M. Hasselhorn (Hrsg.), *Konzepte zur Sprach- und Schriftsprachförderung umsetzen und überprüfen* (S. 13–27). Stuttgart: Kohlhammer.

Institut für Qualitätsentwicklung an Schulen Schleswig-Holstein (2009). *Lesen macht stark – Sekundarstufe I: 5.–8. Schuljahr. Schülermaterialien und Lehrermaterialien.* Berlin: Cornelsen.

Jost, J., Karstens, F., Meudt, S.-I., Schmitz, A., Zeuch, N. & Souvignier, E. (2018). Ein Förderkonzept im Sekundarbereich: Implementation von Lesestrategien zur Förderung der Selbstregulation beim Lesen. In C. Titz, S. Weber, A. Ropeter, S. Geyer & M. Hasselhorn (Hrsg.), *Konzepte zur Sprach- und Schriftsprachförderung umsetzen und überprüfen* (S. 146–164). Stuttgart: Kohlhammer.

Karstens, F., Schmitz A. & Jost, J. (2019). Was kennzeichnet gutes Material zur Förderung von selbstreguliertem Lesen im Deutschunterricht? Analyse exemplarischen Fördermaterials für die Sekundarstufe I unter Einbezug pädagogisch-psychologischer und deutschdidaktischer Perspektiven. *Leseforum. Literalität in Forschung und Praxis, 1*, 1–13.

Van Keer, H. & Verhaeghe, J. P. (2005). Comparing two teacher development programs for innovating reading comprehension instruction with regard to teachers' experiences and student outcomes. *Teaching and Teacher Education, 21*, 543–562.

Kintsch, W. (1998). *Comprehension. A paradigm for cognition.* Cambridge: Cambridge University Press.

Klieme, E., Artelt, C., Hartig, J., Jude, N., Köller, O., Prenzel, M., Schneider, W. & Stanat, P. (Hrsg.). (2010). *PISA 2009. Bilanz nach einem Jahrzehnt.* Münster: Waxmann.

Kretlow, A. G. & Helf, S. S. (2013). Teacher implementation of evidence-based practices in Tier I: A national survey. *Teacher Education and Special Education, 36*, 167–185.

Lenhard, W. (2013). *Leseverständnis und Lesekompetenz. Grundlagen, Diagnostik, Förderung.* Stuttgart: Kohlhammer.

Leonhart, R. (2004). Effektgrössenberechnung bei Interventionsstudien. *Rehabilitation, 43*, 241–246.

Lomos, C., Hofman, R. H. & Bosker, R. J. (2011). Professional communities and student achievement – A meta-analysis. *School Effectiveness and School Improvement, 22*, 121–148.

Magnusson, C. G., Roe, A. & Blikstad-Balas, M. (2018). To what extent and how are reading comprehension strategies part of language arts instruction? A study of lower secondary classrooms. *Reading Research Quarterly.*

Mandl, H. & Friedrich, F. (Hrsg.). (2006). *Handbuch Lernstrategien.* Göttingen: Hogrefe.

Muthén, L. & Muthén, B. O. (1998–2010). *Mplus user's guide.* Los Angeles, CA: Muthén & Muthén.

219

Ness, M. K. (2008). Supporting secondary readers: When teachers provide the »what«, not the »how«. *American Secondary Education, 37*, 80–95.

Paulus, C. (2009). *Die »Bücheraufgabe« zur Bestimmung des kulturellen Kapitals bei Grundschülern.* Universität des Saarlandes. Verfügbar unter: http://psydok.psycharchives.de/jspui/handle/20.500.11780/3344 [22.01.2019].

Pfaff-Rüdiger, S. (2011). *Lesemotivation und Lesestrategien. Der subjektive Sinn des Bücherlesens für 10- bis 14-Jährige.* Münster: LIT Verlag.

Philipp, M. (2013). *Lese- und Schreibunterricht.* Tübingen: UTB.

Rosebrock, C. & Nix, D. (2014). *Grundlagen der Lesedidaktik und der systematischen schulischen Leseförderung.* Baltmannsweiler: Schneider Verlag Hohengehren.

Schlagmüller, M. & Schneider, W. (2007). *WLST-7-12. Würzburger Lesestrategie-Wissenstest für die Klassen 7 bis 12.* Göttingen: Hogrefe.

Schmitz, A. & Jost. J. (2019). Selbstreguliertes Lesen in der Sekundarstufe I aus der Sicht von Deutschlehrkräften. Ergebnisse einer Unterrichtstagebuch-Studie. In E. Christophel, M. Hemmer, F. Korneck, T. Leuders & P. Labudde (Hrsg.), *Fachdidaktische Forschung zur Lehrerbildung* (Fachdidaktische Forschung Bd. 11, S. 205–214). Münster: Waxmann.

Schünemann, N., Spörer, N. & Brunstein, J. C. (2013). Integrating self-regulation in whole-class reciprocal teaching: A moderator-mediator analysis of incremental effects on fifth graders' reading comprehension. *Contemporary Educational Psychology, 38*, 289–305.

Söll, F. (2002). *Was denken Lehrer/innen über Schulentwicklung? Eine qualitative Studie zu subjektiven Theorien.* Weinheim: Beltz.

Souvignier, E. & Behrmann, L. (2016). Wie viel Fortbildung ist für eine Anleitung strategieorientierten Leseunterrichts nötig? Vergleich dreier unterschiedlich intensiver Fortbildungskonzepte. *Unterrichtswissenschaft, 44*, 391–407.

Souvignier, E. & Mokhlesgerami, J. (2006). Using self-regulation as a framework for implementing strategy instruction to foster reading comprehension. *Learning and Instruction, 16*, 57–71.

Souvignier, E. & Philipp, M. (2016). Implementation – Begrifflichkeiten, Befunde und Herausforderungen. In M. Philipp & E. Souvignier (Hrsg.), *Implementation von Lesefördermaßnahmen. Perspektiven auf Gelingensbedingungen und Hindernisse* (S. 9–22). Münster: Waxmann.

Souvignier, E., Trenk-Hinterberger, I., Adam-Schwebe, S. & Gold, A. (2008). *Frankfurter Leseverständnistest für 5. und 6. Klassen.* Göttingen: Hogrefe.

Weinstein, C. E. & Mayer, R. E. (1986). The teaching of learning strategies. In M. C. Wittrock (Hrsg.), *Handbook of research on teaching* (S. 315–325). New York, NY: Macmillan Publishing.

Weiss, R. H. (2006). *CFT 20-R: Grundintelligenztest Skala 2 – Revision.* Göttingen: Hogrefe.

Wimmer, H. & Mayringer, H. (2014). *SLS 2-9. Salzburger Lese-Screening für die Schulstufen 2–9.* Göttingen: Hogrefe.

Zeuch, N., Schmitz, A., Karstens, F., Meudt, S.-I., Souvignier, E. & Jost, J. (2018). EILe. Evaluation der Implementation von Konzepten zur Leseförderung in der Sekundarstufe. In S. Henschel, S. Gentrup, L. Beck & P. Stanat (Hrsg.), *Projektatlas Evaluation. Erste Ergebnisse aus den BiSS-Evaluationsprojekten* (S. 54–57). Berlin: BiSS-Trägerkonsortium.

Zimmerman (2002). Becoming a self-regulated learner: An overview. *Theory Into Practice, 41*(2), 64–70.

Die Herausgeberinnen

Dr. Luna Beck
Lettestraße 4, 10437 Berlin
mail@lunabeck.de

Dr. Sarah Gentrup
Humboldt-Universität zu Berlin in Kooperation mit dem Institut zur Qualitätsentwicklung im Bildungswesen
Unter den Linden 6, 10099 Berlin
sarah.gentrup@hu-berlin.de

Dr. Sofie Henschel
Institut zur Qualitätsentwicklung im Bildungswesen an der Humboldt-Universität
zu Berlin
Unter den Linden 6, 10099 Berlin
sofie.henschel@iqb.hu-berlin.de

Kristin Schotte
Humboldt-Universität zu Berlin in Kooperation mit dem Institut zur Qualitätsentwicklung im Bildungswesen
Unter den Linden 6, 10099 Berlin
kristin.schotte@hu-berlin.de

Prof. Dr. Petra Stanat
Institut zur Qualitätsentwicklung im Bildungswesen an der Humboldt-Universität
zu Berlin
Unter den Linden 6, 10099 Berlin
iqboffice@iqb.hu-berlin.de

Die Autorinnen und Autoren

Prof. Dr. Bernt Ahrenholz
Friedrich-Schiller-Universität Jena, Institut für Deutsch als Fremd- und Zweitsprache und Interkulturelle Studien
Ernst-Abbe-Platz 8, 07743 Jena
bernt.ahrenholz@uni-jena.de

Dr. Christine Beckerle
Leibniz Universität Hannover, Institut für Sonderpädagogik
Schloßwender Straße 1, 30159 Hannover
christine.beckerle@ifs.uni-hannover.de

Prof.'in Dr. Tanja Betz
Johannes Gutenberg-Universität Mainz, Institut für Erziehungswissenschaft
Jakob-Welder-Weg 12, 55128 Mainz
tbetz@uni-mainz.de

Dr. Lena Bien-Miller
Universität Koblenz-Landau, Campus Landau, Institut für Bildung im Kindes- und Jugendalter
August-Croissant-Straße 5, 76829 Landau
bien@uni-landau.de

Dr. Karin Binder
Universität Regensburg, Lehrstuhl für Mathematikdidaktik
Universitätsstraße 31, 93053 Regensburg
karin.binder@ur.de

Dr. Anne-Kristin Cordes
Staatsinstitut für Frühpädagogik
Winzererstraße 9, 80797 München
anne-kristin.cordes@ifp.bayern.de

Tina von Dapper-Saalfels
Technische Universität Braunschweig, Institut für Erziehungswissenschaft
Bienroder Weg 97, 38106 Braunschweig
t.von-dapper-saalfels@tu-braunschweig.de

Verena Dederer
Universität Leipzig, Institut für Förderpädagogik, Sprache und Kommunikation
Marschnerstraße 29e, 04109 Leipzig
(ehemalige Mitarbeiterin im Projekt BiSS-E2 am Staatsinstitut für Frühpädagogik)
verena.dederer@studserv.uni-leipzig.de

Dr. Isabell Deml
DAAD – Deutscher Akademischer Austauschdienst, Referat Germanistik, deutsche
Sprache und Lektorenprogramm – S14
Kennedyallee 50, 53175 Bonn
deml@daad.de

Prof. Dr. Franziska Egert
Katholische Stiftungshochschule München
Don-Bosco-Straße 1, 83671 Benediktbeuern
(ehemalige Mitarbeiterin im Projekt BiSS-E2 am Staatsinstitut für Frühpädagogik)
franziska.egert@ksh-m.de

Birgit Ehl
Bergische Universität Wuppertal, Institut für Bildungsforschung
Gaußstraße 20, 42119 Wuppertal
birgit.ehl@uni-wuppertal.de

Dr. Nadine Elstrodt-Wefing
Technische Universität Dortmund, Fachgebiet Sprache und Kommunikation
Emil-Figge-Straße 50, 44227 Dortmund
nadine.elstrodt@tu-dortmund.de

Susann Entrich
fraam services gmbh
Axel-Springer-Platz 2
20355 Hamburg
susann.entrich@fraam.de

Ezgi Erdogan
Goethe-Universität Frankfurt am Main, Institut für Pädagogik der Elementar- und
Primarstufe
Theodor-W.-Adorno-Platz 6, 60323 Frankfurt am Main
erdogan@em.uni-frankfurt.de

Sina Fischer
Staatsinstitut für Frühpädagogik
Winzererstraße 9, 80797 München
sina.fischer@ifp.bayern.de

Dr. Sarah Gentrup
Humboldt-Universität zu Berlin in Kooperation mit dem Institut zur Qualitätsentwicklung im Bildungswesen
Unter den Linden 6, 10099 Berlin
sarah.gentrup@hu-berlin.de

Dr. Anna Gronostaj
Die Deutsche Schulakademie
Hausvogteiplatz 12, 10117 Berlin
anna.gronostaj@deutsche-schulakademie.de

Prof. Dr. Michael Grosche
Bergische Universität Wuppertal, Institut für Bildungsforschung
Gaußstraße 20, 42119 Wuppertal
michael.grosche@uni-wuppertal.de

Dr. Nele Groß
Hamburger Zentrum für Universitäres Lehren und Lernen (HUL)
Universität Hamburg
Schlüterstraße 51, 20146 Hamburg
nele.groß@uni-hamburg.de

Julian Heil
Pädagogische Hochschule Weingarten, Fach Deutsch
Kirchplatz 2, 88250 Weingarten
heil@ph-weingarten.de

Dr. Sofie Henschel
Institut zur Qualitätsentwicklung im Bildungswesen an der Humboldt-Universität
zu Berlin
Unter den Linden 6, 10099 Berlin
sofie.henschel@iqb.hu-berlin.de

Jennifer Igler, M.A.
Technische Universität Dortmund, Institut für Schulentwicklungsforschung
Vogelpothsweg 78, 44227 Dortmund
jennifer.igler@tu-dortmund.de

Prof. Dr. Jörg Jost
Universität zu Köln, Institut für deutsche Sprache und Literatur II
Albertus-Magnus-Platz, 50923 Köln
joerg.jost@uni-koeln.de

Dr. Eva Kalinowski
Universität Potsdam, Strukturbereich Bildungswissenschaften
Karl-Liebknecht-Straße 24-25, 14476 Potsdam
eva.kalinowski@uni-potsdam.de

Dr. Karin Kämpfe
Johannes Gutenberg-Universität Mainz, Institut für Erziehungswissenschaft
Jakob-Welder-Weg 12, 55128 Mainz
kaempfe@uni-mainz.de

Fabiana Karstens
Universität zu Köln, Institut für deutsche Sprache und Literatur II
Albertus-Magnus-Platz, 50923 Köln
fabiana.karstens@uni-koeln.de

Prof. Dr. Katja Koch
Technische Universität Braunschweig, Institut für Erziehungswissenschaft
Bienroder Weg 97, 38106 Braunschweig
katja.koch@tu-braunschweig.de

Prof. Dr. Olaf Köller
Leibniz-Institut für die Pädagogik der Naturwissenschaften und Mathematik
Olshausenstraße 62, 24118 Kiel
koeller@leibniz-ipn.de

Prof. Dr. Stefan Krauss
Universität Regensburg, Lehrstuhl für Mathematikdidaktik
Universitätsstraße 31, 93053 Regensburg
stefan.krauss@ur.de

Prof.'in Dr. Diemut Kucharz
Goethe-Universität Frankfurt am Main, Institut für Pädagogik der Elementar- und
Primarstufe
Theodor-W.-Adorno-Platz 6, 60323 Frankfurt am Main
kucharz@em.uni-frankfurt.de

Prof. Dr. Dominik Leiß
Leuphana Universität Lüneburg, Institut für Mathematik und ihre Didaktik
Universitätsallee 1, 21335 Lüneburg
leiss@leuphana.de

Prof. Dr. Gerlinde Lenske
Leuphana Universität Lüneburg, Institut für Bildungswissenschaft
Universitätsallee 1, 21335 Lüneburg
gerlinde.lenske@leuphana.de

Prof. Dr. Cordula Löffler
Pädagogische Hochschule Weingarten, Fach Deutsch
Kirchplatz 2, 88250 Weingarten
loeffler@ph-weingarten.de

Prof. Dr. Katja Mackowiak
Leibniz Universität Hannover, Institut für Sonderpädagogik
Schloßwender Straße 1, 30159 Hannover
katja.mackowiak@ifs.uni-hannover.de

Prof. Dr. Nele McElvany
Technische Universität Dortmund, Institut für Schulentwicklungsforschung
Vogelpothsweg 78, 44227 Dortmund
nele.mcelvany@tu-dortmund.de

Prof. Dr. Ulrich Mehlem
Goethe-Universität Frankfurt am Main, Institut für Pädagogik der Elementar- und Primarstufe
Theodor-W.-Adorno-Platz 6, 60323 Frankfurt am Main
mehlem@em.uni-frankfurt.de

Alexandra Merkert
Universität Koblenz-Landau, Campus Landau, Institut für Allgemeine Erziehungswissenschaft
Bürgerstraße 23, 76829 Landau
merkert@uni-landau.de

Sarah-Ines Meudt
Westfälische Wilhelms-Universität Münster, Institut für Psychologie in Bildung und Erziehung
Fliednerstraße 21, 48149 Münster
sarah-ines.meudt@uni-muenster.de

Michélle Möhring
Technische Universität Dortmund, Fachgebiet Qualitative Forschungsmethoden und strategische Kommunikation für Gesundheit, Inklusion und Teilhabe
Emil-Figge-Straße 50, 44227 Dortmund
michelle.moehring@tu-dortmund.de

Prof. Dr. Astrid Neumann
Leuphana Universität Lüneburg, Institut für Deutsche Sprache und Literatur und ihre Didaktik
Universitätsallee 1, 21335 Lüneburg
aneumann@leuphana.de

Dr. Annika Ohle-Peters
Technische Universität Dortmund, Institut für Schulentwicklungsforschung
Vogelpothsweg 78, 44227 Dortmund
annika.ohle-peters@tu-dortmund.de

Ina Pauer
Pädagogische Hochschule Weingarten, Fach Deutsch
Kirchplatz 2, 88250 Weingarten
pauer@ph-weingarten.de

Michèle Paul
Bergische Universität Wuppertal, Institut für Bildungsforschung
Gaußstraße 20, 42119 Wuppertal
michele.paul@uni-wuppertal.de

Dr. Jennifer Plath
Joachim Herz Stiftung
Langenhorner Chaussee 384, 22419 Hamburg
jenniferplath@outlook.de

Julia Quehenberger
ZHAW Soziale Arbeit, Institut für Kindheit, Jugend und Familie
Pfingstweidstrasse 96, CH-8037 Zürich
(ehemalige Mitarbeiterin im Projekt BiSS-E2 am Staatsinstitut für Frühpädagogik)
julia.quehenberger@zhaw.ch

Prof. Dr. Astrid Rank
Universität Regensburg, Lehrstuhl für Grundschulpädagogik
Universitätsstraße 31, 93053 Regensburg
astrid.rank@ur.de

Sandra Rezagholinia
Goethe-Universität Frankfurt am Main, Institut für Pädagogik der Elementar- und Primarstufe
Theodor-W.-Adorno-Platz 6, 60323 Frankfurt am Main
rezagholinia@em.uni-frankfurt.de

Prof. Dr. Ute Ritterfeld
Technische Universität Dortmund, Fachgebiet Sprache und Kommunikation
Emil-Figge-Straße 50, 44227 Dortmund
ute.ritterfeld@tu-dortmund.de

Prof. Dr. Anita Schilcher
Universität Regensburg, Lehrstuhl für Didaktik der deutschen Sprache und Literatur
Universitätsstraße 31, 93053 Regensburg
anita.schilcher@ur.de

Theresa Schlitter, M. A.
Technische Universität Dortmund, Institut für Schulentwicklungsforschung
Vogelpothsweg 78, 44227 Dortmund
theresa.schlitter@tu-dortmund.de

Jun.-Prof. Dr. Anke Schmitz
Leuphana Universität Lüneburg, Fakultät Bildung
Universitätsallee 1, 21335 Lüneburg
anke.schmitz@leuphana.de

Dr. Magdalena Schulte
Universität Regensburg, Lehrstuhl für Didaktik der deutschen Sprache und Literatur
Universitätsstraße 31, 93053 Regensburg
magdalena.schulte@ur.de

Dr. Franziska Schwabe
Technische Universität Dortmund, Institut für Schulentwicklungsforschung
Vogelpothsweg 78, 44227 Dortmund
franziska.schwabe@tu-dortmund.de

Prof. Dr. Knut Schwippert
Universität Hamburg, Fakultät für Erziehungswissenschaft – FB1
Von-Melle-Park 8, 20146 Hamburg
knut.schwippert@uni-hamburg.de

Prof. Dr. Elmar Souvignier
Westfälische Wilhelms-Universität Münster, Institut für Psychologie in Bildung und Erziehung
Fliednerstraße 21, 48149 Münster
elmar.souvignier@uni-muenster.de

Prof. Dr. Petra Stanat
Institut zur Qualitätsentwicklung im Bildungswesen an der Humboldt-Universität zu Berlin
Unter den Linden 6, 10099 Berlin
iqboffice@iqb.hu-berlin.de

Prof. Dr. Anja Starke
Universität Bremen, Fachbereich Erziehungs- und Bildungswissenschaften
Universitäts-Boulevard 11/13, 28359 Bremen
anja.starke@uni-bremen.de

Dr. Annika Teerling
Leibniz-Institut für die Pädagogik der Naturwissenschaften und Mathematik
Olshausenstraße 62, 24118 Kiel
teerling@leibniz-ipn.de

Prof. Dr. Miriam Vock
Universität Potsdam, Strukturbereich Bildungswissenschaften
Karl-Liebknecht-Straße 24-25, 14476 Potsdam
miriam.vock@uni-potsdam.de

Andreas Weber
Kantstraße 11, 21335 Lüneburg
mail@andreasweber.online

Prof. Dr. phil. Anja Wildemann
Universität Koblenz-Landau, Campus Landau, Institut für Bildung im Kindes- und Jugendalter
August-Croissant-Straße 5, 76829 Landau
wildemann@uni-landau.de

Dr. Claudia Wirts
Staatsinstitut für Frühpädagogik
Winzererstraße 9, 80797 München
claudia.wirts@ifp.bayern.de

Dr. Nicole Zaruba
Landesinstitut für Schule und Medien Berlin-Brandenburg
Struveweg 1, 14974 Ludwigsfelde-Struveshof
nicole.zaruba@lisum.berlin-brandenburg.de

Dr. Nina Zeuch
Westfälische Wilhelms-Universität Münster, Institut für Psychologie in Bildung und Erziehung
Fliednerstraße 21, 48149 Münster
nina.zeuch@uni-muenster.de